渭南师范学院2014年校级特色学科建设资助项目,项目编号:14TSXK001

秦东历史文化研究

(2018年卷)

主　　编　卓　宇
副 主 编　凌朝栋　曹　强

西北大学出版社

图书在版编目(CIP)数据

秦东历史文化研究. 2018年卷 / 卓宇主编. —西安:西北大学出版社,2018. 12

ISBN 978-7-5604-4283-9

Ⅰ. ①秦… Ⅱ. ①卓… Ⅲ. ①文化史—研究—陕西 Ⅳ. ①K294. 1

中国版本图书馆 CIP 数据核字(2018)第 283855 号

秦东历史文化研究(2018年卷)

主　　编:卓　宇
出版发行:西北大学出版社
地　　址:西安市太白北路 229 号
邮　　编:710069
电　　话:029-88302590
经　　销:全国新华书店
印　　装:西安华新彩印有限责任公司
开　　本:880 毫米×1230 毫米　1/16
印　　张:17. 25
字　　数:440 千字
版　　次:2018 年 12 月第 1 版
印　　次:2018 年 12 月第 1 次印刷
书　　号:ISBN 978-7-5604-4283-9
定　　价:48. 00 元

《秦东历史文化研究》(2018年卷)编委会

目　　录

◆ 人 物 研 究

◆ 民 俗 研 究

人物研究

明代入阁之秦东人

——清正廉洁、德范垂世的马自强

杜振虎

（渭南师范学院 人文学院，陕西 渭南 714099）

摘　要：明代初年，废除丞相制度，设置内阁。阁臣为首者，竟成了位跻三孤，权压六卿的“赫然真相”。有明一代，陕西地区进入内阁的仅有两人，一是马自强，一是薛国观，而这两人均为秦东人。马自强自幼聪颖，参加陕西乡试获取第一，嘉靖三十二年考中进士，万历六年入阁，一生为官清正廉洁，关心百姓，为人谨慎、正直，德范垂世，是秦东历史长河中的一颗明珠。

关键词：明代；内阁；马自强

作者简介：杜振虎（1966—　），陕西澄城人。大学本科，渭南师范学院人文学院历史系副教授，主要从事中国思想文化和秦东历史文化研究。

明洪武十三年（1380）正月，朱元璋诛丞相胡惟庸，遂罢丞相，废除了秦汉以来历朝奉行的宰相制度。二十八年，朱元璋敕谕群臣：“国家罢丞相，设府、部、院、寺，以分理庶务，立法至为详善。以后嗣君，毋得议置丞相。臣下有奏请设立者，论以极刑。”[1]在废丞相的二十三年之后，明成祖朱棣特简解缙、黄淮入直文渊阁，胡广、杨荣、杨士奇、金幼孜、胡俨同入直，参与机务，谓之内阁，内阁之名及参与机务自此始。仁、宣两朝以后，这个机要秘书式的小衙门，逐渐变成了参决大政，无所不领的中枢机构。阁臣为首者，竟成了位跻三孤，权压六卿的“赫然真相”。永乐到正德时期（1403—1521）是内阁制度建立形成的阶段；嘉靖到万历十年时期（1522—1582）是内阁制度发展的阶段；万历十一年以后（1583—1644）是内阁制度衰落的阶段。

由内阁推举而任命新阁臣，始自正统时曹鼎、马愉的入阁。“时，王振用事……遂列侍读学士苗衷、侍讲曹鼎及（马）愉名以进”[2]。于是，曹鼎、马愉二人被皇帝点用。此后，景泰时的王文和万历时的张四维、马自强、申时行等人也都是由内阁推举而入阁的。由于内阁推举新阁臣，不通过吏部，所以明末的士大夫们在论及此事时，也往往将这种选任阁臣的形式看作是私荐，认为是不适宜的。即说，马自强实际是通过特简而非廷推的方式进入内阁的。特简是指由皇帝直接以中旨的方式任命阁臣，而不通过吏部。这种方式大致又表现为三种形式：一是由皇帝亲自选拔出阁臣；二是皇帝采纳大臣们的荐举或由中官们的援引而任命；再有一种形式是由现任阁臣们推举若干名人选，再由皇帝点用。廷推也叫会推，即由吏部会同九卿、科道推举若干名人选，再由皇帝选择点用。特简和廷推是明代选择内阁阁臣的两种方式，万历以前，阁臣的选任大多是通过特简，而万历以后，则多是由廷推。

明制内阁大学士皆由翰林出身，永乐初至崇

祯末,历任内阁大学士共 163 人。据谭其骧先生统计:“南直、浙江、江西三省共得七十五人,占全国总数45%;加福建省共得八十六人,四省占总数53%,是全国文化最发达的地区。其中又以相当今苏南、上海的五府得十九人,浙江的嘉湖宁绍四府得二十人,江西吉安一府得十人,福建泉州一府得五人,尤为突出。中原的北直、山东、河南、山西四省合四十六人,占总数 28%。此外陕西、湖广、四川、广东、广西共得三十人,占 18%。其中陕西二人都是最接近中原的同州人,广西二人都是地接湖广、省会所在的桂林人。十五省中,云贵二省全都不出一人。所以全国人才分布的总形势是东南最盛,中原次之,西北西南最为落后;西北的陕西当今陕甘青宁四省区之地只出二人,西南的广西和云贵三省也只出二人。”[3]明代,关中人进入内阁,自马自强始,终明世,唯其与薛国观二人。本文仅论及马自强。

一、中进士之前的马自强及其家世

马自强(1513—1578),字体乾,号乾庵,回族,同州(今陕西省大荔县石槽乡马坊渡)人。在万历年间,马自强官至文渊阁大学士(宰相),是晚明时期著名的贤相之一,也是一位史学家。校录《永乐大典》,参与张居正撰《帝鉴图说》,著有《马文庄公集》《马自强文集》等作品,撰《吴百朋墓志铭》。《马文庄公集选编》,原有集二十卷,其十一世堂孙马先登在同治年间编辑时已不全,仅成十五卷,今此书北京大学有两部,为同治庚午(九年,1870)刻,敦伦堂藏。集内诗文等俱全。

同州马氏是大族,户大丁多,自明初以来已有六百余年的历史。清代同治年间,马先登写有《同州马氏家传》,并辑《关西马氏世行录》,均见于《马氏丛刻》,详细记述了同州马氏世系传承;与马自强同年中进士、同朝为相的张四维(1526—1585),为马自强撰写了《光禄大夫太子太保礼部尚书兼文渊阁大学士赠少保谥文庄马公自强墓志铭》,此碑文原载于焦竑《国朝献征录》卷十七,而原碑1979 年 3 月在陕西大荔县汉村乡马家庄村南(镰山脚下)出土。楷书,张四维撰文,姚弘谟书丹。铭文 49 行,共 2006 字。

关于同州马氏家世,张四维撰写的马自强《墓志铭》载:

“有讳和卿者生克敬。克敬生驯,太学生,公高祖也。曾祖文。祖通,知博野、繁峙二县。父珍,宛平县丞。母李孺人。自曾祖而下,咸以公贵,赠光禄大夫、太子太保、礼部尚书、文渊阁大学士。妣皆赠一品夫人。”[4]

《同州马氏家传》又载:

马氏旧出扶风,其占籍同州,讳和卿者为吾始祖。元末避红巾乱,徙州治南马坊里——马坊者,宋之牧龙坊也。二世传克敬,宗人以祖墓可知者自公始,尊为立祖。公生子驯及政。政应军河州,子孙外徙。驯,洪武间以人才征入太学生,赠公文。文八子,长通,年十二补州学生,景泰初晋成均。后宰博野、繁峙。均徭赋、课农桑、缉奸暴,两县颂神明,祀名宦,吾邑祀乡贤。先是赠公善拓业,负庄田八百余亩,及为诸子析,尝优诸少。……繁峙公有子五:长瑞,以增广生为文水县丞;次琬,保定仓大使;次邻水主簿璠;次廪膳生瑜;珍其季也,字延聘,号南野,实生文庄兄弟。为宛平丞,能惠下,后以阉竖因厂校关说不遂,诬免,文庄公迎养京邸。每风日佳丽,与四方缙绅诸太公携觞选胜,都人士聚观,绘为像,有《燕台结社图》。三世皆以文庄公贵,赠光禄大夫、太子太保兼少保礼部尚书文渊阁大学士。

文庄同产四人:兄伯懋自勉,判顺天。始在监院时,驾临雍,赐苎丝锦衣一袭。与文庄友爱,迨后文庄死于位,伯懋念手足之痛也,遂移疾休。弟叔允自修,七品散官。虚厂自道以贡铨平定州判。当文庄公居日月之际,伯季皆效职于外,独叔允朝夕侍父。[5]

《明史·马自强传》载:

子怡,举人,终参议;慥,进士,尚宝卿。[2]

据以上史料记载可知,同州马氏祖籍扶风,先祖上溯至和卿,和卿育子克敬,克敬育二子驯及政,驯即马自强高祖父,曾祖父名文。文育八子,长子通即马自强祖父。少子珍即马自强父亲。马珍育四子,马自强行二。

马珍(1479—1566),字廷聘,别号南野,宛平(今北京丰台区)县丞。张四维《诏赠通议大夫詹事府詹事礼部左侍郎兼翰林院侍读学士直隶顺天府宛平县县丞南野马公墓志铭》(世行录卷二)记载:“家旧饶裕,公博学好施,用财不赀省有无,虽常子贷钱谷,卒无以自殖,人或不能偿,即与折券。乡人习公长者,或并缗本隐没之,亦不与校也。”据此可知,马氏前代都以放高利贷为业,马珍也明显地继承了这一传统。以上材料也深刻地反映了他的人品,不取重息,不向不能还的人强行索取,说谎不能偿还的人,他也宽大的处理。行状中有“故里中人,无长少,不惟望见公,无不欣然起敬,即背后,绝无一怨言者”[6]。

马自勉(1509—1596),字伯懋,号懋庵。马珍长子,自强兄。马自勉和他的父亲一样从事这钱谷交易和放高利贷的生意。在他的墓志铭中是这样记载的:“公……每遇梦秋,常籴麦百数十斛,候发春粜之。如粜之直,其贫不能酬直者,量贷予之,龠合所牟息,人以为有麦舟之义焉。丁亥(万历六年)关中大侵,盖藏之家,咸利谷贵,不肯出责,公特命叔子,尽发囷廪以贷饿者,所全活甚众。”[6]

马恬(1536—1590),马自勉的三子,字静甫,他和长兄马慎一起遵照父命,回家共同经营家业,维持父亲及兄弟的仕途所需。是马氏家族内部的士商分工的明显案例。

马自修(1516—1609),字叔允,号允庵。自强弟,韩炌《散官允庵马公墓志铭》(《世行录卷五》)中有记载:“公先未冠,已释儒业,治农田,寻贩粟鄜延商洛间,崎岖跋涉,家计浸裕。”这是马氏家族从事农业和贩运业的记载,可以从中得出马氏家族并不是传统的世家大族,而是通过以农为本的奋斗过程中发展起来的。在当地,士大夫从事商业是非常普遍的,马氏通过洛河,在鄜州、延安、商洛与同州之间进行谷物的贩运贸易,这条线路属于明清陕西主要的商道之一。[6]

马自强的形象,张自维描述道:“隆颧方颐,巨耳丰背,举止凝重,俨然山立。”[4]自幼聪颖好学,小小年纪,老师讲授的知识,他总能准确地理解和消化,十岁时便提笔成文,闻名于乡里,年十四补郡庠弟子员。嘉靖十五年(1536)参加陕西乡试,获得全省第一的好成绩,“声名籍甚,顾屡上春官不偶,益潜心下帷,精进不懈,已复携群弟子修业于太华山之青柯坪”[4],学识渊博,精通史典。

二、万历皇帝最喜爱的讲读官

嘉靖三十二年马自强考中进士后,因年轻而才华出众入翰林院任庶吉士,继续学习深造。明代崇尚从进士中选拔官吏,而且注重成长经历,一个读书人中进士后成为庶吉士,意味着他已成为朝廷里的重点培养对象。作为回族中的读书人,马自强对中华文化孜孜以求,积累了渊博的学识,从而为他后来以人文智慧辅君治国奠定了坚实的基础。

经过庶吉士阶段的培养,马自强留任翰林院。中国历史上,翰林院是一个人文学术气息非常浓厚的官方组织,明代翰林院的行政级别为五品,主要职责是“掌制诰、史册、文翰之事,考议制度,详正文书,备皇帝顾问”[2]。翰林院虽然级别不高却被视为清贵之选,在这里供职的人一般享有很高的社会声望,而且这段经历可以为今后的升迁奠定重要基础。明英宗后有“非进士不入翰林,非翰林不入内阁”之惯例。

嘉靖三十四年,授翰林院检讨。四十三年,升修撰,参与《永乐大典》的重修工作,被命为分检官。四十五年,丁父忧。穆宗隆庆元年(1567),重录《永乐大典》工作完成,加官侍读。三年,任司经局洗马管国子监司业事。四年,兼翰林院侍讲充经筵讲官,纂修《肃皇帝实录》。马自强为朝廷所倚重,三次组织会试,一次主持应天府乡试,抑制宴请托情之风,疏通壅滞人才,广得学子赞誉。此后不久,升任国子监祭酒,成为当时国家最高教育机构的掌门人。祭酒任上,他“见科条渐弛,失教学初意,毅然以振饬自任,首按事不逞习为奸利事者,划剔积蠹,悉取累朝训典申明之。绝请托,抑躁竞,励学官,日以正学迪诸生。于是,成均中爽然易观听焉。时生徒大集,有需次经年不及拔历者,公上疏请损诸司历事期而增其名额。”[4]即:一方面完善规章制度、整顿风气,另一方面请求增加国子监招生名额。常常对在国子监读书的贫困学生给予资助,受到学生的爱戴和尊敬。“故士初惮公,已无不爱且敬者。”[4]

马自强在朝内担任过许多要职,历任国子监祭酒(从四品)、詹事府詹事(正三品)、礼部尚书(正二品)等职,最后升任太子太保、礼部尚书兼文渊阁大学士(从一品),以学识渊博、诚恳厚道、克己奉公而闻名于朝野。

明代帝王非常重视对皇太子的教育和对年幼皇帝的知识辅助。离任国子监祭酒后,隆庆五年,马自强升任詹事府少詹事兼翰林院侍读学士,不久成为翰林院负责人。詹事府是辅助太子的重要机构,詹事是该机构的一把手,位居正三品。期间无论在哪个部门任职,马自强都有一个很重要的角色,就是担任讲读官,给太子和皇帝讲授儒家经典。在古代,给皇帝当老师是一种难得的荣耀。神宗做皇太子时,马自强以渊博的学识出任太子太保。

朱翊钧(1563—1620),明穆宗朱载垕之子,六岁时被立为太子,开始学习的就是《三字经》。十岁时行冠礼,出阁就学,让翰林院的讲官进行专门教育,读《四书》。朱翊钧刚刚就学没有几个月,隆庆六年五月,穆宗驾崩,享年三十六。六月,朱翊钧便即皇帝位,次年改元万历,此即明神宗。朱翊钧虽名义上是皇帝,但由于年少,朝廷一切大事,实际由其生母李太后与太监冯保做主处理。在此期间,发生了首辅高拱与张居正争权问题,张居正与冯保合谋,驱除了高拱,从此,在内阁中张居正便独揽大权。八月,张居正便上疏说穆宗的安葬事宜已经完毕,请求皇上恢复日讲学习,过去在东宫时可以每天读书,现在是皇帝了,要上朝接见群臣,处理政事,所以便规定每逢三、六、九日视朝,其余每天在文华殿由讲官讲授读书。早上讲“四书”,原先在东宫时读《大学》《尚书》,现在接着读。讲读完后,临帖写字。近午讲《通鉴节要》,即选择《资治通鉴》中的重要段落讲解,午膳后回宫。《四书》《通鉴》虽经讲官讲解,但对一个十岁的孩子来说,只能按照传统的方式记忆背诵,不一定能完全了解其意义,所以在进行日讲的同时,张居正又嘱托讲官马自强等人,从历代历史事件中选择出善而可以为法者 81 事,恶而可以为戒者 36 事,每一事按其本意绘一图画,后录传记文字,再附以白话文直解,叙说其意,图文并茂,通俗易懂,取唐太宗以古为鉴之意,取名《历代帝鉴图说》,简称《帝鉴图说》,于这年十二月十八日进呈《帝鉴图说》疏。疏中阐述了编辑此书的主旨:“今臣等所辑,则善恶并陈,劝惩斯显,譬之,薰莸异器,而臭味顿殊;冰镜澄空,而妍媸自别……伏愿皇上俯鉴愚忠,特垂省览,视其善者,取以为师,从之如不及,视其恶者,用以为戒,畏之如探汤。每兴一念,行一事,即稽古以验今,因人而自考。高山可仰,毋忘终篑之功;覆辙在前,永作后车之戒。则自然念念则纯,事事合理。”这是说《帝鉴图说》所辑事例,是善恶并举,美丑并列,劝勉和惩戒区分非常明显,好像香草和臭草分器而置,气味顿然不同;如冰和镜的清明,美丑自然分明,希望皇上看到善的,即时效法,唯恐不及,看到恶者,引以为戒,好像以指探汤那样畏惧,每做一事都应该考察古代并验之于今,后人应引以为戒,不要再犯。这样每发一念,每行一事,就会自然合理得当,等等。《帝鉴图说》,以史为鉴,善恶并陈,正确地反映了中国的历史实际,继承了中国历史的优良传统。所以《帝鉴图说》编纂的主导思想是正确的。

据史料记载,马自强授课时言简意赅、举止凝重、仪度端详、声音洪亮,一口地道的关中口音,给小皇帝留下了深刻的印象,深得小皇帝的喜爱,因而被封为讲读首臣。马自强丁继母忧期间,神宗曾经对元辅张居正说:“公(指马自强)所讲解易省。”[4]一个回族学者成了皇帝的老师,这是一件非常有意义的事情。后来朝廷推举马自强担任礼部尚书,皇帝派遣使者询问张居正:“阁臣尚书兼日讲否?”居正说:“讲臣须清心专虑,而礼卿部务烦重,势不得兼状。”[4]乃用为礼部尚书兼翰林院学士，罢日讲，仍充经筵讲官，盖特命也。在中国历史上，全国社会、经济、文化曾经空前繁荣的万历中兴，应该说和早期马自强作为一名优秀的老师不无关系。这里值得一提的是，马自强对万历皇帝的教育，实实在在地做到了因材施教。万历皇帝四岁时成为太子，六岁出阁读书，继承帝位时也只有十岁，在皇帝从年幼读书到亲理朝政的成长过程中，马自强所发挥的作用仅次于内阁首辅大臣张居正。

由于《帝鉴图说》编纂得当，可读性强，在对年幼的朱翊钧的教育中发挥了重要作用。朱翊钧非常高兴，不用别人讲解，根据图文就能了解其内容十之三四。从此，他便把此书置之座右，随时翻阅，常常于日讲之毕，命张居正为其解说，对于有些感兴趣的问题，通过一问一答的形式进行讨论，提高了认识。一方面还是由于张居正、马自强辅导的认真，使朱翊钧成长为自己所期望的一个皇帝；一方面是朱翊钧的生母李太后对朱翊钧的严格要求。李太后原是穆宗的妃子，因为穆宗死后她的儿子继位为皇帝，才与陈皇后一同晋封为太后，她也希望自己的儿子成为一个铁骨铮铮有作为的皇帝，为此她搬到乾清宫与儿子同住，关照他的起居，遇视朝期，五更便亲自去呼喊儿子醒来，或命左右掖之而起，取水洗脸，使之登辇出朝。每次日讲经筵回宫之后，便命仿效讲官所讲重复一遍，若贪玩或不读书，即罚长跪。所以朱翊钧在内外两方面的监督和辅导下，学习很是认真，一应大事都听从母后和张居正的安排，这也就促成了万历初年张居正改革的实现。

张居正最初进呈的《帝鉴图说》是写本，不久即有司礼监刊刻的经厂本，自此该书流传宫外，有抄本，有刻本。如北图藏万历元年刊本，进图疏署名张居正、吕调阳，有礼部尚书兼翰林院学士陆树声叙，吏部侍郎兼翰林院侍读学士詹事府詹事王希列后序。内容分上下篇，上篇题名“圣哲芳规”，下篇题名“狂愚覆辙”。此后多种刻本即据此本刊刻或影印，如万历三年巡按云南监察御史郭挺梧刻本即是。又有清内府藏清纯忠堂刻本，内容与万历元年刻本完全相同。只是将王希列后序移至上篇之后，扉页署名张居正、吕调阳撰。至于各种流传的抄本，多有文无图。《帝鉴图说》一书，原书虽为帝王读书而编写，但内容简当，通俗易懂，其中许多理论和方法，经过实践证明对于今天的现实仍然有着独到的参考和教育意义。[7]

马自强在礼部任职时，排除干扰，以社稷为重，以民为本，核定皇戚宗室、文武大臣恩赐抚恤定例。他选择恰当的条例让官员共同遵守，把那些不适宜于执行的条例都予以摒弃。每当藩府的奏疏送到，他都及时裁决，在礼部门上张榜告示，公开表明可行与禁止，这种公示的办法使得官吏无法徇私牟利。北方游牧民族与明朝开展互市贸易初期有定额的奖赏，后来有些守边的官员徇私舞弊，致使朝廷的赏金支出不断增加。为了改变这种状况，他奏请皇上坚持原来的规约，对以弄虚作假手段索要奖赏者一律不予拨付，从而有效地节省了朝廷年度开支。

三、马自强入阁参典机务

马自强的学识和才能颇得明神宗朱翊钧赏识，曾与明代杰出政治家、改革家张居正同朝共事，是明代万历年间富有声望的回族政治家。马自强以诚心直道、不畏权势、秉性耿直名震朝野。首辅张居正与太监冯保利用皇帝年幼初立的机会，密谋勾结，把持朝政，迫害异己。时任内阁首辅张居正与宦官冯保勾结专权当政，朝臣皆视其面色行事，马自强却坚决与之斗争，罢黜张居正的幕僚郎中章礼等人，上简疏弹劾冯保，张国祥等贪赃枉法之罪。万历五年，张居正父亲去世，按照大明律例身为官员的张居正要回乡守孝二十七个月，怎奈身处一人之下万人之上，为了不让大权旁落，张居正不顾人伦孝悌的传统，亲手导演了一出“夺情”风波，不愿将权力移交，引起了群臣的愤怒。吴中行、赵用贤等人带头提起弹劾张居正，遭到了残酷的打击报复，许多持不同政见的官员被罢官、流放，四位带头上奏的官员被处以杖刑，落下残疾，张居正仍觉不解恨，欲置他们于死地而后快。时任礼部尚书的马自强义愤填膺，挺身而出，面对德高望重、置个人生死度外的忠勇老臣,张居正顿时淫威失色,从而保住了许多人的性命。朝野流传“居正甚不正,自强真自强”的赞语。

万历六年三月,他以太子太保兼文渊阁大学士衔入阁参典机务,为光禄大夫。《明史·马自强传》云:“自强初以救吴中行、赵用贤忤居正,自分不敢望,及制下,人更以是多居正。”[2]《明史·张居正传》亦云:“自强素忤居正,不自意得之,颇德居正。”[2]入阁后,“自强虽持正,亦不能有为,守位而已”[2],力图纠正首辅专权弊习,终因势单力薄,呼号无果,积郁成疾,六月,卒于任上。享年六十六岁。万历皇帝闻此噩耗,“悼惜深至,辍视朝一日”[4],诏令赐赗赙含襚之具,赠少保,谥“文庄”,加祭至十一坛,恩荫次子马慥为中书舍人,并派遣行人护送他的灵柩回乡。“工部主事督修茔兆,凡所为哀荣恤终之典,视礼臣所议,悉加厚焉。盖上所惓惓注眷公者,其恩礼始终不替,益笃如此。”[4]在担任文渊阁大学士期间,马自强既能认真履行自己作为次辅的职责,又很尊重首辅张居正和其他内阁大臣,尽职而不越权,是张居正改革事业的主要参与者和支持者。

马自强一生清正廉洁,德范垂世。崇祯十六年(1643),农民起义领袖李自成攻入同州城,一路把原有的牌坊一律拆除,但到马家巷马家祠堂则保留牌坊。马家巷是马自强从沙苑迁到城内的住处,李自成对马自强是熟悉的,据说他到同州曾说,马阁老这个人还可以。

马自强体察民情,关怀百姓。当他看到沙苑农民因增税而啼饥号寒,曾致书地方官吏,要求赈济流离饥民,并慨然上疏,历数沙苑自然条件的恶劣,农民生计的艰辛,驳斥增税者的无理借口,申诉输税者的万般困窘,言之凿凿,情之切切。朝廷随即减免了沙苑地区的赋税,为当地群众所称颂。

四、结语

张四维对马自强的一生作了非常贴切的总结评价:“见者知其正人,其操尚端谅,凡立身施政,务行心之所是,不欲一毫苟徇于人。兼容博爱发于至诚,见一人一物不得其所,必疚然思为济之。故平生恤困周急,惟其力所可为,如恐不及。见不善,蹙额若将浼己。人有片长寸善,汲汲乐与之,自以为不如也。盖其德宇渊宏,造诣深邃,诚心直道,贯乎表里,始终无间然矣。”[4]综上论述,可以用八个大字概括马自强的一生:清正廉洁,德范垂世。他的一生,为秦东历史人物塑造的秦东精神增添了一笔重彩,是秦东历史长河所留下的精神宝藏。

参考文献

[1](清)龙文彬. 明会要[M]. 北京:中华书局,1956:465.

[2](清)张廷玉等. 明史[M]. 北京:中华书局,1974:4144,5772,1786,5648.

[3]谭其骧. 中国文化的时代差异和地区差异[A]. 长水粹编[C]. 石家庄:河北教育出版社,2000:381.

[4](明)焦竑. 国朝献征录[M]. 台北:明文书局,1965:129-133.

[5](清)马先登. 同州马氏家传[M]. 同治七年(1868)刊,国立清华大学图书馆藏.

[6]梁新奇. 明清关西马氏的若干经济问题[J]. 剑南文学,2011(11):203-204.

[7]陈生玺. 善恶并陈 以史为鉴——张居正《帝鉴图说》在当今的意义[N]. 南开大学报,2010-11-05.

论《史记》主要军事人物

王麦巧

（渭南师范学院 中文系，陕西 渭南 714099）

摘　要：军事人物成名于战争，经历了战争的洗礼，要么有显赫的战功，要么有奇谋远略；要么在军事理论方面有建树，要么兼而有之，不管是哪一方面，他们都是那个时代在军事方面首屈一指的人物。《史记》军事人物可分为三类：一是以孙子为代表的以军事思想著称的军事人物；二是以孙膑、吴起、李牧、韩信等为代表的既有军事谋略，又善于带兵打仗的军事人物；三是以白起、蒙恬、项羽、霍去病等为代表，他们也有军事谋略，但他们更擅长带兵打仗，注重实战经验，是在战争中成长起来的军事人物。

关键词：《史记》；军事人物；军事思想；战争

基金项目：渭南师范学院教育科学研究课题：《史记》教学对中学生语文素养培养的价值（2017JYKX014）

作者简介：王麦巧（1965—　），女，陕西大荔人。文学硕士，渭南师范学院中文系教授，研究方向为渭南方言民俗。

社会的发展变化总是伴随着朝代的更迭，朝代的更迭则意味着战争，战争成就了像孙子、孙膑、吴起、蒙恬、项羽、韩信、张良、周亚夫、霍去病这样的军事人物，他们或者久经沙场，能征善战；或者运筹帷幄，决胜千里；或者谙熟兵法，垂著篇籍……宛如繁星灿烂，闪烁在中国军事的太空，辉映着中华大地。司马迁有着深刻的英雄主义情结，他崇敬军事家世罕匹敌的军事谋略和出神入化的指挥艺术，因而为之立传传诵。当我们随着史公的笔触，感受孙子吴宫教战的号令严明，体味孙膑马陵道智斗庞涓的惊心动魄，领略韩信将兵多多益善的傲气、豪气，回眸霍去病饮马瀚海、封狼居胥的壮举，谁又能不为之动容！

一

军事人物成名于战争，经历了战争的洗礼，要么有显赫的战功，要么有奇谋远略；要么在军事理论方面有建树，要么兼而有之，不管是哪一方面，他们都是那个时代在军事方面首屈一指的人物。

《史记》中以军事思想著称的军事人物是孙子。提到孙子，人们马上想到《孙子兵法》，它是一部杰出的军事著作，历来被推崇为“兵经”“武经”。兵法十三篇是孙子军事思想的体现，《史记》没有直接介绍孙子军事思想，而是通过吴宫教战、佐吴破楚两件事展示孙子兵法之妙。军事思想不是纸上谈兵，重在实用，为了使吴王领略自己的军法，孙子以吴宫美女为对象教习操练。孙子把她们分为两队，让吴王阖庐最宠爱的两位侍妾分别担任各队队长，让所有的美女各拿一支戟。然后命令她们说：“汝知而心与左右手背乎？”“前，则视心；左，视左手；右，视右手；后，即视背。”三令五申后，就击鼓发令，叫她们向右，妇人们都哈哈大笑。孙子曰：“约束不明，申令不熟，将之罪也。”又三令五申，然后击鼓发令让她们向左，妇人们又都哈哈大笑。孙子曰：“约束不明，申令不熟，将之罪也；既已明而不如法者，吏士之罪也。”[1]2161 于是以“将在军，君命有所不受”为由杀了吴王的两位宠姬示众，使队伍达到了“唯王所欲用之，虽赴水火犹可也”的效果。吴宫教战的故事晓谕人们：军队必须令行禁止,纪律严明。这就是《孙子兵法》所谓“令之以文,齐之以武”的思想,部队只有旌旗鲜明,号令严肃,才能一呼百应,“犯三军之众,若使一人”,产生强有力的战斗力。佐吴破楚是孙子军事思想的运用。孙子被伍子胥引荐给吴王阖闾,为吴王手下将领,“西破强楚,入郢,北威齐晋,显名诸侯,孙子与有力焉”。短短二十个字概括了孙子的军事才能。所谓“西破强楚,入郢”是指阖闾九年(前506),吴国决定攻打楚国,孙武和伍子胥认为,要想一举攻破楚国,必须得到唐、蔡两国的支持,采取迂回作战的方略。阖闾采纳这一建议,亲自统率吴军三万人,乘船沿淮水西进,经过唐、蔡两国,至淮汭弃船登岸,从大别山麓插入楚国,大破楚军于柏举,继而深入汉水流域,乘胜追击楚军,五战五捷,攻占楚都郢城。所谓“北威齐晋,显名诸侯”,是指夫差十二年(前484),吴国出兵北伐,大败齐军于艾陵,并与晋国争夺霸权。“孙子与有力焉”是对孙武为将的肯定。

二

在《史记》中,既有军事谋略、又善于带兵打仗的军事人物有孙膑、吴起、李牧、韩信等。孙膑是战国时代齐国人,孙武的后代。他的军事才能主要通过驰逐重射、围魏救赵、马陵之战三件事表现出来。孙膑为齐将田忌门客时,田忌“数与齐诸公子驰逐重射”,孙膑对双方赛马以及比赛情况调查之后,就对田忌说“臣能令君胜”,他建议田忌,比赛时,以自己的下马对对方的上马,以自己的上马对对方的中马,以自己的中马对对方的下马。田忌赢得比赛,孙膑因此初露锋芒,得见齐威王,遂以为师。孙膑为齐军师后,指挥了多次战斗,其中最著名的是围魏救赵和马陵之战。前354年,魏国派将军庞涓带兵八万攻打赵国,很快包围了赵国的都城邯郸。赵国形势危急,向齐国求救。齐威王以田忌为将军,以孙膑为军师率军救援。田忌打算直奔邯郸,以解赵国之围。孙膑不同意,提出避开敌人实力强大之处,袭击敌人虚弱之处的计策;魏国攻赵,精兵大多在外,留在国内的,只不过是一些老弱残兵。趁魏国都城防务空虚,率军直奔大梁,就可迫使魏军放弃赵国回来营救。田忌听从了孙膑的意见,魏军果然离开邯郸回师,在桂陵地方两军交战,魏军大败而归。十三年后,魏国和赵国联合攻打韩国,韩国向齐国求救,齐王派田忌、孙膑前去救援,孙膑采取退兵减灶的计划诱敌深入,埋伏于马陵道,“马陵道狭,而旁多阻隘,可伏兵”。轻敌的庞涓果然中计,他“弃其步军,与其轻锐倍日并行逐之”。如此使得战线拉长,兵力分散,优势的兵力转化为劣势。魏军一步步堕入圈套,终于大败,庞涓自杀。齐军乘胜追击,彻底击溃了魏军,俘虏了魏国太子申回国,孙膑也因此名扬天下。孙膑的军事思想见《齐孙子》。《汉书·艺文志》记载,孙膑著有《齐孙子》八十九篇、图四卷,为后世留下重要的军事理论。

吴起的一生是追求功名的一生,他善于用兵,“欲就名”。他先侍奉鲁国国君,齐国军队攻打鲁国,鲁君欲任吴起为将,因吴起娶齐女为妻而怀疑他。为了坚持自己的意志、实现自我价值,吴起不惜杀妻,终于遂愿率军攻打齐国,把齐军打得大败,一战而名扬天下,赢得了人们的肯定。值得注意的是,当时鲁国是一个没落的小国,而齐国则是新兴的军事强国,国力不可同日而语,弱小的鲁国能战胜强大的齐国,吴起在其中起了最为关键的作用。由于被人诋毁,鲁国国君疏远吴起,于是他投奔魏国,魏文侯任用他为主将。“吴起善用兵,廉平,尽能得士心,乃以为西河守,以拒秦、韩。”[1]2166后来。吴起又来到楚国,在楚国,展现了他作为一个政治家的远见卓识:“明法审令,捐不急之官,废公族疏远者,以抚养战斗之士。要在彊兵,破驰说之言从横者。于是南平百越;北并陈蔡,却三晋;西伐秦。”吴起追求功名异于李斯之流,坚持自我不出卖灵魂。“‘吴起为人节廉而自喜名也。……君因召吴起而与归,即令公主怒而轻君。吴起见公主之贱君也,则必辞。’于是吴起见公主之贱魏相,果辞魏武侯。”[2]2168面对功业与名,吴起选择了后者,“惜名如命”背后反映了他有强烈的独立意志,不屈服于权贵,不因功名失去自我。在吴起的功名簿上,值得一提的还有吴起兵法,“世俗所称师旅,皆道孙子十三篇,吴起兵法,世多有,故弗论。”据《汉书·艺文志》记载,《吴起》一书共48篇,其主要谋略思想是“内修文德,外治武备”。

李牧是战国末期赵国名将,在对匈奴作战中,他屡次重创敌军,显示了高超的军事指挥艺术。出任代郡郡守时,他根据边防形势的需要,使用坚壁清野的方针,建立了边防预警体系。每逢匈奴入侵,便以烽火传达信息,人马迅速退入营垒固守,使“匈奴数岁无所得”。对待士兵,注意休整部队,养精蓄锐,积蓄力量。“市租皆输入莫府,为士卒费。日击数牛飨士”,[1]2449每天都得到赏赐的士兵斗志昂扬,欲与匈奴决一雌雄。备战工作完成后,李牧着手准备与匈奴一战。他首先选择不同的兵种进行训练:精选的战车一千三百辆,战马一万三千匹,敢于冲锋陷阵的勇士五万人,善射的士兵十万人。通过训练,发挥了不同兵种的特长,提高了其协同作战能力。继而固守示弱,助长匈奴轻敌情绪。之后诱敌深入至预设战场,迎头痛击,大败匈奴,杀死十多万人马。此后十有余年,匈奴不敢犯境。

韩信是一位著名的军事家和军事指挥家,在楚汉战争中,他“连百万之众,战必胜,攻必取”,表现出卓越的军事才能。他创造了明修暗度、背水一战、木罂缶渡军等战术,指挥了平定三秦、破魏之战、井陉之战、潍水之战等,并且获得全胜,因此,司马光说:“汉之所以得天下者,大抵皆信之功也”。韩信登台拜将后,首建之功是暗度陈仓,还定三秦。前206年,刘邦决计进军关中,“东向争权天下”。当时,汉军面临的形势是十分严峻的。项羽为防止刘邦出汉中,在分封诸侯时三分关中,以秦降将章邯、司马欣、董翳为关中王,“以距塞汉王”。他企图借助天险和重兵,将刘邦封闭在巴、蜀、汉中之地。通往关中的正面要道均被章邯严密封锁,汉军要想从正面突破,非常困难。于是,韩信针锋相对,定下奇计:一面派人重修已被烧毁的褒斜栈道,造成汉军要从正面出击的假象,以迷惑章邯,一面率大军秘密从陈仓道进发,以奇兵袭击章邯侧翼。这便是著名的“明修栈道,暗度陈仓”之计。“陈仓道位于秦岭西段,汉军由南郑向西至白水,然后折向东北,走陈仓道出大散关,直趋陈仓”。[2]121汉军的行为完全出乎章邯的预料,章邯只好仓促应战,最后兵败自刎。汉军乘胜追击,司马欣、董翳等降汉,刘邦占领了关中全境,实现了北定三秦的宏伟战略。

韩信奇功之二是力挽狂澜,奇兵破魏。汉军在彭城败退之后,塞王司马欣、翟王董翳叛汉降楚,齐国和赵国也背叛汉王跟楚国和解。六月,魏王豹以探望老母疾病为由请假回乡,一到封国,立即切断黄河渡口临晋关的交通要道,反叛汉王,与楚军订约讲和。汉王派郦生游说魏豹,没有成功。这年八月,汉王任命韩信为左丞相,攻打魏王豹。魏王把主力部队驻扎在蒲坂,堵塞了黄河渡口临晋关。韩信故意在临晋(今陕西大荔东)虚张声势,而将主力悄悄运至夏阳,“以木罂缶渡军”,奇袭安邑,很快击垮魏军,俘虏魏王豹,平定了魏地,改制为河东郡。

背水列阵、鏖战井陉更是韩信的经典之作。韩信与张耳统兵数万,欲东下井陉攻打赵国。赵王、成安君闻知后聚兵二十万,驻扎井陉口。广武君李左车提出间道绝粮、坚守不战的计谋,可惜赵王歇和陈馀不用,而是在井陉正面摆开决战架势,而这正是韩信所希望出现的军事态势。他挑选了两千名轻骑兵,每人持一面红旗,说:“赵见我走,必空壁逐我,若疾入赵壁,拔赵帜,立汉赤帜。”并传令今日破赵会餐,仗还没打就预料必胜。他不仅具体布置骑兵的行动计划,连敌军“空壁逐我”也肯定无疑,难怪将士们都不相信。接着他又派出万人的先锋队,“出,背水阵”。显然万人的先锋队伍,背水布阵是不合常规的,是违反兵书战策的,所以连敌军也“望而大笑”。两军相接,赵军倾巢出动攻击韩信的军队,韩信诈败,抛旗弃鼓,等到他的骑兵乘虚冲入赵军营垒,换上汉军赤帜后,韩信率众拼死反扑,迫使赵军想退回营垒,“壁皆汉赤帜,而大惊,以为汉皆已得赵王将矣,兵遂乱,遁走,赵将虽斩之,不能禁也。于是汉兵夹击,大破虏赵军,斩成安君泜水上,禽赵王歇。"[1]2616这是韩信知己知彼,灵活运用战策的结果,足见其胸中韬略之一斑了。

潍水之战是韩信继井陉鏖战后的又一次力作。前203年,韩信用蒯通之谋,袭破齐之历下军,进而攻陷临菑,项羽派大将龙且率兵往救。齐楚联军与韩信军夹潍水布阵。当时汉军兵力约数万,而齐楚联军却有二十多万,且楚军兵精将勇,战斗力很强。显而易见,韩信要想取胜绝非易事。龙且不听劝谏,倨傲而又刚愎自用,进兵与韩信战,韩信"壅水上流,引军半渡,击龙且,佯不胜,还走"。等到龙且率军渡水,"信使人决壅囊,水大至"[1]2621,使得龙且军大半淹死水中,在激烈的战斗中龙且被杀死。潍水之战为韩信平齐铺平了道路。

三

从春秋战国到秦汉时期,社会动荡不安,战争不断,涌现出很多擅长带兵打仗的军事人物,如白起、蒙恬、项羽、霍去病等人。他们也有军事谋略,但他们更擅长带兵打仗,注重实战经验,是在战争中成长起来的军事人物。

白起是战国时期秦国军事家,精于用兵,屡战获胜。"白起为左更,攻韩、魏于伊阙,斩首二十四万,又虏其将公孙喜,拔五城。""攻魏,拔之,取城小大六十一。明年,起与客卿错攻垣城,拔之。后五年,白起攻赵,拔光狼城。后七年,白起攻楚,拔鄢、邓五城。其明年,攻楚,拔郢,烧夷陵,遂东至竟陵",[1]2331夺取韩、赵、魏、楚大片领土。长平之战中,他采取迂回、运动的战略战术。先佯败,引诱赵军重兵脱离有利阵地。赵军追击至秦军主力坚守的壁垒,遭到顽强抵抗。此时,白起布置在壁垒两翼的突袭部队两万五千人迂回赵军侧后,切断了赵军的后路,另一支五千骑兵的快速部队插入赵军的营垒之间,断绝了它们的联系,把赵军分割成两个孤立的部分,运粮通道也被堵住。这时秦军派出轻装精兵实施攻击,大败赵军,坑杀俘虏四十余万人,举世震惊。

蒙恬是大秦的忠臣、名将,为秦朝的巩固建立了赫赫战功。在《太史公自序》中,司马迁赞叹蒙恬"为秦开地益众,北靡匈奴,据河为塞,因山为固,建榆中"。概述了蒙恬对秦王朝建立的卓越战功。蒙恬是秦始皇时期著名的将领,是将门之后。祖父蒙骜,是秦国的大将,曾经率军伐韩,夺取十三座城池;攻赵,夺取三十七座城池;攻魏,夺取二十座城池。父亲"蒙武为秦裨将军,与王翦攻楚,大破之,杀项燕。二十四年,蒙武攻楚,虏楚王"。[1]2565为了开拓秦国的疆土,为了秦始皇的统一大业,蒙氏父子率军攻城略地、浴血奋战、出生入死,建立了卓越的功勋。蒙恬的战功,主要集中在秦王朝巩固时期。随着时间的推移和历练,蒙恬已经成长为能征善战的优秀将领。《蒙恬列传》云:"秦已并天下,乃使蒙恬将三十万众北逐戎狄,收河南。筑长城,因地形,用制险塞,起临洮,至辽东,延袤万余里。于是渡河,据阳山,委蛇而北。暴师于外十余年,居上郡。是时蒙恬威振匈奴。"《匈奴传》又云:"始皇帝使蒙恬将十万众北击胡,悉收河南地,因河为塞,筑四十四县城临河,徙谪戍以充之。"在这里,司马迁概况叙述了蒙恬两方面的功绩。一是抗击匈奴,守卫边疆。二是修筑了万里长城的防御工程,保障了北方人民安定的生产和生活。

匈奴是战国时期兴起于大漠以南的阴山与河套一带一个多部落国家,他们善于骑射,能征善战。秦统一中原的同时,他们乘机跨过黄河,占领了河套以南的大片土地,直接威胁着秦王朝首都咸阳的安全,成为秦朝最大的心腹隐患。前215年,蒙恬率领浩浩荡荡的大军奔赴边关,从此,拉开了他长达十余年镇守边塞的生涯。蒙恬先后与匈奴单于头曼有两次大的交战。一次是前215年,秦朝三十万大军与匈奴军交战,秦军士气高昂,势如破竹,匈奴损兵折将数万人,蒙恬率军胜利收复了河套以南之地。一次是前214年,蒙恬率领大军渡过黄河,在黄河以北与头曼的十万铁骑展开了恶战,最后以大胜而结束了战斗。《匈奴列传》云:匈奴单于"头曼不胜秦,北徙"。经过这两次大的战役,匈奴被蒙恬的军队彻底打败了,他们向大漠以北遁去。秦朝北方疆域扩展到了黄河北岸、阴山南麓一带，占领了今天内蒙古乌加河以南包括鄂尔多斯高原在内的广大地区。蒙恬于是“因河为塞，筑四十四县城临河，徙谪戍以充之”。[1]2886在这片区域，蒙恬建立了四十四县，又从内地迁徙三万户到这里，一边从事开垦荒田，一边防守边关。

秦军虽然收复了黄河以南的广大地区，但秦始皇对匈奴并不放心，他在思考着彻底防御匈奴等北方少数民族的长久之计，于是就假借“亡秦者胡也”的谶语，不惜血本，下令蒙恬修筑万里长城。蒙恬立即派人勘察地形，又征发七十万劳工，开始修筑万里长城这项浩大艰巨的工程。历经数年，蒙恬率领七十万劳工依随地形山势的起伏，修筑了西起临洮（今至辽东甘肃岷县）东到辽东（今辽宁东部）的万里长城。“蒙恬北筑长城而守藩篱，却匈奴七百里，胡人不敢南下而牧马，士不敢弯弓而报怨。”[1]280

项羽是一个悲剧式的英雄人物，他既是一个“力拔山兮气盖世”的主帅，又是一个只知用武不谙机谋的匹夫；他勇猛善战，叱咤风云，显赫一时，最后却军败垓下，自刎乌江，令人扼腕叹息。虽然如此，项羽仍然是一个具有军事才能的将领，反秦起义、破釜沉舟、彭城之战等故事家喻户晓，历代传诵。公元前209年，项羽随项梁在吴中起义，杀会稽守，一府慑服，莫敢起。与刘邦在城阳以东大败秦军，接着，又西至雍丘把秦军打得落花流水，并杀死了三川郡守李由，然后乘胜回师东北，攻打外黄。反秦起义拉开了项羽军事历程的序幕，他的成名之战是钜鹿之战。前207年，秦国三十万人马包围了赵国钜鹿，赵王连夜向楚怀王求救，楚怀王派宋义为上将军，项羽为次将，带领二十万人去救赵国。宋义畏秦不前，项羽诛杀卿子冠军，“诸将皆慑服，莫敢枝梧”。“乃遣当阳君、蒲将军将卒二万渡河，救钜鹿。战少利，陈馀复请兵。项羽乃悉引兵渡河，皆沈船，破釜甑，烧庐舍，持三日粮，以示士卒必死，无一还心。于是至则围王离，与秦军遇，九战，绝其甬道，大破之，杀苏角，虏王离。涉间不降楚，自烧杀。”[1]307钜鹿之战，楚兵以一当十，呼声动天，诸侯无不人人惴恐，从此项羽名震天下，成为诸侯上将军。李晚芳赞曰：“羽之神勇，千古无二；太史公以神勇之笔写神勇之人，亦千古无二。迄今正襟读之，犹觉喑哑叱咤之雄，横纵驰骋于数页之间，驱数百万甲兵，如大风卷箨，奇观也。”[3]349

楚汉战争中，刘邦趁项羽在齐地平叛之几率诸侯之兵讨伐楚国，占领了楚国都城彭城，掳掠了财宝、美人，并且大摆酒宴庆功。项羽陷入前所未有的危机中：齐国尚未平定，回师救楚，则腹背受敌；刘邦诸侯联军56万人，规模空前宏大，项羽因为两线作战，兵力不足；彭城沦陷后，楚地尽失，项羽只能孤军深入，速战速决；彭城距齐地千里之远，回救彭城需要长途跋涉，而敌人以逸待劳。面对险恶的政治、军事环境，项羽制定了一个大胆的战略计划，以诸将率领大军继续平定齐国，作为迷惑刘邦的手段，而自己亲自带领三万精兵绕道彭城后方，以彭城为钓饵引刘邦上钩，然后偷袭刘邦后方。“晨击汉军而东，至彭城，日中，大破汉军。汉军皆走，相随入穀、泗水，杀汉卒十余万人。汉卒皆南走山，楚又追击至灵壁东睢水上。汉军却，为楚所挤，多杀，汉卒十余万人皆入睢水，睢水为之不流。”[1]322彭城之战，项羽歼灭了刘邦的主力，扭转了孤立无援的政治局面，重新占据了楚汉战争的主动权。

霍去病是抗击匈奴的年轻军事家，曾经六出北疆，攻打匈奴，扬威大漠。从汉高祖到汉武帝初期，西汉政府一直面临匈奴的威胁，由于国力虚弱，不得已采取和亲政策。和亲换来了暂时的和平，但并没有从根本上解决问题。汉武帝时期，经过几十年的休养生息，国力渐强，西汉对匈奴的政策由防御转向进攻，拉开了汉匈战争的序幕。前123年，年仅十八岁的霍去病两次随卫青出师匈奴，霍去病率八百勇骑“直弃大军数百里赴利”，“斩首虏二千二十八级，及相国、当户，斩单于大父行籍若侯产，生捕季父罗姑比，再冠军，以千六百户封去病为冠军侯。”[1]2989

元狩二年（前121年）春天，汉武帝任命霍去病为骠骑将军,率领精骑一万人,从陇西出发,攻打匈奴。霍去病面对的是匈奴的右贤王部,他果然不负众望,长驱直入,势如破竹,“逾乌盭,讨遬濮,涉狐奴,历五王国,辎重人众慑慴者弗取,冀获单于子。转战六日,过焉支山千有馀里,合短兵,杀折兰王,斩卢胡王,诛全甲,执浑邪王子及相国、都尉,首虏八千馀级,收休屠祭天金人”。[1]2929-2930 在此次战役中,霍去病采用运动战、闪电战、迂回战术,长驱直入,转战五国,快速袭击,取得胜利后就以迅雷之势转战另一部落,使各部军事力量不能联合,各个击破。此次河西之战不但在军事上取得了较大的胜利,还了解到了河西的地理环境及匈奴的一些情况,为日后大规模出兵积累了经验

元狩二年夏天,汉武帝命霍去病和合骑侯公孙敖率军数万,进行第二次西征,据《史记》记载:“骠骑将军踰居延,至祁连山,捕首虏甚多。天子曰:‘骠骑将军踰居延,遂过小月氏,攻祁连山,得酋涂王,以众降者二千五百人,斩首虏三万二百级,获五王,五王母,单于阏氏、王子五十九人,相国、将军、当户、都尉六十三人”。[1]2931 两次河西战役,歼灭了匈奴在河西的主力,将河西地区纳入了汉朝版图,而且打通了连接西域各国的通道。

元狩四年春天,霍去病率骑兵五万出代郡,深入漠北,寻歼匈奴主力。霍去病率军北进一千多里,越过大沙漠,翻过离侯山,渡过弓间河,与匈奴左贤王部接战,歼敌 70443 人,俘虏匈奴屯头王、韩王等 3 人以及将军、相国、当户、都尉等 83 人,乘胜追杀至狼居胥山,在狼居胥山举行了祭天仪礼,在姑衍山举行了祭地仪礼,兵锋一直逼至瀚海。经此一战,“匈奴远遁,而漠南无王庭”。从此,“封狼居胥”成为兵家所追求的最高荣誉。

《史记》军事人物因为其功业而名载史册,流传古今,千百年来被人们传唱。《史记》军事思想是中国军事思想的重要组成部分,其内容博大精深,是对先秦以及秦汉时期军事思想的总结,为中国军事文化增添了绚丽的色彩,为研究古代军事思想提供了翔实的资料。

参考文献

[1](汉)司马迁. 史记[M]. 北京:中华书局,1982.
[2]李兴斌. 韩信用兵艺术浅探[J]. 军事历史研究,1988(2):116-124.
[3]杨燕起等. 历代名家评史记[M]. 北京:北京师范大学出版社,1986.

论士大夫的行为方式

——以张载为个案

乔晓琼

（渭南师范学院 陕西 714000）

摘　要：“知行合一”“内圣外王”和“情景合一”分别对应着以“天人合一”为人生境界的道德活动、政治活动和文化活动。本文正是依凭这一分析框架，分别从天人合一的三个不同方面出发，具体考察张载的三种行为方式。综合张载的道德行为、政治行为和文化行为，可以看出一种入世和遁世的矛盾心态。士大夫之此世的入世和遁世的冲突实际上完成的是在此世的一种内在超越。这种内在超越精神，无疑可以引发对中国历史文化与社会发展独特性的进一步思考。

关键词：士大夫；行为方式；入世；遁世。

作者简介：乔晓琼（1983— ），女，陕西合阳人。渭南师范学院人文学院讲师，主要研究方向为文化哲学。

从总体来看，儒家哲学的基本精神乃是教人如何“做人”，为此就应有一个“做人”的要求，即要有一个真、善、美的理想境界。这种境界集中体现在三个基本命题之中，即：“天人合一”“知行合一”“情景合一”。在这三者之间，“天道”与“人道”合一的“天人合一”是根本，“知行合一”“情景合一”是从“天人合一”中派生出来的。“知行合一”无非是要求人们知“天道”行“人道”；“情景合一”无非是要求人们以其思想感情再现天地造化之工，故亦是“天人合一”之表现。与此同时，“内圣外王”的政治哲学又与“天人合一”“知行合一”“情境合一”思想密切联系，内圣所追求的是“天人合一”的境界，外王则需要落实到“知行合一”中来。内圣外王、知行合一和情景合一这三个命题其背后的源头都是天人合一，如果说“天人合一”侧重于从本体论和价值观层面来论述儒家哲学的话，“知行合一”“内圣外王”和“情景合一”则分别对应着以“天人合一”为人生境界的道德活动、政治活动和文化活动。本文正是依凭这一分析框架，分别从天人合一的三个不同方面出发，具体考察张载的三种行为方式。

一、士大夫的行为方式

（一）张载的道德行为——“知行合一”

“知行合一”指向的是哲学领域的认识论及道德实践的问题，儒学解决的一个核心问题是“做人”问题，但“做人”问题落实到具体的行为层面的话主要指的是其道德行为，即对于日常生活伦理及礼仪的实践。因此说，儒学之“天人合一”实际是有着“知”和“行”的两个维度。知“天道”的过程也就是行“人道”的过程，知即是行，行也即是知。

如果从知行合一的角度来看，张载所提倡的是一种“民胞物与”的思想境界，他一生所践行的也是“民胞物与”的理念。黄宗羲曾认为张载“居恒以天下为念”，“恒以天下为念”其实已经超出了道德的境界，其中人与人之间没有等级之差别，其所最终要达到的也是一种天地大心的境界。在《横渠先生行状》中，也记述了张载的道德实践。张载在治家接物方面严格遵循着圣人之德行，严格遵循着礼仪制度，“学礼以成德”是其道德实践的重要环节。张载的道德实践和其圣人关怀是分不开的,张载之“知行合一”即为知天道的过程是通过具体道德行为来行圣人之道。

(二)张载的政治行为——“内圣外王”

儒学内圣外王讲的是内在的道德修养必须在日常的伦理生活中去洞悉实践,内圣外王要实现的是“所以汇天道人道”。儒家士阶层自孔孟以来就有着一种儒家整体规划,通过内圣外王达至秩序重建,也就是“变天下无道为天下有道”,士大夫阶层所努力实现的正是这样的一种理想的人间秩序。张载的内圣外王思想体现在《横渠先生行状》中神宗和张载的问答。“上嗣位二年……既入见,上问治道,皆以渐复三代为对。”可见,张载之政治关怀的核心在于恢复三代之治,而“回向三代”的政治理想是北宋士大夫普遍的政治关怀,这里离不开“庆历新政”和“熙宁变法”的鼓舞,由此,士大夫此时涌现出的是一种强烈的参政意识,即要求与皇帝“共治天下”。

与高居相位、主持全国变法的王安石不同,张载“回向三代”的努力主要是在地方进行政治实践。在《横渠学案》中,有过对于张载在地方兴教化的介绍。这实际上成为后来乡约的雏形,也即是说,张载在推行地方自治方面做出了贡献。他的政治行为是在积极入世做官的同时,在“本乡以礼化俗”,即所谓“纵不能行之天下,犹可验之一乡”。

尤其是,由于变法理念的冲突,张载不仅没有得到王安石的重用,而是“移疾西归,屏居横渠”。但是,张载决定在本乡进行地方自治的实验。《横渠学案》曾记述张载回乡后的生活情况,一边著书立说,一边在本乡推行礼乐教化,并专门买了一方田来推行井田制,使得关中风俗一变。张载所推行的自下而上的地方性风俗教化类似一种地方性的自治,其政治行为则是以渐进的方式推行地方的“礼乐化俗”。

(三)张载的文化行为——“情景合一”

“‘情境合一’作为一个重要的美学命题,它的意思是好的文学艺术作品是‘情’和‘景’结合的产物。”“情”和“景”的合一,要求的是人在其思想感情中不断地感受天地的造化,体悟“天地大美”。钱穆曾言,“中国人的诗文字画,使你能暂时抛开一切责任,重回到悠闲的心情、自然的欣赏上。由此,中国的艺术文学和中国的道德人生调和起来,代替了宗教的作用”。

根据李裕民的观点,通过详细考察各种史料,可以搜集张载各种诗 61 首、文 14 篇,主要为张载的田园生活及哲学思想及政治观点。其中田园诗和自然风景大致占到了能够搜集到的一半,故此,除了以天下为己任的精神之外,张载还有着向往清净安宁生活的强烈追求。在《张载评传》中也记载着:熙宁三年,张载辞官回到横渠镇,写了《土床》和《别馆中诸公》两首诗,这两首诗中主要抒发在张载的世界中也有着甘愿穷居陋巷却乐以忘忧的精神。

根据上述诗文并结合张载的生平,我们可以看到张载思想中的“入世”和“遁世”的内在冲突。一方面,儒家积极入世理念对于士大夫人格的塑造起到了很大的作用;北宋士大夫积极要求“与君主共治天下”,在他们看来,天下之安定太平是他们人格理想中的核心部分,因此,张载等人一生是积极入世并渴望建立功名。另一方面,在士大夫积极入世的同时,其“治国平天下”的抱负在现实中由于种种原因,可能难以真正的实施,士大夫在现实中遇到阻力之后,其选择的是一种独善其身的生活方式,纵情山水田园。

二、士大夫入世和遁世的紧张冲突

综合张载的道德行为、政治行为和文化行为,可以看出一种入世和遁世的矛盾心态。这一矛盾心态在其他北宋士大夫中也有所体现。王安石闲居江宁期间,写了《秣陵道中口占》和《载酒》等诗词,诗词中抒发郁闷心情,但对朝堂之事仍然很关注。元丰五年(1082),苏轼贬官期间写了那首《念奴娇·赤壁怀古》,抒发超然之情;庆历五年(1045),欧阳修被贬滁州知州,写了《醉翁亭记》,向往的是一种超脱性的生活。

从上述分析中可知,北宋时期士大夫处于一

种尴尬的社会情景之中。士大夫所向往的“回向三代”的理想必须通过君主来推行和实施，士大夫很难左右君主的行为，因此，其“行道”的时候不可避免地带有这样的一种现实压力，而士大夫之理想追求要求其在现实中必须严格践行“内圣外王”和“知行合一”，现实中士大夫在践行这一政治道德理想时，却面对着无法掌控自己政治道德命运的现实情况。当士大夫在中央无法真正实现“回向三代”的政治蓝图的时候，其选择的是退而求其次的“觉民行道”方式。此一过程，虽然能够严格地按照圣贤式的礼仪和规范来约束自己，但这种无法“得君行道”的失意始终很难得到排解，因此，他们以寄情山水的方式排解愤懑失落的心情。

就其实质，这种士大夫生活的一种入世和遁世的矛盾心态，背后所体现的是追寻“天人合一”境界时理想与现实的内在张力。在理论上，士大夫“天人合一”境界所体现的是从真（天人合一）、到美（情景合一）、到善（知行合一）的成圣成贤过程，这也就是“‘五十而知天命’是追求‘天人合一’的层次，‘六十而耳顺’是达到‘情景合一’的层次，‘七十而从心所欲不逾矩’则是实践‘知行合一’的境界”。但在现实中，所体现的却是从真（天人合一），到善（知行合一），再到美（情景合一）的不断退守过程，在现实中士大夫在严格践行“内圣外王”和“知行合一”之政治道德要求的过程中，往往有着一种身心疲惫感，“得志与民同乐”的同时也面临着“不得志则独善其身”的一种窘境。士大夫在处于不得志的时候，往往只能借自然之景来抒发心中的理想抱负，最终期待追求一种“天”之自然和“人”之情感的合一。上述过程虽然仍然保持着儒者对“天人合一”境界的不断追求，但在儒家理想与现实中已经出现了不可弥合的矛盾，在士大夫身上也由此体现为入世不可得与遁世不甘心的两难处境。

当然，上述只是以张载为主线，通过对张载的行为方面的考证，我们发现士大夫之行为方面也同样有着一种冲突的心态，并不是像韦伯在儒教与道教中所强调的只是寻求一种此世的和平安宁，士大夫变革社会秩序的愿望是很强烈的，但是在现实中如果真的做不到变革社会秩序的时候，他们会选择退而求其次的积极有为状态中。这与韦伯所说的士人阶层“面对‘现世’的紧张性是从来没有出现过”，“儒教的理性在于理性的适应世界”的说法是不同的。

总之，士大夫之行为方面和行为心态与清教徒形成了严格的对比，清教徒此世的入世禁欲是为了获取来世的救赎，而士大夫之此世的入世和遁世的冲突实际上完成的是在此世的一种内在超越。这种内在超越精神，无疑可以引发对中国历史文化与社会发展独特性的进一步思考。

参考文献

[1]蒲创国. 天人合一正义[M]. 北京：中华书局，2015.

[2]张载. 张载集[M]. 北京：中华书局，2009.

[3]王夫之. 张子正蒙注[M]. 北京：中华书局，1975：4.

[4]张波. 张载年谱[M]. 西安：西北大学出版社，2014.

[5]李裕民. 张载诗文的新发现[J]. 晋阳学刊，1994(3)：95－102.

论杨虎城在1926年西安围城战争中的核心作用

辛一凡

(渭南师范学院，陕西 渭南 714099)

摘　要:1926 年发生的“二虎守长安”战争是国民革命北伐战争的一个重要组成部分,西安人民和陕西国民军在李虎臣、杨虎城两位将军的率领下,以城内不足一万的军力抵抗十万北洋军阀的部队。他们浴血奋战,历尽艰辛,坚守孤城八个月之久,不仅保卫了西安、保卫了国民军西北根据地,而且直接支援了广东革命军的北伐战争。西安解围的胜利粉碎了刘镇华、吴佩孚侵占陕西统治西北的阴谋,也彻底敲响了北洋军阀势力在西北地区的丧钟,最终加速了国民革命北伐的成功[1]。其中李虎臣、杨虎城二位将军以少抵多,誓死守卫古城可谓功满三秦,而笔者认为杨虎城将军在守卫西安的战争中起着决定性的主导作用,是保卫西安取得胜利的核心领导,本文将通过几个方面进行论证。

关键词:杨虎城;李虎臣;刘镇华;镇嵩军

作者简介:辛一凡(1989—　),陕西凤翔人。硕士研究生,渭南师范学院讲师,主要研究方向为中国近现代史。

1926 年初,在民主革命力量与封建军阀势力大决战的前夕,直系军阀吴佩孚在英美日等帝国支持下,借着共同“讨赤”的原则同奉系军阀张作霖联合起来,打算首先消灭国民军势力,再一举南下剿灭广东革命政府,梦想着统一全国恢复封建统治。4 月,吴佩孚任命曾经祸陕数年的镇嵩军头子刘镇华为“讨伐联军陕甘总司令”,命其消灭驻守在陕西的国民军,并占领西安,以控制整个西北地区,成为直系军阀的大后方以对抗广东军政府,这是吴佩孚整个战略计划的重要部署。刘镇华趁机收罗旧部和地方土匪武装,纠结十万匪兵进犯陕西。面对来势汹汹的镇嵩军,之前其败退陕西时被收编的旧部和一些懦弱怕死的驻军纷纷投敌,使刘军如入无人之境,长驱直入直逼西安。由于吴佩孚忙于应对南方革命军的北伐战争,无力支付军饷给刘镇华的部队,刘镇华便以“打到陕西升官发财”为号召,并且让部队就地征发军饷,加上此番再度进陕的镇嵩军带有很强的报复心理,以至镇嵩军一路上烧杀淫掠,所过之处十室九空,庐舍为墟,村无人烟。西安以东的地区人民受到了极为惨重的灾难[2]。此时的西安城,也面临同样的威胁。

一、顾全大局,团结各部同心守城

此时驻守西安的是国民二军第十师李虎臣部,李虎臣刚刚数败于镇嵩军,且战且退至西安。在镇嵩军先头部队抵达灞桥刘镇华“令”其撤出西安时,李虎臣已经决定西撤保存实力让出省城并且将军政大权交给他人,但其参谋长韩某力主邀请杨虎城共同守城,得到李虎臣的同意后便立刻去三原邀请杨虎城。李虎臣说道:“我对点（李虎臣和杨虎城名音相近,故彼此互称对点）来我就守城,对点不来我就撤。”并且一面继续布置西撤,当李虎臣的先头部队已到三桥的时候,得到杨虎城允诺即刻进城共同抗敌,李虎臣才开始决心守城,停止西撤[3]。可以看出,有了杨虎城将军的加入,才有了西安的保卫战,不然古城必将被刘匪所占,城中居民难免生灵涂炭,百姓将蒙受巨大灾难。

在杨虎城部队进驻西安后,守城军队有原先

李虎臣的国民二军第十师残部、陕西陆军第四师卫定一的部分和新加入的杨虎城国民三军第三师。这是三个不同系统的军队，并且他们之前各自为战，或多或少还存在一些间隙隔阂，在统一作战指挥上存在很大困难，这是极不利于共同抗敌的。因此，尽快完成统一指挥和加强团结成了当务之急。从当时的情况看，李虎臣虽是陕西督办，但为连败之军将，第十师精锐损失殆尽，士气低落，战斗意志和战斗力大不如从前；卫定一所部人数亦少，并且他的实力、资望上均不能和李、杨二人相比；而杨虎城本为国民军中知名“骁将”，大有指挥才能，素负盛名，他的第三师建制完整、倾向进步、训练有素、作战力强，又是坚定守城的中心人物，是当时民心之所向。但是为了消除猜忌，加强团结，统一指挥，共同抗敌，杨虎城将军表现出了极大的谦虚和团结的高尚品质，他提出：取消原国民二、三军的番号，统改称陕西陆军，以李虎臣为总司令。杨虎城坚定地拥护李虎臣为总司令兼第二师师长、自己任副总司令兼第三师师长、田玉洁为副总司令兼第一师师长（驻守泾阳）、邓宝珊为总指挥、卫定一为副总指挥兼第四师师长，通电全国，各将军宣布就职。随后划分了城防区域，各负其责，杨虎城主动承担敌人火力最猛的城东和城北，李虎臣部负责城南，卫定一部负责城西[4]。

从此，西安城防完成统一指挥，加强了团结，而李虎臣、杨虎城、卫定一三位将军自此通力合作，全心全意守城。这一措施对坚守西安的胜利起到了决定性的作用，而正是由于杨虎城将军在这次决议中顾全大局，谦让的品质，坚定的信念，加强了各部团结一心，让全城军民全身心的投身于坚守西安。

二、镇压投降派，稳定民心

镇嵩军头子刘镇华曾于1922—1925年出任陕督，在任期间为所欲为，肆意搜刮，统治残暴。为了方便对人民的控制和镇压，刘在其统治机构中布满嵩山匪党，这些人渣仗势欺人，横征暴敛大发横财。刘镇华这次再度返陕，除了依靠十万匪兵，还企图利用督陕时提携培养的一些陕西地方文人政客、地主士绅与他配合，从事分化守城部队，瓦解人民民心，以图快速取得西安的目的。

早在刘军进入潼关之时，省城内一些大地主士绅为了自身利益，害怕战火烧身，便成立了和平期成会，不断地以人民的立场呼吁和平谈判。随着战事吃紧，和平期成会中很多人主张弃城投降，并且大肆制造投敌舆论，传播谣言，蛊惑民心。其中一个士绅褚小毖在刘镇华督陕时任洛川县县长，后升至省议员，视刘有知遇之恩。此时他暗中给刘写效忠信，私通敌军时被杨虎城守军抓获。当时已经到了作战艰苦时期，粮食紧缺，民心浮动，此刻的投降活动危害极大，如果不果断采取有效措施，难以稳定民心，振奋斗志。杨虎城将军果断以“通敌罪”将褚小毖公开枪决，杀一儆百[5]。

这是守城时期一件轰动的大事，枪决刘镇华的内应代表，镇压投降派，从此和平期成会再无人敢议投降之事。在危难时刻，杨虎城将军果断采取有效措施，稳定了军心和民心，这也反映了杨将军与敌人势不两立，决不投降的态度，与西安共存亡的决心，也大大坚定了全城军民守城的信心。

三、同共产党等进步人士合作，密切联系群众

杨虎城将军思想向来进步，革命性强，很多进步人士都愿意和他往来。在西安被围之前，陕西因“驱吴运动”和声援“五卅运动”等群众运动将反帝反封建结合，并且在中共的领导下，群众组织有了相当的基础。

杨虎城将军在进城后就立刻积极地和中国共产党陕西党领导人魏野畴、吴化之等人合作，并且大力支持当时的社会进步团体。当时西安城内设有国民党俱乐部，这是国共合作的一个公开的进步组织，由共产党人王授金、赵葆华等同志负责，还有吴化之负责的共青团组织，群众组织的学生联合会，青年生活社、妇女协会等社会进步组织[6]。这些革命进步组织在杨虎城的大力支持下，积极发动群众，配合军队工作。由于被围困，外地的学生暑假无法回家，他们在杨虎城的支持下，在中国共产党的帮助下成立了大规模的暑期学校，参与师生达千余人。他们定期召开群众集会、宣传坚守西安,打到封建军阀的重要意义,制造革命舆论。甚至有很多党员团员、青年学生直接参加守城的战斗,群众情绪激昂,声势雄伟,极大地鼓励了军民守城的信念和斗志[7]。

虽然在八个月之久的守城期间,粮食短缺,死亡枕藉,但是大部分人心安定,必胜的信念从未失去,群众运动始终在蓬勃进行,这与杨虎城将军对西安进步的群众组织的大力支持是密不可分的,他们对坚守西安的斗争起了极大的支持和配合的作用。正是杨虎城将军重视联系群众运动,密切团结中国共产党及社会进步人士,同他们积极合作,使得军民一心、同仇敌忾,成为坚守西安取得胜利的一个极为重要的因素。

四、铮铮誓言赢得民心

在守城后期,粮食问题成了最突出的问题。由于刘军屡攻不下,遂采取围困办法,待城内无粮后不攻自破。在八月之前军民粮食尚可维持,九月间开始短缺,月底则严重短缺,致使许多居民断炊,只能以油渣、谷糠、野草为食。到了十月十一月甚至出现军民夺食现象,一些部队私自派人去居民家中征粮,而个别兵吏趁机搜刮居民财物,一时间社会秩序混乱,民心惶恐不安。杨虎城发现问题后立刻召集官兵在城中讲话,他说:“北洋军阀祸国殃民,是人民的敌人。刘镇华是北洋军阀的走狗,抗击刘镇华就是直接打击北洋军阀,就是在协助革命军。我们坚守西安也是为西北革命争人格,我们一定坚守到底。万一不幸西安城破,我部官兵必须坚守防地,与城共存亡……我不是要大家战死而我独生,我已下定决心,破城之日我就自戕与钟楼下,以谢大家、以谢人民。”言时声泪俱下,许多军民感动得落泪,并且随即表示愿意同西安共存亡,誓死守卫西安[8]。

在危难时刻杨虎城将军的真情誓言重新将广大军民团结起来。随后针对混乱的征粮现象支派了专人负责,严禁私自征粮者,并法办了之前严重违纪的官兵,从此社会秩序重新恢复稳定。在守城进入最艰苦、最困难的时候,杨虎城将军通过铮铮誓言,有效的措施重新将广大军民团结起来,稳定人心,增强守城信念,渡过难关坚持到援军到达胜利解围。

五、结论:真正的历史英雄

1926 年 11 月 28 日,冯玉祥的援陕部队到达西安同守城军合力击败镇嵩军,西安城在被围困了八个月之久后得以胜利解围。为了感谢并纪念冯玉祥解救西安,西安人民在解围时城墙被炸开的地方修建了城门并命名为玉祥门;为了纪念守城期间死难的军民,人们在皇城(今新城)北门修建了革命公园。然而光阴荏苒,纪念冯玉祥解围西安的玉祥门永远伫立在那里,而带领西安军民死守孤城八个月之久的李虎臣、杨虎城“二虎”将军渐渐被人淡忘。尤其是杨虎城将军,如果没有杨将军在这期间顾全大局,团结军民,杰出的指挥,镇压投降派,积极地同共产党等进步人士团体合作、誓死守卫西安的决心和他在守城中绝对的领导核心地位,恐怕等不到援军西安早已城破人亡了,所以杨虎城将军才是西安守城战争中最大的英雄,是最应该被铭记,被纪念的英雄。

参考文献

[1]王文振. 坚守西安——反围城斗争综述[A]. 中共西安市党委研究室 1993.

[2]宋仲福. 西北通史:第五卷[M]. 兰州:兰州大学出版社,2005.

[3]俞嗣如. 杨、李守西安的经过[A]. 陕西文史资料精编第二辑.

[4]贾自新. 杨虎城年谱[M]. 中国文史出版社,2007.

[5]郗德绶. 坚守西安城、苦斗八个月[A]. 西安文史资料第十一辑.

[6]米暂沉. 杨虎城将军[M]. 中国青年出版社,1998.

[7]王宗华. 中国大革命史:下册[M]. 北京:人民出版社,1990:9.

[8]仲兴哉. 坚守西安八个月回忆[A]. 陕西文史资料第十五辑.

李仪祉对秦东水利发展影响浅析

薛一筝

（渭南师范学院 报刊社，陕西 渭南 714099）

摘　要：作为我国近代水利事业和水利教育的开拓者和先驱者，李仪祉在大江大河治理、水利工程建设、水利科学研究等方面功绩卓著；同时李仪祉还培养了一大批杰出的水利人才，形成了自己独特的水利教育思想，是我国由古代水利转变为现代水利的开路人。

关键词：李仪祉；水利思想；秦东

作者简介：薛一筝（1987—　），女，陕西延安人。讲师，硕士研究生，高等教育管理。

李仪祉（1882—1938），原名李协，字宜之，陕西省蒲城县人，我国近代水利事业和水利教育的开拓者和先驱，他在大江大河治理、水利工程建设、水利人才培养和水利科学研究等方面都作出了杰出的贡献。张含英称之为"我国由古代水利转变为现代水利的开路人"[1]。

一、兴修水利，造福三秦

李仪祉自幼生长在渭北高原，这片土地长期缺水。他的终生夙愿就是效法郑国、白公，振兴关中水利。1922年，李仪祉离开南京，回陕西任省水利局局长兼渭北水利局总工程师，开始了他兴修水利的生涯。他回陕后积极网罗人才，组织引泾灌溉工程勘测设计，但因经费一直没有着落，直到1927年仍无法开工，李仪祉辞职东去。

陕西古代之所以被称为"天府之国"，是因为秦时有郑渠，汉时有白渠，引水灌田，民富国强，造就了"秦川自古帝王都"。可是自1929年开始连续五年的大旱灾和瘟疫，使关中从天堂变成了地狱，田园荒芜，渠道废毁。恢复农业，极需重修水利，兴修水利的呼声越来越高。1930年，杨虎城督陕，任省主席，召回李仪祉任省政府委员兼建设厅厅长，在国外华侨的赞助和杨虎城将军的支持下，解决了款源问题，使他的引泾计划得以实施。各方共筹集百万余元，于当年开工建设泾惠渠，至1932年6月第一期工程完工通水，可灌地50万亩。1935年第二期工程完工，扩灌至65万亩。泾惠渠的建成受益，成为中国当时现代化水利工程之典范，在我国水利史上写下光辉的一页。

泾惠渠竣工后，李仪祉辞去建设厅厅长，任省水利局局长，集中精力兴修水利，在杨虎城的支持下，成立洛惠渠工程局。他栉风沐雨，不辞劳苦，亲自出马勘测设计，1934年至1937年基本修成了洛惠渠主体工程。1935年到1936年底又完成了渭惠渠一期工程。梅惠渠也于1936年开工，到1938年完成。他还亲赴陕南陕北考察，筹划了陕南汉惠渠、褒惠渠和陕北的定（无定河）惠渠。他制订了《陕西水利工程十年计划纲要》，筹划了关中八惠工程：泾惠、渭惠、洛惠、梅惠、黑惠、涝惠、沣惠、泔惠，计划在十年内水利惠及全省，使陕西成为一个模范农田水利区。至1938年李仪祉逝世，泾渭洛梅四渠已初具规模，灌地180万亩，初步实现了"郑白宏愿"。如今，当年李仪祉精心筹划的"关中八惠"已基本变为现实，陕西关中地区在全国率先实现了水利化，成为我国高产稳产的现代化农业基地。如今泾惠渠水碧波荡漾，两岸的庄稼得水之灌溉，绿意盈盈，长势喜人，李仪祉先生主持修建的水利设施至今仍发挥着造福于三秦人民的巨大作用。关中的农业能有这么发达，关中农民的生活能这样富裕,李仪祉先生有着不可磨灭的功劳。

二、情系教育,培养造就大批水利人才

李仪祉毕生致力于教育事业,先后参加创办三秦公学。1915 年,参与创办中国第一所高等水利专门学府南京河海工程专门学校,任教授、教务长,曾一度主持教务,主讲河工学、水文学、大坝设计等课程,培养了中国第一批水利专门人才。1925 年春,兼任国立西北大学校长,倡设陕西古物保管会,并完成引泾灌溉工程泾惠渠设计方案。1932 年,在西安创办了陕西省水利专科班,1934 年 6 月,经陕西省政府第 100 次政务会议决定陕西省水利专科班归并国立西北农林专科学校(现西北农林科技大学),他任国立西北农林专科学校水利组首任主任并执教。[1]他还曾在北京大学、清华大学、同济大学、第四中山大学、交通大学执教,造就了大批科技人才,为我国水利工程教育事业作出了卓越贡献。

三、树立全新理论,科学治理黄河

李仪祉终生以治水为志,求郑白之愿,效大禹之业,凿泾引渭,治黄导淮,足迹遍布祖国江河湖海,卓有贡献,尤对黄河治理,精心钻研,独有建树。他把国外的科学技术与我国古代的治水经验相结合,科学地提出一套治理黄河的理论,给我们留下了一笔宝贵的遗产。正如原水电部部长钱正英所说:"李仪祉把我国治黄理论和方略向前推进了一大步,直到今天仍然具有现实意义。"

1933 年至 1935 年李仪祉任黄河水利委员会委员长兼总工程师。李仪祉生于黄土高原,奔波于黄河上下,对我国历代治理黄河的经验教训,进行了深入调查研究,提出了科学的治河方略,先后撰写了《黄河概况及治本探讨》《导治黄河宜注意上游》《治黄关键》《黄河水文之研究》《函德国恩格尔斯教授关于黄河质疑之点》等 40 余篇论文与报告,提出了对黄河治理必须是上中下游并重的指导思想,防洪、航运、灌溉和水电兼顾,改变了几千年来单纯着眼于黄河下游的治水思想。他强调综合开发,利用黄河,特别是在水土保持理论方面开创先河。他提出培植森林,防治河患。李仪祉认为森林有涵养水源、防治洪水之功能。他分析了黄河水沙情况,"就中卫以上而言,则黄河之水本不甚浊,森林之有益于河","中国洪水由于沿岸之山原无森林也。欲根本去水患,必自培植森林始……森林为治水惟一要道,森林植则水患从此息矣……吾国内地山谷之间,不适于农田旷地甚多,不植森林焉用之?故为国家生计计,非大植森林不可"。他的这些理论和观点,在今天仍有现实指导意义。

李仪祉一生勤奋,博学多才。他曾试图以"水利救国",直到临终前他还吩咐说:"未竟及尚未着手之水利工程,应竭尽人力财力,以求于短期内逐渐完成。"终年 57 岁。人民为了纪念他,墓地选在泾惠渠旁分水闸后的张家山。于右任为李仪祉手书的挽联"殊功早入河渠志,遗宅仍规水竹居"题写在墓园大门两侧。自觉参加送葬的群众达三万人之多。国民政府发了特令褒扬,《大公报》发表短评,称:"李先生不但是水利专家,而且是人格高洁的模范学者,一生勤学治事,燃烧着爱国爱民的热情,有公无私,有人无我。"表达了社会对这位水利大师一代贤哲的缅怀之情。

许多年过去了,但关中的老百姓没有忘记这位为人民呕心沥血、无私奉献的水利大师,每逢清明节和李仪祉诞辰日,都会有大批民众自发来到泾阳县他的墓前祭奠[2]。

参考文献

[1]张含英. 李仪祉先生与近代水利[C]李仪祉水利论著选集. 北京:水利电力出版社,1988.

[2]一代水圣——李仪祉. 西安地情网[引用日期 2013-02-23].

论隋文帝关中本位的文化政策与文风改革

雷炳锋

（渭南师范学院 人文学院,陕西 渭南 714099）

摘 要:隋文帝的文学思想主要体现于其所发动的文风改革之中,表面上弃绝浮华、提倡质朴,实质是片面强调文学的政教功能,否定文学自身的艺术特质,是一种极端实用主义的文学思想。这次改革是在"斫雕为朴"、崇尚儒学的思想背景下发起的,也是关中文化本位政策的具体实践。隋文帝从维护统治和社会秩序的稳定出发,对江南的文化制度、士人以及文学都持批判态度,要求以儒家义理革绮靡之弊,将文学重新置于儒学附庸的地位,从而走上了否定文学的道路。

关键词:隋文帝;文体文风;改革;华艳;关中本位

作者简介:雷炳锋(1983—),河南信阳人。渭南师范学院人文学院副教授,文学博士。研究方向为先唐文学与文论。

一、隋文帝的文风改革

自庾信入关之后,轻艳文风随之风靡文坛。隋文帝代周之后,针对文坛上的轻薄绮靡之风,发起了一场文风改革运动。改革的内容为提倡质朴、反对浮华;改革的对象首先是"公私文翰"等应用文的写作,进而波及文学领域;改革的手段是行政命令式的推广;改革的结果是虽然有许多人因为文辞华艳而获罪,然收效甚微,浮艳之风依旧。《隋书·文学传序》云:"高祖初统万机,每念斫雕为朴,发号施令,咸去浮华。然时俗辞藻,犹多淫丽,故宪台执法,屡飞霜简。"[1]杨坚对浮华之风深恶痛绝,不仅要求朝廷诏令以质朴为文,同时还对辞藻淫丽者加以严惩。《隋书·李谔传》所录李谔的《上书正文体》一文中,对此有更为详细的记载:

臣闻古先哲王之化民也,必变其视听,防其嗜欲,塞其邪放之心,示以醇和之路。五教六行为训民之本,《诗》《书》《礼》《易》为道义之门。故能家复孝慈,人知礼让,正俗调风,莫大于此。其有上书献赋,制诔镌铭,皆以褒德序贤,明勋证理。苟非惩劝,义不徒然。降及后代,风教渐落。魏之三祖,更尚文辞,忽君人之大道,好雕虫之小艺。下之从上,有同影响,竞骋文华,遂成风俗。江左齐、梁,其弊弥甚,贵贱贤愚,唯务吟咏。遂复遗理存异,寻虚逐微,竞一韵之奇,争一字之巧。连篇累牍,不出月露之形,积案盈箱,唯是风云之状。世俗以此相高,朝廷据兹擢士。禄利之路既开,爱尚之情愈笃。于是闾里童昏,贵游总丱,未窥六甲,先制五言。至如羲皇、舜、禹之典,伊、傅、周、孔之说,不复关心,何尝入耳。以傲诞为清虚,以缘情为勋绩,指儒素为古拙,用词赋为君子。故文笔日繁,其政日乱,良由弃大圣之轨模,构无用以为用也。损本逐末,流遍华壤,递相师祖,久而愈扇。

及大隋受命,圣道聿兴,屏黜轻浮,遏止华伪。自非怀经抱质,志道依仁,不得引预搢绅,参厕缨冕。开皇四年,普诏天下,公私文翰,并宜实录。其年九月,泗州刺史司马幼之文表华艳,付所司治罪。自是公卿大臣,咸知正路,莫不钻仰坟集,弃绝华绮,择先王之令典,行大道于兹世。如闻外州远县,仍踵敝风,选吏举人,未遵典则。至有宗党称孝,乡曲归仁,学必典谟,交不苟合,则摈落私门,不加收齿;其学不稽古,逐俗随时,作轻薄之篇章,结朋党而求誉,则选充吏职,举送天朝。盖由县令、刺史未行风教,犹挟私情,不存公道。臣既忝宪司,职当纠察。若闻风即劾,恐挂网者多,请勒诸司,普加搜访,有如此者,具状送台。[2]

李谔此次上书深受隋文帝赞同,可以看作是李谔和隋文帝文学思想的体现。根据此文,可以得出三个方面的结论:首先,将文学视为政治教化的一部分,不仅《诗》《书》《礼》《易》等经典是儒家"道义"的载体,"书""赋""诔""铭"等文学作品也须承担"劝惩"等教化职责,即"褒德序贤,明勋证理",这其实是对儒家"诗教说"的继承。其次,从其对曹魏以后文学发展历史的评论来看,不仅竞尚浮华的齐梁的文学遭到了激烈的批评,甚至连"魏之三祖"也在反对之列,理由是"竞骋文华""更尚文辞"。对于治理国家来说,文学毫无用处,反而"文笔日繁,其政日乱"。可见,李谔及隋文帝对"缘情"、华美的诗赋等文学持一种全盘否定的态度,斥之为"雕虫小艺",并将追求文学自身的艺术特质视为"损本逐末"的行为。虽然对齐梁文风的弊端有所揭露,但这实质上是一种实用主义的文学思想。第三,隋文帝对浮华文风的整顿是一贯且严厉的。隋文帝即位伊始就将文风与选举挂钩,"自非怀经抱质,志道依仁,不得引预搢绅,参厕缨冕"一句,透露出作风"华伪"者即被排除在官吏选拔的范围之外,而"华伪"的一个重要表现就是"作轻薄之篇章"。开皇四年又"普诏天下,公私文翰,并宜实录",以"实录"作为包括应用文在内的一切文字写作的标准,不遵诏令者要受到严惩,司马幼之即因"文表华艳"而被治罪。这些措施的效果,据李谔所言,"自是公卿大臣,咸知正路,莫不钻仰坟集,弃绝华绮"。但事实却远非如此,文坛风气并无显著的改观。这从李谔此次上书的背景即可得到说明,《隋书·李谔传》曰:"谔又以属文之家,体尚轻薄,递相师效,流宕忘反,于是上书曰……"[3],《资治通鉴》卷一百七十六也说:"隋主不喜词华,诏天下公私文翰并宜实录。泗州刺史司马幼之文表华艳,付所司治罪。治书侍御史赵郡李谔亦以当时属文,体尚轻薄。上书曰……"[4]。所谓"体尚轻薄"的"属文之家",自然也包括不少朝廷之上的"公卿大臣"在内。至于"外州远县"在举送官吏时,依然普遍首选文风"轻薄"者,可见时俗对"华艳"之文的好尚程度。因此,李谔建议应当进一步强化文风与选举的关系,完全断绝文风浮华者的仕进之途,严格审查县令、刺史推举官员的情形,违者将受到严惩,以此来打击华绮文风。

李谔的上书被隋文帝"颁示天下"。据《隋书·李谔传》载,此后"四海靡然向风,深革其弊"。在严刑峻法的强势高压下,华靡文风暂时有所收敛。史载隋文帝持法严峻,内外大臣"有小过失,则加以重罪"[5],"专任法令,严察临下""无宽仁之度,有刻薄之资"[6],"逮于暮年,持法尤峻,喜怒不常,过于杀戮"[7]。即便是开国功臣,也鲜能善终,"其草创元勋及有功诸将,诛夷罪退,罕有存者"[8]。正如《隋书·梁士彦传》史臣曰:"高祖佐命元功,鲜有终其天命,配享清庙,寂寞无闻。……皆深文巧诋,致之刑辟,高祖沉猜之心,固已甚矣。"隋代官吏也形成了"以残暴为干能,以守法为懦弱"[9]的风气。此次文风改革中,李谔为了避免牵涉过广,提出"若闻风即劾,恐挂网者多,请勒诸司,普加搜访,有如此者,具状送台"。但除司马幼之外,还是有相当多的人受到了惩处,"宪台执法,屡飞霜简"即透露出个中信息。虽然如此,隋文帝死后,文风改革很快便以失败告终。失败的原因是多方面的,既包括隋文帝晚年在思想和文化上方面的转向,也包括继任者炀帝在文学思想方面有着截然不同的追求和倡导。而此次改革的手段和方式也是导致失败的重要因素,这种以行政命令强行干预文风的做法,虽能收到一时之效,但实质上却违背文学发展的规律。正如罗宗强先生所言:"御史台而主辖文风,实别开生面。中国封建社会文网甚多,然因辞采华艳而须绳之以法者似于此仅见。"[10]其失败也就显而易见了。

二、隋文帝关中本位的文化政策

西魏、北周为了与东魏、北齐及江南梁、陈争胜,采取了关中文化本位政策,依《周礼》托古改制,别创一文化制度。在北周基础上建立的隋朝,也因袭了这一关中本位的文化政策,然隋之各种典章制度从渊源实质上来说,远非西魏、北周这一源头,其主要来源却是北魏、北齐及南方的梁陈。陈寅恪先生《隋唐制度渊源略论稿》早已指出:“隋唐之制度虽极广博纷复,然究析其因素,不出三源:一曰(北)魏、(北)齐,二曰梁、陈,三曰(西)魏、周。……故在三源之中,此(西)魏、周之源远不如其他二源之重要。”[11]陈先生所论包括礼仪、职官、刑律、音乐、兵制、财政六个方面,见解独到,堪称的论。兹仅从礼仪、音乐及江南士人的遭遇三个方面,略述关中本位政策与文体文风改革之关系。因文风改革中所反对的对象主要是源于江南的华绮文风,故此处也就只以隋文帝对梁陈文化制度的态度为切入点。

在关中本位政策的名义之下,隋文帝对梁陈之文化制度持一种鄙弃的态度,称梁之音乐为“亡国之音”。礼仪方面也是如此,开皇三年(583)命牛弘修撰《五礼》,《隋书·礼仪志三》载曰:

开皇初,高祖思定典礼。太常卿牛弘奏曰:“圣教陵替,国章残缺,汉、晋为法,随俗因时,未足经国庇人,弘风施化。且制礼作乐,事归元首,江南王俭,偏隅一臣,私撰仪注,多违古法。就庐非东阶之位,凶门岂设重之礼?两萧累代,举国遵行。后魏及齐,风牛本隔,殊不寻究,遥相师祖,故山东之人,浸以成俗。西魏已降,师旅弗遑,宾嘉之礼,尽未详定。今休明启运,宪章伊始,请据前经,革兹俗弊。”诏曰:“可。”弘因奏征学者,撰《仪礼》百卷。悉用东齐《仪注》以为准,亦微采王俭礼。修毕,上之,诏遂班天下,咸使遵用焉。[12]

对汉、晋和齐、梁以及后魏、北齐之礼制皆有所批评,提出要“宪章伊始,请据前经,革兹俗弊”。这都是对西魏、北周“摈落魏晋,宪章古昔”之复古改制的继承,是关中本位思想的明显表现。平陈之后,隋文帝以所获陈之器物为妖变,或毁之、或弃而不用,《隋书·高祖纪下》曰:“(开皇)十一年(591)春正月丁酉,以平陈所得古器多为妖变,悉命毁之。”[13]《隋书·礼仪志七》亦曰:“至平陈,得其器物,衣冠法服,始依礼具。然皆藏御府,弗服用焉。”[14]虽然牛弘修撰的百卷《仪礼》仍兼采南齐王俭之制,隋文帝最后也承认所获陈之正乐为“华夏正声”,但隋文帝起初对梁陈文化制度的鄙弃态度也是显而易见的。

隋初不仅鄙弃梁陈文化制度,也同样轻视江南士人。苏威就认为“江南人有学业者,多不习世务,习世务者,又无学业”,这代表了当时的普遍看法。在关中本位政策下,周、隋时期江南士人处境是极为悲惨的,《隋书·音乐志下》曰:“周并齐,隋并陈,各得其乐工,多为编户。”西魏攻陷江陵后,江南士族多沦为贱隶,《隋书·艺术传·庾季才传》即载:

初,郢都之陷也,衣冠士人多没为贱。季才散所赐物,购求亲故。文帝问:“何能若此?”季才曰:“仆闻魏克襄阳,先昭异度,晋平建业,喜得士衡。伐国求贤,古之道也。今郢都覆败,君信有罪,晋绅何咎,皆为贱隶!鄙人羁旅,不敢献言,诚切哀之,故赎购耳。”太祖乃悟曰:“吾之过也。微君遂失天下之望!”因出令免梁俘为奴婢者数千口。[15]

隋平陈后也继承了西魏、北周这种以江南士人为奴的做法,《隋书·杨素传》载,杨素“家僮数千……有鲍亨者,善属文,殷胄者,工草隶,并江南士人,因高智慧没为家奴。”耿询的遭遇也是如此,《隋书·艺术传·耿询传》曰:“耿询,字敦信,丹阳人也。……会郡俚反叛,推询为主。柱国王世积讨擒之,罪当诛。自言有巧思,世积释之,以为家奴。久之,见其故人高智宝以玄象直太史,询从之受天文算术。询创意造浑天仪,不假人力,以水转之,施于暗室中,使智宝外候天时,合如符契。世积知而奏之,高祖配询为官奴,给使太史局。”[16]像鲍亨、殷胄、耿询这样沦为家奴的江南士人当不在少数。可见,周、隋在贱视江南士人这一点上前后相承,明显是出于关中文化本位的心理。在关中文化本位政策下,隋文帝对江南地区施以高压统治,《北史·苏绰传》附《苏威传》曰:

寻令持节巡抚江南,得以便宜从事。过会稽,逾五岭而还。江表自晋已来,刑法疏缓,代族贵贱,不相陵越。平陈之后,牧人者尽改变之,无长幼悉使诵五教。威加以烦鄙之辞,百姓嗟怨。使还,奏言江表依内州责户籍。上以江表初平,召户部尚书张婴,责以政急。时江南州县又讹言欲徙之入关,远近惊骇。饶州吴世华起兵为乱,生脔县令,啖其肉。于是旧陈率土毕反,执长吏,抽其肠而杀之,曰:"更使侬诵五教邪!"寻诏内史令杨素讨平之。[17]

不仅严刑峻法,还强行推广"五教",从思想文化方面控制江南,最终激起了反叛。

隋初关中文化本位政策不仅体现在鄙弃江南文化制度、贱视江南士人、高压统治江南地区上,也同样体现在文风改革方面。首先,文风改革的对象主要就是南朝齐、梁、陈之文风,李谔批评江左文风"唯务吟咏""遗理存异,寻虚逐微"。认为文学应以"理"为本,所谓"理"则指由"羲皇、舜、禹之典,伊、傅、周、孔之说"等儒家经典所体现出来的义理,江左之文专尚文辞而不顾义理,结果只能是贻害无穷,不仅"文笔日繁,其政日乱",造成政治的混乱,而且这种文风一旦流行起来,"损本逐末,流遍华壤,递相师祖,久而愈扇",还能败坏社会风气。这里,很明显地以儒家正统自居,而将齐梁文风斥为洪水猛兽。其次,为了扭转崇尚文辞的风气,隋初文风改革者采取了与江南迥然不同的取士原则。李谔认为江南之所以形成"闾里童昏,贵游总丱,未窥六甲,先制五言"的局面,主要原因就在于朝廷取士首重文学才能,即"世俗以此相高,朝廷据兹擢士。禄利之路既开,爱尚之情愈笃"。李谔建议朝廷取士唯以经术为主,将文风华艳者排斥出选举范围之外,并予以严惩,这样做的目的在于试图通过打击作家的方式来打击文风。隋文帝本来就对江南士人心存鄙视,而作为华艳文风体现者的江南作家的处境则更为悲惨,许善心、姚察、虞世基等人在隋文帝朝或备受压制、或仕途沉沦就是绝好的例证。王永平先生《隋代江南士人的浮沉》一文,对此有详细而深入的研究,他指出包括作家在内的江南士人,"在朝廷上与关陇人物发生冲突,稍微触犯他们的利益,便会遭到强烈的反对和打击。他们只有俯首帖耳,甘于从属的地位,才能分得一杯残羹。"[18]杨金梅也指出:"入北的江南士人在文帝朝大多郁郁不得志,虽然没有遭到严厉打击,但功业上的确鲜有建树。……部分江南士人虽然能够参与文化管理,但基本上没有决定权,很少有机会介入政权领域,政治作用与地位都明显下降。"[19]这充分表明文风改革本身就是关中本位政策在文学领域的一次实践。

隋初文风改革失败之后,至隋末又有王通起而应之。王通的文学思想也是来源于儒家,可以视为隋初文风改革的继续。学界对于王通文学思想的研究已较为深入,如朱东润先生认为王通"盖以儒家宗旨,评论文学者也"[20];罗宗强先生认为王通文学思想的核心即是"论文主理,论诗主政教之用,论文辞主约、达、典、则"[21]。这与隋文帝的文学思想并无二致,本文不赘。

综上所述,隋文帝的文学思想是一种极端实用主义的文学思想,其所发起的文风改革是对儒家"诗教说"的片面强调,本质上是西魏、北周文风改革的延续,二者具有很多共同之处:如都反对浮华文风、提倡质朴,都以行政命令作为改革的手段,都违反了文学自身的发展规律,都有否定文学自身艺术特质的倾向,都是在弃华返朴、崇尚儒学及关中本位的背景下展开的,都历时短暂、收效甚微而又归于失败。仅有的不同在于西魏、北周文体改革提出以《尚书》《大诰》为作文准则,而隋初文风改革则崇尚"实录"。

参考文献

[1][2][3][5][6][7][8][9][11][12][13][14][15][16][唐]令狐德棻等撰. 周书[M]. 北京:中华书局,1971:1730,1544 - 1545,1544,713,55,54,54,714,156,36,262,1765,1770.

[4](宋)司马光编著.(元)胡三省音注. 资治通鉴[M]. 北京:中华书局,1956:5475.

[10][21]罗宗强. 隋唐五代文学思想史[M]. 北京:中华书局,2003:11.

[11]陈寅恪. 隋唐制度渊源略论稿[M]. 北京:中

华书局,1963:1 –2.
[17](唐)李延寿.北史[M].北京:中华书局,1974:2245.
[18]王永平.隋代江南士人的浮沉[J].历史研究,1995(1).
[19]杨金梅.隋代诗人地位之升沉及其对诗歌的影响[J].文学遗产,2011(6).
[20]朱东润.中国文学批评史大纲[M].上海:上海古籍出版社,2001:83.

《子夏易传》易学思想浅析

邢春华
(渭南师范学院莫斯科艺术学院,陕西 渭南 714099))

摘　要:“七十二贤之一”子夏的著作《子夏易传》,主要传承和创新孔子“大宇宙”生命境界观,同时注重对天地自然秩序体悟和道德价值关注和思考,传授“内圣外王”的君子之道,并且肯定《易》为王者之书。其易学思想贡献在于把孔子所奠定的“易学天人之学”向“内圣外王”方向进行了实践性转化。

关键词:子夏易传;周易;易学思想

基金项目:国家社科西部项目“关中易学思想史”(14XZX012)阶段成果

作者简介:邢春华(1973—　),女,陕西渭南人。博士,博士后,副教授,研究方向:易学、广播电视学。

卜商(公元前 507 年—前? 年)字子夏,春秋时期曾在西河(合阳一带)像其恩师孔子一样从事教育,专门传授儒学。他到西河讲学,主张国君要学习《春秋》,吸取教训,以防止臣下篡权。他提出过“仕而优则学,学而优则仕”的思想,还主张做官要先取信于民,然后才能使其效劳。为了弘扬光大五经,让人们易读易懂,他注疏五经,于《诗》有《序》,于《易》有《传》,于《礼》有《礼仪·丧服》等。他在为五经注疏之后,他的同门师兄师弟又推荐他和冉雍等,搜集六十四子与孔子的师生言谈录,编辑儒家经典之作《论语》。

为了让更多的人学到儒学,卜商发明了章句教学之法,随时随地按章节即可教授青年才俊学习,为西汉时期兴起儒学之风,奠定了良好基础。当时,由于卜商教授得法,弟子满门,听课者时达二三百人,人们称其为“卜夫子”。

《论语》一书为卜商、冉雍等六十四弟子所辑,前半部分为卜商所作,后半部分为曾参及其门下弟子所编撰。卜商与曾参是继孔子之后,孔门最优秀的两位教授者,成为儒学门第的两支学派渊源。卜子之脉后有荀子,曾子之脉后有孟子。

卜商给后世留下了丰富的文化遗产。他的著作有《子夏易传》《诗序》《卜子书》等。因为卜商一生成就非凡,被列入圣贤之门。卜商一生业绩成就于西河(今关中合阳一带),故把卜商作为关中秦东学者来进行研究。

子夏易学思想

(一)主要传承和创新孔子“大宇宙”生命境界观

子夏是孔子的学生,学术渊源上子夏的易学思想传承了其导师孔子思想,这种继承脉络处处可见。孔子在历史上素有“宇宙大化、人生长河”圣人代表之称。王新春教授在其《邵雍天人之学视野下的孔子》一文中从宋朝思想家、易学家邵雍的思想角度对孔子进行了评说:

在邵雍看来,孔子在其整个现实生命的历程中,同样一直全方位地向他所指的大宇宙一体无隔地开放着,同样与当时的宇宙万象相互内在,互动相连,构成一有机生存、生命共同体,而使其生命本身与生命具体实现形式一直处于开放的生成变化状态之中。不仅如此,孔子还有其生命、人生的更精彩处。邵雍称:“人皆知仲尼之为仲尼,不知仲尼之所以为仲尼”,“如其必欲知仲尼之所以为仲尼,则舍天地将奚之焉? 人皆知天地之为天地,不知天地之所以为天地”;“如其必欲知天地之所以为天地,则舍动静将奚之焉? 夫一动一静者,天地至妙者欤? 夫一动一静之间者,天地人至妙至妙者欤？是故知仲尼之所以能尽三才之道者，谓其行无辙迹也”。由太极所演化出的万象中，天地人三者，即易学所言之“三才”，最为突出。孔子以其亲和于流变中的整个宇宙、视其为人的整个生活世界之所在的大宇宙心灵，异乎常人地洞明、透悟了如下三妙：即太极因其动静而衍生天地之妙，天地因其动静而生化万物之妙，与宇宙大化中天地人各自的一动一静间的相互转化之妙(言此，则全然洞明、透悟宇宙大化中的一切动静、隐显之妙已在其中矣)，因而能够妙契大化，尤其是妙契浑然不露形迹的天地动静隐显之脉动，达致人生的最高境界，即天地境界，而能行如天地而亦浑然不露形迹，令三才之道在他身上得到淋漓尽致的体现与实现。

这里王新春教授以邵雍的天人之学视野看出孔子的思想最为重要的是他的天地境界大宇宙情怀。这种情怀乃是三妙：太极(动静)→天地之妙→生化万物之妙→天地人各自转化之妙。孔子的大宇宙情怀对子夏影响颇大，子夏是如何继承和创新他老师孔子的大宇宙境界的呢？来看子夏对《乾·象》解释说：“乾始降气者也。始而通，终而济，保其正也，故统万物而无外。夫天者，位也、质也。乾者，人也、精神也，有其人然后定其位，精神通明然后统其质，故能云行雨施、生类继续。大明终始而分其六位，乘其隐见而得其变化，故得生成而性命正矣。是以圣人之当位也，保合于乾元太和之道乃利而终正也。故能首出庶物万国保其安也。”这里的“统万物”就是大宇宙意识，就是天地间的博大胸怀，就是“生类继续”繁衍不息的转化之妙。天地人转化之妙，子夏认为人至为关键，但人之精神更为精髓。他认为“有其人然后定其位，精神通明然后统其质”。此处子夏阐明了人的定位意识，定位则是明确人之为人的责任担当，人之为人的思想境界，人之为人的自知之明。子夏特别强调了人的“精神”和人的“质”关系问题：“精神通明然后统其质”，即人的精神是统领人的“质”，精神是主，质是体。子夏在阐述《乾·象》时已经显见了“气”“精神”“质”“位”“性命”等术语，这就是子夏对孔子思想的第一个创新之处，由此可见宋明“理学”思想在先秦时期已有萌芽，至少在子夏的易学思想里就已经有了初步的雏形。学界认为理学实际上是流行于宋明六百年间的儒家思想体系，是以讨论天道性命问题为中心并注重道德修养的哲学思想。张载被认为是北宋理学奠基人之一。理学的“理”也称为“天理”，既指宇宙自然的一般规律(物理)，但更重要的是指人的“道德心性”的根本原则(性理)，因而理学又被称为“性理之学”或“义理之学”。理学着重探讨天道、人道问题，故理学也称为“道学”。“道”，即儒家的“仁义”思想。西方人称先秦时期孔、孟、荀为原始儒家，宋明理学为新儒家。而宋明理学着重探讨的天道、人道问题，在子夏对《乾·象》解释中已经有显现：子夏认为天道在气降而始通，通则济，保正以统万物。人道在于定其位，张扬其精神，正性命，保合太和之道而利于终正。另外子夏易学里已经出现了一个很重要的字，即“气”。他说“乾始降气者也”。学术界大多数学者公认的事实，认为关中北宋学者张载之易学为气学，认为张载首倡导了易之气本论思想。但关于易之“气说”子夏在先秦就已经提出来。张载对易之气说进行了更深入和详细的阐述，提出了气之阴阳观点。子夏从气的状态而言，认为气在通，通则济，如此保正统万物。子夏的“二气感应说”颇有其独到之处，他由气之感应通达推想天下和平，由自然界现象类推到社会人事，由天道联系人道。在《咸·象》中认为：“二气之相感应也，中无间也，故得万物变化乎其内，天气下降而地气上，济阳下阴而阴从阳也。止于所说，其利之正也，故取女以之吉也。而感应之道取焉，圣人无为与天地准，寂然虚中通天下之情，因其情而通天下之故，而咸得其治则天下和平矣。夫相下而不私则感之而通也。观天地万物之情，而感一也。”

(二)对天地自然秩序体悟和道德价值关注和思考

有的学者认为“儒学的核心问题是天人关系问题，但在不同的时代，这一问题却可以具有完全不同的表现。在先秦,它主要表现为'性与天道'的关系问题,在汉代则表现为宇宙本源及其生化问题,到了宋代,则又表现为自然秩序与道德价值的关系问题。"如果按这样的观点,子夏易学则主要关注"性与天道"关系问题,而"自然秩序与道德价值关系问题"则不是子夏易学的主要表现形式。然事实并非如此。我们发现子夏易学中已有对自然秩序和道德价值关系的深入思考。宋代"自然秩序与道德价值的关系问题"究竟是怎样一种关系?丁为祥教授认为:"具体到宋明理学来说,它的一个根本性的任务,就是要对天地万物作出本体论的思考和论证;而这样一种任务,同时也表现着其作为新儒学对佛老之空、无本体论的一种创造性的回应。至于张载的'为天地立心(志),为生民立命(道),为往(去)圣继绝学,为万世开太平',其实也正表现了理学家经天纬地的关怀。但是,当理学家在这一规模的基础上展开其'造道'追求时,一个基本性的前提却在于:我们究竟应当从自然秩序出发来说明道德价值呢?还是应当从道德理性出发给天地万物以人伦道德的观照?在宋明时代,大多数理学家都对这一问题作出了明确而又肯定的回答,这就是必须以道德价值来说明宇宙天道的自然秩序。其实,这一点也正是理学之为理学的标志。宋明理学这一形成上的特色不仅从根本上决定了研究理学的途径,而且也决定着对理学推陈出新的基本方法。"我们从子夏易学思想中就可以看出先秦时期不单纯论及"性与天道"问题,而已经涉及自然秩序与道德价值的深入思考。

(三)传授"内圣外王"的君子之道,肯定《易》为王者之书

内圣外王是儒家思想观点。最早出现出自《庄子·天下第三十三》:"是故内圣外王之道,暗而不明,郁而不发,天下之人各为其所欲焉,以自为方。"后被儒家所继承,指提高个人修养与推行政治主张有不可分割关系。"内圣",即将道藏于内心自然无为;"外王",即将道显示于外,推行王道。"内圣外王",意谓内有圣人之德,外施王者之政,即达到人格理想以及政治理想两者的完美结合。其中,"内圣"是基础,"外王"则是目的。子夏作为孔子的学生,深得孔子思想的影响,因此他对"内圣外王"之道体悟的非常深刻,一部《子夏易传》就是"内圣外王"之道思想的真实展现。我们从他这部著作里处处可看到他对君子人格和风骨的肯定和赞赏。如果说"《易传》对古经首次系统哲学诠释学意义上的诠释,奠定了易学之为一高度哲学性的天人之学的基本方向",那么《子夏易传》则是对《易传》哲学诠释学意义上的"内圣外王"之道的再诠释,对《易传》确立的"天人之学"的再肯定。用今天的话说也是学生对老师学术思想的总结、归纳、阐述基础上再创造。

我们从孔子和子夏对话可以看出子夏思想境界的高度,子夏问老师的问题一开始就涉及"参于天地",这个问题反映了子夏思想的高度及其世界观的高度。因为学生问题高度高,孔子从"天、地、日月""三无私"角度回答了学生的问题,孔子的回答显示了作为"师者"思想意识和境界更在学生之上。孔子从自然之道"无私"引申到人道之"德",认为实践"德"的最高境界就是遵循自然之道的"无私"。孔子对子夏的开示从人文价值理想的高度着手,最后落实到大道或真正高层次的治国理政方面,即就是行"德政"。为何行"德政"就是遵循自然之道的"无私"呢?孔子以历史上圣君事实作例证,同时又以《诗》之言作辅证,既有历史事实,又有理论依据,显示了作为"师者"学问不仅广博,而且更讲究说服的技巧。这虽是是师生之间的对话,我们从中可以体悟到孔子对学生的五种教育方法:一是重在对学生子夏思想境界的启迪,如"自然之道";二是重在对学生子夏世界观的启发,如"三无私";三是教育学生子夏要有历史观,如文武时代政治现象;四是教育学生子夏要重视人文经典的活学活用,如对《诗》的运用等;五是教育学生要树立正确的政治观,如"德政"等。我们分析子夏的《子夏易传》,可以看出孔子这种教育思想对子夏的重要影响,这五种教育方法直接奠定了子夏"内圣外王"之道,即内心倡导"三无私"

思想，对外推行“德政”及“王道”。《易传》是孔子对《易经》阐释和解读，孔子学《易》已到了晚年，这个时间段的孔子既积累了丰富人生阅历，又经历了社会风风雨雨人生考验，其对《易经》手不释卷，读《易》韦编三绝。史圣司马迁在《史记·田敬仲完世家》中对孔子记载为：“盖孔子晚而喜《易》。《易》之为术，幽明远矣，非通人达才，孰能注意焉。”此段话司马迁从历史学家调度肯定了《易》之术“幽明远”，“幽”揭示了《易》之书哲学内涵的深厚；“明”揭示了《易》之书固有价值应然之境的高；“远”则揭示了《易》之书对未来之境的前瞻性体认。而《易》作为这样一本“六经之首”“大道之源”“三玄之一”“性命之源”的典籍深得孔子喜欢，可见孔子乃是“通人达才”。史学家眼中“通人达才”孔子对易学有什么贡献呢？孔子对易学贡献就在于他所确立的“《易传》之对古经解读所初步确立起的诠释之熔旧铸新的高度原创性学术方向，易学获得了旺盛不竭的神奇学术生命力，一直处在生成、日新的鲜活生命状态之中。……对卜筮进行了创造性的转化，充分揭示了人在天地人物相融为一的整个世界中的主体性地位，令古经人的发现的意蕴，得到了空前的最高哲学层面上的丰富、深化与升华，即此而确立起以天地人三才之道为核心的易学天人之学的哲学品格。其中也透显出宗教巫术的非理性信仰向理性的转化过程”。

子夏易学贡献则在于其老师孔子所奠定的“易学天人之学”基础上向“内圣外王”方向的实践性转化。如果说孔子确立起了“易学天人之学”及“君子之学”，那么子夏则是把老师学说付诸实践。

参考文献

[1]黄寿祺，张善文. 周易译注[M]. 上海：上海古籍出版社，2004.

[2]卜子夏. 子夏易传[M]. 上海：上海古籍出版社，1982.

[3]萧汉明.《周易本义》导读[M]. 济南：齐鲁书社，2003.

浅论白居易咏史诗的艺术特色

聂风云

(渭南师范学院 人文学院,陕西 渭南 714099)

摘　要:白居易作为中唐现实主义诗人,其咏史诗具有独特的艺术特色。诗人往往把自己的人生际遇与对历史事件的反思相结合,使咏史诗具有强烈的议论色彩。同时,在对历史人物的点评中,又体现出自己对生命的一些哲学思考,见解新奇,诗味隽永绵长,体现了诗人率真自然的性情,开启了唐朝中晚期史论诗歌的先河,对唐诗的发展和丰富作出了巨大的贡献。

关键词:白居易;咏史诗;艺术特色

作者简介:聂风云(1972—　),陕西渭南人。本科,渭南师范学院人文学院教师,主要从事世界文学与比较文学教学。

白居易是中唐现实主义诗人的伟大代表,新乐府运动的倡导者之一。他的诗歌内容尚俗尚实,语言浅显平易,主要分为讽喻诗、闲适诗、感伤诗、杂律诗等四类。但在白居易的诗歌中,还有为数不少的咏史诗,数量大约近 30 首。所谓咏史诗,就是借用诗歌对历史人物或历史事件进行评价或感慨感悟,总结古今成败兴亡的经验与教训,是我国传统古典诗歌的重要类别之一。白居易的咏史诗涉及的历史名人众多,这些名人大概分为三种:一是具有丰功伟业的帝王将相,如周公旦、汉文帝、张良等;二是才华横溢或有赫赫武功但命运多舛的文臣武将,如李斯、司马迁、李广等;三是闲云野鹤,虽处境困厄,但淡泊名利,执着追求自由与信仰的著名隐士,如颜回、陶潜、嵇康等。除此之外,白居易的咏史诗还通过一些具体的历史事件表达自己对某些历史现象的思考与评价。如战国楚王为了满足一己之欲,不顾民生,倾国选美的丑恶行径,暗讽唐朝统治者的奢靡与腐朽。白居易为了在诗歌中达到自己的讽喻目的,使用了众多丰富的艺术手法。本文试就其咏史诗的艺术特色试作以下分析:

一、把自身遭遇与对历史事件的反思相结合,诗歌议论色彩较为浓重

如果从纵向比较的角度来看,白居易不同时期、不同阶段所写的咏史诗,其流露的情感与内心真实的理念基本一致。大致来看,早年在长安所写的诗,多是一事一诗,主要通过历史上某个人物与某个事件来表现对现实的不满与嘲讽,体现出关爱百姓和关心国家的积极态度。如《杂兴三首》中,对春秋时的诸侯国楚、越、吴三国国君荒淫无度的生活描写,用来警醒当朝皇帝,引以为戒。在《读汉书》一首诗里,通过对西汉末年皇帝昏庸无能、是非不分、忠奸不辨的行为,使忠臣受害、奸佞受宠,导致"盛业日衰"的结局,尤其是诗歌结尾的点评议论,"卒章显其志",对现实进行反思警醒 。

白居易后来在被贬至江州所作的咏史诗中,经常把个人情感遭遇与历史事件相结合,并进行议论。这个时候此类诗歌的代表作有《偶然三首》《杂感》《咏史五首》《吴宫词》《叹鲁二首》。这些作品同以前的咏史诗相比,在写法上有了一些新的变化。不再侧重描写君主帝王的荒淫而误国误民,而重在讲述古代的忠臣志士因遭小人谗言而导致的时运不济的感慨,与自身的被贬遭遇结合

起来，通过感想与反思，抒发满怀的委屈和愤懑。除此之外，这个时期的白居易的一些诗歌中还多次写到战国的屈原和汉代的贾谊，屈原和贾谊都曾经遭受过小人的诽谤而被君主冷落流放。如《偶然三首》中“楚王邪乱灵均直，放弃合宜何恻恻！汉文明圣贾生贤，谪向长沙堪叹息”。这首诗指出了不管是昏庸邪乱的楚襄王，还是被誉为明君的汉文帝，都受到了小人的蛊惑，使屈原和贾谊都遭到了驱逐贬谪，其命运几乎一模一样。他们两个作为古代的贤臣名士都如此遭遇，而自己也是如此，所以白居易清醒地认识到“古今皆这般”，从而为自己被贬而获得了一些心理共鸣与安慰。再如《读史五首》其三中写到的“老作锄瓜士”是汉代抗击匈奴的名将李广，《咏史五首》其二里出现的司马迁、嵇康，这些历史人物，在诗人眼睛里，都是一些遭遇悲惨，时运不济的人，跟自己的性格和命运有着极其相似的地方，所以在感慨他们的不公命运的同时，也是在叹息自己的命运。在《吴宫词》一首诗里，白居易通过嘲讽春秋吴国国君夫差大肆铺张奢靡，沉迷于西施的美貌，而冷落嫌弃其他美女，“妍媸各有分，谁敢妒恩多”，表面在议论古人，但实际上抒发的却是自己受到委屈之后的怨愤情绪，借古人之事抒己之情。白居易在江州和忠州时，曾经对陶渊明十分推崇，写了《访陶公旧宅》等几首诗，在其中，通过怀古，把陶渊明视为自己的知己，抒发了诗人因政治变故之后信心的丧失和淡泊名利的心理情绪。总的来说，在江州与忠州这两个阶段，白居易的咏史诗体现了自我内心的愤懑与不满，在进与退之间作选择或徘徊，而后来被调任苏州刺史和杭州刺史后，其诗歌中却充满了悠然自得，闲适满足的意味。如《首夏》一诗中“食饱惭伯夷，酒足愧渊明。寿倍颜氏子，富百黔娄生”。诗人把自己与历史上的一些人物作比较，对自己目前的舒适恬然的生活充满愉悦与幸福，进而嘲笑古人的艰辛。而此时的白居易确实过着一种自得悠然的生活，不为政治斗争所困惑，不为黎民百姓所忧愁，所以不用受到良心的谴责。总之，白居易的咏史诗，与自己的遭遇和沉浮密切相关，尤其是在矛盾复杂的宦海中，既表现了他的积极入世态度，再到晚年“独善其身”的心路历程。

二、见解新奇，诗味隽永

白居易对史书非常熟悉，对一些历史人物常常有自己的独特的看法与理解，他在诗歌里多次写到屈原，如《效陶潜体诗十六首》其十三中，把屈原与魏晋时期的名士刘伶作比较：

“楚王疑忠臣，江南放屈平。晋朝轻高士，林下弃刘伶。一人常独醉，一人常独醒。醒者多苦志，醉者多欢情。欢情信独善，苦志竟何成。兀傲瓮间卧，憔悴泽畔行。彼忧而此乐，道理甚分明。愿君且饮酒，勿思身后名。”从这首诗中，可以看出，白居易对屈原遭受流放贬谪，在“憔悴泽畔行”中的吟咏并不同情，反而对刘伶能在醉酒中找到人生的欢愉充满赞同。

在被贬官至江州后，他的很多诗歌都能体现出这种心理特点。如《舟行》一诗：“帆影日渐高，闲眠犹未起。起问鼓枻人，已行三十里。船头有行灶，炊稻烹红鲤。饱食起婆娑，盥漱秋江水。平生沧浪意，一旦来游此。何况不失家，舟中载妻子。”这首诗写于被贬江州的路上，本来对宦海之人，被贬官远谪是人生的最大失意，但诗人却并不在意，虽帆影日高，却依然闲眠不起，只把远谪当作一种游历，更重要的是家依然安稳，妻子还在身边，诗歌中自然流露出不畏人生艰难，淡然面对的一种潇洒之气。

在《读史五首》中，白居易集中写了以下一些历史人物：屈原、苏秦、李斯、赵高、贾谊、韩信、司马迁等，通过这些历史人物，白居易对历史进行了一些反思，如何从这些人物的遭遇中吸取教训，然后以他们为戒，如何慎重选择自己的人生之路。如第二首：“祸患如棼丝，其来无端绪。马迁下蚕室，嵇康就囹圄。抱冤志气屈，忍耻形神沮。当彼戮辱时，奋飞无翅羽。商山有黄绮，颍川有巢许。何不从之游，超然离网罟。山林少羁鞅，世路多艰阻。寄谢伐檀人，慎勿嗟穷处。”在这首诗中，白居易把司马迁与嵇康放在一起比较，认为他们两人都是道德品质高尚纯洁之人,但其不幸遭遇都令人同情和痛心,如何避免他们的悲剧呢? 只有从他们身上汲取教训,时常自我警醒,才能避开他们的祸端在自己身上重演。

另外,白居易还写过一些关于商山四皓的诗歌,从这些诗歌里,也可以看出他对人生态度的起伏变化,这种态度的变化中蕴含着诗人自我的某些人生哲学。商山四皓,指的是秦末汉初隐居在今天陕西商州的四位贤士:苏州太湖甪里先生周术,河南商丘东园公唐秉,湖北通城绮里季吴实,浙江宁波夏黄公崔广。他们四人都德高望重,才识过人,不为名利权势所诱惑,隐居山林,年过八十的老人。在元和五年所作的《答四皓庙》中诗人称颂四位贤人"随时有显晦,秉道无磷缁"。这种处世的心态与李斯等功成名就但下场悲惨的人比较,警示自己勿执念于功名利禄,要像商山四皓一样可以进退自由。后来,白居易在被贬至江州司马,路过商州时,看到商山四皓的庙宇,想到四位贤士自由闲适的处世观,与自身的遭遇形成鲜明对比,非常仰慕,不禁产生了远离官场是非的念头,渐渐了获得了一种"卧逃秦乱起安刘,舒卷如云得自由。若有精灵应笑我,不成一事谪江州"的内心平静。但此后,白居易的仕途越来越顺利,这使他对商山四皓的情感态度又有了新的变化,当李唐王朝日益腐朽,江河日下,党争现象愈来愈烈之时,于是主动脱离险恶的官场,在洛阳闲居近 17 年之久,度过了生命中最为舒适惬意的时光。在《对镜》一诗中他写道:"三分鬓发二分丝,晓镜秋容相对时。去作忙官应太老,退为闲叟未全迟。静中得味何须道,稳处安身更莫疑。若使至今黄绮在,闻吾此语亦分司。"从这首诗中,可以看出,白居易对自己分司洛阳的生活非常满意,因为满意,所以对商山四皓不再有以前的那种羡慕和向往,而认为,商山四皓如果知道自己分司洛阳的惬意,大概也会选择做分司这条路吧。从白居易对商山四皓的态度变化可以极为清晰地看到诗人对人生的领悟和心路历程。

白居易的咏史诗能够把自身的遭遇与对历史事件和人物的评价反思结合起来,从历史人物的遭遇中汲取经验,吸取教训,形成自己的处世哲学和人生态度,体现了诗人率真自然的性情,开启了唐朝中晚期史论诗歌的先河,对唐诗的发展和丰富作出了巨大的贡献。

参考文献

[1]〔唐〕白居易. 白居易全集[M]. 上海:上海古籍出版社,1999.

[2]毛德胜. 论中晚唐咏史诗的艺术手法[J]. 中国韵文学刊,2008(3).

[3]毛德胜. 论中晚唐咏史诗的精神旨归[J]. 中国文学研究,2008(4).

[4]李真瑜. 中国古代咏史诗的历史阐释方式与历史文化原因[J]. 湖南文理学院学报(社会科学版),2009(2).

"沈涛"辨

陶 生 魁

（渭南师范学院 人文学院中文系，陕西 渭南 714099）

摘　要：清代实有两个"沈涛"，一为江阴人，历康熙、乾隆两朝；一为嘉兴人，主要生活在嘉、道、咸三朝，曾师事段玉裁，撰有《说文古本考》。《续修四库全书总目提要·经部·小学类》"说文古本考"条所言"乾隆元年一甲三名进士"有误。

关键词：《说文古本考》；嘉兴沈涛；江阴沈涛

作者简介：陶生魁（1974—　），甘肃白银人。文学博士，渭南师范学院中文系副教授，主要从事古文献研究。

《续修四库全书总目提要·经部·小学类》"说文古本考"条为光绪进士、著名学者杨钟羲所撰，其文云："《说文古本考》十四卷，清沈涛撰。涛字西雍，号匏庐，嘉兴人，乾隆元年一甲三名进士。……学本金坛。书中于段先生之说亦有不敢从者，盖实事求是之学也。"[1] 据杨氏所言，沈涛为乾隆元年进士，受业于金坛段玉裁，然这与段氏生平抵牾。《清史稿·高宗本纪》载：雍正十三年（1735）九月"己亥，上即位于太和殿，以明年为乾隆元年"[2]，可知"乾隆元年"即1736年，而段玉裁生于雍正十三年（1735），他在"乾隆元年"仅一岁，怎么可能有一个年长于他而且在"乾隆元年"就已经举进士第的门生？可以推测，此处必有错讹。

《清史列传·儒林传》云："沈涛，字西雍，浙江嘉兴人，嘉庆十五年举人。……涛幼有神童称，尝从金坛段玉裁游，深研经训。……著有《说文古本考》十四卷、《铜熨斗斋随笔》八卷、《交翠轩笔谈》四卷。"[3] 据此可知师事段玉裁的沈涛是浙江嘉兴人，为嘉庆十五年举人。段玉裁确有名叫"沈涛"的弟子，从他的《十经斋记》中也可以得到进一步印证。《十经斋记》云："嘉兴沈君涛久从余游，今年八月书来，请作《十经斋记》，……沈君天资卓荦，十二三时已背诵《十三经》如瓶泻水，长益泛滥辞章，茁发颖竖，离众绝致，而犹自恐华而不实也。乃沈潜于'五经'，以'五纬'博其趣，筑室闭户，著述其中，不为声华驰逐。其于训诂、名物、制度、民情、物理之际，罙之深矣，此其志之远大何如哉！岂守兔园帖括，或剿说宋儒一二，以拾青紫、夸学问者所可辈哉！"[4] 可见嘉兴沈涛是段氏甚为推重的弟子。

关于嘉兴沈涛，其他文献也有记载。如，宋咸熙（1766—?）《耐冷谭》卷七亦云："嘉兴沈西雍涛，原名尔振，少有神童之目。时予监理省城敷文书院，执贽来谒，试以经义，应对如流。年才十五耳，予甚喜。金坛段茂堂大令赠以诗，有'他年若数传经者，门下应推第一人'之句。"[5] 又，黎经诰《许学考》卷三"《说文古本考》"条云："清沈涛纂，涛字西雍，浙江嘉兴人，嘉庆举人，官福建兴泉永道。"又引潘祖荫为《说文古本考》所撰序云："西雍先生与余家有戚谊，余于道光、咸丰间屡见之。"[6] 光绪五年刊《嘉兴府志》："沈涛，原名尔振，字西雍，幼有神童称，未冠，领嘉庆庚午科。"[7]

毋庸置疑，师事段玉裁的沈涛是浙江嘉兴人，嘉庆十年中举，不为进士。那么，在乾隆元年举进士第的沈涛当另有其人。

同治十二年刊《赣州府志》卷四十三载："沈

涛,字次山,江南江阴人,乾隆元年进士。”[8]又,光绪四年刊《江阴县志》卷十七《人物·政绩》云:“沈涛,字次山,乾隆丁巳进士,知江西长宁县。……涛广询博采纂《长宁县志》一书,著有《念山堂诗集》。”[9]《赣州府志》称沈涛为江阴人,说明他不是赣州人;《江阴县志》不言沈涛为赣州人,只言他“知江西长宁县”,因为这是“《江阴县志》”,则此沈涛为江阴人无疑。两《志》所言角度不同,其实所指为一人。古代士人离开家乡到外地做官,他的生平履历往往可见于其家乡和为官之地两处的地方志中。表字“次山”的沈涛祖籍在江阴,后来在江西长宁县任职,因此,江阴、赣州两地方志中都有关于他的记载。

关于江阴沈涛举进士第的时间,《赣州府志》载为“乾隆元年”,即 1736 年;《江阴县志》载为“乾隆丁巳”,即 1737 年。两《志》相差一年,必有一误,然文献不足,一时难以确考。

由以上辨析可知,清代实有两个“沈涛”,一为江阴人,进士,主要生活在康熙、乾隆两朝,撰有《念山堂诗集》;一为嘉兴人,举人,主要生活在嘉、道、咸三朝,曾师事段玉裁,撰有《说文古本考》。杨氏为《说文古本考》撰写提要,不当言嘉兴沈涛为“乾隆元年一甲三名进士”。

参考文献

[1]中国科学院图书馆整理. 续修四库全书总目提要[M]. 北京:中华书局,1993:1114.

[2]赵尔巽. 清史稿[M]. 北京:中华书局,1976:344.

[3]不著撰人. 清史列传[M]. 北京:中华书局,1987:5609.

[4]段玉裁. 经韵楼集[M]. 上海:上海古籍出版社,2008:236.

[5]张寅彭. 清诗话三编(第 6 册)[M]. 上海古籍出版社,2015:4132.

[6]黎经诰. 许学考[M]. 台湾:华文书局,1970:213.

[7]许瑶光. 嘉兴府志[M]. 台湾:成文出版社,1970:1340.

[8]魏瀛修. 赣州府志[M]. 台湾:成文出版社,1970:825.

[9]陈延恩. 江阴县志[M]. 台湾:成文出版社,1983:1818—1819.

白居易诗歌主张的变化

——从重功利到非功利

陈西洁

（渭南师范学院 人文学院，陕西 渭南 714099）

摘　要：白居易是中国文学史上一位有明确文学主张的诗人，他的现实主义诗歌理论，强调诗歌的政治作用，诗歌必须为政治服务，必须负起“补察时政”“泄导人情”的政治使命。这种重功利的文学观并未终其一生，他的创作视野逐渐内向，转向非功利，转向写个人情思，呈现出诗歌思想上的一个过渡期。

关键词：白居易；诗歌主张；变化；重功利；非功利

作者简介：陈西洁（1969—　），女，陕西澄城人。渭南师范学院人文学院副教授，从事古代文学教学与科研工作。

白居易是继杜甫之后，中国文学史上一位伟大的现实主义诗人。杜甫继承了汉乐府“感于哀乐”“缘事而发”的现实主义精神，创作了大量描写时事、揭露时弊、反映民生疾苦的现实性很强的诗歌。非常可惜的是，杜甫有现实主义的诗歌创作，却没有明确提出为现实而作的理论主张。白居易的现实主义诗歌理论，填补了诗歌史上的一大空白。他强调诗歌的政治作用，强调诗歌要为现实服务，表现出非常鲜明的重功利的文学观，可是，他的这种文学观念存在的时间却并不长，又转向非功利的文学观，这是值得注意与探究的一个文学现象。

一、重功利转向非功利

诗歌发展到盛唐，对于兴象玲珑的诗歌意境的追求，已经达到了相当高的程度，陈子昂所提倡的声律风骨兼备的诗歌，已经呈现出一定的风貌。到了中唐，诗人们面对盛唐诗歌创作的顶峰，开始探索新的诗歌创作道路。韩孟诗派诗人苦心孤诣地追求，走上了尚怪奇、重主观的创作道路。元白诗人则呈现出尚实、尚俗的诗歌倾向，追求通俗化，以时事直接入诗。尚实，是白居易诗歌创作的一种自觉追求。同时，尚实，也是当时诗歌创作的一种普遍倾向。尚实、尚俗的诗歌创作倾向的出现，虽早在贞元年间，但是重功利的诗歌主张的被引入这一创作倾向中，却是永贞末到元和初才开始的。[1]297宪宗元和元年，白居易和元稹准备参加制举考试，其《策林序》中说：“元和初，予罢校书郎，与元微之将应制举，退居于上都华阳观，闭门累月揣摩当代之事，构成策目七十五门。”这七十五篇对策，实际上就是白居易早期的政治思想与政治主张的记录。白居易认为，藩镇割据和政府赋税过重是造成中唐社会危机的根本原因，由此造成内乱不息，民不聊生的局面，从中能够看出白居易对当时的政治弊端是有比较深刻的认识的，也敢于揭露。在这组文章的六十九《采诗以补察时政》中，提出设立采诗官的必要，“言之者无罪，闻之者足以自诫”“大凡人之感于事，则必动于情，然后兴于嗟叹，发于吟咏，而行于歌诗矣……故国风之盛衰，由斯而见也；王政之得失，由斯而闻也；人情之哀乐，由斯而知也。然后君臣亲览而斟酌焉。政之废者修之，阙者补之；人之忧者乐之，劳者逸之”。白居易从执政者的角度，强调诗歌的政治作用。他认为诗歌应该为君、为臣、为民、为物、为事而作，不应该为文而作，最终的目的还是为君而作。为了皇帝开壅蔽以达人情,知政教之得失。

《与元九书》是白居易讽喻说的诗歌理论比较系统化的表达,他在长文中提出了对于诗歌特点的看法,“感人心者,莫先乎情,莫始乎声,莫深乎义。诗者:根情、苗言、华声、实义”。他抓住诗歌的感情与韵律能够感动人的特点,把诗歌引到教化上,并提出“文章合为时而著,歌诗合为事而作”。白居易的诗歌理论实质,是完全出于功利的目的,反映出非常明显的功利主义文学观。

元、白重功利的诗歌理论的提出,始于元和初而到元和十二年不再提倡,历时只有十二年。在唐代整个文学思想的变迁史上,是一种文学思潮延续的时间最短的一次。[1]306 元和十二年前后,白居易的诗歌主张不再激进,这中间的淡化大约有六七年时间,这期间他的讽喻诗很少,创作风格逐渐趋于平和,而在创作实践上实行其功利主张的时间更短。

二、文学观念变化的原因

白居易文学观念的变化并不是突然发生的,而是有其多方面的原因的。文学自身的发展规律、社会政治、历史事件以及诗人思想内部的因素,综合在一起,促成了其文学观念从重功利到非功利的转化。

1. 文学自身的发展规律

从文学自身的发展来讲,这属于诗歌革新中的一种现象,是诗歌发展的过程中,要求超越前人的藩篱,追求新的突破,力求创新的反映。韩孟等文人追求险奇怪诞、枯寒冷瘦,而元白追求写实尚俗,趋向于重功利的文学观念,这是诗人主动的追求,是当时革新思潮的产物,符合文学自身的发展规律。

2. 革新的失败,导致重功利失去思想基础

中唐时期,政治上不断出现各种各样的革新,使得积极入世的文人们看到希望,燃起政治热情,渴望唐王朝的复兴。特别是刘禹锡、柳宗元参与倡导的永贞革新,虽然历时很短,但短时间内革除了一些弊端,带来中兴的希望,对当时的文人是很大的鼓舞。白居易他们重功利的诗歌理论以及短暂的创作实践,其实也是服务于当时的政治改革的。他渴望借助于诗歌的力量,借助诗歌讽喻现实的作用,触动皇帝,革除弊政,行仁政,使统治者和百姓达到调和,以达到治理升平。革新的失败,改革者的悲惨遭遇,对白居易是很大的打击,再加上他自己一系列的革除弊政的谏议不被采纳,他对于重功利的主张也失去了信心。于是,诗人逐渐趋于淡泊,转向关注日常生活。

3. 一系列历史事件的撞击

一系列重要历史事件的发生,也对白居易的思想产生了很大撞击,促使他功利文学观的淡化。一件事是韦执谊被贬。贞元二十一年,永贞革新,韦执谊任宰相,白居易上书提出一些建议,革新失败后,韦执谊被贬崖州司马。白居易感到震惊,作《寄隐者》:“昨日延英对,今日崖州去。由来君臣间,宠辱在朝暮。青青东郊草,中有归山路。归去卧云人,谋身计非误。”[2]19 我们从中能够清楚地看到,白居易流露出退隐的念头。虽然他终究并未退隐,但是在他同时期其他作品中,我们能够感受到改革的失败与积极参与革新的文人惨痛的遭遇在他的心灵中投下了阴影。

第二件对白居易有打击的事件,是牛僧孺等人科考事。元和三年,牛僧孺、皇甫湜等科考登第,由于直言敢谏,指陈时弊,得罪权贵,致使考官杨於陵、韦贯之等人遭到牵连被贬官。白居易一直希望通过诗歌使皇帝纳谏改革的思想由此是遭到一击。元和三年至元和五年,白居易作谏官期间直言进谏,写了大量政治讽喻诗,他这个时期的诗篇像连弩箭似的射向黑暗现实,几乎刺痛了所有权贵,使“权豪贵近者相目变色”,使“执政者扼腕”,使“握军要者切齿”。虚伪的统治者对他怀恨在心,宪宗暗谕崔群“使求自便”。白居易在“一入金门直,星霜三四年。主恩信难报,近臣徒久留”的感慨下,产生了退隐思想。

对白居易打击最大的事件莫过于江州之贬。元和十年,宰相武元衡被平卢节度使李师道派人刺杀。朝廷官员明哲保身,缄默不言。白居易基于义愤首先上书,“急请捕贼,以雪国耻”。然而此

时,旧官僚集团却攻击他僭越言事。理由是,白居易当时的官职是赞善大夫,这是一个不得过问朝政,只能陪太子读书的闲官。他们又网罗其他的罪名加以诬陷,于是白居易被贬江州,任了一个江州司马的闲职。正如他所说"是非不由己,祸患安可防"。这次打击,对于白居易来讲,格外沉重,他愤懑、不平,政治态度走向消极,基本放弃了重功利的文学观。

这一系列的打击,促使白居易进一步认清了政治形势,他清醒地意识到通过采诗观风制度实现政治改革的目的仅仅是一个良好的愿望而已。[3]113白居易的吏隐思想在元和诗人中逐渐产生影响,功利主义文学思潮也渐渐低落。

4. 思想中原有的佛老影响

对于一个人的思想变化产生大的触动的,除了外在的因素之外,还有来自他思想深处的影响。白居易在渭村丁母忧期间,心灵的痛苦与重压之中,佛道二教思想开始露头,成为他痛苦的调节,心灵的麻醉剂。这两种思想在他生活的特定时刻,排挤着儒家的功利文学观,成为他消解痛苦的法宝,使他超越生活和灵魂的苦难,达到些许的平衡。这期间的很多诗篇都流露出典型的佛道思想。他的《叹老三首》《白发》诗,感叹人生的衰老,青春岁月的流逝,"晨兴照清镜,形影两寂寞。少年辞我去,白发随梳落。万化成于渐,渐衰看不觉"。"前年种核桃,今岁成老树。去岁新婴儿,今年已学步。但惊万物长,不觉身衰暮。去矣欲何如,少年留不住。""白发知时节,暗与我有期。今朝日阳里,梳落数茎丝。"这种对生命的敏感与痛苦,白居易经常借助于佛道二教来消解超越。这种麻醉与超越也就削弱了他诗歌当中的功利性,表现出有意追求解脱的思想倾向。佛教信仰对于他,既是现实的逋逃所,也是人生的新境界;即是自我屏翳的迷雾,也是自我认识的金篦。[4]293佛教思想自然地融入他的精神生活中,影响着他的文学观与创作。

三、诗歌创作的变化

这次文学观念的变化,在白居易的诗歌创作中表现是非常明显的,最直接的表现为诗歌创作题材的变化。由揭露时弊,反映民生疾苦,转向写个人情思,写身边琐事,转而以普通人的日常生活为主。

1. 创作变化的关键点

这个变化不是突然发生的,它有一个逐渐的过程,这个过程的关键点就是白居易的渭村生活。元和五年,他的谏官生涯结束,白居易认识到朝政的腐败不是他一个人的直言敢谏所能改变,那个时候,他就已经产生了退隐的思想。元和六年四月,白居易母亲去世,他带着失去慈母的忧伤,回到故乡下邽丁忧。渭村三年的生活,白居易的创作题材、内容、风格发生了很大的变化,题材内容日常化,风格平和淡泊,这个阶段成为他创作变化的一个关键点。

2. 创作题材的变化

白居易的现实主义诗论反映的就是他重功利的文学观念,在这种观念的影响下,他早期的诗歌更多的是揭露朝政弊端,反映民生疾苦,以实现"唯歌生民病,愿得天子知"的主张。而随着其生活的变化,文学观念也在悄然改变,他的创作题材呈现出明显的转变。诗歌更多的转向对个人情思的抒写,对自然风光的宁静淡泊的描摹;自己的日常生活感受;身边的琐事,甚至于表现对于自己安逸生活的满足感;也写闺阁生活,对于年轻时恋情的回忆;也会写一些咏史诗。总的说来,那种为民请命的现实题材,激昂情怀逐渐淡化了,转向了淡泊宁静,呈现出个体俗生活的一面。

(1)写身边琐事,写对生活的满足感

白居易回到下邽之后,脱离了明争暗斗的黑暗的官场,农村淳朴的生活使他的心境产生了很大的变化,他开始关注与描写身边琐事,抒写对于生活的满足感。他不再聚焦弊政,而是有了几分安然:"身适忘四支,心适忘是非。既适又忘适,不知吾是谁。"(《隐几》)远离朝政的白居易身心无累,安闲自适,俨然一个超然世外的隐者:"况兹孟夏月,清明好时节。微风吹夹衣,不寒复不热。移榻树荫下,竟日何所为? 或饮一瓯茗,或吟两句诗。内无忧患迫,外无职役羁。此日不自适,何日是适时。”他以一种宁静的心境感受着平凡的生活,树下闲卧,品茶、吟诗,安闲自适。也正是在这个阶段,白居易对很多问题的看法有了改变,他对于“人间富贵”有了新的理解,“心足即为富,身闲乃当贵。富贵在此中,何必居高位”。(《闲居》)他认为,一个人“知足保和”就是富,生活安闲无事就是贵。对平俗的生活产生了一种满足感。宁静的渭村让他皈依:“一朝归渭上,泛如不系舟。置心世事外,无喜亦无忧。”(《适意》之一)

(2)写恋情,写闺阁生活

白居易年轻的时候,曾经和一位出身于平民家的女子湘灵相恋,由于门第的不同,母亲坚决反对,白居易多次哀求母亲无果,两人不得不分离。他一直难以忘却这段恋情,当他渐渐对功利淡漠之时,埋藏在心中的那段柔情时时拂动他的心灵,发而为诗。特别是渭村闲居期间,这种情感流露颇多:“我有所念人,隔在远远乡。我有所感事,结在深深肠。乡远去不得,无日不瞻望。肠深解不得,无夕不思量。”(《夜雨》)在风雨之夜,孤独的诗人心中蕴含着无奈的人生苍凉,他心念远方,苦苦思量,却只能静卧听雨。“自从花颜去,秋水无芙蓉。”(《感镜》)诗句中隐含的对湘灵姑娘的思念,让人不禁想起元稹的“曾经沧海难为水,除却巫山不是云”(《离思五首》其四),他们将深情融入自然形象之中,表达感情的执着深挚异曲同工。“绝弦与断弦,犹有却续时。唯有衷肠断,无应续得期。”(《有感》)更是肝肠寸断,如痴如醉。白居易后来还写了很多思念湘灵的作品,这种感情一直持续到他晚年。被贬江州之时,白居易做《感情》诗:“中庭晒服玩,忽见故乡履。昔赠我者谁?东邻婵娟子。因思赠时语,特用结终始。永愿如履綦,双行复双止。自吾谪江郡,飘荡三千里。为感长情人,提携同到此。今朝一惆怅,反复看未已。人只履犹双,何曾得相似!可嗟复可惜,锦表绣为里。况经梅雨来,色暗花草死。”岁月流逝,物是人非,对信物的珍视,传递出诗人对感情的珍视,斗转星移,二十余年过去了,他的感情依然那么深挚,人间至情平和的娓娓道来。

除了写这段恋情,白居易也有一些作品写闺阁生活,写有什么样的妓妾,日子过得怎么样等等,表现出文人对现有生活的满足感。这些题材都与他以前提倡的民生疾苦相距甚远,体现出明显的功利性与非功利性的差异。

白居易是一位典型的现实主义诗人,用诗歌干预朝政,关注民生疾苦,为民请命,同时他也创作了大量的闲适诗、感伤诗,我们不仅要看到他的诗歌分类,他诗歌创作中的这种现象,更要理性认识其中存在的观念变化,由功利性向非功利的转化,探究这种转化的深层原因,从而更好的理解白居易的内心世界及其创作的内容与风格。

参考文献

[1]罗宗强. 隋唐五代文学思想史[M]. 北京:中华书局,2016.

[2][唐]白居易,喻岳衡点校. 白居易集[M]. 长沙:岳麓书社,1992.

[3]曾广开. 元和诗论[M]. 沈阳:辽海出版社,19972017.

[4]谢思炜. 白居易集综论[M]. 北京:中国社会科学出版社,1997.

浅析白居易中隐思想

潘 涛

（渭南师范学院 人文学院，陕西 渭南 714099）

摘 要：白居易是中国历史上少有的能在复杂的政治斗争环境中进退自如、善于自处的典型代表，在他的身上，既有敢于直谏、不畏权贵为民请命的一面，又有在遇到挫折时淡泊隐逸、乐天知命的一面。他在为官和隐逸之间找到了平衡点，也为中唐时期的士人探索出了在官场重压和集权政治包围之中突围的道路，从禅意里寻找到了中隐思想，而这种中隐思想所表现出来的士大夫由外转内的人生理想的转变，对后世吏隐方式产生了很大的影响。

关键词：白居易；中隐思想

作者简介：潘涛（1984— ），陕西渭南人。渭南师范学院人文学院教师。

中国古代的文人士子终身纠结的一个选择就是，入仕做官还是终老山林，是达则兼济天下还是退而独善其身。《易·系辞上》说："君子之道，或出或处。在如何对待这个问题上，白居易的中隐思想具有非常典型的意义。

白居易是中国历史上少有的能在复杂的政治斗争环境中进退自如、善于自处的典型代表，在他的身上，既有敢于直谏、不畏权贵为民请命的一面，又有在遇到挫折时淡泊隐逸、乐天知命的一面。他在为官和隐逸之间找到了平衡点，也为中唐时期的士人探索出了在官场重压和集权政治包围之中突围的道路，从禅意里寻找到了中隐思想，而这种中隐思想所表现出来的士大夫由外转内的人生理想的转变，对后世吏隐方式产生了很大的影响。

一、白居易中隐思想的形成

古代的读书人往往会通过出仕来实现自己的理想和抱负，但出仕如果为自己带来隐忧和灾难，便会选择退隐来躲避灾难，保全自己。正如王康琚在《反招隐》中写道"小隐隐陵薮，大隐隐朝市"。大隐的代表人物如西汉的东方朔"陆沉于俗，避世金马门"，小隐的代表人物如东晋的陶渊明"采菊东篱下，悠然见南山"。中唐时期的白居易提出介于大隐和小隐之间的中隐思想，白居易的这种中隐思想有效调和了他出仕与退隐的心理矛盾。白居易中隐思想的形成既与他的性格有关，更是当时政治环境的复杂和文化氛围的宽松背景下的特殊产物，是随着他宦途浮沉逐步形成的。

白居易生活在中唐时期，此时的大唐帝国已失去了盛唐时期的辉煌，宦官专权、藩镇割据。元和元年（806），经历了"三登科第"后的白居易被任命为盩厔县县尉，35 岁时开始步入仕途。一年后，白居易调入长安，先是任集贤校理、翰林学士，后被任命为左拾遗。白居易此时正值壮年，意气风发、踌躇满志，大有杜甫当年"致君尧舜上，再使风俗淳"的英雄气慨。"誓心除国贼，决死犯天威"，两句诗表达出白居易为民请命、冒死直谏的政治抱负。但是，之后发生的"唐代第一凶杀案"——武元衡事件彻底改变了白居易一生的命运。时任宰相的武元衡被人杀死在上朝的路上，凶手却顺利脱逃。白居易得到消息后异常愤怒，第一时间上书朝廷，要求缉拿真凶、查明主使，却被指责为越级言事的"僭越行为"遭到贬谪，从左赞善大夫被贬为江州司马。武元衡事件是白居易人生命运的转折点。

白居易被贬后,在赴江州路过商州时,感慨万分的写下了《初贬官过望秦岭》:“草草辞家忧后事,迟迟去国问前途。望秦岭上回头立,无限秋风吹白须。”这与当年“誓心除国贼,决死犯天威”的豪放相比,44 岁的白居易满腔愤懑,仰天长叹,显示出了凄凉的情怀。

白居易被贬三年后又被朝廷起用为忠州刺史,此后便青云直上,从杭州刺史到苏州刺史、同州刺史、秘书监、太子宾客分司、刑部侍郎、太子少傅,最后以刑部尚书身份结束仕途,一生可谓非常圆满。白居易从一介书生到官居二品,实现了他治国齐家平天下的政治抱负,但在白居易的内心深处却始终隐藏着难言的痛苦。文人从政,是不要尊严的做官,还是隐忍退居林泉,白居易依他的仕途经历给出了答案。

58 岁的白居易用一首《中隐》诗道出了他的中隐思想:“大隐住朝市,小隐入丘樊。丘樊太冷落,朝市太嚣喧。不如作中隐,隐在留司官。似出复似处,非忙亦非闲。不劳心与力,又免饥与寒。终岁无公事,随月有俸钱。……人生处一世,其道难两全。贱即苦冻馁,贵则多忧患。唯此中隐士,致身吉且安。穷通与丰约,正在四者间。”既不做朝廷大官,也不退隐林泉,做一个地方闲官“吏隐”,“月俸百千官二品,朝廷雇我作闲人。”正是白居易中隐思想的真实写照。

白居易中隐思想的形成也与中唐时期宽松的文化氛围有关。隋唐完成统一后,儒家思想的正统地位被确立,同时也采取了三教并举的政策,文化上的包容和开放使得调和儒道,朝廷还以国家的名义举行三教辩论,这些举措极大地推动了儒佛道在思想上的融合。正是在儒佛道三教碰撞、交流乃至融合的背景下,儒家的入世、佛教的空无和道家的无为对白居易产生了很大影响。

小官吏出身的白居易,从小饱读儒家经典,儒家正统思想的影响很深,这从他早年积极科考入世、满怀雄心壮志的实现兼济天下的人生理想,还创作出针砭时弊的文章和诗歌《观刈麦》《长恨歌》等可以看出,早年主导他的儒家入世思想占据着重要地位。

促使他从一个努力承担社会责任向强烈失落感转变的转折点就是被贬谪的经历,让他对自己所坚持的人生理想产生了动摇,心里愤懑痛苦:“功名宿昔人多许,宠辱斯须自不知。一旦失恩先左降,三年随列未量移。马头觅角生何日?石火敲光住几时?前事是身俱若此,空门不去欲何之?”(《自题》)一方面白居易对被重新起用抱有幻想,另一方面却因为报国无门而使政治热情大打折扣,转而寄希望于佛道来慰藉心灵:“新年三五东林夕,星汉迢迢钟梵迟。花县当君行东夜,松房是我坐禅时。”(《正月十五夜学禅因呈智禅师》)白居易在研读佛典、寻胜访僧的同时也深受道家“知足”“顺其自然”思想的影响。

在他被贬江州之后,又结识了郭虚舟、萧炼师等江西著名的道士,也曾经跟着炼丹食丹。“峡内岂无人?所逢非所思。门前亦有客,相对不相知。仰望但云树,俯顺惟妻儿。寝食起居外,端然无所为。东郊萧处士,聊可与开眉。能饮满杯酒,善吟长句诗。庭前吏散后,江畔路干时。请君携竹杖,一赴郡斋期。”诗中可看出,白居易在仕途受阻后,转而从访道炼丹参禅中寻找心理平衡,进而形成融合了儒释道于一体的中隐思想。

二、中隐思想的内涵及其表达方式

隐逸思想一直是中国古代思想和文化史中非常重要的组成部分。“穷则独善其身,富则兼济天下”,许多逸人高士一直把这个奉为处世之道,其品行操守也深受人们称颂和津津乐道。“天下有道则见,无道则隐。”(《论语·泰伯》)“邦有道则仕,邦无道则可卷而怀之。”(《论语·卫灵公》)文人的自我价值的实现不受外在环境的影响,遇见明君可以鞠躬尽瘁死而后已,昏君当道则坚守操守避祸全身。

早期的隐逸人士居所往往与世隔绝在山水的幽绝处,不受世俗社会秩序的干扰,这种山林之隐被称为“小隐”。“大隐隐于朝”如西汉的东方朔。魏晋南北朝时代,这种“朝隐”开始大行其道。如石崇、潘岳在为官的同时,也热衷于经营山水、怡心养性。但他们只是借园林之地欣赏和休憩,“隐逸”只是一时的托词,而不是常态。白居易提出的中隐思想,才真正将隐逸与园林结合起来得以实现。

白居易中隐思想的成型,以他 58 岁时创作的《中隐》诗作为标志:“大隐住朝市,小隐入丘樊。丘樊太冷落,朝市太嚣喧。不如作中隐,隐在留司官。似出复似处,非忙亦非闲。不劳心与力,又免饥与寒。终岁无公事,随月有俸钱。君若好登临,城东有秋山。君若爱游荡,城东有春园。君若欲一醉,时出赴宾筵。洛中多君子,可以恣欢言。君若欲高卧,但自深掩关。亦无车马客,造次到门前。人生处一世,其道难两全。贱即苦冻馁,贵则多忧患。唯此中隐士,致身吉且安。穷通与丰约,正在四者间。”

中隐便是居于大隐和小隐之间,既不是隐于朝堂之上,也不是隐于山林之间,而是选取在都市的园林之中享受隐逸之情。不寂寞也不喧嚣,有朝廷俸禄作保障,不用辛苦劳作,生活安逸惬意,即可在家中园林休憩,还可外出呼朋唤友,社交游乐。中隐的“中”既是指地理位置,也是指“居中”的心态,既与朝廷保持了一定的距离,又不隔绝尘世与世无争。这种既有隐逸之名,又享朝官之利的中隐思想,满足了士人的心灵和实际需求,调解了在仕与隐逸两难的境地。

中隐思想虽然是白居易适时提出来的,也是中庸文人共同创造的结果。前者如钱起、元结,中唐如白居易、元稹、韩愈、柳宗元、刘禹锡、裴度、李德裕、牛僧孺等代表文人也都有相似的经历和诗作,这也说明,中隐思想的成熟也与中唐时期的时代风气相关。

中隐思想在白居易的诗歌创作中占有相当大的比例,主要表现在后期的诗歌创作上。

第一,以不材为自我定位

“不材”的观念一直贯穿于白居易诗歌之中,将“不材”作为自身定位,则是在现实失意后,在中隐思想的影响下,从自己实际生活出发,融合前人理论所做的一种调和。被贬江州使白居易看到了官场的黑暗,开始怀疑他最初的“兼济”理想,原有的价值体系出现了松动。各种危机不断出现,他“忠诚进谏,不见听”的结果使他感到沮丧,他对想在政治上有所作为失望了,宁愿碌碌无为,以免卷入政治纷争。

40 岁之前,他经历了几次由官而民,由民而官的生活变化。面对现实中进退两难的困境,通过调整自己的内心,以“不材”作为自己的人生定位,以感性适意作为自己的人生准则。他在大和元年创作的《与僧智如夜话》中,通过“知命”说明了自己安于现状,将自己的舒适与安逸归因于他的“懒钝”与“无能”,努力降低定位,摆脱个人的心理欲望,以实现自己身体和精神上的安逸。

此外,禅宗的影响也使白居易给自己以“不材”作为自我定位,并尽情享受休闲生活的一个重要因素。在现实中失意后,白居易受到中隐思想的影响,也开始渐渐地关注身边的琐碎之事,他对佛教的态度从早年《八渐偈》的纯理论的兴趣逐渐转向了直接的人生问题,以佛教思想来指导自己的生活和思想,佛教思想更加自然的融入到他的精神生活中。

第二,以知足为满足

白居易早年的经历使他具有情感丰富的个性特征,多愁善感的情怀,以及丰富的生活经验使他对个体的生命更加关注。与此同时,对现实不满,为了生计又不能归隐,内心的超脱成了他的追求,从他早期诗作中可以看出,诗人试图通过转变内心世界对外在世界的感受和认知,注重“心”的适意,以实现心灵上的超脱。

白居易看轻外在,强调精神自由的思维和超脱的精神特点为他中隐思想埋下了伏笔。白居易在经过仕宦的颠簸和起伏后,为自己设计身居留司官的“中隐”的人生道路,以闲游、醉眠来冲淡由于安闲的生活而虚度年华的烦恼。这种满足于现状,闲适的情感生活,都出现在他的诗中,诗人试图描绘在时光流逝中悠闲自得、悠然平静的自我形象,忘掉“隐藏”的机制下没能解决的人生意义的困惑。

此外,白居易“知足”的思想的另一个重要目的是为了使自己在悠闲的个人生活中,达到逃避黑暗现实的目的。在其开成元年《春来频与李二十宾客郭外同游,因赠长句》一诗中,描绘了对友人不幸遭遇的同情,以及自身壮志难酬,悠闲生活的无奈和愤怒。然而,经过宦海沉浮之后的白居易早已对唐王朝的命运感到绝望,厌倦官场争斗,在其诗中更多是感慨从中解脱的幸运。

三、中隐思想的意义及对后世的影响

白居易中隐思想具有十分典型的士大夫人格价值,也对后世产生了深远影响。将隐逸的宽松度发挥到极致的是唐代集权制度,它成了穷尽了自己所有积极形式的隐逸文化,王维的仕隐,其独特就在于既做方内之人,又是皇羲上人;既执着于现实,又走向内心。迅速蜕变滑坡的隐逸文化,其由指向社会的积极一面转向内心。从终南捷径到王维的仕隐,是中国隐士表面上最辉煌的时期,实际上隐逸文化的积极意义被抹杀了。

中唐时期 ,白居易提出把隐士分为大、中、小三者的中隐理论。经历了人生忧患之后的白居易,在《中隐》一诗中津津乐道于“不劳心与力,终岁无公事”的逍遥,却完全抛弃了仕途的进取。日趋白热化的朝廷党争让他认识到“朝市太嚣喧、贵则多患” ;另一方面,他认为小隐也太不现实,于是,他选择了隐在留司官,过一种非忙非闲、非贵非贱的生活。三种隐士各自的社会意义和文化意义并不是他决定取舍的根本原因,三种隐逸模式对隐者世俗的实用价值才是他的选择。

中隐是中国传统隐逸观念的重大转折,是大隐、小隐之间的折中与调和 ,不再以隐作为实现独立和价值的途径。中隐模式承接了朝隐的路数,但又失了朝隐的游刃宦海而不失初心的权变之道,而沦为仅仅为了解决生计保命存身的投机行为 ,与隐逸文化的旨趣大相径庭。中隐,使隐逸庸俗化 ,盛极一时的隐逸文化便开始走向衰落。

中隐是一种吏隐 ,它以散官、闲官、地方官为隐,在小隐与大隐间找到一条折中之途,既可免饥寒之患,又可以躲避朝堂纷争,在为政之暇的山水登临中、在壶中天地的杯酒声色中、在与洛中君子的过往唱酬中享受欢乐闲适。

在这一思想指引下,隐逸颓丧其原本保证士大夫相对独立的社会理想和人格价值的意义 ,沦为中唐士人为追求现实安逸的世俗生活张目的借口。不仅隐逸的超越精神荡然无存 ,而且连大隐、小隐也沦为士人解决生计和存身保命的现实策略了。当然这种隐逸观念的蜕变有其历史必然性,它是自春秋以来怀道自尊而又无世俗权力作保障的士人道统在面对政统时必有的尴尬。

从表面上看,中隐只是基于大隐、小隐基础上隐逸形迹的变化,实际上反映的却是在日益强化的专制体制下如何重建与强化士人独立人格的重大问题。封建专制制度不可逆挽的衰落、思想体系中儒家心性论的加强、道释思想的崛起,使中隐负载了更多深刻的文化意蕴。白居易平衡出处进退的居士精神以及闲适的中隐生活,不仅对同时代东都闲适诗人产生了影响,这一思想传统也为后人的进退裕如开启了法门,对后世产生了深远影响。

对中隐思想自觉接受和普遍实践在宋代达到了高潮。宋人折服白居易的中隐理想,参禅研易、耽溺园林等他们都可从白居易的中隐中找到依据。宋代诸如“禄隐”“半隐”等名目繁多的隐逸,可以说都是对白居易中隐的翻版与发展。

北宋文人苏轼将白居易中隐思想发挥得最完满。他取号“东坡”即源自白居易《东坡》《步东坡》等,他标举师范白居易。他称道白居易不仅“死生穷达,不易其操,而道德高于古人”,而且“乞身于强健之时,退居十有五年,日与其朋友赋诗饮酒,尽山水园地之乐”(《醉白堂记》)。苏轼一方面羡慕他道德文章垂范后世,另一方面羡慕他“晚节勇退”后逍遥适性的生活方式,并将白居易进退裕如的“中隐”奉为自己立身处世的圭臬。

他们不仅仕历相似,而且更认同闲适之乐的。白居易中隐的生活内容如对山水的流连、对道佛的崇尚、对诗乐的偏嗜都给苏轼的州郡贬谪生活以深刻影响。他们都是与现实格格不入、不随流俗而向往闲适之乐。苏轼虽然十分倾慕白居易闲适的中隐生活,但从更高层次上却对其颇有微词。

当宋人对中隐的步趋与服膺绝非仅仅出于个人的偏好,也非仅停留在口头上,而是承继这一生活哲学并体践在现实生活中。这是因为士大夫在尊君卫道前提下保持人格独立本身就拘囿在王权的限度内。这种对集权制的适应与不断调适使他们认同白居易的中隐 ,并自然归趋于此,而且做得更加灵活变通。

四、结语

白居易的思想,综合儒、释、道三家。立身行事,以儒家"达则兼济天下,穷则独善其身"为指导思想。其"兼济"之志,以儒家仁政为主,也包括黄老之说、管萧之术和申韩之法;其"独善"之心,则吸取了老庄的知足、齐物、逍遥观念和佛家的"解脱"思想。

时代在变迁,社会在进步。今天我们研究白居易的中隐思想,更多的只是汲取中国传统思想文化的精华,这对于建设和谐社会具有重要的现实意义。

参考文献

[1]谢思炜. 白居易诗集校注[M]. 北京:中华书局,2006.
[2]唐六典[M]. 北京:中华书局,2014.
[3]欧阳修,宋祁. 新唐书[M]. 北京:中华书局,1975.
[4]杜学霞. 白居易"中隐"思想探析[J]. 郑州:河南社会科学,2017;25(12).

民 俗 研 究

合阳“花花”:基于当地女性生活史的考察

孙萍萍
(渭南师范学院 人文学院,陕西 渭南 714099)

摘　要:合阳“花花”是流行于合阳一带的民间歌谣。它的创作群体主要是忙碌于灶台炕头、田间地头的劳动妇女,她们借助“花花”这种艺术形式,用朴实的语言、真挚的情感表达她们的日常生活、人生经历及对生活的理解和感悟。通过细品一首首“花花”,可以了解她们的人生经历、她们的情感及她们的具体的生活情态。

关键词:花花;民间文学;女性生活史

作者简介:孙萍萍(1977—),女,陕西澄城人。渭南师范学院人文学院副教授,主要从事性别文化研究及影视批评。

合阳“花花”是流行于合阳一带的民间歌谣。关于歌与谣的区别:《诗经·园有桃》:“心之忧矣,我歌且谣”;“曲合乐曰歌”“徒歌曰谣”(《毛诗故训传》);“有章曲曰歌,无章曲曰谣”(《韩诗章句》)。根据以上,合阳“花花”不同于陕北的“信天游”、内蒙古的“爬山调”、甘青宁的“花儿”等等,它们有曲谱,主要是用来唱的。而合阳“花花”主要是“说”的,因此,在合阳民间,当地人一直就称之为“说花花”。合阳民间“说花花”传统从何时开始,尚找不到确凿资料证明,但从民间搜集到的“花花”样本内容分析,最早有元朝末期流传下来的,例如《抡鞭子》。还有很多清代流传下来的“花花”,说明在合阳民间,“说花花”的传统是比较悠久的。合阳“花花”的收集整理始于20世纪70年代末,后来陆续有些作品发表在上海《故事会》《陕西农民报》上。20世纪80年代到90年代,普查搜集成果颇丰,编印了《合阳民间文学作品选》(4集)、《合阳民间歌谣》(2010年,合阳民俗专家史耀增老师应母校合阳中学之邀,编选此书,作为合阳中学校本教材之一)、《合阳民间文学》三套集成等等。进入21世纪,在《中国歌谣集成·陕西卷》中,收录了合阳“花花”26首。

歌谣作为一种口头民间文学艺术形式,它深深植根于人民生活的土壤,富有强劲的生命力,它紧密伴随着社会的历史前进,反映不同时期的社会面貌和人民心理,具有重要的艺术价值、民俗价值、文化价值、认识价值。合阳“花花”不同于其他地方的民间歌谣,它的创作群体主要是忙碌于灶台炕头、田间地头的劳动妇女,她们借助“花花”这种艺术形式,用朴实的语言、真挚的情感表达她们的日常生活、人生经历及对生活的理解和感悟。通过细品一首首“花花”,可以了解她们的人生、她们的情感及她们的生活情态。本文所依据的“花花”资料大多来自合阳县文体广电局编印,由梁浩秋、史耀增、王鹏主编的《合阳花花》一书。该书收集的“花花”除了少数是1949年后创作的新“花花”外,大多是明清至1949年前的作品,在当地劳动妇女口耳相传、互相吟诵中流传下来。因此笔者试图通过对这些“花花”的解读去考查当时当地农村劳动妇女的生活状况。

一、少女时代的生活情态

在现有的“花花”中，描写女性少女时代生活状况的歌谣为数不多，但可以从中窥见其中的苦与乐。“苦”在于很小的时候女孩子就要求裹脚，“乐”在于童年在父母身边无拘无束的快乐生活。关于女孩子缠脚，除了这个过程本身女孩要忍受的血淋淋的疼痛外，女性成年之后，在参加家务劳动、农业生产时，小脚带来了很多不便，同时这种疼痛也是伴随一生的。《缠脚》里的“小女女，六岁半，身上穿的洋花缎。眉又细，脸又圆，一双大脚还没缠。娘叫女，把脚缠，女女防到邻家不闪面。拉回来，把门关，一盆热水端面前。大针小针磁瓦片，划的脚上血流满，疼的眼泪流一脸。他大（音dɑ，意思是父亲）一见心疼烂：‘我的女子你甭管！’‘我不管，你不管，寻不下下家（婆家的）谁丢脸’？”《抱上碎脚哭恓惶》里的“六岁上，七岁上，我妈给我缠碎脚。剪子剪，磁瓦子戳，把我疼的防（意思是躲藏）到焙（指土炕）角角，把我缠成尖尖脚。尖尖脚，上南坡，阿家叫我担水拾柴火。把我走的疼的没处搁，抱住碎脚哭恓惶（伤心可怜的意思）……”《跑秸杈》里描述麦收时节，夫妻在麦场碾麦的情节，其中就有女子小脚劳动时带来的不便，例如：“……秸杈一拉克啷啷，小脚儿颠颠跑的忙。麦又湿来脚又小，打不进麦堆实煎熬……脚一蹬，不好了，把我的鞋带挣断了。鞋跌咧，脚裂咧，裹脚拖下一窝咧！这个秸杈咋打哩，没有鞋带咋绑哩……”

少女时代，除了裹脚为将来的出嫁准备外，母亲还要教女孩子学习一些为人处世的礼仪及生活、生产的技能。这些技能，一方面为婚后应付男耕女织的生活，另一方面，布织得粗疏细密、面擀得匀称薄厚、花绣得如何、鞋子做得怎样等等，也是媒人说媒、挑选媳妇的很重要的参考。合阳“花花”中有大量表现这方面内容的。例如，《抓养女》（生养教育的意思）中有：“一岁两岁吃娘奶，三岁四岁离娘怀。五岁六岁门前串，缠脚抹爪扎耳环。七岁八岁学做活，抹桌扫地续机缣。九岁十岁学纺线，十一岁绣花学拐缠。没觉然抓下十二三，十四十五学织棉。十六十七学裁剪，学做茶饭七八年。女娃长大娘心牵，成天提心吊胆胆。同州府里扯鞋面，羌白街里打彩环。脚缠十丈长命布，吊布子手巾早备全。铜洗脸盆儿竹蒲篮，印花布门帘花苫单，四角儿集的黑蝉蝉。儿一半来女一半，大妈都把心放端。叫女儿，走上前，听娘给你嘱托言。从明日你到婆家，小心侍候女婿再阿家（婆婆的意思）。早梳头，把脚缠，烧火去裙子撩腰间。未拉风匣先搭炭，锅烧煎了再洗案，再问公婆做啥饭。或烙馍，或擀面，下面去水要添宽展，莫叫水少面下粘（rɑn）。客人来了先问候，然后端茶取水烟。当了媳妇另一重天，侍候公婆理当然。”还有《十姐织布》：“勤搭机子头绺多，老母教女织绫罗。老母上机织一遍，十个女子都来看。大姐上去显高手，双手穿梭云中走……二姐上去显手段，双手穿梭云中串……只有三姐织得快，给娘织下黄丝带……只有四姐织得好，给娘织下花花袄。只有五姐生的笨，百样花子都织了……六姐要织杨柳叶，织的柳叶上下翻。织的双燕穿梭飞，织的水牛卧沙滩……七姐要织酒菜香……八姐要织女采桑……九姐要织天边月……十姐要织天上星……”

二、恋爱婚姻家庭中的女性生活状况

从现有搜集到的“花花”中可以看到大量描述女性婚恋的作品。作为女性，尤其是封建社会的女性，选择什么样的结婚对象、选择什么样的家庭等等，女性几乎没有自主权和发言权，基本上大多的婚姻就是“父母之命，媒妁之言”。婚姻对封建社会的女性来说，表面上从一个家庭走入另一个家庭，实际上是从父母亲作为监管人移交到丈夫公公婆婆的手里，所以婚姻的幸福与否，是人生幸福的基础。“花花”以叙述的口吻讲述了女性的婚姻状况及她们的真实感受。

“买卖”婚姻，在关中方言里，民间嫁女儿有“卖女”一说，这或许源于当地结婚仪礼中的彩礼环节。封建社会，父母在为女儿选择夫家时，对方出的彩礼钱的多少是一个很重要的参考，往往忽略了女儿的感受。例如：《我姐卖了十两白银子》“火盆花，火盆火，先嫁我姐后嫁我。我姐卖了十两白银子,我爷要买尿盆子,我婆要买黑裙子,我大要买竹鞭子,我妈要买银签子。我嫂要穿花褶子,我哥要拴细车子,嘟儿喔喔一节子。"《我大卖我不商量》:"菜籽开花满地黄,我大卖我不商量,银子别到裤腰上,把我掀到坷崂合。"《卖下银钱好的太》:"我在灶火烧火哩,我大我妈商量的卖我。卖下银钱好得太,我大要买铜烟袋。我妈要吃肉肉菜,我哥要把新厦盖,我嫂要把银活戴,出来进去妩得太。卖下女婿就像猪八戒,越看越看越不爱。"

"过空房"式的婚姻。古代社会,一些家庭儿子在外不归,但为了增加家庭劳力,便早早买来穷人家的闺女举行"缺席婚礼",这种婚姻形式称之为"过空房"。"花花"《过空房》就讲述了在外多年从未谋面的丈夫归来时的情景。"婿:小房子搭的蔑绣竹帘,望见竹帘我心喜欢。男人家是耙耙把钱揽,婆娘是匣匣攒银钱。我在外十年未回转,我媳妇过门已三年。今日初次来见面,褡裢里装的见面钱。揭开竹帘往里浅(偷着看),只见我妻把头钻……""嫂:他二叔先甭忙我有话言。房中娶下空房女,空房女儿不体面。进门辱没你男子汉,因而价你去把窗钻……""婿:转面来骂声你陈家女,做此事不嫌丢脸面。你大你妈爱银钱,把你嫁到我家园。过空房不见男人面,不嫌丢人守三年。我铺子小伙计把你编成戏,写出来贴到我门前。我为你丢人又现眼,害的我还要把窗钻。""妻:叫相公你莫把为妻怨,低下头儿泪涟涟。那一年咱这遭荒旱,三年六料未曾安。坑的我父无其奈,才把奴家卖银钱。我大我妈养活我,把我养活了十三年。自古说养女儿来接困,才把我嫁到你家园。三年没见女婿面,三年眼泪擦不干。""婿:叫贱人你还敢巧言辩,在丈夫面前把嘴翻。若还再敢一句,休你就在跟目前。""妻:听言相公话不好,双膝跪倒你面前。从今向后再不敢,一句不敢再言传。""婿:叫声贱人你往前站,你给我打火吃袋烟。你给我脱鞋扽袜子,才显得你是我的妻。""妻:只要丈夫你不嫌,你说装烟就装烟。脱鞋脱袜奴情愿,扫炕暖被奴喜欢。""婿:打到的媳妇揉到的面,我妻回话我心安……"这首"花花"描述了"过空房"的丈夫回家,因为"空房女儿不体面",按照当地习俗必须"钻窗户",而丈夫觉得自己既不是捡来的,也不是后妈生的,为啥要"钻窗户"受这种奇耻大辱。于是丈夫就将这股怨气撒在妻子身上,埋怨妻子的父母爱钱卖女儿,埋怨妻子"丢人现眼"。妻子的耐心解释再一次激怒丈夫,丈夫以休妻相威胁,吓得妻子一声不吭,只能唯命是从。"过空房"中的妻子除了忍受独守空房的煎熬,还要承受被外人、家人瞧不起的屈辱。

"小女婿"式的婚姻。这种大媳妇、小女婿式的婚姻,妻子被当作主要的家庭劳力使用。"花花"《说他是儿不叫娘》里描述了大媳妇扮演和承担了母亲的角色和任务:"二八佳人巧梳妆,房中守着七岁郎。说他是郎太得小,说他是儿不叫娘。黑了枕的胳膊睡,醒来哭的要他娘。不为婆母待我好,背到后山喂了狼。"《十八的嫁了个七岁郎》:"菜籽开花遍地黄,十八的嫁了个七岁郎。白日捣榴滚核桃,黑了害下瞌睡痨。人都说嫁下女婿比奴强,又吐又尿床。吃饭时盘儿上盘儿下,男人的架子不倒仓。吃一碗,舀一碗,舀的不好就吊脸。伺候阿家伺候郎,伺候猪牛伺候羊。东沟里割草喂牛羊,西沟里担水泪汪汪。越思越想越委屈,搁下担担哭一场。不怨爹,不怨娘,只怨媒人瞎心肠。吃了我酒席你甭美,跌到崖底下摔坏腿。吃了我煮角喝了我汤,吃到肚里烂肚肠。坐了我板头害瘘疮,穿了我媒鞋害脚黄。枕了我枕头害成秃光光,吊了我手巾把眼擦成红瓤瓤。"描述了媳妇虽然在家是主要劳力,丈夫还是个"尿床"的娃娃,依然要受丈夫的管教。最后媳妇只有将这股怨气撒在媒人身上。

三、"回娘家"的辛酸

合阳"花花"还有大量的描述婚后生活的内容,有的表现夫妻一起劳动的乐趣,例如:《跑秸杈》《两口子憋布》;有的表现回娘家时向婆婆请假时婆婆的刁难及回到娘家时的喜悦。例如:《我在屋里扎缯子》"我在屋里扎缯子,听着门外人叫哩,马铃呛呛响一串。东一瞅,西一看,我叫大哥你坐下。大哥骑马叫我啦，褥子搭到瓮沿上。鞭子挂到门环(shuo)上，叫我去问我阿家。这是烟锅你吃呀，妈呀叫去不叫去？后院有个麦秸积，多会烧完多会去。”另一个版本的《我在房里扎缯子》：“……看她还要说啥呀！明天叫咱十个哥哥都来呀，一个缯子没扎毕，听着门外苏铃可响哩。十串苏铃呛啷啷，十匹马蹄铛铛铛。十个哥哥下了马，大马拴了十石桩。十个马鞭挂在门环上，十幅褥子放在瓮沿上。十把椅子你坐下，十个烟锅你吃呀，十个茶碗你喝呀。不吃你烟，不喝你茶，十个哥哥问阿家，叫不叫我妹子熬娘家？辈辈娘家停不够？买死的骨头断死的肉。十双袜子十双鞋，今日去，明日来，做不下了就拿鞭子排。”根据古时合阳的传统，女儿回娘家是有讲究的，一是按传统习俗“看忙罢”，二是农闲时可以“熬娘家”，但得娘家人来叫，且经过婆家允许方可。而且“熬娘家”期间也不能闲着，要给婆家人做鞋子。《我在房里扎缯子》中女子十个哥哥依次来叫都被婆婆借口打发回去了，最后，十个哥哥一起来，婆婆无奈只得同意媳妇回娘家，但只给两天时间，回来还得做好十双袜子十双鞋。女性在家庭生活中完全受制于公婆，连最基本的与娘家的情感的沟通和交流都被阻隔了。《想娘家》“喔儿喔儿纺棉花，车(cha)子怀里挂爷爷。啥爷爷，土地爷，灶火爷，传辞咱娘咱大叫我啦。出了枉死城，看着撒乐村，裙子一脱手一拍：好大大，实实地到了撒乐村！到娘家，坐三天，睡三天，亲戚六人看三天。”“花花”《想娘家》描述女子托土地爷带话给父母接她回娘家，纺着棉花，想象着回到娘家时的放松、酣畅、自由和愉悦。

合阳“花花”的主要的创作群体是女性，她们在纺着棉花、织着棉布、绣着花、纳着鞋底、缝着衣服的时候，一起像拉家常似的说着前人流传下来的歌谣，同时也将自己的生活感悟融入。在当地，男人们是不屑“说花花”的，而且以“说花花”为耻，“说花花”也就成为当地女性表达自己的一种特殊的方式。她们的生活范围非常有限，她们的社会交往仅限于家人亲戚朋友间，她们过着最普通最平凡的生活，她们借着“说花花”这种形式，诉说着她们经历的生活和对生活的感悟。我们也通过“花花”这条隐秘的河流，去了解她们曾经的生活。

（说明：本文所依据的“花花”资料来自合阳县文体广电局编印，梁浩秋、史耀增、王鹏主编的《合阳花花》一书。）

渭南地区饮食民俗研究
——以水盆羊肉为例

刘　莎
(渭南师范学院 人文学院，陕西 渭南 714099)

摘　要：说到羊肉泡馍，人们会自然联想到西安的羊肉泡馍，显然羊肉泡馍已经成为西安的饮食品牌。但作为羊肉泡馍的另一个分支——水盆羊肉，却常常被人们忽视。水盆羊肉是渭南的传统美食，尤其以大荔、蒲城、澄城有名。水盆羊肉有着悠久的历史，其做工精细，风味独特，独具地方民间特色。本文主要对渭南水盆羊肉，主要通过对大荔、蒲城、澄城三个地方的水盆羊肉进行对比研究，希望把水盆羊肉打造成渭南的饮食品牌。而最好的方式就是在民俗旅游文化中开发水盆羊肉，进而起到相互促进的作用。

关键词：水盆羊肉；渭南；民俗旅游

作者简介：刘莎(1989—　)，女，陕西渭南人。助教，硕士，主要从事饮食文化研究。

陕西是中国的文化大省，饮食文化是文化的重要组成部分。作为陕西东大门的渭南，物华天宝，资源丰富，饮食文化底蕴深厚。临渭区、华州区、大荔县等 34 个县市区相继成功申请“陕菜之乡”称号，数量之多，在国内实属罕见。渭南羊肉泡馍、大荔带把肘子、九碗十三花、中国最古老的方便面“合阳踅面”“潼关烩面”等具有渭南特色的陕菜名点，成为陕菜文化的又一重要支系和弘扬陕菜文化的重要力量。

在自然资源上，渭南有着很多地方不可比拟的优势。在独特的地理气候条件下，渭南的烹饪食材琳琅满目。白水苹果、华州山药、白菜、赤水大葱、潼关酱菜、大荔黄花菜、富平羊奶粉、同州羊、韩城大红袍花椒、合阳黑乌鲤等优质原材料，为全市的餐饮多样性发展提供了物质保障。

与湘菜浓艳的色彩和浓烈的味蕾刺激不同，这些渭南名优菜品显得更为内敛，保留传统，突出本味，酸辣适中，贴近自然，绿色营养，这些特点也正好符合时下“绿色食品”“生态食品”“养生食品”的世界饮食潮流，收获了大批的“吃货粉丝”。

陕西的美食美味数不胜数，而水盆羊肉更是除了羊肉泡馍以外历史最悠久的一道佳肴美味。说到羊肉泡馍，人们会自然联想到西安的羊肉泡馍，显然羊肉泡馍已经成为西安的饮食品牌。但作为羊肉泡馍的另一个分支——水盆羊肉，却常常被人们忽视。水盆羊肉是渭南的传统美食，尤其以大荔、蒲城、澄城有名。水盆羊肉有着悠久的历史，其做工精细，风味独特，独具地方民间特色。从最近几年来看，全国饮食文化最引人注目的发展，不是什么豪华酒楼的建设，而是各地方小吃的兴起，消费者在饮食上逐渐倾向于“返朴归真”，讲究天然健康。而渭南传统饮食正是占有没有任何添加剂，并采用原生态原料制成。但是由于这些传统美食的制作方法多为口口相传，没有向规模化、标准化、品牌化发展，使得“配方保密、食材独特”的传统美食只能藏身于当地。因此，把水盆羊肉打造成渭南品牌文化最好的方式就是在民俗旅游文化中开发水盆羊肉。进而起到相互促进的作用。

随着社会生活水平的稳步提升，以旅游为代

表的文化产业渐趋成为支柱性产业之一,对旅游开发研究的重要性日臻明显。近年,各地都在做各种尝试,要将琳琅满目的中国美食推广向全世界。渭南更要抓住此机会来打造自己的饮食旅游文化。

目前,无论发达国家和发展中国家,民俗旅游均已蓬勃发展:北美的“活人博物馆”通过仿照当年格式建造的房屋、棚圈、碉堡、果园组成的“移民村”,再现了几百年前欧洲抵美移民的生活、劳动和风俗习惯;突尼斯根据西方游客喜欢猎奇的心理,利用本国土著居民的村落古迹、山洞住宅、民族服饰和车马游玩等民俗文化来发展旅游业,已成为非洲和阿拉伯国家中的旅游大国。在国内,深圳中华民俗文化村汇集了全国几十个民族的灿烂文化,昆明云南民族村也展示了云南25个少数民族的风俗,在广东,岭南文化、客家文化和连南瑶族风情的旅游开发也是目前的关注热点。

水盆羊肉作为渭南的特色美食,在当地非常有名,作为羊肉泡馍的另一个分支,外面却鲜有人知,相关研究也是非常少。本文主要对渭南水盆羊肉,主要对大荔,蒲城,澄城三个地方水盆羊肉进行对比研究。

水盆羊肉从历史上讲发源于明朝崇祯年间,到晚清,慈禧赐名“美而美”,因其常在农历六月上市,故又称“六月鲜”。称之为水盆,据说是因为盛制这种食物的器皿叫作“水盆锅”,说是这是一种通常用铅锡板制成的盆状锅,上大下小,状如锅盆,故曰“水盆羊肉”。

水盆羊肉是陕西东府一道极具地方特色的风味美食,水盆羊肉又叫羊肉汤、大碗汤。水盆羊肉不源于西安,蒲城、澄城、大荔三县的水盆羊肉才是正宗。与周边西安等地方不同,大多数渭南人也美其名曰“羊肉泡馍”。据史料记载,古时的秦、陇之地草肥水美,适合牛羊生长,百姓有食牛羊肉的习俗。水盆羊肉是由商周时代的“羊臐”演变而来,1000多年前的“牛羊羹”曾被列为国王、诸侯“礼馔”,它秦汉时被称为“羊肉臐”,唐宋时又叫“山煮羊”,慈禧太后也曾赐名“美而美”。

水盆羊肉有个神秘叫法“六月鲜”,在关中地区的人们每到六月这个季节都会吃一碗水盆羊肉,常是家家店爆满,生意红火。因吃水盆羊肉可解乏消暑,补充体力;这时就会有人问了,夏天吃这羊肉不怕上火吗?而这就是水盆羊肉的神秘之处,因水盆羊肉在选择食材时,基本上一大半都选用羊腩肉,而羊腩口感鲜美还带有微微的韧性,再佐以调料,长时间熬煮,汤鲜味浓,正是这羊腩相对于别的部位少了些温补,多了些益气的功效,才有了“六月鲜”的神秘叫法,而人们在煮羊肉汤时选用的调料是非常讲究的,每种调料的相互作用才能做出这清补凉的水盆羊肉。

水盆羊肉以陕西省渭南市大荔、蒲城、澄城三县的水盆羊肉最享盛名。主要分为清汤羊肉和浓汤的,清汤里各地的做法又不同,浓汤的算是小众了,做得人不多。很多人都会夸自己家乡的水盆好吃,别地的都不行,那是因为他们习惯了自己地区调料的口味。

本文以渭南的代表性小吃——水盆羊肉为研究对象,以打造渭南饮食品牌文化、发展餐饮业和振兴陕菜为目的,挖掘收集整理一大批地方特色餐饮原始资料,积极传承发展陕菜;为弘扬中华饮食文化、推动餐饮产业发展、拉动餐饮市场消费鼓劲。

通过调研发现各地的水盆羊肉还是有一定区别的。比如,首先是时间上的区别。蒲城的水盆羊肉,只营业半天,中午12点前才吃得到;而故市的是全天营业,任何时间段都可以去吃。其次就是汤的不同,有用小火熬的,也有用大火熬制的。调研发现:

正宗的大荔水盆羊肉一定是以剔骨鲜羊肉、骨头为主料,小茴香、桂皮、花椒精盐、味精等为辅料,讲究茴香出头,汤清香,肉质酥烂,吃起来肥而不腻、肉烂汤清。与澄城派同是清亮的羊汤,味道却大有不同,花椒的香味扑鼻,浸入汤中,入口没有一丁点膻味,满是大荔羊肉经过浸煮过后的本味。

在澄县,清汤羊肉所用的是同羊,要求是放养的,年龄在一岁到一岁半之间。据说圈养的羊因为较少运动,身上缺少某种气质,小羊肉味不浓、不香,大羊肉则嫌柴,较难煮烂。同羊最显著的特点是尾巴大,成年公羊的尾巴能长十几斤重,全是脂肪。月牙饼用的是发面,第一步是把面擀成椭圆形的饼,放在鏊上烙,半面硬了后,从中间切开成两个月牙,然后再将半月形的饼放入鏊下面的炉口周围烤,翻一次再烤,直至中间鼓起熟透,馍心却是空的,只包裹一团热气。

蒲城的早上,一定有属于水盆羊肉的香气。循旧例的正宗蒲城水盆必须是手撕羊肉,这样煮出来的羊肉,既烂又香,入口轻轻地抿一下就能将大块的羊肉分开,汤味略重,适合泡饼吃。比如说蒲城的水盆羊肉用料是花椒出头,汤色暗红,自然也是麻味重了些;而到了澄城的水盆羊肉讲究的是小茴香出头,汤色黄亮,必须都是汤清,肉烂,馍一般都会用大荔的月牙饼。其共同的一点是,一碗水盆羊肉就是汤和纯肉,上面会有些蒜苗、葱花、香菜类的飘菜,绝没有木耳、黄花、粉丝之类,记住,在东府去吃水盆羊肉,就是一碗汤和肉,其他的统统都不要。

国外的洋快餐短短几年遍布中国大街小巷,但是中国的饮食文化如此博大精深,却难以得到推广。究其根本,是中国饮食的烹饪方式主要是靠火候,很难形成标准。上千年来,中国地域辽阔,各地形成了独具特色的饮食文化,不同地域有不同的口味。不像西方的快餐,无论在哪一家店,你品尝到的口感都没有二致。虽然近年,国内也做了不少尝试,但是将琳琅满目的中国美食推广向全世界,还任重道远,需要一代代人的传承努力。

参考文献

[1]李松,于凤贵,杜晓帆,张刚,张士闪.民俗旅游与社会发展[J].山东社会科学,2011.

[2]宋兆麟.切勿把民俗庸俗化[J].民俗研究,1995.

[3]吴晓萍,何彪.民族地区旅游开发与民族社区的可持续发展[J].贵州民族学院学报(哲学社会科学版),2000.

[4]李慕寒.试论民俗旅游的类型及其区域特征[J].民俗研究,1993.

[5]莫高.民俗研究.民俗与旅游[J],1985.

[6]陆景川.民俗旅游发展浅探[J].民俗研究,1988.

[7]张铭远.大力开发民俗文化旅游业[J].民俗研,1991.

[8]陶伟,刘锋,刘家明.宁夏回族民俗旅游资源开发研究[J].地理科学进展,1999(3).

[9]管宁生.云南丽江纳西民族文化旅游资源开发[J].地域研究与开发,1996(3).

[10]陈鸣.我国少数民族地区旅游资源的开发和利用[J].地域研究与开发,1997(1).

[11]李海瑞,王兴斌.深圳三景区成功的奥秘——“锦绣中华”“中国民俗村”和“世界之窗”的考察报告[J].旅游学刊,1995(5).

[12]张捷.区域民俗文化的旅游资源的类型及旅游业价值研究——九寨沟藏族民俗文化与江苏吴文化民俗旅游资源比较研究之一[J].人文地理,1997(3).

[13]薛群慧,张晓萍.浅析民俗旅游资源的开发[J].云南民族学院学报(哲学社会科学版),1997(4).

[14]吴忠才.旅游活动中文化的真实性与表演性研究[J].旅游科学,2002(2).

[15]周霄.刍论“旅游人类学”的几个基本问题[J].广西右江民族师专学报,2001(2).

[16]陈烈,黄海.论民俗旅游资源的基本特征及其开发原则[J].热带地理,1995(3).

[17]傅广海,游勇,朱多生.四川省旅游业可持续发展研究[J].商业研究,2005(24).

[18]吴必虎,余青.中国民族文化旅游开发研究综述[J].民族研究,2000(4).

[19]程华宁,黄安民.论民俗风情与文物古迹两种旅游资源的保护模式[J].北京第二外国语学院学报,2005(1).

[20]吴忠军.民俗旅游学的几个问题[J].桂林旅游高等专科学校学报,1999(1).

秦东地区社火整体造型艺术特点梳理

张钧涛

（渭南师范学院 人文学院，陕西 渭南 714099）

摘　要：秦东地区自古以来便是华夏文明的发祥地之一。在这片土地上，诞生过无数璀璨的民间民俗文化。关中社火作为其中一种民俗文化活动，其渊源可追溯至原始社会时期的祭祀活动，并在经历了上千年的历史后，存在着多种多样的社火表演形式。然而在对这些不同社火表演进行探索研究后，发现这些不同种类的社火活动在服饰搭配、脸谱纹样、色彩表现等方面有着共同的造型艺术特点。因此，研究社火的整体造型艺术，既能够让我们宏观的对这项古老民俗活动有所了解，也能更加深刻的对这项民俗文化进行探索和研究。

关键词：脸谱纹样；服装配饰；色彩搭配

作者简介：张钧涛（1984—　），陕西渭南人。渭南师范学院人文学院讲师，硕士，主要从事民俗文化研究

秦东地区南倚秦岭山脉，渭河从中穿过，物华天宝，人杰地灵。早在旧石器时代时期，就有蓝田猿人在此居住；新石器时代原始氏族公社时期仰韶文化的半坡人、姜寨人和史家人也曾在此地从事农业、狩猎、采集等活动。之后进入先秦、秦、西汉、魏晋南北朝、隋唐、宋、元、明清时期，这其中先后十三朝将关中地区的咸阳、长安作为都城。由此可见，秦东地区在中国历史的发展变迁中具有十分重要的历史地位。而在这片土地上，又诞生出无数璀璨的民间民俗文化，社火就是其中之一。

千百年来，作为农耕文化的发祥地，秦东地区社火一直兴盛不衰，其种类繁多，内容丰富，规模宏大，形式多样，参与民众广泛。有惊险刺激的高芯社火、彪悍粗犷的请社火、气势非凡的抬社火、血腥恐怖的血社火、威风凛凛的马社火等等不一而足。与此同时，还伴有扭秧歌、锣鼓、舞狮、锣鼓等演出加在其中，场面轰轰烈烈，热闹非凡。然无论社火多么丰富，种类多么繁多，但他们之间却存在千丝万缕的联系。关中地区的社火，起源于古代的祭祀活动。古人认为社是土地之神，要祈求丰收或驱鬼逐疫，都要祭祀社神。“火”有红火、热闹意。秦东地区社火产生的年代相当久远，它与远古时期的图腾崇拜、原始歌舞有着渊源关系。随着历史的变迁，这种祭祀活动逐渐传入民间，并加入民间杂艺，一直延续到现在，最终形成了我们现在看到的社火表演。

秦东地区社火表演的种类有很多，有山社火、马社火、车社火、芯子社火、高跷社火等等，在秦东地区这些社火表演在开始前都有一定的传统流程，在进行演出时，要必须按照传统习俗一步步进行。每个村在准备社火表演开始前，首先对人员进行分工，定演员、演出的故事角色等逐一进行确定，这项工作主要有村里的社火会和村委会来决定。在确定好这些后，社火会开始进行整个社火表演的筹备工作，当中包括下帖、谋故事、道具、选角、装身子等一系列的工作。每一步的筹备都有着固定的惯例和习俗，轻易不能改变，之后就是准备社火的演出了。

秦东地区社火的种类较多，演出的内容和形式也有所不同，但是基本上的形式都较为相似。

首先是探马,起到预报活动开始的作用。其次是敬神,在社火开始前要去庙里请神上香,以示对神灵的敬重。最后才是游行演出阶段。由于演出的内容不同,所以演出的形式也不同,根据各个社火的种类来决定表演的形式。不论是那种形式的社火演出,这些顺序和习俗可以说都是相似的,作为一种民间艺术,社火的表演之所以能够得到发展和传承,与这些习俗有着密不可分的关系的。

在秦东地区社火演出中,最精彩的大概就是社火角色了,演员画着繁密的脸谱,浓烈的色彩远远望去最能传神。同时,相应色彩的脸谱和角色,要和相对应的服装道具相匹配。就目前来看,秦东地区的社火脸谱已发现300余种,其内容包括了神仙鬼怪、王侯将相、英雄豪杰、奸佞盗贼、才子佳人、四季五行、十二生肖等等,内容包罗万象。然而如何能将庞大的脸谱内容记住,并且正确的绘制出来,也是有着一定的规律可循的。首先是脸谱的图式,包括对脸、破脸、碎脸、旋脸等等不同的脸型。每一种脸型对应不同的人物性格,再配以相应的纹饰,如眉形、眼形、鼻形、嘴形、额饰等等,根据角色进行选择相应的画法,进行服装、道具的穿搭。有时候遇到了没画过的角色时,艺人们还可以根据角色的形象特点,创作出新的脸谱形象。

从秦东地区社火脸谱的整体看来,社火的脸谱色彩浓艳、纹饰夸张繁密,这与社火原始的宗教功能有着密不可分的关系。在进行脸谱的绘制时,通常使用的色彩有黑、白、红、黄、蓝、粉、绿、金、银、青这十种颜色。每种色彩对应的不同的角色分类,并且在除了色彩之外,在与服装进行搭配时,同样根据脸谱色彩和人物角色的要求,社火的服装也有相应的色彩搭配要求。首先,相应的角色脸谱搭配相应的服装,再就是服装的色彩要与脸谱的色彩互为对比,这样社火角色整体能够形成鲜明的视觉效果。而社火的服装又可以武服类、文服类。武服类的顾名思义,给武将装扮所穿,包括靠、背壶旗、衩袍、宝衣、滚身、校尉衣、龙套、彩裤、板带等等。在服装的制作上也颇为精致,男女样式皆有,但在纹样的绣制上有着区别。文服类则是为官吏、神仙、女性角色做搭配的服装,一般有蟒袍、官衣、道袍、褶子、霞帔等等。同样的,这类服装也分为男女不同的制作,主要靠一身份的纹样和局部造型的不同来进行区分。

除了传统的社火表演外,有些社火还有自己独有的表现方式。秦东地区的社火中,最为出名的要数血社火。这种社火每逢闰年表演一次,在当地也叫"快活",表现的往往是除恶扬善的故事,场面血腥恐怖。与其他社火不同,血社火的装扮没有复杂的脸谱绘制,而是用刀、斧、剪子、锄头等道具"扎进"演员的脸部,有时候则是表现开膛破肚的场面,让人看了只觉得血腥恐怖。这和血社火表现的内容有很大关系。血社火主要表现的内容主要以除恶扬善为主要题材,而这种惩治恶人的场面,则应该正好对应了民众对公平正义的向往。

此外,秦东地区的社火表演在演出时会有秧歌、打腰鼓、大头娃、跑旱船等多种形式的演出,这时社火的演出就不仅仅是脸谱和服装了。社火表演中,演员穿着红红绿绿的绸缎衣服,手里拿着各式各样的道具,在队伍中欢快地跳跃演奏,为整个社火的演出带来欢快的气氛和浓烈的节日气息。正月里,社火的表演通常以村或"社"为单位进行演出,同时各个村社还要相互进行比赛,看谁的社火能压倒对方。在村民们看来,这不仅能够为自己和家人带来吉祥含义,同时也能为整个村子带来未来一年的好运和丰收。因此当社火表演开始后,但凡路过的家门口或者商铺,都要大开自家大门,鸣鞭炮,恭敬迎送。

社火作为一种民俗文化,源于民间,发展于民间,无论哪个地区的社火,追其根源都是为了祈求上天能够为生活带来更加美好的赐予。无论是惩奸除恶还是忠肝义胆,无论是神话故事或者才子佳人,在社火演出中,每一出的内容,每一个角色的表演,都源于人民群众内心对于世间万物的看法和诉求。

随着时代的改变,工业化的发展,社火的表演受到了一定的波及和影响。传统的演出内容已不能满足民众的心理要求,社火演出的内容也因此随着时代的变迁在悄然发生着一些变化,使它更符合当下社会的发展需求和理念。然而无论怎样变化,社火这一民俗文化都将持续下去,为民众带来美好祝福。

参考文献

[1]赵德利. 关陇社火艺术研究［M］. 北京:中国社会科学出版社,2012.

[2]田荣军. 陕西社火脸谱［M］. 陕西:陕西师范大学出版社,2014.

[3]赵农,张西昌. 宝鸡社火［M］. 陕西:西安交通大学出版社,2005.

[4]张西昌. 宝鸡社火［M］. 陕西:西安交通大学出版社,2015.

[5]李继友. 民间社火脸谱［M］. 上海:上海人民美术出版社,2002.

[6]那贞婷,等. 社火:老俗新欢［M］. 北京:中央民族大学出版社,2013.

浅析新农村建设下秦东地区的婚俗文化

陈　成

(渭南师范学院 人文学院, 陕西 渭南 714099)

摘　要:新农村建设对农村的改变是全面而彻底的,对农村地区的婚俗产生了极大的影响。这种影响伴随着新农村的建设循序渐进,有着长期性和持续性。本文重点突出新农村建设对传统婚俗的冲击,并分析秦东婚俗所产生的变化。

关键词:新农村建设;婚俗;秦东

作者简介:陈成(1994—　),女,陕西渭南人。助教,硕士,主要从事人文风俗的研究。

一个区域的婚俗是受到该区域社会生产的间接影响的,折射出的是这个区域的政治、经济、道德伦理、家庭、心理等多个方面。新农村建设从20世纪50年代起经历了由片面到全面,由单一驱动到双轮驱动发展轨迹。建设虽然时间短,但对农村的改变却是全面而彻底的,对农村地区的婚俗产生了一定的影响。这种影响将伴随着新农村的建设循序渐进,有着长期性和持续性。秦东地区作为历史上重要的政治、经济中心,注重礼仪,婚丧嫁娶更是重大活动。近代以来,社会风气有了许多的改变,传统的繁文缛节城镇人大多不再注重,转而学习西方简化仪式,提倡新式婚礼。但在部分农村地区,由于本身比较保守,加之接触新鲜事物少,对传统的礼俗仍然保留。

一、地理与人文环境

(一)何谓秦东

秦东,指今天陕西省渭南市(包括韩城)所辖地区,因地理位置在陕西省东部,因之称为秦东。秦最早指今甘肃天水一带。后秦始皇建立了大一统秦帝国,陕西人自此自称"秦"。而渭南地区又位于陕西东部,故称秦东。

(二)地理环境

秦东地处陕西关中盆地东部,向东与山西隔河相望,南依秦岭,与商洛相连,向东南则与河南接壤,西与西安、咸阳、铜川三市毗邻,北靠黄龙、乔山山脉和延安交界。地质构造跨越三个构造单元,南部属北秦岭元台拗折带,中部是汾渭地堑渭河断陷区,北部属华北地台陕甘宁盆边缘。地势南北高,中间低,东西开阔。

(三)人文环境

该地区历史悠久,早在二十万年以前就有早期"智人"(蓝田人和大荔人)在这里繁衍生息。据相关史书和大量的文物遗址证明,秦东地区属华夏民族的发祥地和黄河流域农业发源地之一。同时秦东地区也是人类活动较早的地区之一,地上地下遗存了大量的文物古迹。优越的地理环境和人文环境造就了秦东地区丰富的民风民俗,成为东府文化重要的组成部分。在漫长的生产生活实践中,民间逐渐形成了许多与众不同的风俗和禁忌。其中,陕西东府的婚礼习俗、婚俗禁忌等文化源远流长,寓意深远,是秦东地区风俗文化中的瑰宝之一。

二、秦东婚俗

关于秦东地区历代的婚俗,张晓红女士曾撰文将陕西婚俗地域分成三个区域——分别为关中区、陕北区及陕南区。并指出关中区具有"婚俗内部差异很小,一致性较强"特点。照此分区秦东地区可纳入关中区范围。王杰夫先生曾在《渭南历史通览·第七卷》中简明扼要的指出秦东地区“历代婚俗,虽有衍化,但基本上都是以‘六礼’为纲,大同小异”。长期以来,东府的婚娶习俗虽不尽相同,但总体上是遵循着“六礼告成”的大框架。并且总体上有两个特点,一是缔约时双方不用庚帖,主要依赖媒妁之言;二是在婚礼上,新娘以白布裹头,尚白。婚俗以“六礼”为纲,非常注重仪式规范,但也在一定程度上对婚俗进行了简化,以满足实际生产需要。

文化是拥有很强的继承性的,谈到婚俗,就不得不说一说婚俗中的诸多禁忌,有些禁忌是各地通用的,有些禁忌则在秦东地区所特有的。

婚俗禁忌在广大的农村,由于本身的落后与封闭,再者受到传统文化的影响较深,这些禁忌或整体或部分的被继承下来。众多禁忌中如从血缘关系出发的有同姓不婚、异辈不婚、表亲不婚。还有禁九月定亲,喜十月成婚的风俗;对嫁娶的日子,要择吉避凶;完婚时间上,要避开无春之年;月份选择上,忌五月、七月、九月;具体日子的选择上,忌单日,多取双日等。在迎娶时辰、婚服选择、送亲、上轿、迎娶途中、下轿、进门、拜天地、婚宴、闹洞房等,也都有形形色色的禁忌,一方面反映了人们对天地鬼神的敬畏,另一方面是人们对幸福生活的美好希望与期待。

随着中华人民共和国的建立,婚姻法的实施开始提倡自由恋爱,妇女地位不断提高,传统的婚俗逐渐被打破,开始追求简约、个性。时至今日,传统婚俗在现实生活中仍然若隐若现,虽然在我们现在看来是陈规陋习,但却承载着我们对天地的敬畏和对幸福的追求,是我们传统文化的一种具体的表现形式,也是我们本民族文化的一个重要部分。

三、新农村建设对秦东婚俗的影响

新农村建设使得农村原本的婚俗发生着这样那样的改变,究其原因是交通、教育、收入增加等因素共同影响下所导致。

(一)婚龄的变化

新农村建设对婚俗的直接影响就是婚龄的变大。俗语道“女儿十五六,娘家打发走”。在近代关中地区这种情况是很普及。尽管《婚姻法》中明文规定,结婚年龄,男不得早于二十二周岁,女不得早于二十周岁。但是农村普遍存在早婚早育的现象。现在这种现象已经在逐步减少,一方面是由于婚姻法的约束,另一方面,也受到九年义务教育的普及的影响。使得农村孩子受教育的机会大大增加,绝大部分都能完成九年义务教育阶段的学习。相当一部分可以进入普通高中或者职业高中就读,甚至上大学。知识的增加使他们对待婚姻的态度也发生着改变,农村人早婚早育的思想在这些人身上已不见踪影。调研中发现,出生在1956年到1970年的人,结婚年龄80%都在20岁以内,其中有少数人更是刚初中毕业就结婚。而出生在1985年到1990年的人,结婚年龄有了明显提高,68%的人能达到法定的结婚年龄。在调研中还发现一个有意思的现象:受教育程度越高,其结婚年龄绝大多数高于法定结婚年龄;受教育程度越低,其结婚年龄就明显低于法定结婚年龄。随着义务教育在农村地区的普及,婚龄总体上朝着略高于法定结婚年龄的方向发展。

(二)结婚对象的范围的扩大

原先,媒人介绍的结婚对象多在同村、同镇或同县,少数是邻县外省的。这与农村的封闭是分不开的,结婚对象基本上来自自己的活动范围以内。而现在情况大有不同,随着教育的普及,很多新生代的农村人口已经进城上学工作;而国家农村土地结构的调整,也使得农村大多数青壮年劳动力离开农村,去经济发达的城市生谋求更好的工作机会。

(三)婚庆方式的简化

尽管在新农村的乡风文明建设中明确提倡节俭办红白喜事,但是秦东地区农村结婚还是讲究隆重,以免在乡里乡亲面前没脸面。少数家境殷实的请的是专门的婚庆公司,订制的酒席,和城里人的婚庆方式已经没多大的区别。绝大多数人还是会选择传统的方式在自己家里庆祝,请村子里德高望重者担任司仪,找个乐班子,吹吹打打图个热闹。一些怕麻烦的就近到镇上订席来宴请宾客,去的人不会多,每家只会派个代表去,不能全家出动,除非是一些近亲。随着农村居民收入的增加,这一方式渐渐成为主流。

(四)对待媒人的态度

由于秦东婚俗自古依赖媒妁之言对媒人很是尊重。即使是自由恋爱也有谢媒这一说。婚宴当天不仅夫妻双方以及各自家长都要向媒人敬酒,以感谢其促成一桩好姻缘,同时也要给媒人一定数量的钱币以及烟酒,以示感谢。在农村由于没有专门的婚介机构,媒人一职就显得特别重要,是一种很受人尊重的职业,一般是由当地人缘好且能说会道的人担任。由于近些年来进城务工的人数增多,大多数人都会通过相亲这种省时省力的方式解决个人的终身大事。每到节假日特别是春节前后在一些集会上,总有许多的单身男女相聚在一起,而媒人游走其间为其牵线搭桥尽月老之事。

(五)彩礼变化

在秦东地区结婚彩礼一向必不可少。彩礼是由“六礼”中的第四礼“纳成”演化而来的,即男家纳吉往女家送聘礼,至于聘礼的多少取决于女方的贫富与身份。《礼记·士昏礼》孔颖达疏:“纳征者纳聘财也。征成也。先纳聘财而后婚成。”是婚姻仪式中最重要的一个环节。彩礼的交付意味着一桩婚事就此定下来,剩下的就是选定日子举办婚宴。至于彩礼的数目多少,由女方约请对方的长者参考各地的标准确定具体数额,然后赶在婚宴前选定日子,多以现金的方式当面交清。由于农村人口收入的增加,彩礼数基本上呈现出不断上升的趋势。考虑到物价和收入因素,基本上在可以接受的范围之内。

四、结语

新农村建设,对农村的影响将逐步在各个方面显现出来,本文提及的仅仅是其婚俗方面所表现出来的部分。伴随着新农村建设的深入,越来越多的新变化将逐渐显现出来。虽然,随着社会的不断发展,这种习俗多少有改变,尤其是现代的农村年轻人大多来到城市,已被城市简洁的婚俗所影响,但是,作为传统的礼节好的部分我们应该汲取,毕竟在当今人与人交往更加方便,但却不太频繁与亲密的情况下,婚俗的许多热闹,拉近了人与人关系,也为现在人的亲情、友情、爱情增添了许多情趣。这样的婚俗是对传统的继承,应当取其精华,去其糟粕。

参考文献

[1]韦爱萍. 论《史记》中的秦东民俗及其审美意义[J]. 渭南师范学院学报. 2009(6).

[2]李育江. 陕西省推进新农村建设的障碍评价及对策研究[J]. 西北农林科技大学学报,2010.

[3]张晓红. 清代陕西婚俗地域分布的初布研究[J]. 陕西师范大学学报,1997(6).

[4]王杰山. 渭南历史通览·第七卷[M]. 北京:中国文联出版社,2009.

[5]中华书局. “中华经典名著全本全注全译丛书”:仪礼[M]. 北京:中华书局,2012.

[6]大中国上下五千年编委会. 中国婚俗文化[M]. 北京:外文出版社,2010.

[7]王亚茹. 近代陕西农村地区婚俗研究[J]. 文史月刊,2012(07):76.

陕西省蒲城县文化遗产的保护利用研究

王佩雯

(渭南师范学院 人文学院,陕西 渭南 714099)

摘　要:我国多数县域拥有悠久的历史,有丰富的文化遗产和灿烂的民俗文化,是社会发展的宝贵遗产资源,是建筑学、城市规划学、民俗学的研究宝库,更是社会文明进步和发展的基本元素印迹之所在。随着我国城市化进程的不断加快和县域城市化的快速推进,县域丰富的文化遗产资源正面临着强大的冲击。县域文化遗产保护的不足和缺失,造成了遗产资源不同程度的遗失和破坏,其形势不容忽视。现以陕西省蒲城县文化遗产资源保护为例,对该县遗产资源的再保护及可持续发展做以下阐述。

关键词:蒲城县;文化遗产;保护;利用

作者简介:王佩雯(1989—　),女,陕西渭南人。助教,硕士,主要从事民俗文化的研究。

蒲城县,位于历史文化底蕴深厚的陕西省关中平原的东北部,行政隶属于渭南市辖区。蒲城县是陕西省众多历史文化名城之一,历史悠久,文化遗产资源丰富,从周朝至今已三千多年。从汉代起至魏晋南北朝是民族大融合的主要地区,我国北方少数民族不断向中原迁徙,入居关中以及泾渭流域。蒲城县就是北方少数民族迁入中原后的聚居地之一,当时的蒲城县居住了匈奴、鲜卑、羯、羌、氐五个胡人的游牧民族的部落联盟。因此,蒲城县的文化遗产不仅具有唐代帝陵、关中地区风俗特点,还有民族大融合时期的少数民族特色。从而使蒲城县的县域文化遗产多样性特征十分显著。

一、陕西省蒲城县文化遗产资源简介

蒲城县拥有省级以上重点文物保护单位就有12所。此外蒲城县还有很多省级非物质文化遗产。蒲城县文化遗产资源主要有林则徐纪念馆、杨虎城将军纪念馆、清代考院博物馆、王鼎纪念馆等。

除上述这些之外,还有唐塔(慧彻寺诸佛舍利宝塔)、六龙壁、文庙、宋塔(崇寿寺诸佛舍利宝塔)、南庙等。县境内还有李仪祉纪念馆、桥陵(唐睿宗李旦)、泰陵(唐玄宗李隆基)、景陵(唐宪宗李纯)、光陵(唐穆宗李恒)、北京时间授时中心发播台、龙首坝峡谷、卤阳湖风景区等。

二、陕西省蒲城县文化遗产资源保护现状

蒲城县林则徐纪念馆2007年对外开放,2008年被列为陕西省第五批重点文物保护单位。现今经过维修的林则徐纪念馆建筑基本保存完好,有部分屋檐的椽头开裂严重,有些窗棂有破损的痕迹,馆内展厅内展板陈旧,个别文物安全保护设施存在严重缺陷。

杨虎城纪念馆1983年对外开放,2003年被列为陕西省第四批重点文物保护单位。纪念馆整体保存完好,墙面个别部分出现破损,馆内陈列方式陈旧,同样存在文物安全隐患。

清代考院博物馆原为清代考院文物管理所,2007年更名为现今名称,1992年列为陕西省第三批重点文物保护单位。现清代考院博物馆已经复修,但是考院大门两侧的墙壁下侧有大片黑色痕迹,显然是受到现代人为的污染。考院内部介绍考院内容的文字资料过于繁复,和考院有关的实物资料有待继续补充,考院的西院可适当增加绿化,内部建筑保存基本完好。

除上述罗列的这些遗产资源目前所存在的部分问题之外,其他如唐塔、宋塔等文化遗产也不同程度地存在这样或是那样的问题。重点要提及的是林则徐纪念馆、杨虎城纪念馆、清代考院博物馆等建筑基本都集中分布在槐院巷、达仁巷,现今的槐院巷、达仁巷是居民住宅和古建筑交错分布,这给槐院巷、达仁巷遗产建筑的整体保护带来诸多不便,同时也对这些建筑的安全造成某种隐患。总的来说,蒲城县现存的文化遗产资源总体保护欠佳。

三、陕西省蒲城县文化遗产资源的保护对策

(一)在遗产保护中重视科学技术的应用

目前,蒲城县大部分遗产资源都只是得到初步保护,在人类活动频繁的情况下,很多文化遗产受到前所未有的冲击与破坏,传统的保护方法已不能适应社会发展对文化遗产保护的需求,因此塑造"体验型博物馆"就成为当前的一种趋势。

"体验型博物馆"主要是利用现代多媒体技术、虚拟现实等数字化设备与技术,使观众借助遥感器在虚拟的文化空间漫游,进而了解文化遗产的局部和整体效果,再现和复原一个全面而完整的意义空间。这种博物馆建设的基本流程为:首先,采用数字化信息与处理技术保存文化遗产的档案资料,如照片、影像;其次,在全面发掘调查的基础上,按多媒体格式和数字化对文化遗产的信息进行整理、加工、分类,编辑存入数据库,在虚拟的数字博物馆里以活态文化的方式为观众展现文化遗产的内涵与精髓;第三,运用虚拟现实技术、多媒体、数字摄影、三维信息获取等手段还原文化遗产当时的情境。

(二)坚持"在发展中保护、在保护中创新"的原则

创新是经济发展的持续动力和源泉,特别是在当今利用遗产资源带动当地经济发展的局势之下,我们必须重视创新。当地政府可大力开展关于各项遗产的商业广告和公关活动,如精心组织大型的民俗活动,利用陕西电视台、渭南电视台、《中国旅游指南》《渭南旅游指南》等广播、电视、报纸、杂志等进行大规模宣传,将文化遗产融入现代社会,以便让广大民众了解和接受,同时争取社会资源。或将遗产中的图像、外形特征、手工技巧抽离出来,开发成面具、戏装、玩偶、书刊等在当地文物商店进行销售。另外,可选择在特定的节假日举办文化遗产活动,在一些馆内利用现代多媒体播放原始的或是和陈列内容相关的影像资料或现场景像模拟等。

通过上述活动,力争突破文化遗产影响的时空限制,使文化遗产资源的内涵传播地域更广、速度更快、传播更有效,加深和扩大蒲城文化遗产资源在陕西省乃至全国的影响力,以此带动社会各方的反应与行动。

(三)开发文化遗产资源的附加价值

文化遗产资源本身属于历史资源,具有历史资源价值,但是同时,文化遗产又具有经济性。若能将文化遗产资源的历史资源价值转变为旅游资源价值,就能实现更多的经济效益。

在对蒲城县遗产资源分布的现状,可行性、必要性、战略性和基于文化遗产环境分析之下,可复原遗产资源集中的槐院巷、达仁巷本来的民俗生活面貌,还原遗产自身的原真性与完整性。在此基础上,参照重庆的"瓷器口"等文化休闲街区,打造蒲城本地的"槐院巷、达仁巷新街"文化商业街区。对遗产景区周围的吃、住、行等配套设施同时进行开发,在建造新街区的过程中,还可将蒲城现有的具有特色的非物质文化遗产引进来,像传统音乐"埙"、尧山大鼓、梅花鼓、皮影戏、张飞鞭、剪纸、面花等。同时打造本地纪念品、小吃等,像土织布、羊肉泡馍、蒲城酥梨等,使游客游玩中即品尝了蒲城本地的特色小吃,又领略了蒲城特有的文化、风俗。

(四)加强政府政策的引导

文化遗产资源的保护与开发,要充分发挥政府的主导作用。蒲城县的文化遗产资源的保护与开发可建立以当地政府为主导,以旅行社和其他开发主体为辅的策略。

蒲城县遗产资源的开发和保护可以从以下方

面着手：第一，重视旅游路线的开发，可优先开发县内的旅游路线：林则徐纪念馆—王鼎纪念馆—杨虎城纪念馆—清代考院博物馆—唐塔—文庙，或将现存的遗产区与风景区及其当地的农家小院结合起来，设计1—2天的旅游路线。第二，当地政府要从区域层面、产业层面、行业层面全方位联动，把旅游发展和城市化、整治环境互动起来，促进旅游与相关经济形态的联动，形成旅游开发的合力和相关产业支持效应的最大化，使得资源要素得到最优化配置。最终建成以蒲城历史文化街区、唐代泰陵文化主题公园为主导的一批文化遗产保护项目。

（五）制定与文化遗产相关的法规

文化遗产保护是一个专业性很强的体系，又面临着地方与国家，私人与公共，商业与公益之间诸多的矛盾，因此法律制度的建立是整个体系的统领和基础。到目前为止，虽然中国在遗产保护法律建设方面已经取得了一些成绩，但是鉴于中国特色的遗产类型与特点，以及我国开展此项运动的时间较晚，文化遗产立法目前还不是很完善。蒲城县政府应在《保护世界文化与自然遗产公约》《保护非物质文化遗产公约》等的指引下，参照其他地区制定的遗产保护法规，如《大同市云冈石窟保护管理条例》《北京市长城管理办法》等，制定符合蒲城县特色的地方文化遗产保护法规，逐步建立不同层次的保护对象和特定的保护办法。进一步健全陕西省文化遗产保护的法律体系。

（六）加强文化遗产教育

遗产保护需要所有社会组织和力量的共同参与，要调动不同人群的积极性去保护文化遗产。政府要制定向大众宣传和传播遗产的教育计划，向与文化遗产密切相关的社区进行具体的教育和培训，对大众普及遗产造成的威胁和根据世界、国家遗产公约开展的活动，使公众对保护文化遗产的内涵有比较透彻的了解。同时为文化遗产活动提供必要的自然场所和纪念教育地点。以韩国宗庙的保护和使用为例，每年五月的第一个星期日，由朝鲜国王裔子孙和当地李氏宗亲会组织一年一度的宗庙祭典。这不是祭祀典礼的表演活动，而是完全按照朝鲜时代的礼仪和程式举行，其冠服、乐舞、仪仗制度相沿了500年。这种祭典即宣传了物质文化遗产，又保存了非物质文化遗产，最为重要的是一般的民众也可以参与进来。

四、结语

对于文化遗产情况复杂的我国县域来说，文化遗产保护利用研究、完善保护政策等工作十分复杂，蒲城县的文化遗产资源保护虽然取得了一些成就，但是还有很多方面需要完善。在未来的遗产开发与保护中，我们要认识到，现行的遗产政策、遗产开发、旅游存在着某些不良的倾向，如果任其发展，遗产的自身价值就会被经济利益所锁定，最终导致过分强调遗产的现代价值和作用，而忽略遗产本身的历史价值。我们需要建立完善的资金渠道和基金保障体系等，来保障文化遗产保护利用工作的正常运行，也可防止文化遗产过度开发，从而促进文化遗产资源的可持续发展，使文化遗产走向更宽广的未来。

参考文献

[1]彭兆荣. 文化遗产学十讲[M]. 昆明：云南教育出版社，2012：3.

[2]周明全，耿国华，武仲科. 文化遗产数字化保护技术及其应用[M]. 北京：高等教育出版社，2011.

[3]中华人民共和国文化部. 文物保护工程管理办法[Z]. 2003.

[4]顾江. 文化遗产经济学[M]. 南京：南京大学出版社，2009：24，185.

[5]刘毅. 韩国历史文化遗产保护的观察与启示[C]. 文化遗产保护科技发展国际研讨会论文集，北京：科学出版社，2007.

[6]中国文化遗产研究院. 文化遗产保护科技发展国际讨论会论文集[C]. 北京：科学出版社，2007：111.

[7]任武志，苏永德等. 2014蒲城年鉴[M]. 陕西：蒲城县人民政府，2015.

韩城锣鼓的民俗学考察

杨园园

(渭南师范学院 人文学院，陕西 渭南 714099)

摘　要:民俗,“或指民间的一种精神状态或价值取向,相当于民风或指民间节日、礼仪、祭祀等民间活动本身。”[1]民俗简单的来说就是民间风俗,它包含了宗教信仰、地方神灵信仰、节日节庆风俗、社会风俗如婚丧嫁娶等方面。韩城被国家文化部命名为中国历史文化名城、中国民间(行鼓)艺术之乡、中国锣鼓之乡等。韩城民俗活动中的锣鼓艺术种类之多、群众号召力之广都居于全国各地区锣鼓艺术前列,可以说锣鼓是韩城地区群众文化生活的基础,也是韩城对外树立的重要民俗文化形象。千百年来在韩城乡村世代相袭流传下来的韩城行鼓、韩城黄河阵鼓、韩城围鼓深受韩城人民喜爱,是当地传统民俗生活不可缺少的重要组成部分,它的形成和发展离不开地方民俗文化的影响。

关键词:韩城锣鼓;民俗艺术;传承;变异

作者简介:杨园园(1989—　),女,陕西咸阳人。讲师,硕士研究生,主要从事民俗学的研究。

韩城自古处在不同文化的交融地带,《史记·魏世家》中记载:“六年,城少梁”“十九年,诸侯围我襄陵。筑长城,塞固阳”,韩城南塬的魏城墙将当时的南塬与北塬分割而治,南塬与北塬在语言、生活习俗上的差异也许源于两千多年前。元朝时期,受到北方少数民族风俗习惯的影响,汉族文化与游牧民族文化相融合,形成了带有军鼓乐色彩的“挎鼓子”。

一、韩城锣鼓与地方民俗活动

锣鼓作为最容易被老百姓接受的艺术形式,具有极为广泛的群众基础,几乎所有的锣鼓乐均起源、流传于民间。根据《韩城文史资料汇编第十七辑:韩城民俗》中的记录,韩城锣鼓与如下民俗活动相关:

(一)韩城背芯子

每逢年节,在社火队列里常会出现高约丈余的芯子。韩城南塬以抬芯为主,韩城北塬则以背芯著称,在社火队伍中芯子往往最引人注目。在传统社火游街中,先是鸣锣开道,接下来为龙凤旗仪仗队,俗称“头旗”,旗帜多为四米高的条状,旗帜上描龙绣凤,很有气势。旗帜过后接着是一组锣鼓花杆队,锣鼓队在行进过程中敲击着节奏简单有力的“走锣鼓”,花杆队随鼓点舞动。在路过路口时,锣鼓队还会停下表演一段激昂的鼓乐。锣鼓队过后则是高跷队,高跷队后再跟一组锣鼓队芯子就出场了。芯子上的孩子扮成各种角色被绑在五六尺高的芯子上,腿不能动,上半身随着背芯人的舞动自由摆动。芯子过后又是一队锣鼓表演,随后跟着“落尾子”的丑角,他们时而跟随队伍,时而落下几十米,有时与周围群众打逗互动。

(二)耍神楼

在韩城北塬,流传着一种古老的民间祈雨祈福活动——耍神楼,神楼也叫爷。古时人们祭拜神灵祈求风调雨顺,五谷丰登。除了祈雨外,人们还化人的意志为神的意志,在耍神楼时借神灵向“歪人”示威,平口里人们对于仗势欺人、欺压百姓、不仁不义之徒无可奈何,在耍神楼时借助神威,闯其家门,要求其赔礼道歉。

求雨祈福时,耍的是两个小神楼。两个神楼一个红脸持铜锤,一个黑脸抓钢鞭,面目凶狠令人生畏，被称之为“黑虎”和“灵官”。神楼两侧各有一根拳头粗的抬杆，长约 2 米，有 4 名彪形大汉要手扛在肩上，冲来撞去，在大神楼前开路。

韩城西庄一带，八社除了武神楼外还有法王神楼，各社神楼大同小异，只是雕刻花纹和彩绘图案有所不同。法王即房寅，清乾隆年间《韩城县志》记载：“法王庙，在县北三十里西庄，案神姓房名寅，以宋真宗梦中治疽显，救封五狱法王，于槐柏相抱间，营宇绘象，以崇典礼，每岁清明四方祭者，辐辏县册……”[2]。

在耍神楼的过程中，锣鼓作为神楼表演的伴奏乐器出现，被称为神楼鼓。神楼鼓按照韩城锣鼓区域的划分应属于“挎鼓子”即行鼓，其基本鼓点来自行鼓的“走锣鼓”点，花杆也与行鼓表演中相同。不同之处在于“耍神楼”重点在“耍”，配合横冲直撞的神楼舞蹈，提炼出激越的鼓点和动作。

(三)禹庙古会

韩城地理位置独特，建城历史悠久，在城内各处修建有各类庙宇保存至今。位于韩城市昝村乡的周原村，建有禹王庙又称大禹庙。相传大禹治水在此开凿龙门，为纪念大禹功勋，建造禹王庙。《禹贡》中载：“导河，积石，置于龙门。”[3]其中龙门即指位于今韩城北塬的龙门山。《水经注》中记：“昔大禹导河积石，疏决梁山，谓斯处也，即经所谓龙门矣。”[4]龙门两岸高山对峙，相传是大禹治水时所开凿，后人根据传说建造了禹王庙。禹王庙的修建时间据乾隆年间《韩城县志》记载：“神禹庙，元史世祖元年七月龙门禹庙成。”[5]县志中还对禹王庙的位置进行了修订：“明一统志禹庙在县东北八十里，有碑记县志禹王庙在龙门西岸上，是禹庙在县东北六十里非八十里也。”[6]。禹王庙会当天来到庙前，迎神的锣鼓队伍依次排开，呈一字长龙阵。各村锣鼓队接连不断的涌入庙中，人群交错，分外热闹，待所有村社的锣鼓表演结束，主社诸北村才将禹王雕像移入红色大轿，由三十二名虔诚的青年徐徐抬出，锣鼓在前开道，轿前有銮驾执事，绩罗黄伞，两旁有道士护轿，轿后还有众多乡亲父老手捧香蜡纸表跟随，如众星捧月般，行至迎神到禹王行宫前，锣鼓队又是一番精彩表演，比起迎神时更是精神百倍，个个汗流浃背忘乎所以。

二、民俗活动的历史变迁

韩城的锣鼓与当地的民俗活动自古以来都是依存而生的，在节庆社火、祭祀先祖、求神祈雨、婚礼庆典上都有锣鼓的参与，可以说锣鼓表演就是作为民俗活动的一个重要组成部分而存在的。随着时代的变迁，锣鼓伴随各类民俗活动从封建社会走向现代社会。

(一)祈雨活动逐渐消失

中国经历了数千年的封建社会，农耕文化深入人心，旧时人们对自然灾害无能为力，每逢大旱只能将希望寄托于神灵，各村社自发的组织祈雨活动，祈求上天庇佑庄稼得以丰收。当今社会，科学技术取代了求神拜佛，人对于自然和神灵的敬畏逐渐减弱。原来“耍神楼”中的武神楼就是用以祈雨，祈雨活动的天神崇拜意味消退必然使之用于祈雨的民俗活动性质发生变化。

(二)庙会性质改变

庙会是中国民间广为流传的一种传统民俗活动。作为一种社会风俗，庙会的形成有着深刻的社会原因和历史背景，对于庙会的形成也是多方面因素共同作用产生的。小商贩被人流吸引在寺庙活动期间聚集在寺庙周围出售商品，“早先是卖些香烛之类的祭祀用品，尔后又卖吃食、日用品；打把式卖艺、说书、唱戏的看到此处人多也赶来助兴，天长日久，庙会就形成了”。[7]由此可见，庙会依托民间信仰活动而发展普及。因以上原因的共同影响使得庙会得以在中国民间长久的传承和发展。随着现代社会发展，人们在精神活动、经济活动等方面不再依赖庙会活动，使得之前依附于庙会活动的祭祀锣鼓在意识形态上也发生了相应的改变。

(三)春节社火精神内核改变

春节社火表演对比求神祈雨活动和庙会活动在形式上保留着更多的地方特色，但其内在本质已经发生了变化。“社火就是指中国乡土社会节日庆典当中的民间文艺表演活动。”[8]社火最初应该是社日里祭祀土地神的祭祀娱乐活动,后来祭祀活动逐渐消失,社火演变成春节民间自发组织的大型娱乐活动,表现了中国农耕文化的特色。传统社火以村社为单位自发组织,村民有力出力、有钱出钱,共同参与,几个相近村社之间还暗中较劲,互相攀比,各具特色。目前的年节社火表演,因为各种原因渐渐地只留下了社火中的表演成分而逐渐脱离了其作为民俗祭祀活动的意义。究其原因,一是乡村城镇化步伐加快,人们的文化娱乐活动多样化。二是农耕生产文化形式逐渐消退,年节社火作为庆祝一年丰收、祈求来年风调雨顺的意味削弱,失去了各村社自发组织的本位意义。

三、韩城锣鼓表现功能及传承方式变化

韩城锣鼓队的数量在 20 世纪 90 年代后,尤其是申请非物质文化遗产后有了大幅度的增加。

首先,锣鼓在其民俗文化功能上发生了变化。在旧时的民俗活动中,锣鼓主要承担了娱神、驱邪,表达百姓对美好生活的追求和向往。随着民俗活动逐渐演变成为以娱乐大众为主,锣鼓也承担了更多娱乐方面的功能。当今社会下,锣鼓艺术明显能够更好地适应快节奏的现代生活,不论是商铺开业还是企业年会抑或寿宴喜庆,敲上一段喜气洋洋热闹非凡的锣鼓可以很好地发挥传导祝福之意,但这种表演往往忽略了民间风俗行为的实质性内涵,保留的只是民俗的象征符号存在。

其次,锣鼓乐器及服装的变化。随着时代的发展、社会的进步,对于乐器、服装等方面锣鼓队也纷纷顺应时代潮流进行改变。首先是乐器种类进行的改变,如“黄河阵鼓”中原来使用的锣为背弓锣,在现在的表演中为了行进敲击方便,在许多时候改为与行鼓和围鼓相同的手持锣。锣鼓队的服装也更加贴近舞台表演的需要,目前韩城行鼓和围鼓的锣鼓队大多身着元代将士服装、头戴类似头盔的装饰,有的背后还背有类似戏曲的扎旗,以显示其军鼓的身份。

本文从韩城锣鼓参与的民俗活动入手,从民俗活动的变异引出锣鼓表现功能及传承方式的变化。民俗活动的变迁反映了当地人民在不同历史时期的文化精神追求,环境的改变使人产生改变,人的改变又使反映人民精神文化的民间风俗产生改变,民间风俗的改变最终作用于民俗活动与依附于民俗活动生存的民俗艺术。韩城锣鼓作为民俗活动的参与者,受民俗文化影响而产生变异就是人与环境相互选择的结果。

参考文献

[1]赵杏根,陆湘怀. 中国民俗学通识[M]. 南京:东南大学出版社,2010:2.

[2]〔清〕毕沅,傅应奎修撰. 韩城县志[M]. 台北:成文出版社,1976:105.

[3]李民,王健撰. 尚书译注[M]. 上海:上海古籍出版社,2012:56.

[4]〔北魏〕郦道元原著,谭属春,陈爱平点校. 水经注[M]. 长沙:岳麓书社,1995:48.

[5]〔清〕毕沅,傅应奎修撰. 韩城县志[M]. 台北:成文出版社,1976:102.

[6]〔清〕毕沅,傅应奎修撰. 韩城县志[M]. 台北:成文出版社,1976:102.

[7]张双林编著. 中国庙会大观[M]. 北京:工商出版社,1995:330.

[8]土文杰编著. 民间社火[M]. 北京:中国社会出版社,2008:1.

民俗文化圈

徐军义

（渭南师范学院 人文学院，陕西 渭南 714099）

摘 要：民俗是群体的生活文化，它包含了人们相处、互动以及相互理解最基本的文化指令，也包含了人生最基本的行为方式。民俗文化圈既是一个民俗问题，也是一个文化问题，它的形成是人类生产生活历史发展的自然结果。民俗文化圈一旦形成就具有很大的稳定性、封闭性、排他性，并能在日常生活中发挥其民俗事象独特的社会治理功能。民俗文化圈在实践中传播，在传播中传承，创造出人们可以相互认知、相互认同的文化共同体。

关键词：民俗；民俗事象；民俗文化圈；文化共同体

基金项目：渭南师范学院人文社科项目，唯物史观道德批判思想下大学生道德建设路径研究（项目编号：2018SKYM11）。

作者简介：徐军义（1976— ），陕西蒲城人。渭南师范学院副教授，文学博士，研究方向文艺美学、民俗文化学。

民俗是群体的生活文化。作为人类的一种生活方式，民俗包含了人们相互认知、理解的文化指令。很大程度上，各种民俗事象的生成取决于人类文化的自觉程度，而人们在历史发展过程中所生成的各种血缘、亲缘、社会组织、伦理规范、道德要求、精神信仰等关系都是人类创造的文化形式。人们在各种社会关系中能感受到民俗的存在意义，也能体验到民俗的文化价值，而一种具体的民俗也总在一定范围和一定人群中才有存在的可能，也才能发挥其独特的社会作用。

人的活动生成了历史，历史文化创造了人。民俗文化圈的形成是人类历史发展的产物，它建立在历史与现实，个体与群体的相互交往对话中，是一种独特的社会生产结构。民俗文化圈一旦形成，就具有相对的稳定性、封闭性和塑造性，在潜移默化中发挥其社会治理功能。

民俗在实践中传播，在传播中传承，在传承中实现民俗文化圈的持续性和流变性发展。民俗文化圈理论是研究民俗事象的重要方式，也是社会个体自我认知的重要依据。重视民俗文化圈研究，有利于构建有地域特色和民族特色的生活体系，有利于发挥民俗文化在社会生活中的治理作用，有利于创造更为和谐、健康、美好的现代社会生活。

一、民俗文化圈的存在

马克思主义认为，人是历史的人，历史是人的历史，历史的活动也是人的历史活动，人通过自身的劳动创造了历史，也创造了人本身。人的劳动、实践和生产活动被认为是人类生存的第一个前提，它是“人类生活的第一个基本条件”，也是人类第一个历史活动，“劳动创造了人本身”[1]374。同时，人也是社会的产物，“现代唯物主义把历史看作人类的发展过程”[2]364，人是“在社会历史领域内进行活动的，是具有意识的、经过思虑或凭激情行动的、追求某种目的的人”[1]247，在漫长的历史进程中，人类就是靠自身这一独特的实践个性，不仅传承了上辈创造的文化知识，还在传承中修正并创造新的文化知识，它使人类这一独特的“动物”逐渐与其他动物区分开来。也就是说，人类的历史“归根结蒂是直接生活的生产和再生产”，它同时也是“人自身的生产”[2]2。

我们认为，有人生活的地方就有民俗，个体人因民俗而有了社会生活，社会因民俗而被认知、认同为一个具有共同属性的群体。个体的人生、群体的生存都以民俗为内在的生活意义和外显的活动形式，两者是一个统一的整体。“文化，从最广泛的意义上说，可以包括人的一切生活方式和为满足这些方式所创造的事事物物，以及基于这些方式所形成的心理和行为。它包括着物的部分、心物结合的部分和心的部分。……”[3]民俗作为人类独特的生存方式，它既是一个文化知识问题，也是一个社会实践问题。在形成过程中，民俗不断沉淀历史内容，而逐渐成为一种“有意味的形式”。在日常的生活中，人们代代传承，绵延不绝，使之成为一种在个体与群体生存中具有规范性的生活模式。一种民俗一旦形成，它就具有自身的规定性和稳定性，在历史传承中自觉发挥其存在价值，而一种民俗传承中的停止，也就意味着这一民俗的“死亡”。

事实上，每个人都生活在不同的民俗文化圈中，如每个人生活的家庭环境、社会环境、自然地理空间等，每个人也都必须从自己生活的民俗文化圈中汲取生存“营养”，并从这一民俗文化圈所给予的价值观出发去认知、理解、评价和判断日常生活事象，如此才能使自己“合理”的进入社会生活，成为社会生活中的“合格”的一员。民俗文化圈的差异性也必然造成人与人的差异性，人们在感受这种差异性的同时，可以感受到不同民俗文化对人潜移默化的塑造作用，它使某个人不由自主地变成了一个具有某种属性的特殊“人”。人们能够从自己的生活经验感受和发现相同民俗事象背后的不同之处，而它也等待人们去发掘其背后所隐藏的文化“秘密”。更多民俗文化都是通过老百姓的日常生活而得以保存和呈现，人们日用而不“知”，而这些民俗事象的生命力则来自它们的客观性、自然性和塑造性，如果不仔细去感受和认知生活中的诸多民俗现象，就难以发现民俗文化圈的真实存在，也难以发现民俗文化圈的生命力所在。

现代社会的存在和结构方式，是历史上人类生存方式的现代流变。人们可以发现，民俗传承有纵向传承和横向传承。纵向传承主要表现为代与代之间的口耳行为相传，传授者与接受者一般都出于真诚，信息真实可靠，是家庭、家族、村落得以继续向前发展的知识传播方式，它也是人类最重要最基本的民俗传承方式。横向传承表现为一种跨地域、跨民族之间的传承，它主要通过人与人、族群与族群之间的相互交往进行传播，或是民族迁徙、战争扩张、语言传播等，它常使某一地的民俗随迁徙者而被传播开来，那些特殊的生产、生活方式和地方语言也会在新的迁徙地得以保存和生长。这两种民俗传承方式并不截然分开，往往相互交织，相互影响，但它们都包含了对历史知识的继承与发展，保证人们能够按照传统生活模式有序生存，使民俗的历史主体得以保存和延续。在许多情况下，民俗传承具有多样性，并不能用某一种特定传承模式绝对涵盖。特定条件下，民俗在传播中会相互交融，会逐渐形成一种新的民俗模式，也就是说，民俗的继承者也是民俗的传播者与创造者，他们会在特定的历史环境中更新民俗的某些内容或形式，使民俗能够随时代发展而不断适应新的生存需要。不管何种民俗传承方式或形态保存，它们都有一个基本特点，即民俗生存必须依托人具体的生产生活，它也有自身的生存条件限定，而不是没有限制的随意扩散，正是民俗系统内那些具体民俗事象的规定性与生产生活的禁忌性存在，才造成了民俗传承的连续性、稳定性，从而形成我们所说的民俗文化圈。

因此，民俗文化圈是一种历史的、客观的存在，它以社会族群为活动依托，具有鲜明的地域性和传承性，是人类生存的一种社会法则。作为一种特殊的文化形态，民俗可以因家庭或家族、村落构成、地理环境、行政区划、方言差异等差异性因素影响，而形成有个性的民俗内容与形式，显现为相应的民俗文化圈。民俗文化圈理论就是要探索民俗文化圈的形成、功能特征、社会属性及传播模式等。因此,民俗文化圈是一种包括了对过去、现在和未来人类社会的研究,也包含了对人类历时性、共时性文化知识传播的研究等。

二、民俗文化圈的形成

民俗文化圈既是一个民俗理论问题,也是一个文化知识问题。[4] 马克思主义认为,“人类生存的第一个前提”也是人类“历史的第一个前提”。人们为了能够创造历史,必须能够生活。而人类第一个历史活动,不是“自我意识”,而是完全物质的、可以通过经验证明的实际行动。人类在创造历史的过程中,也创造了属于自己的文化知识和民俗生活。民俗文化圈会随人类的生存发展而逐渐形成,各种独特的民俗事象也会随之构建起来,成为这一区域人们相互认知、理解的重要依据。在同一民俗文化圈中生产生活的人们,会在日常生活中结成一个生命共同体,在相似的物质世界、相近的生活方式、相通的精神世界中,他们会将自己作为这一民俗共同体中必不可少的分子,感受和体验民俗文化圈的内聚力。民俗文化圈的形成是众多历史因素合力的结果,从目前看,大致可分为以下几方面。

首先,是以血缘为基础的家庭家族所生成的民俗文化圈。在传统社会中,家庭家族是最基层也最重要的社会组织,是人际关系结合最紧密的领域。在长期的生活实践中,他们创造积累了丰富多彩的生活习俗,而这些习惯性的生活模式就构成了社会民俗的基本内容。中国传统文化一般多集中体现在基层组织的家族世界中,家是缩小的国,国是扩大的家,费孝通将其概括为中国社会的“差序结构”,家和家族处于这一民俗文化圈的核心地位。[5]21 家族制是家庭基础上的扩展和延伸,它仍以血缘关系为前提,以家长或族长制为基本组织形式,以族谱、祠堂、族产、祖坟等为共有财产,以家规、家法和共同祭祀对象为行为规范和情感纽带的一种社会组织。它在我国传统社会中具有普遍性,是中国各种社会民俗的重要载体。我国家族制在许多时候表现为同姓集居,一个宗族的人,世代居住在一起,就会形成一个大村落。因为他们有共同的姓氏和祖先,且生活于同一天地,从事同一生产方式,过着相同的日子,也就形成了相同的民俗习惯。他们在继承中传播,在传播中创造,构成民俗的自我存在和发展模式。这种相同的民俗不仅具有完全的一致性,也具有鲜明的族群性特征。社会民俗将每个人固定到相应的社会位置,从而形成一种相对牢固的民俗文化圈。而那些具体的民俗内容与形式,也只在同一家族内才得以通行,如族谱、祭祀、族规等。这些独特的民俗习惯可以强化同姓宗族之间的认同感,成为结构小,内聚力大的民俗文化圈。

其次,是以自然村落为基础而形成的民俗文化圈,它往往是中国家族制的一种延展。中国农村自然村落多以同姓同族集聚为主,如刘家沟、白鹿原、刘家洼、朱村等村名就体现出明显的同姓聚居特征。由于同族聚居,同一村落的人往往有同一祖先,也就有了共同的根脉流传。其所传承的民俗事象也就多具有同一性。除同姓集聚外,也存在大量非同姓集聚的村落,他们一般来自各不相同的地域,共同组成自然村落,绵延后代。这种自然村落中的人并无必然的血缘关系,不同家庭之间没有祖上的“血缘”关联,他们或是迫于生活需要,或因民族迁徙,或因战乱逃离等而走到一起。他们早期的文化背景和生活习惯并不相同,但在同一环境中长期居住与交往,就会使同一自然村落中不同的人能够相互学习、相互影响,逐渐形成有利于村落共同发展的民俗事象,如需大家共同遵守的村规村约,共同庆祝的生活节日、共同祭祀的特殊对象等,也就容易形成一个以自然村落为主的民俗文化圈。这些人因为有共同的地域,相通的生活习惯等而逐渐创造了共同的过去、共同的生存方式、共同的信仰,甚至共同的娱乐方式等,最终也促成了村落民俗文化圈的形成。

第三,是相似的自然地理环境而生成比家族、自然村落涵盖范围更广的民俗文化圈。人离不开自然环境而生存,人类文化的形成与地理环境密切相关。“一方水土养一方人。”自然地理环境往往会要求或迫使人们必须怎样生产生活,才能获取自然的馈赠而生存下去。马克思说:“由于一个国家的气候和其他自然特点的不同,食物、衣服、取暖、居住等等需要自然也就不同。”[6]194 同时,“人的需要的增减取决于人所处的气候的严寒或温暖,所以不同国家的居民必须从事的各种职业的比重是不一样的,这种差别的程度只有根据冷热的程度才能断定”。[6]562 这种自然环境影响论对我们发现和认识更大区域民俗文化圈有很好的指导意义。靠山吃山,靠水吃水,人们在自然中获取生存的材料,人在认知改造自然的同时,也改造自己,使自然环境与人能更好契合。相对稳定的自然环境不仅影响了人的生活方式,也塑造了人的精神情操,长期的地理环境影响与塑造,就会形成一系列相对统一的民俗事象。中国北方人出行乘马,南方人出行驾船;北方人喜面食,南方人爱米食;北方人多好爽,南方人多细腻等。扩而言之,由于相似的自然地理环境影响,它使生活在相近或较远的地区的人也会有因为生存空间的稳定性与相似性,而有了相似的民俗生活。特别是那些受山川阻隔的自然区域,常会表现出与地理环境结合非常明显的民俗习惯。如陕西省的陕北高原、关中平原和陕南山区在地理环境上就有很大的差异性,其日常生活中的民俗,如饮食、言语、丧葬、婚嫁等也大相径庭。即使在关中平原,渭河沿岸的宝鸡、咸阳、西安、渭南等地也因为其他自然或历史原因,在社会生活方面也表现出很大的差异性。当然,生活在大河流域或大山周边的居民,因自然生存环境影响,会形成以打鱼或打猎为主的共有生产方式,会形成共有的河神或山神信仰,甚或是一些相同的自然禁忌习俗等,从而形成相通或相似的民俗。事实上,从更宏观的视角看,即使他们不生活在同一自然村落,不是同一县市,甚至不是同一省区,但由于自然地理环境的相通,也可以构成相似民俗文化圈。历史发展会让不同文明之间相互交往,从而创造出大致相通的文化历史,也会形成大量相同或相通的民俗事象,如北方大致相通的土葬,南方大致相似的水葬等,都可以认为是一个更为广阔的民俗文化圈存在。

四是历史上行政区划的归一性所形成的民俗文化圈。中国历史进程中的行政区划往往具有非常重要的意义,甚至起到某种决定作用。统一的行政区划为国家社会治理提供了有利条件,为同一行政区划内的民俗的趋同性作了引导性工作,它可使大小不同意义的民俗文化圈得以形成。中国历史从秦建立第一个统一的封建王朝开始,到汉朝大一统社会的真正形成,国建行政区划的社会学意义逐渐落实,特别是相关政策法规的实施,它使不同行政区域的人逐渐有了自我存在的“位置”,它促使当地居民会有意识的变革和构建新的社会生活。秦朝“书同文、车同轨”,统一度量衡等历史变革,有力推动了各地社会生活的历史变迁。物质世界的变革会自然引起精神观念的新变,新的社会生活会在国家政令下逐渐生成,随之也就会出现各种新的社会民俗,成为新生活必不可少的组成部分。或以当地有影响的名人为核心、或以当地特殊的社会产业为核心、或以当地特殊的历史传统为核心等,创造和构建起形形色色的民俗文化圈,以凸显区域的优势与特殊性等,从而形成有相对统一稳定的民俗文化圈等。

五是以不同方言为基础而形成的民俗文化圈。语言是文化的载体,是文化传播的重要工具。因特殊的自然地理位置和历史文化因素,促使居住在同一区域或有相同文化背景的居民有相同或相近的生活习惯,形成相类似的发音习惯和表达方式,又因彼此之间的密切交往,特别是那些长期处于同一地理区域中,或处在同一行政区划内的人们,往往因为语言的相通性而有了强烈的身份认同感。如陕北方言、关中方言和陕南方言就有明显差异,他们在方言土语圈内通过特殊的语言传递特殊的文化信息,从而形成各种以方言为基础的民俗文化圈。

在生活中,人们可以通过各种生活形式而感受到民俗文化圈的存在。一个远离故乡的人,会因为在他乡遇到故乡人而产生一种特别的情感,一个在异国他乡的游子,往往会不断回忆家乡的生活,流行于世界各地的中国结、中国年、唐装、汉服等,都会激发各地中国人的各种思绪,这是一种深埋于华夏民俗意识之中的文化认同感,是华夏民俗文化圈内聚力的社会效果。另外,民俗文化圈的认同也是相对的,它随环境不同而变化。如在不同省区的同一省身份的人会产生亲近感;同一省区相同县市的人会产生亲近感;同一县内的同乡镇人会产生亲近感等。这样,民俗文化圈在许多时候并不完全具有确定性,它会随各种条件的变化而变化。事实上,生活中的不同民俗文化圈,总在许多时候或许多地方存在无法避免的交往,从而又会形成相似或相近的民俗内容,随时间推移和交往增加而逐渐融为一体,又会成为一个新的民俗文化圈。

三、民俗文化圈的属性

民俗文化圈既是一套符号系统,也是一种系统的知识结构。人类的历史传承使民俗得以保存,而民俗的社会作用发挥使之成为人们需要不断认知探索的重要领域。比较而言,民俗传承的对象与传承的方式一般相对固定。如在同一家族、同一自然村落、同一地理环境、同一行政区域或同一方言区内生活的人们,他们往往通过自己的言语行为,在日常交往中相互认可、认同,实现民俗文化圈的自我生成与构型。同时,民俗文化圈也会通过自身特殊的功能,使在同一家族、同一自然村落、地理环境、行政区域及方言区内生活的人们保持自身相对的独特性存在。许多时候,社会经济基础有时会直接发生变化,但与之相应的家族传统、村落构成、地理环境、行政区划及方言表达等却变化缓慢,它在很大程度上可以保持民俗自身的风貌。所以,民俗文化圈总体上是一个相对稳定的社会系统,它在自身的运行中,会以其系统的知识结构,发挥其社会治理功能。

一是社会教化属性。从根本上说,人只有生活在民俗中,人才能感受到民俗的存在价值,体验到民俗对于人的重要意义。人"兴于诗、立于礼、成于乐",只有遵循民俗规则,才能真正成为一名"合格"的社会人。民俗在传承中能如其所是的发生作用,在潜移默化中影响一个人自然而然地成为社会结构中的一分子。这是任何其他文化教育都难以企及和取代的一种特殊人生教化。它教给人如何生产、如何生活、如何待人接物、如何成为一个社会人等,总之,民俗使每个人须以自己族群的习惯为习惯,以自己族群的信仰为信仰,以自己族群的生活禁忌为禁忌等,如此才能"立"于社会。民俗以自己特殊的存在和传播方式,使人在自我生存中逐渐融入社会,能合乎"规范"的生活,"恰当"的处理人与他者之间的各种关系,并随时随地的传播和生成自己的生活习惯等,使自己成为不断适应自己文化习惯并不断追随自己文化习惯的"信徒",而这些"信徒"又使自己所"享用"的民俗得以完整传承,落实民俗的社会教化功能。

二是生存规范属性。费孝通认为,人只有在群体中才能获得生存,实现人的"完整性"。当人们处于低下的生产工具和必须群体配合才能有效生存的时候,一种规范每个人行为方式的"规则"是必不可少的,而这种规则就是一种社会习俗。生活中自给自足的生存状态并不完全是个体的,它是一种集体行为,是一种社会行为。当一种生产方式长期不变地存在,相关社会"规则"也就不会发生根本改变。这些"规则"本身也是一种生产性的存在方式,它与生产性的生存方式具有同样的重要性。对中国传统社会来讲,长期相对稳定的社会生产方式,特别是处于相对落后的农村社会,民俗作为社会生活的重要组成部分,它的社会规范功能也就表现得更加明显。

三是秩序调节属性。民俗的自我调节主要表现在日常生活中对人与自然、与社会、与他人、与自己等各种关系的调节,它使人能更好地寻找和探索舒适的生存环境。人的生存环境包含了如自然的、社会的、政治的、经济的、文化的,民族的、甚至是战争的等多种因素,它们环绕在人的周围,成为人生重要的组成部分,需要人能有效地调节和适应各种环境对人的要求。作为人类自我生存经验的积累和发展,民俗是人类历史智慧的现代实践,它常以自己特殊的“规则”教给人如何更好生存,在相对“封闭”的生存环境中,它会更有效地发挥自身的存在价值。作为人类创造的一种特殊文化形态,民俗在社会秩序调节中还会不断增强自身的内聚力,延展民俗传播空间,使民俗文化圈更加稳定可靠。“封闭”的社会环境使民俗文化圈处于相对稳定的状态,而相对稳定的民俗文化圈反过来也会加强“封闭”的社会环境,从而形成一个相互强化的生存链。

四是社会维系属性。民俗文化圈是历史的产物,长期的政治稳定和社会的平稳发展,会使民俗文化圈传播有一个相对稳定的外在环境,能如其所是的保持自身的运行规律,维系整个社会生活的持续性发展。即使在战乱时代,民俗也会积极的维系整个社会的秩序,为人的生存提供价值依据。一般来讲,社会物质生产具有连续性,它也是整个社会得以存在发展的重要基础,在此基础上生活的人们会根据生存需要而创造各种与之相适应的民俗生活,如家庭家族制、村规村约、精神信仰等,使之能够满足人的生活需要,以此构建起属于自身的民俗生活,维系正常的社会发展。正是这些民俗的存在,会促使各种社会秩序能有序推进,维持社会的稳定性发展。

五是模式构建属性。民俗有自己的运行模式,它既不属于上层建筑,也不属于经济基础,而是一种附着于经济基础之上并随经济基础变化而变化的精神文化,但它却无时无刻不体现在具体的社会生活中。作为一种社会生活方式,民俗在生活中不断重复,从而显示了自身存在的价值和运行的独立性。人们在这种重复性的活动中传承相同的生活模式,在有限的时空中口耳相授,传播人类生存的经验常识,日日相习,代代相授,以此规范自己和他人的生活行为,也以此作为生活的价值标准,有效的解释各种生活现象,形成一个有仪式规范和解释效果的生活系统,以满足族群生存发展的习惯需要和价值规约。民俗在发挥社会教化、生存规范、秩序调节、社会维系作用的同时,它还具有排斥和吸收相异民俗文化的过滤性,它在吸收改造其他民俗生活的同时,不断强化自我存在的价值意义,以保证自身存在的“健康”发展。可以看出,民俗不仅是一种具体可感的文化生存形态,也是各族群自我生存的一种基本模式,它保证了人与“他者”之间的和谐、健康与有序的发展。

人类的生活历史构建了民俗的生存体系,从外在社会环境到内在传承机制,从作用发挥到价值表达,各种社会民俗都可以呈现出其独特的社会功能,显示出与其他文化形态不同的社会特征。正是民俗特殊社会价值的稳定性作用发挥,才使民俗文化圈的历史传承有了稳定性、持久性和连续性,使人类的生活历史有了丰富多彩的内容和形式。

四、民俗文化圈的传播

民俗是人类的一种基础文化,具有鲜明的特点,是沟通传统与现实、物质生活与精神生活的文化现象。民俗文化圈虽然有稳定性,但它并不是一成不变,而是一个不断承袭、创造和传播的过程。人类从古代发展到今天,在经济基础、上层建筑、社会结构、生活方式、伦理道德等已发生很大变化,但民俗依然是维系社会“健康”向前发展的重要基础。

作为人类实践经验的表达,民俗内蕴了人类生命创造历史的过程,预言了人类未来生命的可能性发展,它在人类的历史流变与生存实践中的作用发挥,促使人类不断寻找和探索民俗的社会意义。人类实践是民俗最好的传播方式,也是民俗创造的最好途径。我们今天的生存方式,既包含了人类过去历史的现代遗留,也包含了人类未来历史的现代创造,这一时代的人们都是民俗传播的载体,也是民俗历史的“过客”。

民俗文化圈的传播是一个不断延展自身存在的重要方式。在历史发展中,民俗既有历时性的自然传播,也有社会交往进行的共时性传播。各种民俗事象的传播也并不是等量扩展,具有很大的随机性,它会随各种条件变化而延展各自的民俗义项。有些民俗义项会必然持久的在其民俗事象中传播,如家族中的族谱、族规、祭祀等就会绵延不绝，它还随族人的迁徙而延播，但其内在的规范却是同一的。有些民俗义项在民俗事象传播中发生义项的变革。如汉代传入华夏文化圈的胡床在经历魏晋南北朝的变革，到唐代产生了椅子的雏形，等到宋代的进一步完善，则形成了可垂腿而坐的椅子，一直到现在。对汉族来讲，它不仅是一种坐具革命，也是一种坐姿革命，不仅改变了汉族人千百年来席地而坐的生活方式，也改变了汉族人入室脱鞋的生活习惯。有些民俗义项则在民俗事象的传播中被其他相似民俗义项所涵化。如中国的寒食节、上巳节和清明节最后合为清明节。有些民俗义项会随时代变革而产生新的民俗事象，但其内在的义项却是相似或相通的，如元朝统治中原时期产生的帐篷居住习俗，清朝入驻中原进行的头发革命等。在实际生活中，民俗在人的具体生活实践中获得生命，获得传播，它有自身的运行机制，在保持自身属性的同时，还会有体现出时代的特征。

民俗文化圈的传播是一种向外不断输出民俗文化义项的重要途径。一般情况下，一个民俗文化圈形成后，就具有相对的稳定性，这种稳定性既指这种文化圈内部逻辑结构系统的稳定，也指民俗文化圈之间相互独立运行的稳定。每一民俗文化圈内的民俗义项是相对确定的，其形式和内容的结合也非常紧密。在传播过程中，某些民俗义项如果能更符合人们生活的需要，它也就更容易为人们接受而得以传播。如宋代范仲淹建立义庄的家族救济模式，这种抚恤族人的族田、族产习俗便很快传入其他宗族中，成了其他宗族竞相效仿的一项社会习俗。南北朝时胡国珍笃信佛教，要求死后进行斋祭，这种斋戒习俗属佛教事象，但它却吻合了中国人对“来世”或“阴间”的信仰习俗，可以借斋戒表达生者对逝者的哀思。它随之影响了中国丧礼习俗义项内容，最终成为中国社会习俗的一种共性。民俗传播使民俗义项在交往中可能发生新变，增加新的内容或创造新的形式，使之成为民俗文化圈的新组成部分。

民俗文化义项传播有多种途径，同时也会受到各种条件的影响和限制而生出新义项。或某个历史文化名人的社会效应而创造民俗事象，如历史上屈原与龙舟节，介子推与寒食节等。或某种民俗义项更符合人性要求而延展为一种具有普遍性的民俗事象，如义庄习俗更能达到抚恤族人，凝聚人心的作用，也就很容易成为一种社会民俗。做斋戒或斋七习俗，能够寄托了人们对死去亲人的美好愿望而获得广泛传播，也就成为一种社会民俗等。或是经济发达区域的文化影响和传播而促成更多区域生成与之相似的社会民俗。如改革开放后的率先发展起来的广东地区诸多生活新现象，因其经济发达和技术扩展，许多习俗也随之成为其他地区人们竞相模仿的对象。或是某地人口增加会自然向周边移民而造成促成相关民俗义项的自然传播。或家族人口自然增加就会别立宗族，向外迁徙，往往也要带走原宗族所有民俗事象中的义项，等等。民俗文化圈在传播中获得生机，也在民俗文化圈的相互碰撞交往中趋同，促使更大层面上民俗文化圈的形成和传播以及相应民俗义项的同一化发展。

历史上因各种原因的移民有许多次，它使中国社会民俗在民族迁徙中相互交融，使不同民俗文化圈相互交错，并逐渐融合创造新的民俗文化圈。有因战乱而移民的，如魏晋南北朝时的五胡乱华，有因民族矛盾而移民的，如元朝时代的种族分类，有因天灾人祸而移民的，如明末清初的天灾人祸，有因政府组织而移民的，如明朝初年的大移民等，也有因逃亡的，军屯守边的，罪谪流放的，等等。这些因不同原因而迁入不同地区的移民，都会带去自己原有民俗文化圈的民俗义项，并会在新区域传播这些民俗义项。有时会原封不动地照搬，有时则与当地民俗碰撞融合，形成新的民俗义项。唐代后期从中原陆续迁到闽、粤、赣、湘等地的客家人，既部分地保持了古老的民俗文化形态，又创造了适应当地生存需要的新民俗内容，形成与当地土著居民不同的民俗文化圈系统。现代社会，经济发达，交通便捷，人员流动迅速，社会结构紧密，族群间的融通性更为广阔，各地在继承优秀民俗传统的基础上,又不断创造新的社会风俗,如各地庙会兼物资交易节、瓜果产品展销节、文化艺术节等,它们有的可能存在的时间比较短,但它们在某种程度也会影响地方社会民俗而创造出新的民俗事象。

民俗传播是民俗文化圈存在的基础。民俗文化圈在大众的口耳相传和行为传承中呈现其存在的价值,发挥其存在的意义。如各地的年节、婚丧、寿诞、祭祀、娱乐等习俗,可能在传承的规模、内容或形式方面有一定的伸缩性,但其形式所具有的象征意义却具有普遍性。如杨白劳"过年"只能给喜儿扎一根红头绳,象征辞旧迎新,而鲁四老爷家"过年",则要请人准备各色祭品。但两者都是"过年"。又如各种婚丧、祭祀、寿诞习俗等,有人寿诞办得隆重,亲戚好友都来拜寿,有人则只吃一碗长寿面,但其纪念意义都是一样的。但有些习俗的传承有非常严格的规定,有需人人都遵守的仪式或内容,如族谱、族规、族祭的规定,自然村落中村规、村约及一些共同的信仰和禁忌等。每个群体成员都须遵守,不得违犯,否则将受到相应惩罚等。民俗的传播使民俗文化圈有了流动性和创造性,人们在民俗文化圈中认知、理解和发掘民俗文化义项,发挥民俗在社会治理中的积极作用。

结　语

民俗文化圈是一种客观的存在,它是人类生存历史的"活化石",是人们探索人类文化历史秘密的重要领域,包含了对民俗过去、现在与未来历史关系的考察,也包含了对它与其他社会文化形态之间多维关系的阐发,它是一个运动着的"活"的结构。

从研究角度看,民俗文化圈仅是作为研究民俗事象的一种视角,人们可以在诸多民俗事象的比较研究中发现人类生存的基本规律,探索发现不同区域、不同民族之间的生存历史和价值选择,构建具有普遍性的民俗文化事象群,如中国的春节、元宵节、清明节、端午节、中秋节、重阳节等,既是华夏民族优秀文化遗产,也是现代中国人自我构建民族共同体的重要依据。优秀的民俗文化不仅能够创造人们日常生产生活中的健康的生存方式,也能够使之成为当代社会生活中被感知、想象和讨论的共同"话题",如此,才能让和谐、健康、美好的民俗生活在现代社会生活中更具本体论的意义。

参考文献

[1]马克思,恩格斯. 马克思恩格斯选集:第 3 卷[M]. 北京:人民出版社,1995.

[2]马克思、恩格斯. 马克思恩格斯选集:第 3 卷[M]. 北京:人民出版社,1995.

[3]庞朴. 文化结构与近代中国[J]. 中国社会科学,1986(5):81 – 98.

[4]陈华文. 论民俗文化圈[J]. 广西民俗学院学报. 2001(1):39 – 44.

[5]费孝通. 乡土中国[M]. 上海:三联书店,1985.

[6]马克思. 资本论:第 3 卷[M]. 北京:人民出版社,1986.

秦东地区元宵节民俗中的吉祥物研究

张俊娜

（渭南师范学院 人文学院，陕西 渭南 714099）

摘　要：秦东地区的元宵节吉祥文化最早形成于汉代，至今已有二千多年的历史。随着时代的变迁，许多文化遗产逐渐被人们所遗忘，而对元宵节吉祥物的喜爱，对于保存、记录和传承元宵节文化则有着不可忽视的作用。

关键词：关中；元宵节；吉祥物；秦东地区；文化遗产

基金项目：多元文化背景下中国学前儿童传统美德教育研究（17GJH206）

作者简介：张俊娜（1979—　），女，山西运城人。渭南师范学院人文学院讲师，硕士，主要从事中共党史和中国传统文化研究。

秦东地区的元宵节 始于两千多年前的汉代。汉文帝因周勃等人平定“诸吕之乱”正好是正月十五日，便定这一天为与民同乐日，以示纪念。因汉代正月又称元月，夜又称宵，于是，汉文帝就把这一天定为“元宵节”。道教有“三元神”，即上元天官、中元地官、下元水官。每年的正月十五日为上元天官的诞辰日，称“上元节”，由此，正月十五元宵节又称作“上元节”。从汉代开始元宵节又被看作是祭祀天官、祈求福佑的吉日佳节。

一、秦东地区元宵节的灯

灯是元宵节的吉祥主题，也是元宵节最突出的景观和特色，从汉武帝时起，元宵节张灯结彩已成为一种习俗。秦东地区元宵节的灯，不是一般照明的灯，元宵吉祥灯的发展历史经历了一个从独立到组合、从静止到活动、从单纯到装饰的过程。元宵节吉祥花灯品种繁多，可谓数不胜数。

从灯的形制来看，有圆形、方形、长形、六边形等；从形状上来看，有西瓜灯、莲花灯、柿子灯、狮子灯、兔子灯等。唐代民间已有技艺较高的“走马灯”，又称“影灯”或“天灯”。“走马灯”的动力不是利用机械，而是利用热能原理，在一个风轮上粘上纸剪的各种人马形象，待蜡烛点燃后，火焰驱动纸轮转动，粘贴在风轮上的人马也随之转动，所以叫“走马灯”。时至今日，秦东地区还流传有正月十五放“天灯”的习俗。

关于秦东地区元宵花灯，还是象征子嗣繁衍、人丁兴旺的生育吉祥物。关中乡村元宵节时娘家必须给新婚女儿、女婿送一对莲花灯，并挂在床头，以祈早生贵子。因为“灯”与“丁”语音相同，意味着人丁兴旺，连绵不绝。还有舅舅给外甥送灯的习俗。舅舅为何要给外甥送灯笼呢？关中人是这样解释的：人出生后前面的路是黑的，不知道应该向哪里走，舅舅给外甥送了灯笼，外甥的前程就会一片光明，而不会走歪门邪道了。由此可见，送灯寄托着美好的希冀和祝愿。

秦东地区元宵花灯还有很多吉祥文化内涵，旧时元宵节时普遍流行的“富贵寿考”灯就含有祈寿祝富的多元吉祥文化因子。该灯四面分别绘有灵芝、松枝、百合、柿子等，分别象征长命百岁、子孙昌盛、百年好合、事事如意等。“三阳开泰”灯上绘一只母羊、两只小羊，象征春回大地、万物滋生、欣欣向荣。元宵花灯因富含多元吉祥文化内涵，受到人们的喜爱，历代传承而不衰，已经成为一种灯文化、灯艺术并受到人们的重视。虽然每年元宵节时,各地都要举办灯会、灯展,但是关中作为元宵花灯的发源地,古城的元宵灯会最为喜庆。如今,每年元宵节,古城墙上都会上演红红火火的灯会,让年节变得吉祥而圆满。

二、秦东地区的狮子

每逢元宵佳节,秦东地区都有舞狮子的习俗。这一习俗源自南北朝时期西凉的假面戏,至唐代在民间广为流行。秦东地区狮舞在长期的发展过程中又分为南派和北派两种风格。在表演动作上又分为文狮和武狮。南派多表演文狮,文狮主要表演抖毛、搔痒、舔毛、打滚等温顺动作。表演时一个戴大头佛面具、身穿长袍、手拿葵扇的"狮子郎"来逗瑞狮表演各种优美的动作,滑稽、风趣、幽默。南派以广东为中心,在港澳、东南亚较流行。北派以表演武狮为主,武狮主要表演吐球、扑球、滚球、腾空跳跃等动作。表演时一个古代武士装扮的人手持绣球来逗引瑞狮表演,并有走梅花桩、踩滚球、蹿桌子、狮斗等高难动作,以表现狮子刚勇威猛的本性。舞狮时两人舞大狮,一人舞小狮。舞大狮子时一人站立舞狮头,一人弯腰舞狮尾。舞狮人全身穿狮服,下穿与狮身相同的狮裤和金爪蹄靴,舞起来与真狮一样。

因为狮子为百兽之王,威武勇猛,象征勇敢和力量。古人认为狮子为吉祥瑞兽,能驱邪镇妖,可保人畜平安。所以,在元宵佳节时,以舞狮为娱乐活动来表示欢庆吉祥,祈望生活吉祥如意、事事平安。

作为吉祥瑞兽的狮子,宋代以后因其威猛勇武,又常作镇宅驱邪的神物,置于宫殿、衙门、寺庙、城门、祠堂、宅第等大门两旁之前。如天安门前的四尊汉白玉的石狮子,故宫太和殿门前的一对威猛的铜狮,乾清宫门前的一对鎏金铜狮等。门前所蹲之狮均左为雌狮,右为雄狮。雌狮脚下抱一小狮,雄狮脚踩一绣球,多作镇宅驱邪之用,官府还将其作权威之势的象征。古代桥头也各蹲一对石狮,具有镇水之意。北京卢沟桥栏 140 根望柱上就雕有 500 多个神态各异、玲珑可爱的小石狮子,已成为我国旅游的一大人文景观和桥梁建筑装饰一大奇迹,同时亦有镇水防灾之意。

古代"狮"与"师"同音,又以"狮"谐"师",象征权位和富贵。古代官制有"三公"即太师、太傅、太保;"三孤"即少师、少傅、少保。太师和少师均居其首位,都是辅弼天子为政的高官,官位显赫。因此,人们多用来祝贺官运亨通、飞黄腾达。如凤翔木版年画"狮童进门":一童子骑在狮子上,旁边跟一小狮子,寓意为福禄喜事临门。大狮、小狮借喻古代官名之"太师""少师",象征世代官位相袭,门庭显赫。如传统年画绘有大小两狮的"太师少师"图,"大"古通"太","小"通"少",寓意官位显赫、步步高升;如旧年画绘雌雄二狮相戏滚绣球的"双狮戏绣球"图,以表示喜庆吉祥;如年画绘有狮子和莲花的"连登太师"图,取其莲灯的谐音为"连登","狮"的谐音为"师",有官运亨通、步步高升之意。

狮的形象以笑态为好,能表示吉祥如意、喜庆欢乐。故民间有口诀曰:"龙愁凤喜狮子笑。"狮子造型特征以头大为佳,更显雄威勇猛,所以有"九斤狮子十斤头,一条尾巴拖后头"之诀。狮子虽为猛兽,后又逐渐演变为温顺和善、喜瑞吉祥的形象。《坤舆图说》曰:"狮子为兽王……又最有情,受人德必报。"因此,人们又崇尚狮子的品德和祥瑞。虽然狮子的起源比龙、凤、龟、麟、虎"五灵"晚了千年,但进入中国后,狮子在中国吉祥瑞兽中很快占据重要的地位,已与"五灵"并驾齐驱,作为祥瑞之兽深受人们的欢迎和喜爱。

三、秦东地区的汤圆

食品元宵与节日同名,显然是借节日之名而来。元宵节吃元宵象征阖家团圆,取意新的一年全家团圆幸福、美美满满。用元宵馈赠亲朋好友,又表示百事顺意、圆满的祝愿。元宵节吃元宵,是我国的节日饮食习俗。元宵始于宋代。在秦东地区元宵除了在元宵节吃外,也成为人们平时喜食的一种食品。做元宵一般都是先做馅(有山楂白糖、桂花白糖、枣泥、澄沙、奶油)。把糖化好后,掺上果料,等着凝固成坨后,切成骰子形的方块,一颗颗放在大笸箩内的糯米粉上,摇晃笸箩使馅粒滚来滚去而粘上糯米粉，捞起蘸水，再下笸箩摇滚，馅粒便一层层地裹上了厚厚的糯米粉，即成了元宵。

元宵为节日吉祥食品，象征团圆美满。是时，天上一轮圆月，碗里颗颗玉圆，家家阖家团圆。天上人间，和和美美，元宵象征团圆的吉祥文化内涵，已深深地滋润着人们的心田。

吉祥文化是先辈们留给我们的珍贵文化遗产，是中华民族一个古老而又悠久的生命主题，它从自然崇拜、宗教信仰走来，是人类为生存繁衍共同存在的心理情感，是民族的血脉和源泉，是民族大团结的精神纽带。千百年来，它为人类免灾祛祸，纳瑞祈祥，避厄求吉，给人们带来平安如意、和谐幸福。

参考文献

[1]刘昫. 旧唐书[M]. 北京：中华书局，1975.
[2]翟灏. 通俗编[M]. 北京：商务印书馆，1958.
[3]李时珍. 本草纲目[M]. 北京：中医古籍出版社，1997.
[4]董诰. 全唐文[M]. 北京：中华书局，1983.
[5]沈约. 宋书[M]. 北京：中华书局，1974.
[6]任昉. 述异记[M]. 长春：吉林大学出版社，1992.
[7]释普济. 五灯会元[M]. 北京：中华书局，1984.
[8]鸠摩罗什，译. 维摩诘经[M]. 北京：中华书局，2010.
[9]南怀仁. 坤舆图说[M]. 北京：中华书局，1985.
[10]顾禄. 清嘉录[M]. 南京：江苏古籍出版社，1999.
[11]姜夔. 白石道人诗集[M]. 上海：上海书店，1987.

合阳县“中国黄河生态美食名城”建设可持续发展策略研究

张始峰

(渭南师范学院 陕西 渭南 714099)

摘　要:合阳县“中国黄河生态美食名城”建设可持续发展具备地理交通条件、自然条件、物产条件优势,人文历史悠久,餐饮文化源远流长,菜品文化丰富多元,餐饮行业蓬勃发展等优势,今后的工作重点应该从巩固发展原有优势、加强餐饮文化与合阳整体文化的融合统一、融合各方美食增强合阳菜的包容性及普适性、加快合阳菜系研发速度、培养专业专门人才、加快合阳菜系的标准化制定等方面采取相应措施,进一步抓核心,强载体,塑造整体形象,提升合阳菜系知名度,有效推动合阳饮食产业可持续发展。

关键词:合阳县;黄河生态美食名城;可持续发展;策略

作者简介:张始峰(1965—　),陕西蒲城人。渭南师范学院人文学院副教授。

合阳县地处关中盆地东北部的黄河西岸,古称有莘国。近年来,合阳县先后成功创建国家卫生县城、国家园林县城、省级文明县城、省级环保模范县、国家义务教育发展均衡县、陕西省教育强县、全省双高双普县,荣获中国生态魅力县、全国美丽乡村建设先进县、全省城市建设先进县、中国著名文化旅游建设先进县、中国诗经之乡、中国红提之乡、中国民间文化之乡等称号。

2017 年 8 月 5 日,中国烹饪协会专家评审组宣布合阳县通过黄河生态美食名城评审。专家组经过综合评估认为,合阳县历史文化底蕴深厚,各种动植物资源、名优特产丰富,旅游业发展、自然生态环境良好,地域餐饮文化特色明显,具备一定的品牌知名度和市场美誉度,基本符合黄河生态美食名城的认定标准,建议中国烹饪协会授予合阳县黄河生态美食名城称号,三合大酒店、上若御园等 5 家餐饮企业通过专家组验收,成功创建了中国餐饮名店。

在 2017 年 10 月 29 日举行的第二届“中国烹饪始祖伊尹祭拜活动”上,中国烹饪协会授予合阳县“中国黄河生态美食名城”称号。

“中国黄河生态美食名城”称号的授予,对合阳饮食文化的发展提供了大好机遇,我们也应该以此为契机,把合阳饮食文化做大做强,为合阳饮食文化的可持续发展奠定扎实基础。

本文将从合阳县餐饮文化优势条件及局限性出发,探讨“中国黄河生态美食名城”建设可持续发展的基本方略。

一、巩固发展原有优势

合阳独特的地理优势和自然条件使这里物华天宝,人杰地灵,尤其得益于中国烹饪始祖伊尹遗风,合阳饮食文化源远流长,别具特色。洽川鱼宴的韵味,合阳踅面的滋味,油轮油糕的口味,石子馍的奶味,馏饽、辣子豆腐的美味,羔羊汤清肉嫩的鲜味,十碗席、十三花的百味,拔丝红薯的甜味,特色小吃的风味,味味入口,品尝美食之后领略合阳地域文化,美在其中。

合阳饮食文化在自身发展过程中相较于周边地区已经具备了许多独特优势,主要表现在以下几个方面:

1. 独特的湿地优势

洽川是黄河中游最大的湖泊型湿地，是陕西最大的淡水养殖基地之一。这里气候湿润，水源充足，奇异的瀵水水温常年保持在30度左右，含有多种矿物质和微量元素，浇田田美，养鱼鱼肥。所以，合阳在加强湿地保护的同时，要大力发展水产养殖业，建立名优特种鱼养殖基地，养殖品种应主要以既能适应当地气候和自然条件，经济价值又比较高的罗非鱼、加州鲈、白鲳、鲤鱼、草鱼以及黑乌鲤、胡子鲶等稀有鱼种为主。

2. 浓郁的餐饮文化优势

中国烹饪始祖伊尹躬耕于合阳，孔子高徒子夏在此设教，大量历史遗迹古韵犹存，名人辈出，与悠久的华夏文明融为一体。

3. 独特的物产优势

合阳有很多地理标志性物产，典型的当属九眼莲菜和黑乌鲤。

九眼莲是合阳县独有特产，生长在黄河湿地洽川，横切面九个孔眼环状排列，节长尺半，洁白如玉，胖若儿腿，手感沉实，藕断丝不连，生吃熟食无丝无渣，脆嫩香甜，鲜美爽口，每100g淀粉含量不低于11.0g、总糖含量不低于1.1g、还原糖含量不低于0.28g、锌含量高于0.25㎎、氨基酸含量高于1.6g，营养价值非常高；用九眼莲的荷叶包裹食品，也是清香扑鼻，保鲜耐储。

黑乌鲤又名乌鲤，鲤鱼中极为珍稀的硬骨鱼科，生性凶猛，捕食其他鱼类，故称淡水养殖的“黑客”，肉味鲜美，咸鲜光滑，肥而不腻，具有强体健脾、滋阴补肾和调节人体机理、增强免疫力之功效，可谓是瀵泉独产，陕菜极品。

4. 食材品种丰富

合阳盛产优质小麦、小米、九眼莲、黑乌鲤、红薯、苹果、西瓜、荞麦、红提葡萄、柿子、核桃、洽川铃铃枣、黄花菜等，既殷实了合阳人民的餐桌，也为合阳美食的发展提供了丰富而独特的食材。

合阳餐饮业在发展过程中应该扬长避短，发挥传统优势，为合阳餐饮文化的发展壮大，地尽其利，物尽其用，人尽其才。

二、加强餐饮文化与合阳整体文化的融合统一

餐饮文化是传统文化的重要组成部分，也是旅游吃、住、行、游、购、娱六要素之首。

合阳餐饮文化韵味独特，融入了诗经文化、黄河文化、饮食文化。用美食大餐和视觉盛宴领你走进中国烹饪始祖伊尹故里，走进诗经文化之乡，是合阳餐饮文化努力的一个重要方向，一定要注意合阳餐饮文化与合阳整体文化的融合统一。

做好合阳餐饮文化，首先要打好伊尹这张牌。伊尹生于合阳，伊尹说汤成为经典，我们要传承利用好他的文化精髓，大力弘扬伊尹精神和民族文化，注意合阳传统文化与餐饮文化的有机结合，坚定文化自信，把合阳建设成为餐饮文化强县。

三、融合各方美食，增强合阳菜系的包容性及普适性

一方水土养一方人，不同的地方特色形成不同的饮食。合阳的秀美在山水，更在于美食，在这里吃到的是地地道道并且带着丰富文化和动人故事的家乡菜。

1. 借鉴其他菜品菜系优点，创新发展

一方面增加合阳美食的菜品及种类，更好的适应合阳人民及外地游客的饮食需求；另一方面把合阳美食推广出去，让更多的人了解合阳美食，喜欢合阳美食，增加合阳美食的普适性和包容性。

2. 持续挖掘民间美食

真正的美食在民间，合阳县的餐饮文化也正是得益于这一方皇天厚土和勤劳聪明的合阳人民而形成。比如说合阳的红薯菜品，由过去的粗粮登上大雅之堂，就得益于合阳人民的民间智慧。

3. 研创新菜品

创新是餐饮业的生命力所在，菜肴的创新是一个复杂的过程，是一个在市场需求和技术发展的推动下，将发明的新设想通过研究开发和生产演变成为具有商品价值的新产品的过程，要根据企业的技术和市场需要，探索研究，研制出新菜品。

合阳县餐饮业很多优秀人才都在新菜品的创

新过程中努力实践,取得了不俗成绩。例如合阳名厨李新龙借鉴古合阳八景“梁山暮雨、光济晨钟、夏阳晚渡、方山樵子、石室碧松、金泉柽柳、秦城秋月、榆林晚钓”制作出合阳餐桌上的御宴八景图,把合阳美景搬上餐桌,构思巧妙,诗情画意,令人叹为观止。

四、培养专业专门人才,加快合阳菜品研发速度

这方面的工作合阳县很早以前就已经展开。

20世纪80年代初,合阳县饮食公司就成立了伊尹餐馆,创办了伊尹烹饪学校,采取走出去,请进来的办法开展多种形式的烹饪技术培训班,先后聘请陕菜泰斗翟耀民大师、渭南名师李创伦、李运良和周边县市及本县烹饪技师进行传帮带,理论与实践相结合,共举办培训班20多期,学员500多人次,成效显著,为合阳餐饮业的发展奠定了良好基础,储备了大量人才。

近年来,合阳县高度重视餐饮业发展,深入挖掘陕菜历史文化内涵,成立了合阳伊尹文化研究会,多次举办伊尹鱼宴大赛、洽川美食大赛,积极参加省市各项烹饪技术比赛、考核及相关活动,2016年、2017年先后隆重举办祭拜中国烹饪始祖伊尹的活动,受到国家、省、市各级领导及同行的赞扬。

目前全县餐饮人才济济,名厨云集,美食荟萃,名馔竞妍,初步形成具有合阳特色的现代陕菜的优势基础。

五、加快合阳菜系的标准化制定

餐饮业的标准化就要是把餐饮业各个环节标准量化,目的是保持饭菜质量的稳定性,是一个餐饮企业保证顾客第一次和以后每一次用餐质量的统一性,是保持本店特色性的基础。量化后不能像以前那样使用“少许、根据经验”等模糊性词语,应保证顾客体验的稳定性和延续性。

餐饮业标准化的实施并不是说到任何地方吃到的食物都是一个口味,口味或服务标准化不是任意制定的,而是建立在大量的实验测定基础上通过大量的实验调查获得的,是由企业特定的研发体系来完成的,是建立在顾客一定的满意性和认可性基础上的。标准化的实施不仅要保持菜品美食的特色,而应该使原有特色得到更好的延续和提升。

合阳餐饮业标准化的实现路径我们可以从以下几个方面进行设计:

1. 加大合阳餐饮行业标准化研究力度

加大对合阳餐饮行业标准化的研究力度,使餐饮行业在标准化方面有章可循,从一般性认识上升到理论化层次,以指导具体的实践活动。

2. 加大标准化的宣传教育培训工作

标准化进程中观念转变是一项重要的工作,无论是餐饮业经营者还是相关管理部门的工作人员,都必须对餐饮业标准化有一个明确认知,在认真贯彻实施的基础上加以宣传推广。

3. 培养专业化人才并减少人才流失

要加大餐饮业标准化投入,建立健全标准化体系;各培训机构应着力培养标准化方面的专业人才,加强标准化人才队伍建设,提高餐饮业从业人员薪资待遇,减少由于薪资待遇等原因所带来的人才流失。

4. 完善监督机制

在建立健全标准化的政策法规建设基础上,进一步完善各项监督机制,落实好各政策的执行过程,对于那些有法不依,有规不循的餐饮企业给予严惩。

5. 生产工艺标准化

这一环节涉及原材料的标准化采购、验收、存储、发放、烹调、保温、服务以及清洁。尤其是烹饪这一关键控制点的标准化更为重要,时间、温度、火候的定量化操作,直接关系到菜肴质量的稳定性。

6. 菜谱标准化

这是解决烹饪标准化的重要工具,是在制作过程、产品质量与成本核算过程中制定的标有菜品所需各种原料名称、数量、规格、制作方法、装盘要求以及标准成本等内容的说明书。

标准菜谱说明了菜肴生产过程中所需的各种

用具和烹调时间，使厨师可以按照规定的操作方法定量化的烹制菜肴，减少了厨师个人主观经验的影响，减少了管理人员对厨师的监督工作量。

合阳县商务局在合阳餐饮业标准化制定方面做了很多工作，先后制定了《加快大型餐饮业、住宿业标杆企业管理办法》《合阳县餐饮服务业提档升级的规划》《合阳县大型餐饮业标准化建设方案》《服务人员严格的行为规范》等一系列规范性文件，促进了合阳餐饮业标准化工作的落实实施。

六、进一步塑造形象，提升合阳菜品知名度和影响力

合阳美食有自己悠久的历史和鲜明特征，但一直以来对合阳美食品牌构建的传播和经营力度不够。

对于合阳的餐饮美食品牌来说，从个体方面看是合阳某种食品或企业品牌，其实它是一个区域性集群品牌，是合阳众多品牌的集合。在建立和打造合阳的餐饮美食品牌过程中，要对其中的一些元素进行针对性设计，还要对品牌进行恰当定位和制定相应的品牌战略。

首先，因为合阳饮食品牌是一个集群品牌，应该结合合阳区域历史品牌、人文民俗品牌、秀美山水品牌、土优名产品牌、旅游文化品牌来共同建设，围绕合阳的整体品牌建设来做好文章；其次，要将合阳县的餐饮品牌再细分梳理，树立起打得出、叫得响的品牌，走出去，做成产业，做成亮点，提升知名度，形成良好品牌认知；再次，做好发展规划设计工作，做好合阳餐饮业建设和食品加工、安全等工作，通过创建黄河生态美食名城提升促进合阳县各项产业的共同发展；最后，通过建立研发中心等工作，按照市场发展和顾客需求变化，加大传统美食继承创新和新菜品研发力度，把合阳美食全面推向市场，在适应市场中发展壮大，成为合阳最响亮的名片。

提升合阳菜品知名度和影响力工作艰苦而漫长，一方面要内强实力，外塑形象；另一方面要通过各种渠道载体不遗余力地进行宣传推介工作，统筹规划，顶层设计，开拓创新，扎实工作，继续举办好诸如中国烹饪始祖伊尹祭拜活动、鱼宴大赛、烹饪大赛、宾馆饭店规范化服务竞赛等一系列行之有效的活动，让合阳文化与合阳美食传晓天下，成为合阳形象的靓丽代表。

七、抓核心，强载体，推动合阳饮食产业可持续发展

在“中国黄河生态美食名城”创建申请过程中，合阳县委、县政府及各职能部门多方联络，主动作为，县商务局抽调精兵强将全力投入，对牵扯到的11个部门、5大类39项创建标准逐一进行对照检查，从餐饮食材、人才培训、名厨建档、名菜归类、名宴展示等5方面入手全方位开展创建工作。

沿着这条思路和做法，我们在推动合阳饮食产业可持续发展方面应从以下几个方面持续努力做好工作：

第一，继续拓思路，邀专家，请名师，开展培训，不断提升合阳餐饮行业服务人员软实力。应继续邀请省市专业老师及相关领域专家授课，对全县餐饮业服务人员从职业道德、接待用语、服务流程、行为规范等方面进行全方位的持续培训教学；第二，细部署，实安排，显特色，精心组织，继续举办好中国黄河生态美食烹饪技艺个人选拔赛及相关赛事，以赛代练，在比赛中学习，比赛中进步，比赛中成长；第三，精筛选，组团队，亮实力，积极筹备并继续参加省餐饮商会组织的中国黄河生态美食团体大赛并力争好成绩，不断扩大合阳美食的知名度和影响力；第四，破瓶颈，解难题，拓眼界，多方联络，继续举办中国黄河生态美食名师大讲堂，开阔眼界，提升厨师理论水平和实际操作水平；第五，对标准，挖潜力，补短板，精心指导，继续创建中华餐饮名店，做好五家中华餐饮名店的创建提升工作，使中华餐饮名店多出精品名菜、名宴、名厨，彰显餐饮名店效应，不断扩大影响力；第六，搭平台，联强手，强推动，继续举办好祭拜中国烹饪始祖伊尹系列活动，通过纪念伊尹功绩传承伊尹文化，弘扬伊尹精神，光大崇师尚祖之德，做好合阳美食的推广宣传工作。

合阳县政府及合阳县商务局在促进合阳餐饮

业方面群策群力，制定了《合阳县餐饮服务业提档升级的规划》，对合阳县 2016 年—2020 年餐饮业建设发展提出了一系列优惠政策和保障措施。

规划要求合阳县餐饮行业到“十三五”末，全县宾馆餐饮服务业保持年均 16% 的增长速度，宾馆餐饮服务业年营业额超 28 亿元，占社会消费品零售额的比重达到 26%；争创国内驰名品牌（中国驰名商标）餐饮企业 3 家以上，省内著名品牌（陕西省著名商标）餐饮企业 5 家以上，渭南市知名品牌（渭南市知名商标）餐饮企业 10 家以上，培育 3 家合阳品牌餐饮连锁企业，规划建设小吃生产示范基地和餐饮品牌旗舰店，打造一条特色美食街，完善规范 5 个绿色农家乐，全国品牌连锁店 30 家以上，合阳小吃连锁店 30 家以上，创建合阳地方传统名吃、养生菜谱、小吃菜谱，提升合阳菜系，努力把合阳建设成为以品牌盛誉为名气、以传统小吃为特色、以名菜名店为代表、以特色美食街为支撑的“美食之城”。

八、结语

“中国黄河生态美食名城”的成功创建，既是对合阳县各项工作成绩的肯定，也为推动合阳饮食产业可持续发展积累了丰富的经验；既是合阳县政府与合阳人民不懈努力的结果，也为合阳餐饮业的形象提升开辟了一条全新路径；既为合阳美食走向中国、走向世界奠定了基础，也为陕菜品牌的建设发展增添了活力。我们也期望在不久的将来，合阳菜品能在秦东大地扬名立万，能在陕菜阵营中赢得一席之地。

合阳县餐饮业也应该借着“中国黄河生态美食名城”成功创建的东风，充分利用自身优势，凝聚各方力量，汇集各种资源，在继承传统的过程中开拓创新发展，提升管理标准，加强监督检查，加快合阳菜系菜品研发速度，培养更多更优秀的专业专门人才，把文化融入美食，把故事融入美食，打造独具特色的合阳饮食品牌，展现魅力合阳新风采，塑造合阳新形象。

参考文献

[1]王灵恩，成升魁. 中国餐饮消费的可持续发展策略研究[J]. 中国人口 · 资源与环境，2012(5).

[2]渭南市地方志办公室. 渭南市志[M]. 西安：三秦出版社，2009.

[3]罗竹芳，范德元. 舌尖上的合阳[M]. 北京：新华出版社，2014.

[4]合阳县志编纂委员会. 合阳县志[M]. 西安：陕西人民出版社，1996.

[5]成升魁，高利伟. 对中国餐饮食物浪费及其资源环境效应的思考[J]. 中国软科学，2012(7).

[6]冯俊，刘倩洁. 我国餐饮研究现状分析[J]. 北京工商大学学报(社会科学版)，2012(7).

[7]卢一，熊敏. 餐饮产业化现状与发展趋势[J]. 四川旅游学院学报，2014(5).

[8]庄二平. 我国餐饮企业文化营销策略探析[J]. 社会科学家，2013(2).

民俗文化视角下秦东地区乡村旅游发展研究

肖 越
（渭南师范学院 东盟博仁财经学院，陕西 渭南 714099）

摘 要：秦东地区历史文化底蕴深厚，在长期的历史发展过程中保存下了一批数量众多且品位较高的旅游资源，并且形成了一些具有国际知名度的旅游景点。大力发展秦东地区乡村旅游业，一方面可以丰富秦东地区的文化内涵，优化旅游业整体结构；另一方面，也有利于促进秦东地区城乡经济均衡发展。本文从民俗文化的视角出发，探索秦东地区乡村旅游发展的未来方向，希望对秦东地区乡村旅游的发展有所帮助。

关键词：秦东；民俗文化；乡村旅游

作者简介：肖越（1985— ），女，湖北武汉人。副教授，硕士研究生，研究方向：产业经济。

一、乡村文化旅游的兴起

城市的快速发展，带来了经济的突飞猛进，同时也带给人们无尽的压力。激烈的工作竞争迫使人们对都市化的反叛，内心深处极度的渴望“久在樊笼里，复得返自然”的自由与轻松。乡村旅游正迎合了游客们的心理需求：美丽的田园风光，自然清幽的环境，毫无压力的中低端消费等等，是人们缓解压力，释放压力的最佳去处。交通的便利，节假日的增多，游客拥有更多的闲暇时间更加刺激消费的需要。

在国家大力提倡三农政策的前提下，乡村旅游的研究已成为学者研究的热点。国外关于乡村旅游发展较早，其研究成果主要集中在乡村旅游供给、乡村旅游者及其市场细分、居民对乡村旅游的理解和态度、乡村旅游影响、乡村旅游营销和乡村旅游可持续发展等。中央文件提出，要依托农村绿水青山、田园风光、乡土特色等资源，大力发展观光农业和乡村休闲旅游等，如休闲度假游、观光旅游、养生养老、创意休闲农业旅游、农耕文化体验、乡村手工艺展示等，使之成为使农村繁荣发展、农民富裕的新的支柱产业。2015 年 8 月，旅游局评选“全国乡村旅游杰出创客基地”，为乡村旅游的创客经验和做法做了很好的宣传和推广，同时推动了旅游更快更好地在乡村中发展起来。同一日，在安徽省黄山市，召开了全国乡村旅游提升与旅游扶贫会议。

二、秦东地区乡村旅游综合模式

秦东乡村民俗旅游大部分还属于低级阶段，以民俗文化和乡村旅游相结合的主题乡村民俗旅游村属于民俗旅游接待专业户时期，以吃农家饭、住农家院、体验传统生活习俗的民俗旅游活动为特点。民俗旅游发展模式基本可以归纳为以下几种：

（一）乡村民俗型

乡村民俗旅游指以乡村民俗风情为载体，所开展的旅游活动，其内容包括地方特有的风俗。

（二）乡村组织型

通过政府有组织地引导农民经营户，按照统一规划和建设的要求，发展旅游接待设施和配套服务，促进乡村旅游发展的模式。六营村、东韩村都是集体规划，统一建设。

（三）“领头羊”型

乡村民俗旅游指在离客源地比较远的乡村，农民更信任那些“示范户”。这种模式通常投入较少,接待量有限,但乡村文化保留最真实,游客花费少还能体验最真的本地习俗和文化。

(四)景区带动型

乡村民俗旅游发展是以比较有知名度的旅游景区为核心,借助附近的名胜古迹和自然风光发展为乡村旅游目的地。秦东地区乡村民俗旅游模式有三种发展方向:秦东乡村民俗旅游发展模式有资源驱动模式向投资驱动模式变化发展;产品应品牌化、集群化,这是提升秦东乡村民俗旅游的必经之路;开发主体应多元化,这是集聚乡村旅游开发资本,提升乡村民俗旅游品位,获取规模化效益的重要前提。

三、秦东地区乡村旅游存在的问题

(一)乡村文化内涵利用不足

从游客进行乡村旅游活动的动机看,许多游客还主要着眼于低廉的旅游消费,体验乡俗民情的成分较低;采摘旅游中,相当数量的游客对果实的数量、质量的在乎程度远超过参与收获过程中的心理感受。游客大部分活动集中在某个农家,整个过程户外活动比较少,除了采摘旅游者参与比较多外,游客的参与度不高,并且,活动比较初级,只是满足城市居民对农村知之较少的好奇心,使其对农村生活不再陌生,还不能满足旅游者休闲的需求。目前,中国旅游者进行的乡村旅游还远远不是一种乡村体验,更多的则是一种简单的观光。游客在乡村地域选择怎样的旅游活动形式主要取决于旅游业经营者提供的旅游产品种类的丰富程度,这样的一种现实状况,充分反映了在乡村旅游资源开发的过程中,侧重于对乡村景观资源的开发与利用,而缺乏对乡村人文旅游资源,更确切地说是乡村文化内涵的重视和利用。

(二)乡村旅游基础设施有待提高

我国乡村旅游整体起步较晚,在开展乡村旅游的过程中经验不足,地方旅游管理部门缺乏科学的组织管理方法,导致一些乡村旅游的基础设施不到位,交通等基础设施条件较差,住宿、餐饮的环境卫生方面还存在不少问题,甚至存在严重的环境污染问题。大多数乡村旅游点处于分散、凌乱的各自经营状态,“靠山吃山,靠水吃水”,规模小,档次低,缺少统一的管理和监督。尤其是一些规模较小的乡村旅游点,如农家乐,餐饮、娱乐设施缺乏统一的服务标准和收费标准,服务质量良莠不齐,甚至许多经营户根本不具备经营资格,卫生条件很难得到保证。

(三)乡村自然资源保护意识不足

乡村旅游资源开发非常盲目,产品缺乏乡土气息,对乡村自然环境及文化遗产的保护意识不足。旅游资源,特别是乡村文化旅游资源遭到破坏,造成了乡村旅游发展的不可持续。这些问题若不及时解决,将会直接威胁乡村旅游的可持续发展。

乡村旅游开发中出现的这些问题固然是由多方面因素造成的,但乡村旅游规划开发的指导思想及发展模式的选择不能适应当地情况,缺乏务实而科学的理论指导;在发展过程中对当地乡村旅游业经营者、参与者的切身利益不能充分的照顾和考虑,甚至剥夺了他们申诉自身利益的权利,则是导致乡村旅游发展出现诸多问题的主要原因。这样长此以往,必然会引起乡村旅游在发展过程中各相关利益者的不满和强烈反对,从而影响到整个地区乡村旅游的发展速度和质量。

四、秦东乡村旅游模式创新及发展建议

(一)秦东乡村旅游模式创新

秦东地区乡村民俗旅游发展创新模式我们可以采用以下模式。

1. 建立乡村民俗俱乐部:旅游者可以在不同地方不同乡村俱乐部享受到一体化服务,并通过订购乡村旅游线路,向自驾车群体旅游提供自助式全程服务。

2. 主题农园:形成教育农园、市民农园、租赁农园等多种形态,承载农旅结合的农事参与、自然教育和 DIY 创意空间等功能。

3. 童年到乡村:基于追寻儿时的记忆、寻找传说中的桃花源里避世文化的理想空间,旅游体验也成为现代最为时尚和有吸引力的乡村旅游活动和产品形态。

（二）秦东乡村旅游发展建议

1. 打破地区限制，促进区域合作。根据陕西省三大区域不同的乡村旅游资源禀赋，以及地区本身的区域特征，秦东地区发展乡村旅游应该着眼于资源整合，注重区域整体资源优势的发挥，在现有的乡村旅游发展规模的基础上，进一步促进乡村旅游点的建设以及旅游设施的完善。但是，资源的整合是一个繁复的系统性工程，牵扯面广，关联度大，综合性强，因此，一定要真正打破区域限制，多方合作，统一思想，促进区域合作。以乡村旅游示范点的开发为起点，以点成线，以线带面，逐步形成乡村旅游区域优势，使秦东乡村旅游成为陕西省旅游的另一大品牌。秦东地区乡村旅游资源集中于农业产业化、乡村民俗类、乡村休闲娱乐类、乡村土特产等四大类型。与陕南地区相比，主要依托秦岭北麓山脉自然风光的秦东地区在乡村自然景观上稍逊一筹，因此，要着重突出秦东地区的休闲民俗旅游项目的发展。围绕这三个客源中心城市，依托各郊县、乡村的自然山水，以乡村自然景观和人文资源为吸引物，开发参与性强、乡土文化浓郁、市场需求广阔的休闲娱乐特色旅游项目，满足都市居民释放生活工作压力、欣赏自然田园风光、体验农业生产和农家生活的休闲需求，将秦东地区城市市郊乡村旅游社区建设成为城乡居民交流互动、休闲娱乐的好去处。

2. 发挥地区资源优势，重点打造地区乡村旅游特色产品。秦东地区乡村旅游的发展，要在各郊区（县）乡村旅游资源的基础上，根据旅游业发展现状和区位条件，侧重发展特色农家餐饮、森林河谷游览、观光农业、休闲渔场垂钓、乡村民俗文化等乡村旅游类型。渭河河谷地区，以大面积的水域、滩涂、芦苇荡为主要特色，融合了农业大田景观、特色农产品和民间手工艺，是农业、渔业生产景观以及秦东乡村民俗的集中展示区。秦东地区丰富多彩的乡村民俗旅游资源，在乡村旅游项目中，增加乡村民俗文化的渗透与补充，将对北方地区乡村旅游淡旺季的问题提供有效的解决方式。民俗文化活动与天气气候因素没有直接联系，这样就可以充分利用民俗文化将游客吸引到乡村地区，即使没有怡人景色，没有瓜果飘香，但在旅游淡季，特别是秋冬两季，与城市相比，乡村则具有更多的秋冬气息，特别是在我国传统的春节期间，乡村更是有着比城市更加浓郁的“年”味儿。在黑龙江地区，近些年已经出现了城市居民特意选择冬季来到乡村地区度过春节，显然，这是乡村旅游的又一个发展动向。春夏季节，城市居民携家带口来到乡村地区户外赏花戏水，室内娱乐餐饮；秋冬两季，游客完全可以参与到当地举行的民俗节庆活动之中，甚至是当地农户的日常生活中去，在经营农户的家中，一家人坐在乡村热炕头上，与农户一同参与到日常家务之中，如煮茶做饭、刺绣编织、游戏娱乐等。真正融入到乡村生活之中，体会传统的乡村氛围，这也是乡村文化的重要组成部分——乡村社会家庭关系。

3. 以市场为导向，注重宣传，推广地区特色乡村旅游。乡村旅游资源的开发一定要树立以市场为导向的观念，有针对性的对旅游资源进行规划、开发，与地区新农村建设相结合，与农业产业化相结合，根据国内、国际乡村旅游的市场需求，在对地区乡村旅游资源充分利用和开发的基础上使特色资源、强势资源优先开发，而同类资源则优化整合，使不同类型资源特征凸显，建设能够体现地区特色的旅游产品系列，让游客切实感受到地区乡村文化的差异性。

参考文献

[1]国家旅游局. 发展乡村旅游典型案例[M]. 北京：中国旅游出版社，2007.

[2]何丽芳. 乡村旅游与传统文化[M]. 北京：地震出版社，2006.

[3]林南枝. 旅游市场学[M]. 天津：南开大学出版社，2000.

[4]张岩，王立人. 挖掘乡村文化　促进乡村旅游可持续发展[J]. 农业经济，2008.

[5]张洁，李同. 西安市的乡村旅游资源开发与区域效应[J]. 经济导刊，2010.

[6]王云才，许春霞，郭焕成. 论中国乡村旅游发展

的新趋势[J]. 干旱区地理,2005.
[7]王家洪. 传统文化与乡村旅游的互动研究[J]. 江西科技师范学院学报,2009.
[8]马岚. 乡村民俗旅游热的冷思考:以陕西省岐山县北郭村的民俗旅游为例[J]. 中国乡村发现,2007.

浅论西安回民清真饮食文化

任忠英

（渭南师范学院 马克思主义学院历史系，陕西 渭南 714099）

摘　要：中华民族饮食文化博大精深，其中回族餐饮独具风味，西安的回族清真餐饮业便是其中典型代表。探究西安地区别具风格的饮食一条街及其老字号名店，把握西安清真饮食的特点及其演变规律，是做好清真饮食文化保护与开发工作的重点。

关键词：回族；宰生；回坊小吃；清真饮食文化

作者简介：任忠英（1964—　），陕西富平人。渭南师范学院马克思主义学院副教授，主要从事文化遗产开发与保护研究。

一、西安回民清真饮食业概况

西安是中国封建王朝的政治、经济、文化中心之一，也是回族先民在中国最早的居住地之一，其清真饮食业历史悠久，影响广泛。从唐朝至今，西安清真饮食业在恪守伊斯兰教教规，具有鲜明的穆斯林特色和风味的前提下，不断吸收其他民族饮食的精华，最终成为西安饮食文化中最具代表性的组成部分。

在西安，回族的个体饮食店铺可谓遍布全市大街小巷，在上面提到的回民聚居区还形成有化觉巷、大麦市街、东新街等八条主要的清真饮食一条街，其所经营的上百种名贵清真小吃，不仅吸引了本地的顾客，而且招来了国内外的宾客。由于经济实惠，制作精美，口味独特，被誉为“小吃鲜，数西安”。现在西安回族清真饮食业经营的品种有面食、肉食、炒菜、甜点等。面食类有：纯羊肉酸汤水饺、灌汤包子、锅贴、牛肉拉面、肉油饭、手工麻什、葱花羊牛肉饼、黄桂柿子饼、炒面、揪面片、拉条子、鸡丝馄饨、臊子面等。肉食类有：在这其中最让陕西人引以为豪的当属名贵特产腊牛羊肉、酱牛肉、羊杂碎、水盆羊肉、牛羊肉泡馍、香酥鸡等。炒菜类，名目繁多。不但在烹饪上具备了炒、炸、烤、烙、烧、爆、焖、炖、煨、烩、扣、熘、煮、涮等做法，而且品种繁多，用料讲究，民族特色十分鲜明。甜食类：蜂蜜凉糕、江米甑糕、沙糕、八宝甜稀饭、小豆糕、鸡蛋醪糟和各类清真糕点、南糖等。另外，在大大小小的回民小吃街皆可看到一些时代性较强的小吃，如圪埂油茶、肉丸胡辣汤、卤汁凉粉、酿皮子、清真锅巴、瓜子、花生等炒货。

西安回民的清真饮食最不同寻常的即是其老字号的店铺，可谓是历史悠久，做工精细，风味独特。有这样一则典故，清光绪二十六年（1900），八国联军进犯北京，慈禧太后挟光绪皇帝仓皇西逃，避难西安。驻跸西安期间，曾在西安回族居住区的北院门（前陕西巡抚衙门驻地）住过一段时间，西安回绅及教众谨小慎微伺候，甚得慈禧与光绪欢心，各有封赏。如西安市“刘行首”刘家当时曾在北院门开清真包子铺，所经营的“羊肉白菜心”包子很有特色，曾屡次向慈禧进献，每次均获赏银。次年列强撤兵，慈禧、光绪启程回銮。离开西安时，二人分别题写匾额，赐牌匾于清真寺悬挂。光绪题曰：“教崇西域”，慈禧题曰：“派衍天方”。送匾之日，“热闹非常，观看盈街，诚千古一时之盛况也”。因此，“吾教人之气力因之大伸，几与汉民平等矣”。可知以后西安回族诸多方面状况有所改变与此有着很大的关系。另外，西安著名的老字号名店还有位于西大街桥梓口西北角的天锡峰,位于东大街端履门东南角的老孙家饭庄等。

从清末起,西安回族饮食界陆续出现了一些颇具名气的老字号,这些老字号不仅西安回族熟知,连老西安人也是耳熟能详。

1. 西安老孙家饭庄

该饭庄始建于清光绪二十四年(1898),是一家百年老店,1993 年被国内贸易部认证为“中华老字号”,1997 年国内贸易部全国饮食服务业标准化技委评为“国家特级饭庄”,2000—2002 年连续三年跻身“全国餐饮百强企业”之列,2002 年被评中国烹饪协会授予“中华餐饮名店”称号,2004 年被授予“中国 5A 级绿色饭店”。饭庄主营羊肉泡馍,在 1998 年被评为“中华名小吃”的基础上,2002 年又被评为“国际名小吃”。中央军委副主席刘华清为饭庄题词“天下第一碗”。[1]老孙家饭庄厨师力量雄厚,烹饪技艺精湛,其龙头产品牛羊肉泡馍风味独特,料重味浓、肉烂汤鲜、馍筋光滑、色泽光亮、香气四溢,与老孙家清真饺子、清真大菜、风味小吃、腊牛羊肉、清真月饼、清真涮锅、芝麻烧饼,并称为“老孙家饮食八绝”。

2. 天锡楼

该楼位于西大街桥梓口西北角。据传,天锡楼字号为慈禧太后避难西安时所赐,天锡楼字号牌匾为于右任手书。天锡楼兴盛之时,曾接待过张凤翙、马宝贵、蒋介石、白崇禧、杨虎城、马鸿逵、马鸿宾等政界大员及社会名流。天锡楼由西安回族马氏兄弟开办管理,主要经营牛羊肉泡馍和清真炒菜,从甘肃选购优质羊,肉质鲜美,泡馍多用原汁汤少兑水,食之味厚。[2]

3. 一间楼

最初叫“德润福羊肉泡馍馆”。1927 年,由西安回族刘德福开办,地址选在五味什字。1929 年,转由刘文玉兄弟经营,迁至广济街,在钟楼西南角。起初因铺面上下各一间,故改名“一间楼牛羊肉泡馍馆”,之后门面扩大十余间。一间楼羊肉泡馍馆,选肉配料极讲究,调料要用名地名产,泡出的馍,色、香、味、形俱佳。西安事变期间,杨虎城将军曾在此宴请过中共代表团。“一间楼”先后聘请名厨永录、马连生、刘汉民、米博义、马奎等人主厨,1962 年,迁址东郊纺织城。[3]

4. 同盛祥

明崇祯十七年(1644)始公开经营。现在,位于西大街东口的同盛祥泡馍馆建于 1920 年,由西安回族张文祥兄弟三人开办经营,原址设在竹笆市街南头,先经营羊肉包子,后改营羊肉泡馍。自设羊圈,精心喂养,随用随宰,材料鲜美。煮肉素以“小香为骨花椒出头”著称。煮出的肉芳香四溢、汤色清亮,口味麻香,操作经验丰富。同盛祥泡馍馆有三种切肉方法:“蜘蛛”“两条鱼”“盖碗肉”,言其切肉之形状,富有特色。同盛祥在西安久负盛名,1985 年参加北京钓鱼台国宾馆表演,获商业部优质产品“金鼎奖”。[3]

5. 义祥楼

1933 年,由西安回族铁保义、马培祥二人合股开办,字号取二人字中的“义”“祥”二字而成。“义祥楼”泡馍馆经营牛羊肉泡馍,除达到肉酥、汤浓、味鲜等泡馍的一般要求外,因牛肉比羊肉肉质红,故在泡馍的肉汤内勾兑适量酱油,使汤色、肉质一致,味道特别,成为当时泡馍一大特色,时称“红汤牛肉泡”。名厨马宏林、陈生贵、贾风义曾在此主理操作。“义祥楼”原址在鼓楼南侧(临近西大街),后迁至南郊小寨西路。[3]

6. 清雅斋

西安著名的清真菜馆,服务对象主要是回族同胞和穆斯林。1934 年,由回民白福素、田慎修和汉族高沛然三人共同兴办,位于端履门西南角。最初以卖甜食为主,抗日战争时期改营炒菜,以承包酒席和销售涮羊肉闻名全市。1944 年迁至东大街中段,增添了高档菜肴。清雅斋擅长烹制牛羊肉,如著名的“全羊席”就是用羊身上的各个部位肉,或烤或涮、或煮或蒸、或煎或炸,可做出上百种菜肴,烤肉和涮羊肉最受广大群众的欢迎。清雅斋的菜肴讲究刀工、火候,重于调料,以油、盐、醋、糖为主,使用酱香料的品种甚多。在烹调方法上,以爆、烤、涮为代表。菜肴的主要特点是鲜、嫩、香、脆。著名的菜肴有涮羊肉、葱爆羊肉、炒大鸡块、扒羊肉、炸牛排、铜烧羊肉、软熘丸子以及看家菜波斯羊腿等。[1]

此外,还相继出现了“月华楼”“中亚春”“狮子楼”“保义聚”“鼎兴春”“益华楼”等十余家饮食字号,反映了西安回族饮食业的特点。

二、西安回民饮食的特点

回族的饮食文化是一种混合文化。在长期的历史发展过程中,回族人民以自己卓越的智慧,融波斯、阿拉伯、中亚、汉族及其他民族饮食文化为一体,创造出了本民族特有的多元化的饮食文化。西安回民亦不断创新,融合西安当地的风俗民情,形成了西安特有的清真饮食。

油香是回族民间传统食品,但来源于波斯。传说因穆罕默德于公元622年在麦地那一位名叫阿尤步的老汉家食用后大加赞美而广为流传,于元代传入中国,每逢节庆,丧葬时用以待客赠友,这在西安回族中是极为普遍的。馓子也是回族食品之一,但来源于汉族,汉时以糯米煎制,名曰:“寒具”,后因地区、俗风不同而有膏环、环饼、捻头等别称。宋苏东坡诗曰:“纤手搓成玉数寻,碧油煎出嫩黄深。夜来春睡无轻重,压扁佳人缠臂金。”明李时珍《本草纲目》云:“寒具,即馓子也。”回族在节日或嫁娶时用以待客。饺子本是汉族传统食品,根据考古发现,早在唐朝时的饺子就和今天的饺子一模一样了。西安回族经过继承和创新,调制出了风味独特的清真牛羊肉酸汤水饺。牛羊肉泡馍是最富西安特色的著名清真小吃,由战国时期的“羊羹”演变而来。蜂蜜凉粽子在唐代已有记载,并明确注有“淋”字样,与现在的清真蜂蜜凉粽有直接渊源。所以,若要仔细考证,西安回民食品中至少有三分之二以上的小吃直接继承了其他民族的饮食精华,显示出西安回族善学习、善创造的经商风格。这种饮食文化的形成,是不同民族在共同的生活环境中相互作用的结果。[2]

西安回民不仅继承了先民固有的饮食习惯、清洁传统及伊斯兰教的饮食原则、宰牲仪式,还与西安当地的风俗不断融和、交汇,才有了西安回族饮食的地方特色。

1. 伊斯兰教的饮食原则

伊斯兰教的教义对饮食既有原则性的规定,又有具体地要求,对穆斯林饮食观的影响是非常深刻的,主要原则是有利于人的生理卫生和身心健康的饮食食用,不利于人的身心健康和不卫生的饮食均不能食用。《古兰经》中明确指出有五种东西禁止饮食:自死的动物,动物的血液,猪肉,不念真主之名而屠宰的动物,酒。在饮食方面必须按照先知穆罕默德的言行去做,如穆圣说:“食一口不洁之物,等于废四十日的攻修”。将饮食卫生与宗教攻修相提并论,从信念上影响穆斯林的饮食习惯。中国回族穆斯林非常严格地遵守《古兰经》和圣训有关饮食的规定和训诫,明、清以来的学者在这方面多有阐述。明代回族著名学者王岱舆指出:“圣谨饮食,修身养性,所以资物力而益其德也。”[4]清代回族著名伊斯兰教学者刘智也讲:“饮食唯良,必慎必择。良以作资,乃益性德。”现代回族伊斯兰教学者时子周也论述到,由饮食训练人讲操守,讲气节,训练人的崇高道德,训练人能够有所作为。这几位著名的回族学者将伊斯兰教规定与中国传统文化糅合在一起,见解独到,论述中渗透着中国传统文化观念,如直接将饮食与“修身”“养性”“益德”“气节”等联系起来,形成内清外净、表里一致的饮食观,对中国穆斯林特别是中国回族饮食文化的影响巨大而深远,最终形成了中国传统饮食的一个分支“清真饮食”。

西安回族严格遵守伊斯兰教对饮食的规定,其教规经过长期社会生活的磨合,已经完全渗入回族饮食生活的方方面面,成为西安特有的清真饮食。

2. 回族特有的宰牲仪式

伊斯兰教法规定,穆斯林宰牲时须“先洁已沐浴”,末戒之先,洁意精诚,以省其内;舆漱沐浴,以涤其外。内宰牲时,宰牲者一定要沐浴大小净,面向西方(克尔白),口诵“太斯米”(奉真主的尊名),并且使用锋利的刀子宰牲,这样才能使宰牲合法。

按照上述律例,回族穆斯林宰牲时,宰牲者要沐浴大小净,面向西方,也要将被宰之牲摆成头南尾北面向西方的姿势,并规定被宰之牲灵,如果是禽类,要摁住翅膀;若是牛羊,要绑住腿脚。下刀时,必须口诵真主之名。他对活着的和逝去的都是至仁至慈的。他是至高至大的,无所不能的。整个仪式庄严、肃穆,充分展示了人们对生命的尊重和对真主的敬畏之心。

通过对回民(穆斯林)的宰牲方式的研究,美国生物学家和医学家发现它有三大优点。第一,断喉法屠宰,可使动物感觉不到过分的疼痛,因为断喉以后动物的主要神经系统被切断,而其他还未被切断的神经系统则起着使动物向死亡过渡的缓冲作用。反之,如果将动物的头直接砍下,则会增加动物临死之前的痛苦。第二,动物被屠宰过程中会产生剧烈的呼吸和抖动。宰杀时,绑住动物的三条腿,留下一条,任其蹬动,能使血液充满心脏,阻塞心脏迅速停止跳动,这样就减轻了动物死亡时的痛苦。伊斯兰教让人们自由地享用动物,但不准许人们虐待动物。第三,现代科学已经证明,血液是病菌的来源。回民的屠宰方法能保证动物血液的排出,有益于人们的身体健康。

3. 西安回族饮食的地方特色

西安回族的食物在制作过程中彰显出的两个明显的特点:

第一,注意饮食的清洁卫生,尤其是重视水的清洁作用。从饮食材料开始,到操作场地、工具及器皿,都要用清洁的水冲洗,保持其干净卫生。操作者要经常保持个人卫生,每次操作前均须用清水洗手,尤为注意两点:一是清洗任何东西必须用流动的水,"以水为净"是西安回族清洁卫生中的一个重要观念;二是对饮食操作中使用的器皿杂具严格区分,不能混用。经常去穆斯林餐馆就餐的人都应该注意到其悬挂的清真标志牌,牌上画着一把水壶,回族叫"汤瓶壶",其含意十分鲜明"水净"。

第二,注重饮食的精工细作。西安回族饮食讲究"得味",也就是质量,即面食、肉食、甜食各种食物均要讲究各自的口味。不同的饮食味道,来自不同的操作方法和操作环节,关键在于操作者精益求精。牛羊肉泡馍本身就是西安回族的美味佳肴,其工艺流程要求很高,而吃泡馍所用是定面或半定半发的饦饦馍,烙馍时酵发面和碱有严格的比例,水温的多少(水温随季节也有变化)、火候的大小,均有具体要求,肉以秦川牛为最佳。唯有这般程序泡馍才能皮酥瓤松,味香汤亮,回味无穷。

西安回族饮食带有明显的季节性、气候性差异。由于西安特殊的地理位置,四季分明的气候,西安回族冬季和夏季的饮食各有侧重。冬季气候寒冷,人们喜食泡馍,这样吃能暖胃补气。西安回族人冬天则喜欢吃"萝卜泡馍",这属于烩菜泡馍的一种,这种泡馍,是将红皮萝卜和质量好的牛肉烩在一起,将馍掰碎和烩萝卜同一锅煮,放蒜苗和辣子等佐料即可。这是冬季里一种经济、实惠而又富有营养的传统食法。夏季天气炎热,人们的食欲不大,偏向于清淡一类的食物,西安回族在此时改食"水盆"。水盆牛羊肉即是将肉与饦饦馍分离,边喝汤边吃馍,也可以将馍现掰放入盆中现食,吃起来清爽利口。

另有,在西安回族的传统饮食中,有一种特殊的饮食叫"四碗"。这种饮食平时不常做,它是回族"过也贴"(一种有宗教意义的活动)时待客的常见饮食。"四碗"代表四个食物品种,一般由鸡、鱼、牛肉、羔、烩菜等组成,做法变化多样。四碗菜肴是最地道的西安回族传统菜肴,味道纯正、鲜美可口,不是回族,一般不易吃倒。

在饮品上,伊斯兰教也有明确的规定,安拉禁止人们饮酒,饮酒断为"罕拉目"。安拉告诫说:信主道的人们哪!饮酒、赌博、拜佛像、求签都是污秽的行为,那全是恶魔的勾当。伊斯兰教先知穆圣曾一针见血地告诫人们:"酒,致乱之阴,速祸之媒也。"这些均被现代医学所证实。西安回族严格遵守禁止饮酒的教观。茶是他们最常见的饮品,讲究喝较浓的茶。因为西安回族常年喜吃牛羊肉食物,不易消化,喝茶则可以帮助消化。西安回族喝茶分季节,冬夏两季不同。夏季天气炎热,但人体内凉,他们喝性温的湖茶,在茶中加入白糖,增加养分;隆冬季节则讲究喝“熬茶”,即把湖茶或砖茶放在炉子上熬,熬得浓浓的,有暖胃、补气的功效。在这方面,西安回族创新出一种饮品,果子干汤,也叫“酸梅汤”的饮品。其做法是,将乌梅、山茶片、桃干等放置在一起熬,熬好之后放进红糖、白糖,待汤冷却凉透后再喝,喝起来味道酸、甜、冰凉,味道极佳,有驱热解暑的功效。西安回民街大皮院的老奶奶酸梅汤最为地道浓厚。

由此而知,西安回族在秉持恪守伊斯兰教饮食的基本原则及回族特有的宰牲方式上,力求推陈出新,与当地的风土民情不断融合,创造出了具有西安地方特色清真饮食一条街。

三、西安回民清真饮食文化的路径选择

西安回民饮食文化资源丰富,种类繁多,在历史变迁的过程中与关中地区尤其是西安本地的饮食不断融合,取长补短,吸收借鉴,形成了味道佳美的清真美。这离不开老西安回民的传承、坚持和创新。现在,要将西安回族清真饮食做大做强,走向国际市场,就必须在以下方面做出努力。

1. 整合清真饮食文化资源。

在市场经济高度发达的当今社会,资金更具有举足轻重的地位。由于受伊斯兰教传统理念的影响,西安市的穆斯林信贷业很不发达,广大的穆民不愿把钱存入银行,造成了大量闲散资金集中在穆斯林群众手中。因此,设法动员他们把资金投入到清真饮食业中,扩大经营规模,提高效益。

2. 提高人员素质,充实经营机制。

西安市回民清真饮食搞不上去的另一大阻碍是在管理方面。不提高从业者的素质,西安回民清真饮食业不会有大发展。目前,在西安回民清真饮食业中,绝大多数经营者都是“文革”时期成长起来的,文化层次相对较低,创始人大多是既当老板又兼杂役,管理的都是三两个人的小作坊。这样的素质不能适应“二次创业”(使企业上层次)的需要。改变这种局面已成为当务之急。实践表明,成功的饮食业管理者要具备较强的表达能力、过硬的心理素质和一定的公关能力。然而,目前西安许多清真饮食业的经营者管理却是“保姆式”的,从早忙到晚,遇事无论大小均亲自处理,完全将自己束缚于冗杂之中,既无力为企业发展设计也缺乏效率。同时,要提高员工的素质,对员工进行培训,让每个员工掌握操作技能,增强他们的接受能力、与客人交流的能力、协调能力。另外,在对人才的使用上,尽量避开家族式血缘关系的制约,坚持能者上,庸者下,真正建立起一个具有生机和活力的管理体制。

3. 突出传统特色,扩大经营市场。

西安清真饮食最突出的传统特色是干净卫生、量足价实、强身健体。这是穆斯林群众千百年来智慧的结晶,也是清真食品最吸引人的地方,应发扬光大,推广到全国乃至世界市场,以最大限度地发挥西安回民清真饮食的效用。

参考文献

[1]陕西省地方志编纂委员会编. 陕西省志第六十七卷[M]. 西安:陕西旅游出版社,1976:326,327.

[2]马键君. 西安回族民俗文化[M]. 西安:三秦出版社,2008:32,339.

[3]马德宏. 西安文史资料第十二辑[M]. 西安:西安市政协文史资料委员会编,1987:306,32,34.

[4](明)王岱舆. 正教真诠 · 饮食章[M]. 银川:宁夏人民出版社,1987:209.

方 言 研 究

潼关方言的体貌助词

姚亦登

(渭南师范学院 人文学院, 陕西 渭南 714099)

摘　要:潼关方言体貌助词有“着、的、了、咧、过”等。其中,“着”读作[pfɤ31]或[pfæ31],主要用作时态助词,既可表正在进行,又可表将要进行;还可以表示目的、假设等。潼关方言的“了 1”[liɔ31]和“了 2”即“咧[lia31]/[liE31]”有时候很为分明,有时候以“了 2”的语音形式“咧”来表示“了 1”。潼关方言的把字句可以带动态助词“过”[kuɤ31],当“过”处于句末时,可以表示以前未曾经历的某种情况。

关键词:潼关方言;体貌;助词

基金项目:国家社科基金重大招标项目“西北地区汉语方言地图集”(项目编号:15ZDB106)

作者简介:姚亦登(1969—　),江苏高邮人。渭南师范学院人文学院教授,文学硕士,主要从事汉语方言学研究。

潼关方言体貌助词有“着、的、了、咧、过”等,以下分别论述。

一、表示正在进行等的“着、的”。

其中潼关方言的体貌助词“着”字读作[pfɤ31]或[pfæ31]。可读作[pfæ31]的例句如:“问:这苹果吃去美不美?答:美着呢!”“问:老人最近身体咋样?答:好着呢!”

(一)潼关方言“着”字的用法。

潼关方言的“着”字主要用作时态助词,既可表正在进行,又可表将要进行;还可以表示目的、假设等。

其一,表正在进行。潼关方言有普通话所具有的“他正在跟个朋友说着话呢”(V 着 O 呢)句式,这个特点跟关中中部如西安、三原等处是不同的;也可以是“V(O)着呢”句式。通常情况下,潼关方言也可以省略“着”字,但有一个条件,省略“着”字的句子必须有表示正在进行的“正”字。比较如下。

北京	他正在跟一个朋友说着话呢	他正在吃着饭呢	他们正开着会呢。
潼关 1	他正跟个朋友说话着呢	他正吃饭着呢	他的正开会着呢
潼关 2	他跟个朋友说话着呢	他吃饭着呢	他的开会着呢
潼关 3	他正跟个朋友说着话呢	他正吃着饭呢	他的正开着会呢
潼关 4		他正吃呢	他的正开会呢

普通话所具有的“A 着呢”句式,潼关方言相应地作“A 着呢”句式。例如:好着呢|对着呢|路还长着呢|这事情好办着呢|他这两天正难受着呢。

潼关方言表正在进行的疑问式常用“V 着没”,其中“没”相当于“没有”。“V 着没”的隐含语义是曾经“V 着”,在交际过程中询问是否仍然在进行这个动作行为,例如。

你把承包的地还种着没？——（还）种着呢。|不种咧|早都不种咧。

乡下在县上听课的老师还来着没？——来着呢|得时半闲来一回|不来咧。

他这几天还到西安去着没？——去着呢。|没去。|得时半闲去一回|不甚去（不常去）。

普通话的“着呢”通常用在形容词或形容词性词语后边，有对某种性质或状态的强调作用，略有夸张意味。潼关方言既可以如普通话那样说“他俩好着呢|这条路难走着呢”，“着呢”也可以用在动词谓语句末：肯定式动词谓语句末的“着呢”表示已然，否定式动词谓语句末的“着呢”表示未然。

一方面潼关肯定式动词谓语句末“着呢”表已然，“着呢”处在肯定式动词谓语句末表已然，这种已然是常态的。例句如：他在/到单位一直去着呢|我这些天在/到这搭（这儿）来着呢|张老师最近把课上着呢|他的一本书正写着呢，再有一个月就写完咧。

另一方面潼关否定式动词谓语句末的“着呢”表未然，表某种情况尚未彻底形成。例句如：他当局长还没有一年着呢|娃大学毕业上班还不满半年着呢|老汉给儿娶下媳妇儿还不到三个月着呢。

“着呢”在近代汉语时期就可以用在动词谓语句末。孙锡信先生有“着呢”用在动词谓语句末的例句，如：盛老爷还在胡同口站着呢[1]。

潼关用“V 着 V 着”表动作持续，用“V1 着 V2 着”表相关联两个动作的持续。例句如：拉着拉着手松开咧|他俩吃着喝着，说着笑着|咱俩走着谝着（一边走路一边聊天）|刷着刷着把墙皮子刷下来咧。

若是让听话人某个动作持续，即表示祈使或命令，“着”一般放在句末构成“V 着”式；若不放在句末，就要在“着”前加形容词状语；如果持续的动作行为是说话人或听话人同时发出的也用“着”煞尾。例如：你歇着|你在炕上躺着|你的在着，我的走加（你们留步，我们要走了；请勿远送）|你消停着吃，叵急|咱的先走着（咱们先走吧），他的（他们）一会儿再撵上来|咱的先吃着，不等咧。

普通话表方式的“V 着”在潼关方言里是“V 的”。例如：拿的书|提的担笼|背的背篼|吃的扯面|端的花生儿|写的长篇小说|他俩最近学的开车呢。潼关方言“着”字用在疑问句“A 着没”式里，相当于普通话的“A 不 A”式反复问句。“着”字用在疑问句“V（O）着没”式里，“V（O）着没”式一般相当于“V 着（O）没有”；有的“V（O）”加“着没”的语义形式与上述动词谓语句所表示的规律并不相当。比较如下。

潼关	北京
他望这儿走着没？	他是不是往这里走着呢？
他把菜卖着没？	他是不是正在卖着菜呢？
他把西瓜买着没？	他是不是正在买着（许多）西瓜？
你去屋里看他在着没？	你去看看，他在家不在？
你这几年写小说着没？	近几年你是不是还在写小说呢？

“A/V（O）着没”式中，“A/V”隐含着“应该 A/V”的语义。如“好着没”是问“好不好”，但隐含着应该好的语义；再如“他看书着没”其隐含语义是“他应该很认真地看着书”。例句如：你考试成绩好着没——你的考试成绩好不好（你应该考出好成绩）？

其二，表将然。

潼关“着”还可用在句末表将然，表示先完成某个动作行为，然后考虑下一步怎么做或由此引申出威胁、警告等语义。例句如：你俩商量着办|你看着给娃把鸡蛋卖了|先睡觉，睡起来着|你先去，等我回来着|你不听话，等我闲了着|肚子再饥也叵急着吃饭，到城里了着|你想翻天，太阳从西边出来了着|咱先叵跟他争，等上一两个月着|你这阵子把我欺负咧，等我爸回来了着。

潼关方言表将然、已然的“V＋上＋V 趋”式和“V＋着＋V 趋”式。其中 V 是一般动词，有时候也是趋向动词，“上/着”字表示动作行为 V 的方式。具体分为两种句式：一是“V＋上＋V 趋”式。这类句式的能产性很强，随便举些例子：“拿上去|带上来|掮上回去|拉上望上走|拄上下山去|把娃抱上

望单位去。”二是“V+着+V趋”式。“V+着”实际上表示此动作行为区别于彼动作行为，如“(把娃)揹着来”区别于“引着来|叫着来|(拿自行车)带着来|(拿汽车)捎着来”等等。这种句式，老派常用，中派偶尔用，新派不用。

若从语义和语法两方面来比较“V+着+V趋”与“V+V趋”式，那么，其情形如下。

语义方面：V+着+V趋=V+V趋，如：揹着来|拿着去|引着走。

语法方面：V+着+V趋≠V+V，如：揹来|拿来|引走。

潼关老派还有这样的说法：“正二三月忙着盖房呢|刚才那俩车是不是挨着走呢？|他在西安租的房子住着呢/他在西安租房子住着呢|我把东西给你送着去，你把钱给我送着来。”但是，这类句式可以不用“着”字，坚决不能用“上”字。

潼关方言表动作趋向方式时有“V着+V趋”式，其中“V着”表将然；“V着”有时候又作“V上”。这个特点主要是老派口语里用，如右例句，新派不用“着”字：“你把这斗麦种子给他提着/上去|你回咱单位的时候，记着把我忘了拿回来那些文件捎着/上|你再来了，把你那几个娃给我引着/上来|你走着来就对咧，路一点儿也不远。”但是，表正在进行也有“V着+V趋”式的，限于陈述句，也是老派语言习惯，如右例句新派也不用“着”字：他把他妈拿架子车拉着来咧|他妈听课来咧，娃也跟着/上来咧|他望回走呢，小王跟着/上他一搭(一块儿)回去咧。

另外，潼关部分老派口语还有如耀州老派谚语的“借着吃，打着还，跟着碌碡过个年”，潼关“的”不能与“着”置换，例句如：你拿的啥？|你当的啥官/＊你当着啥官？|你屋(你们家)今个晌午吃的啥饭/＊你屋今儿晌午吃着啥饭？|吃着碗里的，看着锅里的/＊吃的碗里的，看的锅里的。

其三，“着”字及其变体用在祈使句中的情形。

一是潼关祈使句里“先”出现时“着”还可省略。例句如：“你的(你们)先谝(聊天儿)着/你的先谝|叫他几个先打麻将着——教他几个先打麻将，我就来|你先望单位走着——你先望单位走，我把事一办就去|我给你把饭做熟你先吃着——我给你把饭做熟你先吃|安排评委先开会着——安排评委先开会，等一阵子领导再过来看评委。”但是，介词“把”或“给”单独出现的祈使句里“着”不能省略。例句如：你把车先装着/你先把车装着|你给我先拿着/你先给我拿着|叫他给咱把娃先揹着/叫他先给咱把娃揹着|给你布置的任务你先执行着。

(二)潼关“的”字表正在进行的情况。

普通话表正在进行的助词以“着”为最常用，其次还有“的”。鄠邑区、兴平及其以西“的”用如“着”的频率不太高。潼关、三原、临潼、富平、蒲城、耀州、铜川一带“的”用作表示正在进行等的助词的频率比“着”要高得多，而且这个特点在新派方言里都有反映。官话以及晋语里“着”和“的”是呈互补状态的，只不过，北京、西安等处以“着”为最常用罢了。

普通话及潼关方言相当于“着”的“的”，其前边的动词一般具有承担、负载、跟随等意义。例如句：“我娃当的班长|他手上拿的书|老汉揹的他孙子|你跟的谁？”潼关这个语境不能用“着”，如“我娃当着班长|他手上拿着书|老汉揹着他孙子|你跟着谁”均不能成立。潼关在如右对话语境里“的”字与“了个”可以互换：驮的啥/驮了个啥？——驮的风扇/驮了个风扇/驮咧个风扇|拿的啥/拿了个啥？——拿的书/拿了个(/一本)书/拿咧个(/一本)书|掮的啥/掮了个啥？——掮的麦桩子(装麦子的口袋)/掮了个麦桩子/掮咧个麦桩子|背的啥/揹了个啥？——揹的背笼/揹了个背笼/揹咧个背笼|揹了一背笼草/揹咧一背笼草|拉的啥/拉了个啥？——拉的牛/拉了个牛/拉咧个牛。

二、潼关方言的“了1”和“了2”。

潼关方言的“了1”和“了2”有时候很为分明，有时候以“了2”的语音形式“咧”来表示“了1”。关于“了1”和“了2”的概念可以举例说明：如普通话“他吃了1饭了2|我来了1三天了2”，其中右下

角标示“1”的“了”是“了1”，标示“2”的“了”是“了2”。从语义及语法关系来看，“了1”较实，我们认为“了1”是补语；“了2”很虚。通常情况下，普通话“了1”和“了2”的语音形式都是[lɤ]，有时候北京人也以“啦[la]”的形式来表示“了2”的语法和语义特征。

（一）潼关方言“了1”和“了2”语音形式的理据。

潼关、西安、北京等处“了1”和“了2”语音形式的来源都是对动词“了”字语音和语义形式的虚化。动词“了”字，潼关等处读作上声调，如潼关读作[liɔ52]，西安读作[liau52]，北京读作[liau214]。

我们用音变来解释潼关方言“了2”的语音形式，“了1[liɔ31]”是动词“了”字声调虚化的结果，是共同语[liau]在潼关方言里的音变形式；潼关方言“了2”有两种语音形式：[lia31]和[liE31]，[lia31]实际上是在“了[liau]”的语音形式的基础上减去了韵尾u的结果，[liE31]是在[lia31]的基础上主要元音高化的结果；从历史角度看，[lia31]是较早的语音形式，[liE31]是晚起的语音形式；在实际语用过程中，[liE31]比[lia31]的使用频率高。以下潼关方言的“了2”写作“咧”。

（二）潼关方言“V了1N了2”等形式的特点。

普通话的“他吃了1饭了2|我来了1三天了2”，相应地，潼关方言既可以以“他吃了饭咧|我来了三天咧”的形式即“了1”和“了2”的共现句式来表达，又可以以“他吃咧饭咧|我来咧三天咧”的形式即“了1”和“了2”同音并且共现的句式来表达。我们在调查过程中的直接感受是，发音人口语里的习惯，“V了1[liɔ31]N咧”比“V咧N咧”使用频率要高些。这种共现句式有以下三种。

其一，潼关方言亦如普通话那样，在动宾或动补词组中的动词（多数是单音节动词）后边连带“了1”，在宾语或补语后边连带“了2”，这是最常见的句式。

一是动宾句。例如：把钱都买了书咧/买咧书咧|你肯定是打了人咧/打咧人咧|这也算花了钱咧/花咧钱咧？|我一年里头最少有半年都出了差咧/出咧差咧|没料想你都当了官咧/当咧官咧！|老汉肯定是发了财咧/发咧财咧|把一星期时间都开了会咧/开咧会咧|他早都有了病咧/有咧病咧（指患了大病）|我这回真的出了丑咧/出咧丑咧|几个朋友住院呢，我把半个月工资都看了病人咧/看咧病人咧|你这真是遇了贵人咧/遇咧贵人咧|他前几天走了西安咧/走咧西安咧|媳妇儿回了娘家咧/回咧娘家咧|一伙娃娃上了山咧/上咧山咧|那些钱拍了电视咧/拍咧电视咧。

二是动补句。例如：我都寻了一天咧，没寻着（没找到）/我都寻咧一天咧，没寻着|他都死了半年咧/他都死咧半年咧|你的书我已经看了几遍咧/看咧几遍咧，写得就是好|参观了七八回咧/参观咧七八回咧|我都歇了半晌咧/我都歇咧半晌咧|那个东西丢了三年咧/那个东西丢咧三年咧|我都念了三遍咧，几个领导还叫我念呢/我都念咧三遍咧，几个领导还叫我念呢！

其二，普通话可以说“吃了1饭了2|嫁了1人了2”，西安及其以西不这么说，而只能以把字句的形式来表达；潼关方言可以这么说，也可以如西安那样以把字句的形式来表达。比较如下表。

潼关方言“他已经吃了饭了”表达特点与西安方言比较表

北京	他已经吃了饭了，你吃了没有？	她早都嫁了人了，还嫁了一个科长呢。
西安	他都把饭吃咧，你吃咧没？	她早都把自己嫁出去咧，还嫁咧个科长呢。
潼关1	他都吃了饭咧，你吃咧没？	她早都嫁了人咧，还嫁了个科长呢。
潼关2	他都吃咧饭咧，你吃咧没？	她早都嫁咧人咧，还嫁咧个科长呢。
潼关3	他都把饭吃了，你吃咧没？	她早都把自己嫁出去了，还嫁了个科长呢。
潼关4	他都把饭吃咧，你吃咧没？	她早都把自己嫁出去咧，还嫁咧个科长呢。

其三，潼关“V了1N了2”等形式具有宽泛性，如双音节谓词“伤心、翻脸、担惊、舀饭、着气（生

气)、舀饭(以上动宾式)、学习、劳动、(以上联合式动词)、害怕、奇怪(以上形容词)”等的前字后可连带“了 1”,后字后可连带“了 2”。例句如:他这回真的是伤了心咧/伤咧心咧|他都着了急咧/着咧急咧|你这会都给残的人(别人)舀了饭咧/舀咧饭咧,你赶快吃|我单位最近把好些时间都开了会咧/开咧会咧、学了习咧/学咧习咧|他这是嫌我叫你劳了动咧/劳咧动咧,对我有了意见咧/有咧意见咧|遇这点儿小事情你就害了怕咧/害咧怕咧,你咋镇(这么)胆小的?

若一个句子里“了 1、了 2”共现超过两次,其形式必须是一致的,亦即“了 1、了 2”在具体表达时语音形式必须整齐划一,不能是参差不齐的,汉语语音修辞讲究就是整齐美。举例句如下。

例 1:我单位把好些时间都开了会咧、学了习咧/我单位把好些时间都开咧会咧、学咧习咧。

例 2:为这个事,叵说你着了急咧,我也着了急咧/为这个事,叵说你着咧急咧,我也着咧急咧。

(三)潼关方言“了”字的其他用法。

其一,“了 1”常常跟普通话所处的语法地位差不多,这种情况跟上文“了 1”和“了 2”共现句式不同,这是其作为官话的基本语法特征。例句如:我买了三张票|他才念了两年书|他在图书馆去借了两本书|我把他都见了|把方案背了一遍|他在幼儿园吃了,吃了才放学呢|把娃管好,叵叫栽了|寺庙后来建了一点|他把事情忘了|又修了一个桥|我插队插了两年|一个秀才,考了多回没考上。

如上例句中的“了 1”[liɔ31],潼关方言也可以以“了 2”(即“咧[lia31]/[liE31]”)的形式来表达。

其二,“了 1[liɔ31]”还有两种用法:一是用在处置式把字句或祈使句里兼表未然。例句如:把人吓死了!|叫他把这碗饭吃了再走|你去给咱把粪撒了去|我想把这个鸡杀了给你吃呢|你把借我的钱昧了就发财咧吗!?|你去给咱(咱们)把奖金领了。

这类句子中有个别的“了 1”可以以“咧[lia31]/[liE31]”的形式出现,但是,其语法语义指向稍有一定的差异。如“叫他把这碗饭吃了再走”强调的是未然,祈使意味很明显;虽然可以转换成“叫他把这碗饭吃咧再走”,但是,“叫他把这碗饭吃咧再走”强调的是将然,命令(强制祈使)意味很明显。

二是用在阻断句里,这类句子中的“了 1[liɔ31]”是不能被“咧[lia31]/[liE31]”字所取代的。例句如:叵拿得太多了|叵打得太狠了|叵说得太难听了|叵走得太快了|叵吃得回数太多|叵绑得太死了|叵泡得时间太长了|叵看(看守)得太紧了|叵骂得太难听了|叵把他得罪得太厉害了。

在实际语用中,只要是表处置并且兼表未然的句子,不论“把”字是否出现,“了 1”都读作[.liɔ]。如:(把鸡)杀了|(把事情)办了|(把合同)签了|赶快(把饭)吃了。

有的正在进行时态的语境也有“了 1”出现,一般出现在对话语境中。

甲:你咋拆墙呢?——乙:领导叫拆了重垒,嫌垒得太薄咧。

甲:你锯兀个(那个)弄啥呢?——乙:锯了做板凳加(按:“加”字表将然)。

有的表示已然的语句也可用“了 1”煞尾,“了 1”直接表示行为主体的能力,是可能补语。以下例句之 A(以“了 1”煞尾)、B(以“了 2”煞尾)语义特征不同:B 句只是一般表已然,未评判行为主体的能力。A 句含对行为主体不满的语义,B 句则不含。

A 咋(就)能把车票弄不见(丢)了呢/咋(就)能把车票弄不见了? ≠ B 咋(就)能把车票弄不见咧呢/咋(就)能把车票弄不见咧?

其三、比照吕叔湘先生主编的《现代汉语八百词》相应内容。

一、与“了”字条“动 + 了 1 + 宾”之 a、b 的情况相比[2],潼关以把字句或“了 1、了 2”均出现等句式来表达。例句如:我已经把老汪问咧/我已经问了老汪咧/我已经问咧老汪咧|他早就把问题看出来咧|他早就看出问题咧|当时立马就把情况给小王通知咧/当时立马就给小王通知咧|我买了三

张票/我买咧三张票｜老陈把一封信寄(或"邮"或"捎")来咧/老陈来了一封信/老陈来咧一封信｜把电影儿看毕我就回来咧(在家时这么说)｜把电影儿看毕我就回去咧(在外边时这么说)｜才把衣裳换了,你却弄脏咧!/才换了衣裳,你却(又)弄脏咧/才换咧衣裳,你却弄脏咧!｜你把作业做毕(了),我才叫你办这个事去呢/你做毕作业(了),我才叫你办这个事去呢。

二、与"了"字条"动+了1+宾"之i相比[2],潼关方言一般只是以把字句来表达。例句如:把旧的卖了买新的(祈使;将然)｜把旧的卖了买成新的咧/把旧的卖咧买成新的咧(陈述;已然)｜我把这一页涂了两行/我把这一页涂咧两行｜你就把他饶了(去)!｜你应该把这件事忘了。

其四,潼关方言的"了2"最通常的用法跟普通话煞尾的"了2"是一致的。例句如:要恼咧｜把卯掰咧(本义指脱臼了,引申义指理想破灭了)｜抹脱咧(溜咧)｜浪圆了｜下来咧｜把一本书遗咧｜不敢在兀搭(那里)溜,一溜就把你栽咧｜戏毕咧(戏演完了)｜把麦秸积积起来咧(按:两个"积"字均读作去声调)。

其五,潼关方言的"了(了、咧)"字常常表示假设关系。例句如:能来了就叫他来/能来咧就叫他来｜勤勤(勤快)了,多写些东西/勤勤咧,多写些东西｜我礼拜六、礼拜天没事了,跟几个同学打个小麻将/我礼拜六、礼拜天没事咧,跟几个同学打个小麻将｜你想转(转悠)了就转,不想转了就休息/你想转咧就转,不想转咧就休息｜要说用茓子的话,你这个地方小了,我就弄高些;你这个地方大了,我就弄低些/要说用茓子的话,你这个地方小咧,我就弄高些;你这个地方大咧,我就弄低些｜你爱看了看,不爱看了叵看/你爱看咧看,不爱看咧叵看｜他要是还想要了,我就再给他几个/他要是还想要咧,我就再给他几个｜你再("再"字表示假设)不想吃了就叵吃/你再不想吃咧就叵吃。

西安的"了2"可以表示假设,富平的"了1"可以表示假设,三原多数情况下以"了1"(唠)表示假设,有时可以以"了2"表示假设,潼关、三原方言"了"字表示假设的特点是西安和富平特点的兼收并蓄[3]。

其六,"了"在潼关用如普通话表罗列意味的"啊"。其特点是所列举的人或事或物在两个的,"了、咧"均可;所列举的人或事物在三个及其以上的,只能用"咧"。例句如:万一碰上个狼了、虎了/万一碰上个狼咧、虎咧(的),咋办呀?｜年轻人都出去打工咧,如今农村都剩下些老汉咧、老婆咧、娃娃咧｜他是个做学问的,书咧、杂志咧、报纸咧,在房子(房间)里头堆得跟山一样｜就在咱潼关这个地方,山了、塬了/山咧、塬咧,都有｜县上,农行咧、工行咧、中国银行咧、陕西信合咧,都有呢。

其七,潼关方言口语不用"等、等等"来充当助词,普通话的"等、等等"在潼关方言里有以"嘎达马西"来表示的,还有以"了2"来表示的;"了2"用如"等、等等"。例句如:有不少书咧、杂志咧、报纸咧,尕大马细(等等),都有价值得很/有不少书、杂志、报纸咧,都有价值得很｜秋收时节,你到农村去,苞谷咧、红苕咧、辣子咧,尕大马细,多的是/秋收时节,你到农村去,苞谷、红苕、辣子咧,多的是。

其八,潼关方言"了1"有时也相当于普通话的"着",表存在或持续。举例句如下。

表存在:墙上挂了一幅画/墙上挂咧一幅画｜门口立了一伙人/门口立咧一伙人｜案上搁了个大西瓜/案上搁咧个大西瓜｜门口卧了个狼狗/门口卧咧个狼狗。

表持续:他手上拿了个茶杯(子)/他手上拿咧个茶杯(子)｜我刚才看你搬了个梯子/我刚才看你搬咧个梯子｜(打电话说)我正揹了个娃望你兀搭(向你那边)走呢/我正揹咧个娃望你兀搭走呢。

三、潼关方言的体貌助词"过[kuɤ31]"。

潼关方言的体貌助词"过[kuɤ31]"字的特殊用法主要从两点来看。

其一,普通话把字句里的动词可以带上动态助词"着、了",但不能带动态助词"过"。而潼关方言的把字句却可以带动态助词"过",这个特点在老派口语里随时都可以听到。比较如下:

北京 这菜我吃过/＊我把这菜吃过。 我

给过他钱/ * 我把钱给过他。

潼关　这菜我吃过/我把这菜吃过。　我给过他钱/我把钱给过他。

北京　这些东西我给过你/我给过你这些东西。

潼关　这些东西我给过你/我给过你这些东西/我把这些东西给过你。

北京　酒戒过,烟(也)戒过,都没戒成。 * 同志们都把他批评过。

潼关　戒过酒,戒过烟,都没戒住。　同志们都把他批评过。

北京 * 我原先把这本书给你借过。

潼关　我原先把这本书给你借过/我原先把这本书借给你过。

北京　他曾经气昏过他妈/ * 他曾经把他妈气昏过。

潼关　他还把他妈都气昏过/他还气昏过他妈(呢)。

北京　我刚调来北京那阵子就找过你,没找到。

潼关　我刚调来北京那阵儿就把你寻过,没寻着。

北京　我经常来你们家,没吃过你家的饭。

潼关　我在你屋肯来得很,就没吃过你的饭/(也)都没吃过你的饭。

其二,潼关中老派可以说诸如"坐车在这儿没下过"等,当"过"处于句末时,可以表示以前未曾经历的某种情况的,形成"V + N + 在 + N + 没 + V + 过"式或类似句式。例句如:坐车到这搭没下过(车)——出门搭公共车从这儿没下过|出差到上海没去过——没到上海去出过差|买东西到北京没来过——没来北京买过东西(可能到北京开过会、出过差)|看戏到这个剧院没看过——没到这个剧院看过戏|吃饭到那个饭店没吃过——没到那个饭店吃过饭|投稿给这家报纸一直都没投过——一直都没给这家报纸投过稿|吃罢黑了饭出去转从这条路没转过——吃过晚饭出门去转悠,没从这条路上转悠过|我到你屋(你家)都来了三回咧,三回都到你屋把你爸没见过——三次在你家里都没见到过你爸。

参考文献

[1]孙锡信. 近代汉语语气词[M]. 北京:语文出版社,1999:191.

[2]吕叔湘. 现代汉语八百词[M]. 北京:商务印书馆,2002:352.

[3]孙立新. 关于三原方言"了"字的讨论[J]. 陕西能源职业技术学院学报,2014(1):61 - 64.

三原方言语音概说

卜晓梅

（渭南师范学院 人文学院，陕西 渭南 714099）

摘　要：三原方言属于北方官话下属中原方言关中片的一个地点方言，内部差异不大，大致可分为北部台塬话、东部陵前话和西南城关话。本文主要描写三原城关话的语音面貌。

关键词：三原县；方言；语音

基金项目：中国语言资源保护项目陕西三原方言调查（YB1816A003）

作者简介：卜晓梅（1975—　），女，陕西阎良人。渭南师范学院人文学院副教授，硕士，研究方向：现代汉语和汉语方言。

三原县位于陕西关中平原中部，渭河以北、泾河以东、赵氏河及石川河以西，距离西安36公里。东与临潼、富平、阎良相连，南与高陵接壤，西邻泾阳、淳化，北靠铜川新区、耀州区，是陕西关中"一线两带"建设的经济腹地。史称"甲邑"，古称"池阳"，因境内有孟侯原、丰原、白鹿原而得名。三原为古京畿之地，自北魏太平真君七年（446）置县，已有1560多年历史，素有"衣食京师、亿万之口"美誉。县域面积576.9平方公里，全县户籍总人口为约41万，主要是汉族。少数民族有回、满、蒙等13个，人口约278。[1]89

三原方言属于北方官话下属中原方言关中片的一个地点方言。内部词汇语法几乎没有差异，语音上差异也不大。大致可分为三个方言区：一是北部台塬话，主要分布在三原北部接近铜川耀州的马额镇一带，由于受铜川方言的影响，其最大特点是把北京话中前鼻音韵母en in un ün四韵母的字分别读作[ei iei uei yei]；另外一个特点是不分尖团，全部合并为团音。二是东部陵前话，主要分布在三原东部靠近富平的陵前镇一带，其特点是分尖团，古精清从母字拼齐齿呼韵母时与端透定母字合流，读作[t th]，心邪母字读作[s]。[2]26三是城关话，城关话不分尖团，都合并为团音，主要分布在县城及其周边平原地区，包括城关、鲁桥、西阳等镇，使用人口最多。本文主要描写三原城关话。

一、三原方言声韵调

（一）单字调（4个）

阴平	31	东开谷月	阳平	24	门铜毒白
上声	52	古统老有	去声	44	动怪去卖

说明：

1. 阳平为中升调，起调略低，记作24。
2. 上声为高降调，时长短，降幅略小，记作52。
3. 去声为较高的平调，略低于5度，记作44。

（二）声母（29个）

p 八兵班报	ph 派片爬胖	m 麦明马木
f 飞风副饭	v 味问文雾	t 多东对都
th 讨毒糖他	n 脑南能拿	l 老蓝连路
ts 资早竹纸	tsh 刺字拆抄	s 丝祠事山
tʂ 张真织者	tʂh 抽车城唱	ʂ 手十伤收
ʐ 褥热让然	tʃ 装主朱桌	tʃh 坐柱床春
ʃ 双顺船书	ʒ 软如绒	tɕ 租九酒低
tɕh 天寸清全	ȵ 泥宁牛	ɕ 酸想谢县
k 高共开国	kh 看哭肯空	ŋ 熬安爱恩
x 好灰活红	ø 月温王云	

说明：

1. ph 与 ɤ 拼合时,摩擦很重,气流很强。

2. 舌面鼻音 ȵ 与舌尖鼻音 n 为互补关系,因舌面音特征明显,故分立。

3. 精端见组字在齐齿呼前合流,读为 tɕ、tɕh、ɕ。

4. 舌叶音声母 ʧ、ʧh、ʃ、ʒ,实际发音稍靠前,且只与合口呼韵母相拼,拼合时声母的发音姿势一直持续到音节结束。

5. ts 组声母不拼除 uə 以外的合口呼韵母。

6. 舌面后擦音 x 发音时,有小舌颤音色彩。

7. 齐齿呼和撮口呼前的零声母摩擦重,合口呼前零声母无明显摩擦。

(三)韵母(40 个)

ɿ 师丝试刺　ʅ 十直尺织　i 米戏急七

u 苦五谷哭　y 雨橘局需　ər 二儿耳尔

ɑ 茶塔法辣　iɑ 牙鸭夏家　uɑ 瓦刮抓夸

ɤ 哥热鹅我　uə 坐过盒托　yɤ 药学

ɯ 圪咳旮核~桃　iɛ 写接贴节　yɛ 月靴

ai 开排鞋爱　iai 解街　uai 快外怀乖

ei 赔飞色白　uei 对鬼国会　ɑɔ 宝饱桃好

iɑɔ 笑桥要交　ou 豆走土后　iou 油六绿修

ã 南山半汉　iã 盐年县建　uã 短官宽换

yã 权圆卷　ẽ 根恩很本　iẽ 新斤音民

uẽ 滚春顿寸　yẽ 云熏军群　ɑŋ 糖杭张帮

iɑŋ 响讲强阳　uɑŋ 床王双黄　əŋ 灯升争更

iŋ 病星定请　uŋ 横东瓮同　yŋ 兄用穷熊

ʒ 猪出书入

说明:

1. ɑ iɑ uɑ ɑŋ iɑŋ uɑŋ 中的主要元音是标准的舌面后低不圆唇元音 ɑ,ai 中的主要元音是舌面前低不圆唇元音 a。

2. ɤ 与唇音声母拼合时,有轻微的 u 的过渡音;在 yɤ 韵母中由于受介音 y 的影响,ɤ 发音时唇形略圆;ɤ 与 tʂ 组声母拼合时,实际发音略靠前,接近 ə。

3. 卷舌韵母 ər 实际音值为单韵母 ɚ。

4. ai 韵母动程小,主要元音略高。

5. ɑɔ 韵母发音动程小。

6. ʒ 为声化韵。

二、三原方言两字组连调模式

(一)非轻声两字组连调模式

<table>
<tr><td>后字
前字</td><td>阴平 31</td><td>阳平 24</td><td>上声 52</td><td>去声 44</td></tr>
<tr><td rowspan="2">阴平 31</td><td>A. 24 + 31</td><td rowspan="2">31 + 24</td><td rowspan="2">31 + 52</td><td rowspan="2">31 + 44</td></tr>
<tr><td>B. 31 + 31</td></tr>
<tr><td>阳平 24</td><td>24 + 31</td><td>24 + 24</td><td>24 + 52</td><td>24 + 44</td></tr>
<tr><td rowspan="2">上声 52</td><td rowspan="2">52 + 31</td><td rowspan="2">52 + 24</td><td>31 + 52</td><td rowspan="2">52 + 44</td></tr>
<tr><td>52 + 52</td></tr>
<tr><td rowspan="2">去声 44</td><td rowspan="2">44 + 31</td><td rowspan="2">44 + 24</td><td rowspan="2">44 + 52</td><td>44 + 44</td></tr>
<tr><td>52 + 44</td></tr>
</table>

如表所示,三原方言的两字组共有 19 种连调模式,其中 15 组前后字都不变调;3 组前字变调后字不变调。整合以后,共有 16 种连调模式,整合程度不高。举例如下:

阴平 + 阴平　A. 结婚 tɕiɛ24xuẽ31

发烧 fɑ24 ʂɑɔ31

杀猪 sɑ24tʃʒ31

B. 观音 kuã31Øiẽ31

中药 tʃuŋ31Øyɤ31

公鸡 kuŋ31tɕi31

阴平 + 阳平　香油 ɕiɑŋ31Øiou24

梳头 sou31thou24

公牛 kuŋ31ȵiou24

阴平 + 上声　吃奶 tʂhʅ31nai52

热水 ʂə31ʃuei52

阴平 + 去声　松树 suŋ31ʃʒ44

家具 tɕiɑ31tɕy44

干菜 kã31tshai44

阳平 + 阴平　梅花 mei24xuɑ31

年糕 ȵiã24kɑɔ31

毛衣 mɑɔ24Øi31

阳平 + 阳平　着凉 tʂhuə24liɑŋ24

油条 Øiou24tɕhiɑɔ24

阳平 + 上声　黄酒 xuɑŋ24tɕiou52

洋碱 Øiɑŋ24tɕiã52

洋火 Øiaŋ24xuə52
阳平+去声 蚊帐 vẽ24tʂaŋ44
猪圈 tʃʒ31tɕyã44
上声+阴平 满月 mã52Øyɤ31
眼窝 ȵiã52Øuə31
米汤 mi52thaŋ31
上声+阳平 眼眉 ȵiã52mi24
草房 tshaɔ52faŋ24
上声+上声 A. 水果 ʃuei31kuə52
B. 左手 tʃuə52 ʂou52
上声+去声 扫地 saɔ52tɕhi44
炒菜 tshaɔ52tshai44
去声+阴平 订婚 tɕiŋ44xuẽ31
旱烟 xã44Øiã31
见天 tɕiã44tɕhiã31
去声+阳平 灶房 tsaɔ44faŋ24
大门 ta44mẽ24
拜堂 pai44thaŋ24
去声+上声 大雨 ta44Øy52
去声+去声 见面 tɕiã44miã44
半夜 pã44Øiɛ44

（二）轻声两字组连调模式

三原方言轻声词较多。轻声的音值表现是：读较轻较短的21调。从与前字的关系来看，几乎不受前字调类调值的影响，总是读21调。

前字＼后字	阴平	阳平	上声	去声
阴平	31+21 52+21	52+21	52+21	31+21 52+21
阳平	24+21	24+21	24+21	24+21
上声	52+21	52+21	52+21 31+21	52+21
去声	44+21	44+21	44+21	44+21

从表格左端横着来看，阴平、阳平作前字时轻声音节最少；从表格顶端竖着来看，阴平作后字时轻声音节最少。同时，轻声音节前的阴平最容易发生变调，变化后调值为52；轻声前的阳平、去声都不变调；轻声前的上声个别变读为31调值。为了与阴平31调区分明显，下面轻声统一记作0。举例如下：

阴平+轻声
A. 31+21 腊月 la31Øyɤ31 生日 səŋ31Øər0
B. 52+21 收成 ʂou52tʂhəŋ0 衣服 Øi52fu0
绿豆 liou52tou0
阳平+轻声 24+21
石头 ʂʅ24thou0 核桃 xɯ24thaɔ0
上声+轻声
A. 52+21 哑巴 ȵia52pa0
口条 khou52tɕhiaɔ0
耳朵 Øər52tuə0
韭菜 tɕiou52tshai0
B. 31+21 老虎 laɔ31xu0 老鼠 laɔ31ʃʒ0
去声+轻声 44+21
太阳 thai44Øiaŋ0 后头 xou44thou0
下水 ɕia44ʃuei0 运气 Øyẽ44tɕhi0

三、儿化变调

三原方言有儿化，儿化韵母是卷舌韵，与非儿化韵之间有一定的对应关系。除了 ər ɯ iai ʒ 外，其余36个韵母儿化后变为25个卷舌韵。下面列出儿化韵及其对应的基本韵母。

儿化韵	本韵	例 词
ər	ɿ	讲故事儿 tɕiaŋ52ku44sər52
	ʅ	年三十儿 ȵiã24sã31 ʂər24
	ɤ	围脖儿 Øuei24phər0
		唱歌儿 tʂhaŋ44kər31
	ei	白儿 phər24 味儿 vər52
iər	i	猪蹄儿 tʃʒ31tɕhiər24
ur	u	二胡儿 Øər44xur24
yr	y	保曲儿 paɔ44tɕyr31
ɐr	a	手帕儿 ʂou52phɐr31
		下巴儿 xa44pɐr31
	ai	螃蟹儿 phaŋ24xɐr31
iɐr	ia	豆芽儿 tou44ȵiɐr24
uɐr	ua	花儿 xuɐr31
		猪娃儿 tʃʒ31Øuɐr0

	uai	一块儿 Øi31khuɐr52
uər	uə	对过儿 tuei44kuər52
	uei	一对儿 Øi31tueir52
yɤr	yɤ	角角儿 tɕyɤ31tɕyɤr0
iɛr	iɛ	蝴蝶儿 xu24tɕiɛr31
ɑɔr	ɑɔ	豆腐脑儿 tou44fu0nɑɔr24
		醪糟 lɑɔ24tsɑɔr31
iɑɔr	iɑɔ	鸟儿 ȵiɑɔr52
		雀儿 tɕhiɑɔr52
our	ou	后儿 xour52
iour	iou	加油儿 tɕhiɑ31Øiour24
ãr	ã	偏岸儿 phiã31ŋãr52
iãr	iã	前儿 tɕhiãr24
		边边儿 piã31piãr24
uãr	uã	碗碗儿 Øuã52Øuãr0
ə̃r	ẽ	脸盆儿 liã52phə̃r0
		一阵儿 Øi31tʂə̃r52
	əŋ	缝儿 fə̃r52
iə̃r	iẽ	手巾儿 ʂou52tɕiə̃r31
	iŋ	明儿 miə̃r24
		酒瓶儿 tɕiou52phiə̃r24
uə̃r	uẽ	冰棍儿 piŋ31kuə̃r52
		嘴唇儿 tsuei52ʃuə̃r24
	uŋ	窟窿儿 khu31luə̃r0
yə̃r	yẽ	围裙儿 Øuei24tɕhyə̃r0
	yŋ	没用儿 mɤ31Øyə̃r52
ɑ̃r	ɑŋ	缸缸儿 kɑŋ52kɑ̃r0
iɑ̃r	iɑŋ	花样儿 xuɑ31Øiɑ̃r52
uɑ̃r	uɑŋ	鸡蛋黄儿 tɕi31tã44xuɑ̃r24

韵母 ã iã uã yã ẽ iẽ uẽ yẽ 等儿化后仍保留鼻化色彩,əŋ iŋ uŋ yŋ 儿化后与 ẽ iẽ uẽ yẽ 合并,ɿ ʅ ə ei 儿化后合并为 ər。阴平和上声儿化后调值不变。阳平儿化后调尾略降,如年三十儿 ȵiã24sã31 ʂər24,最后一个儿化音节实际调值为 243,因不构成对立,故按原调记录。去声儿化后变上声 52 调值,如冰棍儿 piŋ31kuə̃r52、讲故事儿 tɕiɑŋ52ku44sər52、后儿 xour52、一阵儿 Øi31tʂə̃r5、花样儿 xuɑ31Øiɑ̃r52 等。

参考文献

[1]三原县志办. 三原县志(1991 -2010)[M]. 西安:陕西人民出版社,2018.

[2]李德林,孙立新. 三原方言[M]. 北京:中国文联出版社,2015.

作 家 研 究

王旺山散文及诗歌述评

孙慧玲

（渭南师范学院 人文学院，陕西 渭南 714099）

摘　要：王旺山，渭南市文化艺术中心主任、艺术总监，渭南市作协副主席、秘书长。王旺山是以剧作者身份而成名，但却是以散文、诗歌以及文艺评论与渭南文友交流而至于熟识的。剧本创作是其本职，是他对自身工作的坚守；散文、诗歌及至于文艺评论却是本职之外的游离了。或许新闻人的王旺山只是他的社会角色，而文学人的王旺山却才是他心之所向往且所追求，才反映的是一个真正的王旺山。王旺山的散文、诗歌朴实随性，时有真性情流露，同时也不乏清新、明丽，富含哲思之章，的确是应该倡导的抒写了。

关键词：王旺山；散文；诗歌

作者简介：孙慧玲（1971—　），女，陕西澄城人。渭南师范学院副教授，文学硕士，主要从事中国文化研究。

王旺山是以剧作者身份而成名，但却是以散文、诗歌以及文艺评论与渭南文友交流而至于熟识的。剧本创作是其本职，是他对自身工作的坚守；散文、诗歌及至于文艺评论却是本职之外的游离了。或许新闻人的王旺山只是他的社会角色，而文学人的王旺山却才是他心之所向往且所追求，才反映的是一个真正的王旺山。试想，一个电台宣传负责人，搞新闻报道，搞广播剧创作，这都可以理解，因为这是本职，这是工作需要，这是领取薪酬且赖以养家之必须。但他为什么要进行散文、诗歌以及文艺评论的写作，这是没有任何报酬且还常要为之付出很多的事情了。不计其时间、精力的投入，单是出书之费，在经济上就可以说是极不划算的。

但他不仅写散文，还在很认真地写；不仅写诗歌，还在很用心地写；不仅在写文艺评论，还在与文友切磋学习中不断提升。目前他有散文集《守望或者游牧》，有诗集《白纸船》《芦苇之恋》，又有半部散文半部评论的《味道》，共计四部书了。王旺山为何这么热衷于散文、诗歌及文艺评论的写作，且连连出书呢？在他的报告文学集《象山之子》封面有这几行字："人不外乎有两类：一种人纯为名而活，另一种人则纯为利而生。王长民有同感，他说自己属于前者，属于被世俗不易读懂的那一类……"看王旺山在文学领域无怨无悔地投入，自然不是那种纯为利而生的人了，那么他属于那种纯为名而活的人吗？在他的散文集《守望或者游牧·我的心灵独白（代序）》中有这么一段话："这两年，我总觉得自己很忙。我总是把自己的世界，弄得乱七八糟，似乎每天都在困惑、孤独、压力中迷茫的前行。身边的朋友们都在忙着赚钱，而我却在为出一本书而劳作着。那天，渭南师院的凌朝栋博士到寒舍造访，我们畅谈了一些关于学术的问题。准确说，是我向他请教了许多问题。谈话间，凌博士曾笑着说：我认识好几个韩城人，你们好像都喜欢出书。我哑然了。我知道凌博士是善意的,可我的心里却有一种说不出的尴尬。韩城是一个出文化人的地方。我离开那个偏居一隅的山城,掐指算来,也有二十多年了。我从不敢说,自己秉承了那方水土的遗风,可我能清晰地感到我的禀性我的灵感,分明来自那块遥远而亲切的土地。如今,每当我的笔,触及那块土地上发生的事情,我的心都在微微的颤抖。乡愁也罢,感动也罢;我知道:韩城,总是我一生绕也绕不过的地方。”看到这里,你明白,他也不是纯为名而活的人,他应该属于第三种人。

第三种人是什么人?第三种人其实就是我们生活中的常人。他求利但绝不唯利是图,他慕名但绝不为名所累。工作上他会兢兢业业,辛勤努力,因为他首先要为生计谋。同时他也会孜孜不倦,不断追求进步,因为他还要为实现个人价值思索。两者如果做得都很好,那就是名利兼有,虽比上之不足而比下之仍有余了。这样的人生也算是当今社会生活中一个较圆满的人生了。若还有余力,那就是社会责任的担当。读书人之担当社会责任者,即是用眼睛看,用心灵思,用笔书写了。王旺山就是第三种人中的尚有余力者,王旺山的散文、诗歌就是一个黄土地上走出来的读书人对故土、对亲人、对乡情、对社会的观察、思考与抒发了。

他的散文集《守望或者游牧》收录散文 58 篇,再加上即将出版的《味道》所收录的 36 篇,共计有散文 94 篇,30 多万字,其内容涉及故乡、亲人、部队、战友以及行程所至的随见随感。这些文章,大致收录了作者自 20 世纪 90 年代初涉猎散文创作以来十几年里的习作。作者在《守望或者游牧》书后的《跋》里谈道:“因为收入集子作品的写作时间跨度较大,其间随着人生阅历的丰富,生活境遇的改变,工作岗位的更换,我的人生观、价值观、世界观也随之发生了变化。这一切,都清晰的反映在各个时期写作的散文风格上。有的作品的风格甚至截然不同。总的看,前期的散文(1997 年之前),大都篇幅短小,清新明快,意境优美,行文婉约。后来的散文则注重思想性、社会性。多了份沉重,缺少了从容;多了份深刻,缺少了意境。”阅读全书,大致如此。因为书中删去了每篇文章的写作日期,全书也并不以时间为序来排列,所以无从知道每篇文章写作的具体时间。但细读每篇散文,却都可以大致读出写此文时作者正处于人生什么阶段。而《味道》所录的 36 篇散文则注明了时间,甚而地点、写作之因由。

在《守望或者游牧》这本书后他这样写道:“我是农家子弟,善良本分 ,又自私好胜,干什么都热情高涨,遇到挫折也不对人说。我感激着故乡的水土,她使我像生产队饲养的一匹儿马,走到那儿都挺着脖子,扬着整齐的烈鬃,奋蹄前行。我原以为进了城,是城里人了,可事实上,我骨子里的倔劲一刻也没有消减……但现在我倒担心起故乡的人,如何对待这本书了。书中有不少地方写到了故乡的人和事。他们能否接受这一切,我心里没底。离开故乡的时候,我的文化程度不高,全凭了后天的努力。如今虽说有了大学文凭,也拿下了高级职称,可对故乡那人、那山、那水、那土地,我还是凄惶得很。”通读王旺山散文集,最能触动人心的还是这些表现真性情的文字,也只有这样的文字才是最有价值的,才是真正可以走入读者心灵的文字。

王旺山的一些记行散文以及个别随思漫想虽稍涉理趣,却难见情思,泛泛读过也就随之忘记。他的散文中给人印象最深,也是最感人处就是关于故乡、亲人的叙写了。而打动人心的就是他的这些大量的颇见性情之章了。散文其实是文学创作中最接近天然的一种文体,散文的一个最基本、最质朴的美学特征,也就是它的“真”,也就是说散文首先表现的是作家感情的真,性情的真。散文贵在要有“我”,无论是在写景、叙事、记人,一般来说,目的总是在于抒发作者自己对于生活的感受,总是在表达作者内心由这景、事、人引发的那一缕情思、情韵。因而王旺山散文《喝茶》由茶而忆父,《又到草莓红透时》由草莓而忆父,《菊事》由菊而忆父,读来别人感叹。其《愧对父爱》《痛》《想起父亲》《向母亲道歉》等文则平铺叙事,散漫回忆,却感人至深。如他在《痛》一文开篇这样写："我怕痛。自小体弱，打针就是一个很艰难的坎儿……畏惧这肌肤之痛的心理，着实让我少了几分本应具有的气概。但真正让我感到心痛的事情，倒还不是这肌肤之痛。这种痛，是事发十年后才感觉到的——无形、无影，但却让我在一种看似平静的生活中，从骨子里往外渗的隐痛。换句话说，就是那种说不出，道不明，一静下来，就后悔莫及的痛疼。这痛疼，和父亲有关。"在这里，作者由自己的肌肤之痛而引发失父之痛，文章由此而回忆起父亲骑车进城找自己而遭遇车祸，如何在医院急救室里坚强度过，又如何在出院后修整菜地，精心种植西红柿、茄子、黄瓜、白萝卜、小白菜供给当时留守在井弯巷老宅子的七八个老姊妹食用，又如何因巷道里一声沉闷的炸响而担心孙子有什么意外而急火攻心，一头栽倒在大门口的巷道上。写至这里，作者叙述道："从此，父亲就没有再站起来。半年后，父亲因心力衰竭，永远离开了自己经营了一辈子的老宅子，离开了我的含辛茹苦的母亲，还有他的九个儿女。"这里的文字叙述平淡无奇，这里的情感暗流却是波涛汹涌，读之使人落泪。这是他在 2011 年 5 月 15 日父亲去世 12 周年写就，这般亲情也就因了岁月的发酵而愈浓醇也就愈加感人了。选入《味道》的 36 篇散文多是作者 2006 年后之所作，较之于前之《守望或者游牧》，其文字更多了份自由与自在，自在的叙事，自我的感触，自由的笔触触及方方面面，其最感人处依还是亲情篇，文字更平实，情感却更动人。想来在岁月的陶冶中，在世事的历练中，在四十年人生的感触中，作者更多了份精神的率意与自由，更多了份对人生的理解，知道了不向他人学新词，我手写我心即是散文创作的最高境界了。

散文之飞升即为诗歌。作散文的王旺山自然会有诗歌，他这样陈述自己作诗之理由："生命不能承受之轻。我始终不敢造次，更不敢轻浮人生，轻慢社会，轻蔑他人，轻视灵魂。在力求和刻意间，试图用轻轻的诗意的方式，把人生沉甸甸的意义、责任、追求和理想，放进自己和我们的生命里。在艰难和艰涩中，我时刻在调整自己的心态，渴望拥有诗意的生活和人生。这便是我在生命的原野上种植一种叫作诗歌的初衷。"

王旺山现有诗集两本，一为 2008 年出版的《白纸船》，收诗 88 首，一为 2011 年出版的《芦苇之恋》，收诗 109 首，另附录有 17 首格律诗词，计有 126 首。《白纸船》是王旺山的第一本诗集。以《白纸船》为题，作者这样解释道："谁的内心没有一潭澄明的湖水？谁的憧憬里没有一片远航的白帆？多少次，那只神奇的白纸船，驮着我们的全部梦想，平静地驶向天河；多少回，那只无忧的白纸船，载着我们全部的苦难，平稳地驶向家园。白纸船，通体没有工业文明的气息，也没有战争的硝烟味儿，它是一株默默的在田野里生长的狗尾巴花，自由、洒脱、快乐而不乏睿智。"你再细读王旺山每首诗歌，无论是《半片瓦的诞生》《彩陶》中的古今轻叹，还是《打猎草的少年》《故乡的月亮》中的依依忆昔，还是《父亲培植的那棵菊花》《母亲》等中的绵绵亲情，王旺山诗歌中走不出的依然是韩城故里的淳朴少年王旺山，他是在用诗歌的形式抒发人生旅途中的诸多感慨。借用以前我在一篇读后感中所评价的："王旺山先生的《白纸船》收诗 80 多首，多为作者近两年新作，记录了诗人对社会、对生活、对生命、对生存的瞬间思考和感受，每首诗都诠释着诗人诗意的生活态度和人生理想。在这种诗意的诠释中，却悄然包容了诗人对沉甸甸的人生意义、责任、追求和理想的理解。"

《芦苇之恋》是作者的第二部诗集，较之于前书之随意、轻盈与散漫，这本诗集却多了更多的感触、思考乃至于沉重。全书扉页之后单设一页，正中书有"诗人，应该是一棵会思想的芦苇" 隐含作者此书之主旨，并依此将全书分为三卷，卷一：灵魂，因有了产地，才变得如此瑰丽，收诗 41 首。《和梦一起飞》《中国农民的温暖记忆》《祖国啊，我想对你说》等歌唱祖国，《韩城组诗》《渭北印象》等抒写故乡，《谁的低碳》《三月，最美的油菜花》《冲动的惩罚》等忧患地球。卷二：思考，让芦苇有了想飞的快乐，收诗 40 首。《向日葵》由一株普通植物的感恩阳光、大地、天空而起,《转身时的一种幸福》却直陈胸臆,感恩生活中的一切。《致陶渊明》感慨生活,让人读之颇有同感,“进了城,心却在乡村发芽”这可能代表了当代更多都市人的心理了,然而正如作者所感叹的:“花开花落,已是千年的传说。那梦里的桃花源,何时才能找到”。《生命的恐惧》抒写病中夜深时不适中的恐惧以及对生命的感触,以及《失眠》中的迷离、《深夜,火车从我的窗前经过》中的惶恐,《有困惑的诉求》中的郁闷、《等 · 寻》中的迷茫、《蜗居》时的彷徨等等,这一卷虽以“思考”“快乐”为主题词,给读者读出的却是思考中的痛苦、不安,及至生命成熟乃至慢慢走向老境中的深层痛苦。卷三:风,因为有了树,才变得如此妖娆,收诗 28 首。较之于上卷的沉重,这卷却让人读出了更多的缱绻,《遥远的祖母》《背影》《又到中秋》等追忆亲情,《生活像花儿一样》《根之歌》《有你的牵挂我很温暖》等抒写恋情。这卷中有更多以花命名的诗歌,例如《栀子花》《如莲的记忆》《山丹花》《蔷薇花》《牵牛花》《野菊花》等,从此卷可以感受到的是:诗人,因为生命里有了牵挂,才会如此多情。诗集最后附录了作者 17 首格律诗词,却多是学步之作,其意象、语境难与前比,虽初合格律却难见情思,概仅为作者学诗之余事,兹不多述。

什么是文学之美,文学之美当然是多姿多彩的。就如百花园中的各种花卉一样,或如牡丹之富贵大气,或如兰花之高雅脱俗,或如太阳花之灿烂热情,或如满天星之纷繁闪烁……无论何种姿态,但带给人的都是不同的美感。王旺山的散文、诗歌朴实、随性,时有真性情流露,同时也不乏清新、明丽,富含哲思之章,的确是应该倡导的抒写了。

另王旺山新近出版的《味道》一书,书名后并附有“生活与文艺的绽放”,这本书其实就是半部散文半部评论。在 36 篇散文之后有作者近年来的文艺评论 37 篇。这些文艺评论涉及范围很广,既有诗歌、散文、小说、戏剧这些传统文学样式的评论,也有书法、绘画,甚至还有网络文学等的评论。同时评论角度多样,既有赏析性的,也有体验性的,还有读后感式的,亦多议论性的,因而评论形式呈现出来主要是论文式、随笔式、读后感式等几种。这些评论范围之广、角度之多尚不足为奇,细读每一篇评论,发现作者多有见地,亦足见功力之深。这或许是走过人生知天命之年的王旺山的下一个进攻方向,这实在让渭南文坛充满期待。

参考文献

[1]王旺山. 守望或者游牧[M]. 北京:作家出版社,2008.

[2]王旺山. 白纸船[M]. 西安:太白文艺出版社,2008.

[3]王旺山. 芦苇之恋[M]. 西安:陕西人民教育出版社,2010.

[4]王旺山. 空斋杂志[M]. 北京:中国文联出版社,2013.

[5]王旺山. 以时代的名义绽放[M]. 北京:中国文联出版社,2013.

[6]王旺山. 寻找另一个自己[M]. 西安:陕西人民教育出版社,2013.

历史的人文发掘 故土的深情回望

——评董卓武长篇小说《蕴空山传奇》

任葆华

（渭南师范学院 人文学院，陕西 渭南 714099）

摘　要：长篇小说《蕴空山传奇》是作者董卓武对华州历史的人文发掘和原乡故土的深情回望。他巧妙地设置一个“精灵的我”，穿越在历史与现实之间，使历史故事与现实故事相互勾连，细致地展现了华州历史文化和风土人情。小说中历史故事里的几个孩子形象刻画相对成功，而现实故事中的三个孩子形象则显得有些单薄，并且性格差异性不明显。

关键词：《蕴空山传奇》；叙事结构；华州元素；形象塑造

作者简介：任葆华（1968—　），陕西华阴人。渭南师范学院人文学院教授，文学硕士，主要从事文学批评与中国现当代文学研究。

在我的阅读印象中，长篇小说的创作在华州一直是个空白。因此，董卓武的长篇小说《蕴空山传奇》的问世，对于华州，乃至整个渭南小说界都是一件值得庆贺的事件。这部小说是作者对华州历史的人文发掘和原乡故土的深情回望，在思想性和艺术性上都有值得称道的地方。应该可以说，《蕴空山传奇》是近年来我们渭南文学的一个重要收获。

小说讲了两个故事，一个是历史故事，一个是现实故事。历史故事讲的是明末崇祯皇帝的四皇子朱慈焕（小说中化名为朱恒）在大明王朝灭亡后逃亡到华州南塬，隐姓埋名以及从事反清复明的历史传说。现实故事讲的则是平平、小军和宝良等三个孩子寻宝、探宝以及为护宝而与盗贼斗智斗勇的故事。在小说中，历史故事与现实故事交替出现。单就两个故事本身而言，情节离奇曲折，悬念迭生，引人入胜，具有极强的可读性。小说的本质是叙事，叙事就是讲故事。但故事本身并不等于叙事，叙事是如何讲故事，它主要的是一种形式的建构和语言的创造。一个作家如果没有比较丰厚的生活积累，没有在叙事艺术上的苦心经营，要讲好一个故事是不可能的事情。值得称道是，董卓武先生不仅给我们讲述一个很好看的故事，而且其讲述故事的方式颇见匠心。他巧妙地设置一个“精灵的我”，神龙见首不见尾，不时穿越在历史与现实之间，同时又借助华州悬棺和闯王刀的传说，使历史故事与现实故事相互勾连，这样一方面有效地避免了历史与现实交替叙述时造成的断裂感，另一方面又巧借这个“精灵的我”直接抒发了作者对南塬故土的浓厚情感，可谓一举多得。这样的叙事结构对习惯于线性叙事的读者来说是一种考验，而对于作者来说，则是一种艺术上的冒险。读者应该不难感知，小说有趣的故事背后作者艰难的精神跋涉和良苦用心。在当今许多作家都热衷于故事的趣味性和可读性的时代，董卓武仍不忘在叙事艺术上寻求突破，尽管不尽完美，但其在小说结构艺术上表现出的探索精神非常可贵。

董卓武是一个有美学野心的作家。他企图用自己的小说《蕴空山传奇》建构一幅华州的山河图和风物志。我之所以这样讲，因为从文学地理学的角度来讲，小说中描写的地理景观，无论是自然地理景观,还是人文地理景观,皆与华州这块土地息息相关。如,秦岭渭河、南塬峪沟、蕴空山、大明、高塘、赤水、桥峪、涧峪、华州大地震,云寂寺、悬棺与闯王刀的历史传说、丧葬与看忙罢等民俗,以及富于华州地域色彩的方言土语等。所有这些书写,仿佛在读者面前展开一幅华州历史文化和风土人情的画卷。这部小说可以说是作者对过去乡村生活的一次深情回眸。董卓武是一个有根的作家,这个根系的末梢,活跃的是他对故土深切的爱。正是这种基本的情感,滋润和养育着他那充满温暖而又坚韧的写作。多年来,他在外漂泊,先是从军,转业后又一直在省城工作,然而故乡始终是他魂牵梦萦的地方,是他精神的栖居地。为此,他曾写下了大量有关故土的诗文,赤子之情总是溢于字里行间。从某种意义上讲,这部小说的创作就是他的一次精神还乡,也是他为故乡竖立的一块纪念碑。

对意义的寻觅是读者观照自己经历小说描述的生涯而表现的初始惶惑。小说人物的"生命意义"只有在死亡的一瞬才显露。明四皇子临终有关人生"一切蕴空"的感悟,正是小说所要揭示的"生命意义",也是作者要与读者分享的东西。小说《蕴空山传奇》的价值意义主要不在于人物身上所表现出的气节大义,而在于小说所揭示人物的"生命意义"及其带给读者的思考。正如德国批评家本雅明在《讲故事的人》中所说:"小说富于意义,并不是因为它时常稍带教诲,向我们描绘了某人的命运,而是因为此人的命运借助烈焰而燃尽,给予我们从自身命运中无法获得的温暖。吸引读者去读小说的是这么一个愿望:以读到的某人的死来暖和自己寒颤的生命。"[1]

一般来说,小说的中心任务是塑造人物形象。就小说《蕴空山传奇》中人物形象的塑造而言,小说对历史故事中朱恒、黑娃、会儿等几个孩子的形象刻画相对比较成功。他们个性鲜明,性格各异。朱恒内敛隐忍,黑娃爽直仗义,会儿温善痴情。值得称道的是,作者在塑造这几个人物形象的时候,非常注意揭示人物性格与他们各自生活和成长环境的关系。如,朱恒的内敛隐忍与其前朝皇子的身份和隐姓埋名的逃亡生涯密不可分;而黑娃游手好闲,生活懒散则与其父母双亡、无人管束的成长环境不无关系。相对来说,现实故事中的平平、小军和宝良这三个孩子的形象显得有些单薄,而且性格差异性不明显。这部小说是以明末清初和当代两个时代的两组孩子为主要描写对象的,发生在两个时代孩子身上的故事虽然不同,但似乎看不出两个时代孩子明显的精神差异,给人的感觉是两个时代孩子身上同质性的东西太多,异质性的东西太少,固然孩子身上的差异可能没有成年人那么大,但总归还是应该有所差异的。这根子恐怕在于作者过多地贴着自己童年的生活来写,而没有贴着笔下的人物来写。于是,我们从两代孩子的身上似乎都能看到作者童年生活的影子。

另外,小说在塑造朱恒、黑娃、会儿几个人物形象时,对于他们成年之后的生活叙写,显得过于简单,没有严格遵循现实生活的逻辑,生动形象地写出人物性格的发展变化过程,给人的印象是他们永远停留在了童年时代。尤其是对明四皇子朱恒从最初满怀家仇国恨、反清复明,到最后却看破红尘归隐为僧的心路历程,缺少足够而必要的情节铺垫和心理描写,只是概略交代,使得人物性格的发展变化显得过于突兀,同时也使得本应是小说哲理旨归的"一切蕴空"之意,没有能够得到很好的艺术性的揭示。

或许,我们对于作者的要求有些苛刻,这毕竟是他的第一部长篇小说,而且或许作者的创作意图只是讲述一个传奇故事而已。因此,他主要是以故事情节而非人物形象为中心来建构小说的,侧重的是人物的叙事功能,而非角色性格的塑造。这样写,固然使小说读来具有极强的可读性,但也因此造成了小说中的人物形象显得不够鲜明、丰满和独特。读完小说,留在人脑海里除了故事情节外,而没有那个人物让人印象特别深刻。小说艺术发展到今天,尤其是长篇小说,应该把重心放在人物性格的刻画和形象的塑造上。作家铁凝关于小说写作有过一个说法,大意是,短篇小说写的是景象,中篇小说写的是故事,而长篇小说写的是命运。这种说法固然有值得商榷的地方,但是把写人物命运视作长篇小说使命的看法,却非常有道理,值得写作的人深思。

董卓武是一个非常有潜力的作家,他既有丰富的生活积累,又有很不错的语言功底,更有对文学的一腔热情。我相信,他在创作事业上应该会有更大作为的。我期待,未来能读到他更多更好的作品。

参考文献

[1][德]汉娜.阿伦特编:启迪——本艳明文选[M].北京:三联书店,2014:111.

评李康美的《弯人之谣》

陈 理 慧

(渭南师范学院 人文与社会发展学院,陕西 渭南 714099)

摘 要:李康美的《弯人之谣》通过父子两代农民苦难的生命困境,在民间日常生活的形态上,通过民间生命苦难的真实还原,抗拒了启蒙意识形态、权力意识形态关于苦难的乡土中国的想象方式;通过善恶交融、美丑并存的乡村人物的真实生命样态,解构了以沈从文为代表的审美意识形态关于诗意的乡土中国的想象方式。他作为农民写农民的乡土写作还原了真实民间的生命真相。

关键词:李康美;《弯人之谣》;乡土写作

作者简介:陈理慧(1970—),女,陕西澄城人。渭南师范学院人文与社会发展学院副教授,文学硕士,主要研究方向:中国现当代作家作品研究、影视文学研究。

1991 年 3 月,李康美的短篇小说《弯人之谣》在《芒种》发表,2004 年作者出短篇小说集时又将之作为小说集名,由此可见作者本人对这篇短篇小说的重视程度。笔者在研究李康美乡土小说创作的过程中,发现《弯人之谣》在李康美乡土小说创作中具有分水岭的意义,标志着李康美的乡土小说创作开始形成自己的个性风格。从此,他的乡土小说不再图解当权者的政治意图、呼应主流意识形态的召唤、参与时代命题的讨论,也不再凌空高蹈于过往的乡土旧梦,而是执着于表现时代政治变迁对乡土小人物命运的播弄。本文试图通过《弯人之谣》的个案分析,进一步探求李康美乡土小说中关于乡土中国的独特想象方式。

一

20 世纪以来的中国精英知识分子出于文化启蒙、政治革命的现实需要,在文学上建构了一个苦难的乡土中国。这个乡土中国在政治上是专制的,在经济上是赤贫的,在文化上是愚昧的。因而,如此苦难的乡土中国便理所当然地成为文化启蒙、政治革命的对象。可问题是,百年文化启蒙、六十年新旧政权更替、三十年市场经济大发展并没有在现实层面上终结所有民间苦难。直到今天,民间的苦难讲述依然是新闻媒介、影视产品、文学作品不绝的主题。这就促使我们思考,出于文化启蒙、政治革命建构的文学上的乡土苦难是否因其过于理性化而对真实的民间苦难形成了某种遮蔽?

"新旧社会两重天"是 1949 年后权力意识形态关于乡土中国的经典想象方式。在《弯人之谣》中,李康美通过父子两代农民苦难的生命困境,在民间日常生活的形态上对这种政治化的阐释视角进行了有效抗拒。李康美的乡土小说延续了"鲁迅风"派作家开创的关注乡村社会下层小人物的写作传统,他"多写下层弱势群体的生存状态"[1]。由于他 17 岁之前的大部分时间里是以农民的身份在中国北部的穷乡僻壤从事生产劳动,所以他非常熟悉中国农村社会中处于边缘地位的弱势农民的真实生活情态。在他看来,他们之所以被排挤在社会的边缘地带,很大一部分原因来自他们自身的身体缺陷、智力局限以及无力应对的灾难打击等。《弯人之谣》中,张忍父亲的苦难并不是来自旧社会地主的压迫与剥削,而是妻子生育时的难产。在大人与孩子只能选择一个的情况下,他在选择到一个驼背的残疾儿子的同时,也为自己选择到了鳏夫养育独子的苦难命运。同样，张忍的苦难并没有随着新的社会制度的确立而改变，身体的残疾、父亲的突然去世、麻杆女人母子被造反派的强行带走，这些他无力应对、无力抗拒的灾难最终成为他不堪承受的苦难。在这里，新旧社会制度的更替，并没有在个体生命境遇的意义上终结苦难，因为张忍父子的苦难并不是源于生存意义上的物质贫乏而是生命意义上的精神匮乏。“大跃进”中，张忍的父亲为了满足自己的性欲，义务替一个寡妇淘铁砂。一个人干两个人的活的体力透支最终使他猝然倒毙；张忍父亲去世后，精神的孤独、寂寞使张忍的生活了无生趣，“张忍就独守一个小院。小院里很脏，他想在哪儿拉就在哪儿拉，邻居的鸡进来一啄一刨，就更加遍地脏臭”。[2]麻杆女人的到来，鼓起了他生活的劲头，“白天还得早起把院子扫干净”。麻杆女人走后，他“重新坐在南墙下的阳光里，脱光膀子捏捏衣缝的虱虮。男人女人从身边过，他从不觉得丑，不觉得羞”。“张忍懒得出了名，鼻涕掉下来懒得用手擦而是歪过头去在肩头上蹭。”麻杆女人的儿子投奔他后，虽然这个孩子和他没有任何血缘关系，但为了养育他，“他一下子勤快了”，为了阻止孩子离开，他甚至把孩子捆起来。和父亲一样，他也需要亲人的陪护、两性间的正常生活，当这种最基本的精神需要以麻杆女人母子被造反派强行带走而终止时，张忍就在满院腥臭中结束了自己的生命。可见，要了张忍父亲命的不是繁重的淘铁砂任务，也不是既当爹又当妈的艰窘生活，而是老鳏夫被勾引起的性欲和满足正常性欲的沉重代价；同样，要了张忍命的既不是三年自然灾害时期匮乏的物质贫困，也不是光棍兼残疾被村人轻侮的精神困苦，而是鳏夫最基本的人伦天性被无情剥夺后的生命苦境。

因此，李康美在展示社会下层小人物的苦难时，既不像“鲁迅风”诸作家那样愤激地引入文化批判的主旨，也不响应1949年后权力意识形态的询唤，乐观地引入翻身得解放的主旨。事实上，李康美的乡土小说在时间上横跨整个中国20世纪，期间政治的历次变革，带给农村的变化堪称天翻地覆，但“苦难的民间”始终是李康美乡土小说的关注点。既然绵延不绝的苦难是民间的真实，所以历史的行进、政治的变革、文化的启蒙在民间就没有了意义。《弯人之谣》从旧社会写到新社会，里面既有新旧社会制度的更替，也有“大跃进”、三年自然灾害、“文化大革命”这些到今天依然被诟病的政治劫难，但李康美既无意追溯民间苦难的政治渊源，也无意对政治本身的正确与否进行民间论证，而是倾力叙述民间不变的苦难宿命。在他看来，对不具备政治智慧的农民来说，政治注定只是生活中他们无法掌控的一场场风波。在这些风波中，张忍的父亲因淘铁砂有了满足性欲的机会，也因淘铁砂和性的身体透支而丧命；张忍一个光棍竟因饥馑、“文化大革命”有了幸福的家庭生活，也因“文化大革命”毁掉他幸福的家庭生活而死亡；在他看来，对心智简单的农民来说，只要亲人死亡的灾难能够免除，只要性匮乏的困难能够缓解，他们的生命苦难就可以终结。然而，恰恰这些是什么样的文化启蒙都无法给予他们的。政治、文化与民间的这种结缘方式在事实上对民间苦难本身的不能根除使李康美对启蒙意识形态化、权力意识形态化的乡村想象保持了某种本能的警惕。他直抵乡间人物原始人性的深处，倾听卑微生命寒缩的悸动，在看似波澜不惊的日常民间生活场景中将被政治、文化遮蔽了的民间苦难真实地映现了出来。

二

20世纪以来的中国精英知识分子出于对现代文明抗拒的精神需要，又在文学上构建了一个诗意的乡土中国。这个乡土中国在风景上是静谧美丽的，在人情上是淳朴友善的，在人性上自然健康的。因而，如此美好的乡土中国便成为现代人们诗意的灵魂栖息地。可问题是，如此诗意的民间，怎么就会爆发出像20世纪30年代的农民暴动、40年代的农民革命，90年代后的农民进城等乡土危机？这同样促使我们思考，出于精神救赎、文化审美间建构的诗意民间是否也因其情感化而对真实的民间生命形成了某种遮蔽?

健康、优美的人性,是以沈从文为代表的现代知识分子对于乡土中国的经典情感想象方式。《弯人之谣》中,李康美通过张忍父子生命困境中的卑微生存,在民间生命情感的形态上对这种符号化的阐释视角进行了有效抗拒。李康美不但有过长期的农村生活经历,而且很长时间是以农民身份从事文学写作(28岁以中学文化程度开始发表文学作品,35岁才进大学深造)。这就使他的乡土小说以农民写农民的乡土写作范式,对20世纪以来知识分子为农民写、写农民的写作范式进行了某种程度的超越。当李康美作为农民写农民时,农民不再是外在于他生命经验的客体,而是内在于他生命经验的主体,他熟悉他们承受苦难的情感方式,也熟知他们穿越苦难的生存方式。《弯人之谣》中,张忍的父亲面对妻子死亡的悲剧,他没有哭天抢地,而是“把心尽了,他爸把他妈在炕上暖了整整一夜”。同样,张忍面对父亲突然死亡的悲剧,他表达自己愤怒的最激烈方式,也不过是把气撒在遭致父亲死亡的那堆铁砂上,他“把那堆铁砂脚蹬手刨扑撒进河水里,浑身就没有了力气”。卑微的父子两代不约而同地以坚忍、温和的方式承受了苦难的重压。问题是,承受苦难并不能缓解、改变苦难本身。这就有了《弯人之谣》里张忍父子动人的人生一摇。张忍父亲明明知道那个给他红薯馒头吃的女人的自私用心,他也知道他不会爱她到无私帮助她的程度,但这个鳏夫只能在这种苟且的性中暂时缓解他生命的苦难,他以既摇女人又给他摇的女人摇铁砂的方式,“硬是把还不老的老命摇给了那个偷他铁砂又给他红薯馒头吃的女人,摇进了铁砂里,河道里”。张忍虽然在饥馑中接纳四川女人时不无自私的用心,但当那个四川女人以性献身的方式终结了他的苦难时,他人性的光华也被激发了出来,他变得勤劳、善良、宽容、无私、富有爱心。饥馑过后四川女人跑了,他没有诅咒她的忘恩负义,相反,明知她也许一辈子都不会回来了,依然无意识地给有烟瘾的她攒着烟叶。“文化大革命”时,她的儿子投奔来了,他又无怨无悔地为这个与他没有血缘关系的孩子付出一切。《弯人之谣》的“谣”是歌谣的意思,而“摇”则是极富民间色彩的性行为,当李康美将张忍父子卑微的性行为“摇”升华成他们苦难人生的“谣”时,也包含了他对民间苦难自我救赎方式的理解与尊重。

然而,李康美在肯定民间苦难的自我救赎时,也对这种救赎的可能保持了怀疑。张忍的父亲作为一个成年人,当那个女人以红薯、馒头、身体来引诱他时,他未尝没有看清对方以此交换自己劳动成果的自私用心,但经年累月性的压抑与匮乏,使这个老鳏夫丧失了应有的理性与警惕。他耽溺于临时的两性苟且中并在这种苟且中最终丧失了性命;张忍作为一个处于乡村社会边缘地位的残疾光棍,几乎没有娶妻生子过正常家庭生活的可能,他的一生似乎注定了要在百无聊赖、了无生趣中混下去。然而,“三年自然灾害”竟凭空给他送来了一个女人,他的生活由此出现了生机。“文化大革命”中,地主被驱逐的小老婆和流离失所的儿子竟然使他意外享受了短暂的天伦之乐。同样,当他正孜孜地享受着天伦之乐时,他的天伦之乐却以造反派强行押走他的女人和儿子的方式被猝然终结,猝然中幸福的终结也终结了他的生命。张忍父子将苦难生命的自我救赎寄托在人类粗犷、原始的性上,然而恰恰这点卑微的人之常情的满足与否却不是他们所能掌控的。在日常的乡间之外,从来都有一只政治的巨手在无形中操控着他们的命运,在被操控中,为了生存他们本能地释放着人性的粗鄙与美好。因此,在李康美看来,根本就不存在一个封闭的、自外于社会政治的所谓诗意的民间;同时,也根本不存在一种超越于生存现实的所谓美好人性、人情。因此,当李康美让张忍父子卑微的性挟着人性的美好与俗鄙来穿越生命的苦难时,他们既不是鲁迅出于改造国民性的目的而塑造的愚昧、麻木的老中国的儿女,也不是沈从文出于抗拒城市文明的需要而从乡间记忆中打捞出的健康、优美的人性形式。李康美以善恶交融、美丑并存的乡村人物的真实生命样态,拒绝了20世纪以来知识分子意识形态出于文化改造或文化审美的需要对于乡村真实生命形式的符号化、情感化取舍。他带领我们直抵静默的乡间生活现场，倾听乡间生命的卑微谣歌，将被知识分子符号化、理想化的民间裸露出来，还原了民间生活的复杂与暧昧、农民生命的顽强与苟且。

如果说，"20世纪中国乡村题材创作的一个几乎难以克服的'顽症'：乡村主人公的'知识分子化''理性化'、以至'概念化'问题，或者说是站在一定社会文化立场的作家的'希望''以为'乡村人物怎样与乡村人物事实上'是怎样'之间的长期紧张、错位和悬隔问题。"[2]P58那么，李康美的乡土创作在某种程度上缓解了这种紧张、错位和悬隔。这也许就是李康美乡土创作的价值之所在。

参考文献

[1]李康美.弯人之谣·序[M].西安：太白文艺出版社，2004：1.

[2]范家进.现代乡土小说三家论[M].上海：三联书店，2002：139.

杜甫诗歌中的人情味的教育启示

孙晓梅　王晓红　成荣强

(渭南师范学院 人文学院,陕西 渭南 714099)

摘　要:唐诗一直以来都因它的独特魅力受到广大读者的喜爱,更重要的是唐诗中不少诗篇也有着它的教育意义,正如《唐诗三百首》的普及,通过读诗学诗,我们在潜移默化中提升自己。作为唐朝诗坛高峰之一的杜甫更是用它笔下的情怀,穿过时空的间隔,悄悄晕染我们的心房,用那墨香引领我们体味人间真情、树立正确的情感态度和价值观。另外,我们都熟知"诗言志",通过从人情味的角度来解读杜诗,能帮助我们更好地理解作品,传播诗学,又能论诗知人,知其人而学其善,善己及人,从而达到人人善的理想境界。

关键词:杜甫;人情味;教育启示;情感态度和价值观

基金项目:2016 年渭南师范学院大学生创新计划项目(卓越教师培养类),项目编号:"初中学生语文写作能力培养探究"

作者简介:孙晓梅(1996—　),陕西安康人。

杜甫(712—770),唐睿宗先天元年(712)出生在一个"奉儒守官"之家。他有着非同一般的家学背景,祖父杜审言诗名盖世,而远祖杜预不仅立言,还立德立功,曾为西晋大将,《左传》专家。因此杜甫有"吾祖诗冠古"(《赠蜀僧闾丘师兄》)的自豪和"诗是吾家事"(《宗武生日》)的自矜。杜甫的成就不仅受到他家庭影响,也源于他自身的禀赋及他的人生经历。他"七龄思即壮,开口咏凤凰。九龄书大字,有作成一囊"(《壮游》)。[1]历经官场和人生的沉浮,造就他沉郁顿挫的诗风和伟大的情怀。

杜甫是一位伟大的现实主义诗人,他关注自己、自然、国家、人民,他的诗中充满了人情味,体现着亲情、友情、爱情、自然情、爱国情、人民情。笔者认为,杜甫诗篇中蕴含着无限的教育情怀和伟大的教育思想。以情解杜诗,将会使读者受益匪浅。

一、杜甫诗歌中的人情味源流

我国自古以来就是一个人情味儿浓厚的国家,古诗的一大作用就是用来言志或者抒怀。诗句的背后总是有着或浓或淡的情。

首先,杜甫也没有走出诗的作用这样的一个圈子——诗就是用来言志抒怀的。诗歌的这一总体的特征恰好能够满足作者的情感表达需要。

其次,杜甫深受儒家"仁学"思想的影响。从自身修养的完善看,它要求提高个体的道德境界,;从社会义务看,它要求个体以"仁政"为理想参与政治。在人与人的关系上,则重"仁"。推而广之,在人与物的关系上,也表现出仁爱之心,从而形成"民吾同胞,物吾与也"的博大胸怀。同时"达则兼济天下,穷则独善其身"的儒家思想使杜甫积极入世,有着中国古代社会知识分子的社会良知。

再次,杜甫有着超凡的才华和强烈的报国之心且身处盛世,本应大有作为,实现自己的人生理想,但却未能如愿,仕途坎坷。杜甫 35 岁即天宝五年(746)入长安求官,正逢以诗取仕的时代,杜甫自身也觉得前途道路一片光明,却不料落去李林甫操纵的骗局,考试无一人及第。后李林甫为讨好玄宗称“野无遗贤”,这直接断了杜甫科举入官的路。但杜甫不肯服输,始终有着忧国忧民的情怀,便在长安忍受冷嘲热讽,奔走于权贵,谒见王公大臣。此时的杜甫是委曲求全的杜甫,忍辱负重的杜甫,内心充满的挣扎和痛苦。后纵使入了官途也难以实现“致君尧舜上,再使风俗淳”的政治理想。这些不顺的经历一点一点丰富着杜甫的情感世界。

最后,杜甫出生在“奉儒守官”并有文学传统的家庭中。其祖父杜审言是武后时著名诗人,官膳部员外郎;父亲杜闲,曾任兖州司马、奉天县令。所以杜甫从小就受到了良好的教育,加之自幼好学、聪慧勤奋,这对其良好情感态度和价值观的形成产生了重大的促进作用。

二、杜甫诗歌中人情味的具体体现及教育启示

(一)亲情:至真至诚,家庭和谐

杜甫是有着真正的家国情怀的诗人,除了我们更多地提到的他的爱国,也应关注他诗中浓浓的亲情味。杜甫现存诗歌1168首,其中描写亲情的诗歌就占了几乎十分之一。可见杜甫对其家庭及家庭成员的关心。正如袁枚在《随园诗话》中所说的那样——“人但知杜少陵每饭不忘其君,而不知其于友朋、弟妹、妻子、儿女间,又何在不一往情深耶?”[2]这句话是对杜甫对于关爱家庭的情感的总体概括,那么杜甫对于家人的关爱又具体体现在哪些方面呢?有诗为证:“吾衰同泛梗,利涉想蟠桃。赖倚天涯钓,尤能掣巨鳌。”(《临邑舍弟书至,苦雨黄河泛滥堤防之患,薄领所忧,因寄此诗,用宽其意》)这是一位兄长对弟弟的真挚的宽慰、叮咛与巧妙的引导。杜甫一生没有纳妾,与妻子杨氏感情深厚、相携到老。“香雾云鬟湿,清辉玉臂寒。”(《月夜》)是对相隔两地妻子的深切思念。“叹息谓妻子,我何随汝曹”又充满了对随自己四处漂泊的妻子的愧疚;在《遣兴》《得家书》这些诗中写出了一位父亲对孩子的爱,“诗是吾家事,人传世上情。熟精文选理,休觅彩衣轻。”(《宗武生日》)则是对孩子的严格要求与教导。

总之,杜甫的这些诗中体现着他为人兄、为人夫、为人父的至真至诚的感情和浓厚的家庭责任感。作为兄长、作为父亲的他,不仅对弟弟、儿子有着深深的关爱,也有着用心良苦的引导,宽严相济是他对他们的爱的最好诠释。作为丈夫的她,爱妻子也懂得对妻子感恩,这是对男女平等感情观的最好解答。杜甫用他的诚与爱呵护着他和谐的家庭。

(二)友情:患难不离,坚守不弃

李杜友谊一直以来都是中国文学史上的一段佳话,而李杜友谊表现得最为深沉感人的地方,乃是杜甫在李白遭到贬谪后所表现的真切关怀。在“世人皆欲杀”的环境中,杜甫坚定的保持着“吾意独怜才”的信念。这是对世俗眼光的无所畏惧与超越,是一种敢于挑战的勇气。另外,杜甫对友人郑虔的情谊也是患难不离敢于与时议相悖的一个典型。郑虔以诗、书、画被玄宗称为“三绝”而闻名于世,更是一位难得的全才。然而一生坎坷,安史之乱前居闲职,日子清贫。杜甫曾为他写到:“诸公衮衮登台省,广文先生官独冷。甲第纷纷厌粱肉,广文先生饭不足。先生有道出羲皇,先生有才过屈宋。德尊一代常坎坷,名垂万古知何用!”以此公然表达自己的义愤。安史之乱中,郑虔为唐王朝通风报信,而安史之乱后,唐王朝收复洛阳,处分陷贼官员,郑虔被贬为台州司户参军。杜甫因此大鸣不平:“郑公樗散鬓成丝,酒后常称老画师。万里伤心严谴日,百年垂死中兴时。苍惶已就长途往,邂逅无端出饯迟。便与先生应永诀,九重黄泉尽交期。”关于郑虔被贬的罪名一直都是个敏感的政治问题,但杜甫相信郑虔,坚定地认为他是冤枉的,并毫无顾忌地为他翻案。

俗话说“人以群分”“文人相亲”,但杜甫和他的朋友们都有着高尚的志趣、崇高的人格、较高的择友标准。面对朋友,他们有的是无条件的信任、患难不离的勇气,这使得他们的友谊更有分量和价值。

(三)自然情:平等待物,赤心永存

杜甫诗歌中的自然情主要体现在他的爱物思想中。“一重一掩吾肺腑,山花山鸟吾友于。”(《岳麓山道林二寺行》)这展示的是诗人亲近自然的情怀。杜甫的诗中体现了人与物都由天地化育而来的、造物主平等待物的认识。如《北征》一诗中看到人类社会是“乾坤含疮痍,人烟渺萧瑟”,“所遇多被伤,呻吟更流血”。与之相对应的自然界则是“菊垂今秋花,石戴古车辙。青云动高兴,幽事亦可悦。山果多锁细,罗生杂橡栗。或红如丹砂,或黑如点漆。雨露之所濡,甘苦齐结实”。一方面感叹人类社会与自然界的巨大反差,一方面又显出人与物同受造化的认识。杜甫的爱物思想也表现为一种与物无间的赤子之心。这份赤子之心首先表现在杜甫对于自然界中的那些矫健的动物非常喜欢,常视它们为可共生死、同患难,可寄托豪情壮志的朋友。如“胡马大宛名,锋棱瘦骨成。竹批双耳峻,风入四蹄轻。所向无空阔,真堪托死生。骁腾有如此,万里可横行。”(《房兵曹胡马》)便是最好的例证。另一方面,杜甫对自然的赤子之心,也表现在他对那些弱小的、病态的、衰微的物体寄予的深厚同情、无限的哀伤和怜悯。如杜甫写病柏、病橘、枯棕、枯楠、病马、瘦马等这一组诗中体现地尤为明显。

总之,杜甫对于自然的爱物思想,在一定程度上体现的人与物的平等,这有利于我们人与自然和谐发展观的完善——我们要亲近自然,保持一颗赤子之心。

(四)爱国情:忧患意识,行动护国

首先作为一名伟大的爱国诗人,杜甫有着极高的政治忧患意识。他的这种忧患根源于他以天下为己任的抱负,根源于他的“再使风俗淳”的理想。杜甫处在唐王朝由盛转衰的历史时期,所面临的是一个动荡的时代,国家的衰微是他忧患的核心。他忧患群盗纵横,战伐不断:“凉风动万里,群盗尚纵横。”(《悲秋》)他忧患诛求不已,国运艰难:“国步犹艰难,兵革未衰息。万方哀嗷嗷,十载共军食。庶官务割剥,不暇忧反侧。”(《王阆州筵奉酬十一舅惜别之作》)他忧患主上昏庸,大权旁落:“况闻内金盘,尽在卫霍氏。”(《自京赴奉先县咏怀五百字》)……杜甫是进亦忧,退亦忧,因为国家百忧集一身。他之所以如此,是因为他有着对社会政治的一种历史责任感,对人民、国家的一片真诚。他虽仕途不顺,却时时关心着朝政。在个人得失面前,国家始终放在第一位,他因国家忧心忡忡,至死不悔。再次,杜甫的爱国情感还体现在他对生命的忧患上。这种忧生常常伴随着历史的遗憾。“生涯抵弧矢,盗贼殊未灭。飘蓬逾三年,回首肝肺热。”(《铁堂峡》)流露的是这个时代让诗人难以实现抱负、实现理想的悲哀。长安奔走的十年间青春不再,他更饱尝了世态炎凉,看到了社会不公,明白了仕途险恶。但面对国家,他从未放弃,一直用行动尽最大努力贡献他的微薄力量,他的心中从未放下“再使风俗淳”的政治理想。献诗求谒,是他委屈自己也想要为官效国。“虽乏谏诤姿,恐君有遗失”(《北征》)的劝说是他为国不畏过的责任与担当。

总之,杜甫通过他的诗歌向我们展示了他的爱国情怀,他的理想虽渺不可及,但他对理想的执着却令读者感动,他因此表现出的顽强的人格精神,永远感染着我们。他是我们进行爱国主义教育的最好榜样。

(五)人民情:人道主义,批判战争

杜甫的人道主义精神是他成为“诗圣”的一个重要因素。作为社会良知,杜甫最终关心的是人。他从感同身受而引发对人民的深切关怀。他常在自己最困苦艰难的时刻,不由自主地想到天下的百姓。正如《茅屋为秋风所破歌》中所写的那样,在自己的茅屋处在风雨飘摇中时他首先想到的不是为自己找一间可以躲避风雨的屋子,而是想到的天下寒士的处境。由自己的不幸,想到天下人的不幸,为了解脱天下人,宁愿自己承担不幸。他的这种由己及人是出于内心的、不加雕饰地对天下人的关怀,使得诗人的形象在人民心中一直闪耀着人道主义的光辉。同时,杜甫的民胞精神也是一种深厚的人道主义情怀。这种精神是一种比亲情、友情、爱情等情感更为博大的爱,它不带任何功利性,不受人际关系的影响,是发自内心的对人民的爱。杜甫对人民的关心其核心是在关心人的生存、安全、幸福。所以他批判战争给人民带来的苦难。《三吏》《三别》是杜甫对平乱战争征兵过程中一些非人道行为和军营腐败现象的批判与揭露。

所以,从一定意义上说,杜甫的思想中体现着儒家的"民为邦本"的传统思想。从这方面解读杜诗,更容易让我们体会到"以人为本"的历史智慧,提高我们的"推己及人"的思想境界,更加的珍爱和平,也有利于和谐社会、甚至和谐地球的构建。

三、以情解杜诗对杜诗教学的意义

杜甫的诗歌是中学生接触较多的。在初中语文教材中就出现了《望岳》《春望》《石壕吏》《茅屋为秋风所破歌》《羌村三首(之三)》《登楼》等六首;高中新课标必修语文教材出现《秋兴八首(其一)》《咏怀古迹(其三)》《登高》等三首,高中语文选修教材中又有收录。从这个数量上来说杜甫的诗歌在中学语文中有着很高的地位。再者,杜诗又称为"诗史",在文学史上有着它独特的地位与丰富的内涵。因此,学好杜诗尤其重要。

然而在目前的课堂教学实施过程中,不少教师过于看重知人论事对学生理解诗文的作用,在上课前介绍背景,而忽视了对学生的引导。以情解杜诗则很好的尊重了学生的主体地位,重视了诗歌兴发感动的作用。[3]随着对文本情感的解读,对作者其人也将自然而然的获知,避免了其人与其诗解读过程中可能出现的断层,尊重了教学的循序渐进原则。[4]再次,在教学过程中教师对诗歌文本的解读往往过于理性,很多教师认为诗歌教学的首要任务是帮助学生扫除文本障碍,诗歌的教学重点多在让学生记忆和学习其形式技巧,课堂多在分析用字、形象、结构、表现手法等等,在不自觉中忽视了诗歌的内涵与教育意义。而以情解杜诗不仅能以学生为中心帮助学生理解杜诗,更能从思想情感上认识杜诗,真正理解杜诗并受到其思想感情的熏陶,提高我们的精神内涵。最后,以情解杜诗是《普通高中语文课程标准(实验)》对必修课程和选修课程中阅读古诗文的教学建议在课堂中的实践。[5]

总之,以情解杜诗重视的是对学生知识学习与素养提高的双重重视。

参考文献

[1](唐)杜甫,仇兆鳌注. 杜诗详注[M]. 北京:中华书局,2013:1438.

[2]袁枚. 随园诗话[M]. 北京:北京人民出版社,1982:489.

[3]叶嘉莹. 迦陵论词丛稿[M]. 北京. 北京大学出版社,2014:1-19.

[4]王道俊,郭俊安. 教育学[M]. 北京:人民教育出版社,2009:24.

[5]中华人民共和国教育部制定. 普通高中语文课程标准(实验)[S]. 北京:人民教育出版社,2003:16.

严步青长篇小说《龙尾堡》论析

——兼议近代关中民谣在民国乡土叙事中的功能

李险峰

(渭南师范学院 人文学院,陕西 渭南 714099)

摘　要:严步青的长篇小说《龙尾堡》是近年来陕西文学乡土叙事的一个重要收获。小说塑造了个性鲜明的人物形象,建构了特定历史时期独特的地域文化,善于通过细节描写揭示人物的性格、心理和精神状态。小说中不时出现的近代关中民谣强化了文本的接受效果。

关键词:严步青;《龙尾堡》;乡土叙事;关中民谣

基金项目:陕西省教育厅人文社科专项科研基金:近代社会转型期关中民谣研究(15JK1244)

作者简介:李险峰(1968—　),陕西富平人。渭南师范学院人文学院副教授,主要从事当代文学批评和地域文化研究。

早在9年前,著名文学评论家陈晓明在对刘震云的长篇小说《一句顶一万句》所作的评论中把重写革命历史的乡土叙事称为“向内转”,并指出“向内转”的经验已经被几部大书耗尽,留给想要进一步有所作为的乡土叙事的可能路径就十分狭窄。[1]诚如陈晓明所说,就全国范围内来看,新时期以来,陈忠实的《白鹿原》、刘震云的《故乡天下黄花》、铁凝的《笨花》、莫言的《生死疲劳》、余华的《活着》等几部大书把革命历史视阈下的乡土叙事从陕西关中到中原大地,从冀中平原到山东乡村,从北方到江南几乎予以覆盖,“向内转”的乡土叙事已无开拓空间。但是,小说这一文体的本体性特征在于书写个人经验,而乡土叙事又带有强烈的地域性,因此,在相同相近的历史大格局中,在中国这样一个幅员辽阔的国度,不同地域乡村世界的芸芸众生获得的个人经验必然千差万别,从这层意义上讲,《龙尾堡》这部秉承“向内转”艺术取向的乡土叙事就有了自身的价值前提和理论可能。而且,他还具备丰富的题材来源:“母亲就给我讲流传于家乡的老故事,……听父亲讲脑袋后面拖着一根大辫子的爷爷在清末及民国是如何开店铺做生意;讲关中刀客,讲辛亥革命中汉人怎样杀满人;讲民国时期曾经给大荔人民带来噩梦般记忆的同州悍匪军阀麻镇武,讲昔日黄河滩的土匪……”[2]因此,可以说,小说作者是把“在场者”(长辈)的历史记忆借助艺术想象融入了字里行间,为读者认识特殊历史时期大荔及其周边乡土世界的风云变幻以及这种变幻对村民日常生活和精神世界的影响打开了一扇视窗。

在艺术风格上,《龙尾堡》秉持的是巴尔扎克传统,作者力图用现实主义的笔法还原那段历史,不像曾经居于主导地位的红色官史小说那样在官方意识形态和历史观的桎梏下裁剪历史,甚至歪曲历史,尤其是没有把人物的日常生活用阶级斗争的视角画地为牢贴上标签。这样的历史意识和美学取向使小说在人物形象塑造上表现出独特的风貌。在人物塑造上,《龙尾堡》有三点值得重视。一是塑造了富有地域特色个性鲜明的人物群像。严裕龙的父亲严鼎铭以清末重臣朝邑人阎敬铭为原型,使严裕龙具有了独特的身世和精神文化传承,他既不像陈忠实笔下的白嘉轩,也不同于著名军旅作家党益民《喧嚣荒塬》中的莫鹏举,他的存在容易使人联想到清末民初乱世之际一批从居庙堂之高瞬间处江湖之远的特殊人群。马山虎是一个出身刀客、有情有义、正直勇敢的义匪形象，跟祸害一方的悍匪麻老九迥然不同，这个义匪身上传承着中国古代游侠行侠仗义除暴安良的精神衣钵。王寅文则是一个堕落了的落魄文人形象，他奉行的是为了存在不择手段的“存在”主义。马云起和郭明瑞等人物形象也各有千秋，不再赘述。二是重视环境对人物命运的影响和左右，人性的善与恶都与人物所处的环境密不可分，而不是生来如此。这个环境既有历史大环境，也有家庭小环境，当然还有文化制约下的社会环境。无论《龙尾堡》三大家族的掌柜严裕龙、郭明瑞、马云起还是王寅文，他们的性格特征、行事风格、生命轨迹都是特定历史时期特定生存环境下的产物。显而易见，严裕龙是这几个主要人物中最具“正能量”的一位，他的担当、正气、多智、矜持跟家庭熏陶有直接关系，父亲的言传身教对他产生了深刻的影响，他的每一次出现几乎都是亡父在《龙尾堡》的显灵。可以毫不夸张地说，小说中各色人物的多舛命途都是由乱世生存境遇导致的，带有一定的逻辑必然性。三是重视对欲望的洞察与书写，这一点在郭明瑞、马云起和王寅文三个人物身上表现得十分突出。他们都是比严裕龙更为复杂的“圆形人物”，他们身上的“最大公约数”是欲望，相较而言，郭明瑞贪财，马云起好色，王寅文崇权，他们的悲剧命运几乎都是欲望驱使的结果。曹文轩指出，20 世纪末以来的新历史小说完成了一次从“一切历史都是阶级斗争的历史”到“一切历史都是欲望的历史”的颠覆，[3]283 从这层意义上讲，《龙尾堡》在高扬现实主义文学大旗的总体风格下又含蕴着新历史主义的情调。

乡土小说鲜明的表征是独特的地域文化，《龙尾堡》用大荔及其周边地区清末到中华人民共和国成立初期特有的自然风貌、民风民俗、方言土语、民间歌谣等多种途径全方位地建构了跟关中其他地域具有一定差异的“同州文化”。比如，马山虎和他的手下弟兄们的生存之道不是占山为王，而是藏匿于黄河滩茂密的芦苇杂草丛中；严裕龙的小老婆小凤梦见掉牙十分恐惧，因为“在龙尾堡，梦中掉牙是一种预示要失去亲人的不祥之兆”。后面的叙述则是这一征兆的应验。这个细节显示了清末民国时期乡村文化的神秘因子。小说注意运用极富表现力的俗语来显示同州方言文化的审美张力，比如马云起在临晋大牢中被关了三天三夜，饿得“前胸贴着后背”，郭明瑞忙得“提着裤子寻不着腰”。尤其值得注意的是，小说中用大量流行于清末民国年间的民谣不仅弥补充实了历史的细部，而且对塑造人物形象也大有裨益。水云哄兰兰睡觉时唱起了“关中口谱”：“咪咪猫，上高窑，上了高窑逮雀雀，雀雀噗噜噜飞了，看把老猫气死了。”[4]250 这首用于催眠的民谣在 20 世纪 80 年代前流行于关中各地，60 年代前农村长大的读者都有清晰的记忆，富有浓郁的乡间生活情趣。“西边太阳落了山，耕作农夫出了田。觅食鸟儿归了巢，拉车牲口回了圈。男人急忙吃了饭，还要接着再耕田……”；[4]249 马云起吼唱的这段酸曲把他好色的本性揭示得淋漓尽致：“提搂铡草揣麦秸，扬场使的左右锨，赶车打的回头鞭”，[4]143 寥寥数语，把一个农耕环境下关中大地干活好手劳动技能之熟稔表现得十分突出。

细节是一切叙事艺术必须重视的环节，《龙尾堡》中的一些细节描述对于人物刻画和主题表达起到了有力的作用，给人留下了极为深刻的印象。麦客们在郭明瑞家吃饭时，有个小老鼠掉进了饭里，刚好被一个年轻的麦客看见，“就在那个年轻麦客转过身子喊话的一刹那，郭明瑞以极快的速度把手伸进盆里，把那只老鼠拿起来一下子放进嘴里咽进了肚子，以至于马云起和李盛满还没弄明白是怎么回事就结束了，那个麦客更是没有察觉到郭明瑞吃老鼠的情景……”郭明瑞担心老鼠掉进盆里一旦被麦客们知道肯定要把那锅饭倒掉重做，便以极快的速度、极大的忍耐力把老鼠吞了下去，一个爱财如命的地主形象跃然纸上。郭丁山为了逃壮丁，手提砍刀溜进井房，“做贼似的左右看了看，看到无人，把右手食指放在台阶上，左手举起大砍刀,手起刀落,右手食指被砍了下来……”这个细节极易使人联想到解放战争中国民党军抓壮丁给老百姓带来的极大恐惧和伤害。

民谣带有浓厚的乡土气息,是农耕文明时代民间智慧的显现。纵观上 20 世纪 90 年代以来以清末民国为题材的乡土小说,民谣的使用频率呈现着逐渐上升的态势,乡土作家们愈来愈意识到民谣在建构地域文化、展现时代风貌、彰显生活情趣、强化语言审美张力等方面具有独特的表意功能,尤其是历史、时政类民谣所具的“补史之阙”功能,有助于让读者洞见历史的细部,从而增进了小说的叙事效果。对民谣的自觉运用是《龙尾堡》取得成功的艺术手法之一。

参考文献

[1]陈晓明.“喊丧”、幸存与去历史化——〈一句顶一万句〉开启的乡土叙事新面向[J].南方文坛,2009(5):5-14.

[2]严步青.《龙尾堡》重温关中旧事追寻百年失忆的陕西[EB/OL].http://fun.hsw.cn/system/2016/0418/56629.shtml,2016-04-18.

[3]曹文轩.二十世纪末中国文学现象研究[M].北京:作家出版社,2003.

[4]严步青.龙尾堡[M].北京时代华文书局,2015.

白居易"游寺"诗略论

王 昱
(渭南师范学院 人文学院,陕西 渭南 714099)

摘 要:作为中唐时期极负盛名的"平民诗人",白居易的诗歌创作在不仅在数量上高产,而更在于表现了其所历社会中的诸多人物和现象。纵观白氏的诗文集,在他自身的生活经历过程中,对于佛家寺庙这一特殊境域的游历亦是极为频繁的,由此创作的诗文似乎成了他诗歌生命中的一条独特线索。本文从白居易游寺诗的文本侧重角度入手,就其游寺诗的表达方式与主要特征做出分析,并进一步探讨这些游寺诗的创作对于白居易思想的影响程度所在。

关键词:白居易;游寺;游寺诗;佛缘

作者简介:王昱(1986—),陕西渭南人。研究生学历,渭南师范学院人文学院讲师。

唐代社会宗教风气浓厚,佛禅大盛,文人士大夫喜游佛寺,或拜师访友,或读经坐禅,或携友赏景,不一而足。白居易是中唐"安史之乱"后的庙堂知识分子之一,极负诗文之名,而关于白居易的诗歌创作成就和影响,一直以来是人文学界探讨的"热门"。如果回溯至中唐时期,白氏诗歌在其时的广布程度更是达至社会各个阶层,挚友元稹(779—831)在《白氏长庆集序》中言:"……二十年间,禁省、观寺、邮堠、墙壁之上无不书,王公、妾妇、牛童、马走之口无不道,至于缮写模勒,卖于市井,或持之以交酒茗者,处处皆是。"[1]此可见其诗文的影响面。对于佛寺来说,作为体现佛家宗教性质的专门实体机构,中唐佛寺的数量和规模至唐武宗前也是社会中的主流场所之一。白居易喜游佛寺,似乎从早年其就有所表现,如其十几岁就有"衡门寂寞朝寻我,古寺萧条暮访君""雨天连宿草堂中,月夜徐行石桥上"(《醉后走笔酬刘五主簿长句之赠兼简张大贾二十四先辈昆季》)的经历和感受。但开始频繁出入寺庙游览却并着力成章,却主要在其仕途经历开始之后。

一、白居易游寺诗在其诗文中的侧重

白居易的游寺诗虽说在其丰富数量的诗歌中仅仅占据一小部分,但在其成年后的生活经历中这种游寺活动却极为频繁。尤其是从唐德宗贞元十六年(800)起,游寺方式似乎成为他以后每个年龄阶段的生活常态,而较为丰富的游寺经历主要发生在三十至六十岁之间,这一阶段则是他仕宦生涯的关键阶段。虽然,随着年岁的增长,诗人每每游寺的心境多有起伏,但总体上,确是朝向着一种怀揣着半宗教式的虔诚,而逐渐归隐于释地。

那么,从白氏游寺诗在其诗文中的这种厚重分量是如何体现的?我们从两个角度可以窥视出。

一方面,从白氏年龄线的时间增序角度来说。贞元十六年(800),对白居易而言最重要事情莫过于登科及第。据载:"正月,在长安。二月二十四日,于中书侍郎高郢主试下,试《性习相近远赋》《玉水记方流诗》、策五道,以第四人及第,十七人中最年少。及第后,归洛阳。暮春南游,至浮梁。九月,至符离。"[2]可见,及第后的白居易心情舒爽,遂南游诸地,经历了夜宿湖北襄阳的景空寺之后,回往安徽宿州的乡居之所符离,而此地流沟山中的流沟寺是其主要的去处之一,事实上,本年五月起安徽便陷入了张氏叛乱的境况,因而在符离游寺经历并不愉快,似乎避乱的心态更多。

贞元十九年(803)起,白居易开始在长安为仕,历经校书郎、盩厔县尉、左拾遗、翰林学士、太子左宾善大夫等宦职的交替起伏,这一时期的为官经历成为白氏一生中重要仕宦生涯,亦是其在朝堂中最显宦的时期。与此同时,长安及附近的终南山、以至盩厔县、蓝田县等地的寺庙成了白居易生活活动中重要的游地,如慈恩寺、西明寺、云居寺、青龙寺、仙游寺、悟真寺、感化寺及玉泉寺等寺地,这些京城及周围的诸多名刹都散见于白氏诗作中,当然,元和年间的游寺诗亦成为诗人一生中重要的游寺创作时期。元和十年(815),白居易被贬为江州司马,南下谪居江西,四年后遂累仕忠州及苏杭两地刺史。宝历二年(826)始归长安时,诗人已至天命中岁。谪居时期,似乎游寺成了他重要的生活片段之一,且心情起伏巨大,而诸地的名刹亦在其足下留痕,如江州的二林寺(东、西林寺)、宝称寺,苏杭的灵隐寺、天竺寺、武丘寺等地,偶归长安,亦会游览开元寺、清源寺等寺地,这些游寺经历成为白居易公事之外的重要活动,所留诗篇也颇具特色。大和三年(829),诗人五十八岁,罢刑部侍郎,以太子宾客分司东都洛阳。居洛期间的仕宦生涯历经河南尹、太子少傅等职,常览或宿东都名刹如香山寺、圣善寺、乾元寺等地,而其中的香山寺成为白居易暮年最钟情的寺所,此时的"香山释缘"亦是白氏最大的生命归愿。直到会昌初年归仕长安后,生命中最后几年里,诗人游览寺庙的心力业已衰退了。

另一方面,从白氏所游寺观的频次而言,似乎整个的耳顺年岁都寄情在了其分司洛阳时的香山寺,除了诗作,在诗人愿力之下重修香山寺的成果成为他"香山释缘"的真实而挚情的记录。而谪居江州时,对东、西"二林寺"的赏览诗篇,既体现了诗人心态的起伏,又着重表现了其在生活中寻求特殊境地来"移情"的真实写照。此外,盩厔的仙游寺、洛阳的玉泉寺以及苏杭武丘寺、孤山及天竺、灵岩等寺地,亦是白居易在不同年岁复览的庙宇。

由此可见,"游寺"似乎成为白居易自走上仕宦生涯旅程中,于其现实生活中较为独特的活动经历,而这些经历伴随着白居易走过了青壮年直至晚年,这种"游寺成诗"的生活片段及成果成为这个"社会诗人"海量诗篇中的一个重要线索,并展现着他特殊年岁时的生命体验。

二、白居易游寺诗的主体表达方式

既然游寺经历和所成诗作占据了白居易巨量诗篇的中的特殊方面,那么,白居易是如何表达其游寺经历的呢?大体而言,有以下几个方面:

(一)赏览寺景

此即以寺中物象,表达诗人一定的情志状态。一直以来,白氏是作为"社会诗人"的典范而被后世所推崇的,主要就在于其在诗作中极为多元的社会生活面貌、人物情态、社会风俗、多重区域现象之描绘等,最为贴切的则是谓其为"广大教化主"(张为语)。而单从白氏游寺时所呈示的物象表达来看,也较为丰富的,有专门标示的如流沟寺古松、云居寺孤桐、西明寺牡丹、东林寺白莲、大林寺桃花、开元寺池景以及南龙兴寺残雪等,这些物象在不同时期的表达中体现者诗人不同的心绪和状态。

(二)避乱之游

"避乱"可分说两个角度,其一是较为动荡的社会局势。其二则是作为关涉白氏仕途命运的庙堂之乱。中唐时局纷乱复杂,内忧外患动辄而起。贞元十六年(800)白居易游乡居的符离流沟寺,作诗道:"九月徐州新战后,悲风杀气满山河。唯有流沟山下寺,门前依旧白云多。"(《乱后过流沟寺》),这是对是年五月起持续四个多月的徐州张氏叛乱平息之后,所历景象惨状的回顾,而僧寺场所似乎是最好的避乱静地,诗人以对比的方式表达了一种悲愤和无奈。庙堂之乱则主要是针对元和十年(815)诗人被贬谪居江州时,在前后几年间的矛盾心态,这种回避又是无奈而较费心力的。如元和九年(814)游长安悟真寺有道:"世缘未了住不得,孤负青山心共和。愁君又入都门去,却是红尘满眼诗。"(《游悟真寺回山下别张殷衡》),而在谪后江州游历东林寺时即有："夜深众僧寝，独起绕池行。欲收一颗子，寄向长安城。但恐出山去，人间种不生。"（《东林寺白莲》）这种感受，表达了诗人极为矛盾的纠葛心态。

（三）随心而游

在这个层面上的游寺心态，似乎最能得白居易之乐怀心态，但这种乐也包含着较为复杂的不纯粹性，单纯在诗名中标示一"游"字，似乎并不是完全与诗境心境相契合。元和年间游历寺庙所作似乎更见出如此，如《游云居寺赠穆三十六地主》的踏春豪情、《期李二十文略王十八质夫不至独游仙游寺》的劝友、《游仙游山》的"怪闲"心境，及两游悟真寺时表现出的消极心理，再如《游春西林寺》《游宝称寺》《游横龙寺》以及《梦亡友刘太白同游章敬寺》等游寺经历中，因时境仕境之变，或淡泊心闲，或静中叹老，甚至于回忆中悲痛亡友，情不自禁，可见此游心是极为复杂的。

（四）留题之旅

作为此时极负盛名的大众诗人，白居易仅在游寺之旅过程中，留下了许多对于庙宇题名的诗作，这些诗作在诗人不同年岁中多有呈现。大体来说，主要有题寺中物象（《晚题东林寺双池》《题流沟寺古松》）、送友题寺（《游云居寺赠穆三十六地主》），携友同游共题、题赠方外僧众（《正月十五日夜东林寺学禅偶怀蓝田杨主簿因呈智禅师》《题孤山寺山石榴花示诸僧众》《晚春登大云寺南楼赠常禅师》等）等，而形式规格不一而足，谪居江州以至后来分司东都时，遍游诸地寺庙所题最为繁丰。

三、白居易游寺的总体特征

（一）孤与独

这是一种在独自游寺的经历中所表达的寂寥状态。而如"独游""孤游""独宿"等表达不仅常显而易见于题名，在具体诗作的内容上也直言陈述。如他长安做官时独游仙游寺，便有"幸与静境遇，喜无归侣催。从今独游后，不拟共人来"（《仙游寺独游》）。这是体验到了独游的喜悦与自在，与好友王质夫邀约同游仙游其人未到，也发出了"始知解爱山中宿，千万人中无一人"（《期李二十文略王十八质夫不至独游仙游寺》）。重题西明寺的牡丹时亦有"又独来"感慨。江州谪居，常独游东西二林寺，夜起独自绕行寺地，即便是后来回归京城，独游涂山寺有"野径行无伴，僧房宿有期"（《涂山寺独游》）之感，孤游玉泉寺有"更无人作伴，秖共酒同行。……闲游竟未足，春尽有余情"《独游玉泉寺》的落寞中释怀。同时，白居易夜宿寺庙似乎也是颇为常见的。如贞元十六年（800），白氏及第后随游览南方诸地，曾于湖北襄阳游景空寺，作有《旅次景空寺宿幽上人院》；元和二年（807）时为盩厔县尉时所作的《仙游寺独宿》；谪居江州时也是常常夜宿东、西二林寺（时有《宿东林寺》《宿西林寺》《宿西林寺早赴东林满上人之会因寄崔二十二员外》《正月十五日夜东林寺学禅偶怀蓝田杨主簿因呈智禅师》《晚题东林寺双池》等诗篇），此外，苏杭刺史时期，也是偶宿清源、云门、武丘、灵岩等寺，皆留诗篇。耳顺的年岁中，白居易就直接隐宿于洛阳香山寺，同时也不时游览周围寺庙，而大多数时候，是独宿或独游，足见一种身闲孤寞之感。

（二）闲与懒

大抵来说，对于宗教场所的活动经历，以"游"来修饰，其中的闲情逸致自然生发，因而，白居易的"闲"情自然也能够在游寺过程中表达，而且在不同的年龄阶段会有不同的闲情状态。比如几近不惑之年，时职盩厔县尉的白居易常览仙游寺，作"暗将心地出人间，五六年来人怪闲。自嫌恋著未全尽，独爱云泉多在山"之句（《游仙游山》），有一种出世归隐之感，这种怪闲就是出入俗世时的思想矛盾体验，因而不惑之后，白氏的"闲情"姿态就表达地更为直接，有一种闲散慵懒的无奈与消极成分，而宗教式的体验也在游寺经历中表现的更加明显了："身着居士衣，手把《南华》篇。终来此山住，永谢区中缘。我今四十余，从此终身闲。若以七十期，犹得三十年。"（《游悟真寺》）"闲心对定水，清净两无尘。"（《题玉泉寺》）谪仕江州的游寺之闲，则日趋呈现心绪澹泊之态："身闲易澹泊，官散无牵迫…独有不才者，山中弄泉石。"（《游春西林寺》）岁至天命的白居易览寺之旅，可以闲持经卷进天衣寺（杭州），亦会在歌妓簇拥下闲游武丘寺（苏州），还会在龙兴寺（洛阳）闲览雪后残松，这闲懒姿态可见一斑，而这样的游寺方式，就是为了达致那“官散无殊事，身闲甚自由”（《重修香山寺毕题二十二韵以纪之》）的生活常态。也因此，当他在洛阳屡访香山寺，即便是有着“空门寂静老夫闲，伴鸟随云往复还”（《香山寺二绝》）的似佛非佛和“长闲犹未得，逐日且偷闲”（《宿天竺寺回》）的似俗非俗等体验，但在“我年日已老，我身日已闲”（《晚归香山寺因咏所怀》）的慨叹中，足以见出他落寞。

（三）惆怅与愁肠

游寺不仅常会孤游，体验闲散时境，而且常怀惆怅，这在白居易历年来的游寺体验中也有较多表现，总体看来，因仕境的起伏和年岁的增长，这种在游览特殊境地——寺庙时所表达的生存困顿之“愁怅”体验是越发强烈。白居易初仕时游历长安诸寺，就随生惆怅之感，如在慈恩寺时有“惆怅春归留不得，紫藤花下渐黄昏”（《三月三十日题慈恩寺》）般感慨，游题仙游寺时有“林间暖酒烧红叶，石上题诗扫绿苔。惆怅旧游哪复到，菊花时节羡君回”（《送王十八归山寄题仙游寺》）的寄怀与无奈，再次面对西明寺的牡丹，也生发了“今年况作江陵别，惆怅花前又独来”（《重题西明寺牡丹》）的落寞，即便与友人同游，亦会有“旧峰松雪旧溪云，怅望今朝遥属君”的怅然情愫，而此阶段也正是其京城官运的关键时期。时过境迁，而心境随之改变，游寺之惆怅也变得时常叹老与回忆交织着，谪江南时在大云寺、宝称、东西二林等诸寺的游历体会皆有此感——“愁醉非因酒，悲吟不是歌”（《晚春登大云寺南楼赠常禅师》）、“可怜幽静地，堪寄老慵身”（《游宝称寺》）、“临流一惆怅，还忆曲江春”（《晚题东林寺双池》）、“将谓独愁犹对雨，不知多兴已寻山”（《雨中赴刘十九二林之期及到寺刘已先去因以四韵寄之》）、“愁来正萧索，况见故人名”（《吉祥寺见钱侍郎题名》）、“僧徒多怅望，宾从亦徘徊”（《留题天竺灵隐两寺》）、“今愁古恨入丝竹，一曲《凉州》无限情”（《题灵岩寺》）等，可见，在诸如此类游寺之旅中，愁悲状态尽可观之，而这种趋向，似乎更在于白居易日渐心力的消极情绪。

由此可见，白氏在其一生的游历实践中，寺观之旅是极为重要的一个方式，而“游寺”表达中，似乎也不尽是“游赏”的乐怀状态，其中情感是复杂而多变的。观白居易游寺诗作，除却了早年游寺赏花的闲适，中岁至晚年的游历心态是逐渐呈孤寂、闲懒和惆怅的，而心态的起伏也有一个极致状态，要有所凭靠的信念来应对仕宦过程中的无奈与烦琐，也因此，知“天命”以后的白居易游历佛寺，其诗歌中逐渐明显的呈现佛禅的实践。

学界常论白氏思想倾向，皆以儒释道三家思想在其心中此起彼伏的交融之态为主要方向，而这位“社会诗人”似乎也融合着社会中诸种思想潮流，以体现在自己创作实践中。作为天才般的诗文大家，在仕途看透而无奈以顺遂之后，承中晚唐的颓势，接近岁终的白居易更觉世态之凄清，也需要一种信仰维系意志。白氏逃禅倾向和实践，更是时势造英雄的顺其自然，我们通览其香山寺旅诗篇，自谓“空门老僧”的姿态时时可见，亦会常发出“地是佛国土，人非俗交亲”的慨叹，而佛禅的修行实践——坐禅、研经、持戒、顿悟等方式，随显其游寺诗篇中。汤用彤先生在《隋唐佛教史稿》中，总结士大夫与佛教关系约有三事：“一为玄理之契合，一为文字之因缘，一为生死之恐惧。”而在白居易游寺经历的角度来说，其诗作中融合了上述三种事由，而更能体现了诗人对佛法倾心过程的实证方式之一。

参考文献

[1]（唐）白居易. 朱金城笺校. 白居易集笺校（卷六）[M]. 上海：上海古籍出版社，1988：3972.

[2]朱金城. 白居易年谱[M]. 上海：上海古籍出版社，1982：20.

戏　曲　研　究

简论李十三《如意簪》对《聊斋志异·陆判》的改造

王晓红

（渭南师范学院 人文学院，陕西 渭南 714099）

摘　要:李十三，陕西渭南市临渭区人，清代著名剧作家。以擅长写碗碗腔皮影传奇剧而著称，先后写出了历演不衰而又深受群众喜爱的“十大本”，《如意簪》为其中的代表作之一。《如意簪》本事见《聊斋志异》卷一《陆判》。李十三的《如意簪》在思想内容、人物塑造、故事情节对《聊斋志异·陆判》进行了多方面的再创造。

关键词:李十三;《如意簪》;《陆判》

作者简介:王晓红（1969—　），女，陕西大荔人。渭南师范学院人文学院教授，主要从事中国古代文学研究。

李十三（1748—1810），本名李芳桂，陕西渭南市临渭区蔺店镇人，清代著名剧作家。李十三一生致力于碗碗腔皮影传奇剧（现称“华剧”）的创作。先后写出了历演不衰而又深受群众喜爱的“十大本”，包括《春秋配》《火焰驹》《紫霞宫》《香莲珮》《如意簪》《万福莲》《玉燕叙》《白玉钿》八大本戏和《玄玄锄谷》《四岔捎书》两个折子戏。《如意簪》为其中的代表作之一。

戏曲大师周贻白在谈到中国戏剧本事的取材时说，中国戏曲的取材“很少是专为戏剧这一体制联系到舞台表演来独运机构”，[1]这成为中国戏剧文学创作的一大特色。小说是古典戏曲取材的一大渊薮。虽然古代戏曲与小说历来有着密切的关系，你中有我，我中有你，同源异派，互相渗透，然而由叙事体的小说转化为“以歌舞演故事”的戏曲，“不仅是一种文学样式的转换，更重要的是一种艺术形式的再创造”。[2]

李十三的《如意簪》，又名《十王庙换颡》，本事见《聊斋志异》卷一《陆判》。许多研究者将其归到“聊斋戏”，即根据《聊斋志异》中的故事情节所改编的戏曲作品。由于小说与戏曲文本在叙事方式上的差异，小说改编为戏曲的过程是作家依循戏曲本身的创作规律和体式特征而进行的再创作、再加工的过程，是一个读者不断探索和丰富的文本意义过程。李十三的《如意簪》在思想内容、人物塑造、故事情节对《聊斋志异·陆判》进行了多方面的改造，实现了形式翻新和内容出新。

一、主题内容

对文学作品而言，主题是一篇叙事作品的总概括，“它是某种观念，某种意义，某种对人物和事件的诠释，是体现在整个作品中对生活的深刻而又融贯统一的观点”，[3]在将小说改编为戏曲作品的过程中，由于创作者的动机、心态和时代的审美风尚等种种因素的影响，叙事者会对原有“故事”进行一定程度上的把握与操纵，使叙事主题可能会发生改换、位移。

《陆判》是蒲松龄《聊斋志异》中的一则故事，天资愚钝、性情豪放的陵阳书生朱尔旦与法力无边的冥府鬼官陆判结交，陆判为朱尔旦施“换心术”，使其才思敏捷，科举高中；陆判又应朱尔旦请求,为其"面目不甚佳丽"的妻子更换妍头。后在朱尔旦因"换头"身陷官司时,陆判出手相援,得以平息。三十年后,朱尔旦去世,在陆判帮助下,其亡魂时常回家与家人聚首,悉心教子数载,终得子孙荣华显达。

从表层上看,小说《陆判》写的是"人鬼交友故事",凸显的是"高尚、纯洁,读之荡人心胸,启人心智的人鬼友谊"。[4]从深层次上,小说确实以陆判和朱尔旦的真纯友谊穿插始终,但大部分篇幅却叙写平凡的书生朱尔旦的生命历程。前半部分交代朱尔旦生前换心前后读书作文、中举情况,朱妻更换妍头前后变化及官司风波;后半部分叙写朱尔旦亡魂悉心教子,子孙显贵。可以看出小说《陆判》的重点并非仅仅是"人鬼友谊",而是对士子朱尔旦生命历程的观照。功名、富有、美妇,这些是现实生活中人们普遍存在的理想和愿望,而对于包括蒲松龄在内的众多普通的读书人要实现它,无异于南柯一梦。朱尔旦凭借"加凿削于心肝,施刀锥于颈项"的鬼官陆判的帮助,实现了既功成名就、又拥有娇妻美妾的人生美梦。通过这种虚妄、超现实色彩的叙事,恰恰传递着科举路上屡战屡败的落魄士子蒲松龄对理想生存状态的向往,体现了"以理想补人之缺憾"的创作补偿心理。

《如意簪》是李十三剧作中最长的一本。共二十二回。分别是:思游、出征、玩会、遗簪、换肠、贼起、盗杀、换头、验尸、误认、错审、拒贼、神断、托梦、还魂、还簪、探狱、寻女、内审、哭狱、平妖、荣会。主要剧情是:秀才朱尔旦与十王庙陆判官交游甚笃,陆为朱换心,使其黄榜高中;又为其妻换头,变丑妻为美妇。翰林吴志宁之女绛仙游庙,遇朱尔旦一见倾心,故意遗失如意簪。而贼人王十对绛仙心存邪念,夜晚潜入吴家将绛仙杀害。陆判随即将绛仙之头与朱妻对换。朱尔旦夫妇庙中谢神,恰遇吴翰林。翰林认定女儿未死,是被秀才拐骗,双方见官。县官判定朱秀才嫌妻丑陋,将其杀害后,又拐骗良家妇女,判朱秀才下狱,朱妻随翰林回家。此时民女花晓云病死,阎王判绛仙阳寿未尽,借花晓云尸体还魂。当夜,朱妻由吴家逃出,路遇还魂后的绛仙,经说明真相后,二人约定共侍朱秀才。陆判又来救险,让朱秀才平乱立功。朱秀才杀了王十,又迎娶了花晓云,即还魂后的绛仙。

《聊斋志异》中《陆判》主要讲述的是一个传奇故事,而李十三的《如意簪》是既是一曲公案戏,也可以说是一个言情剧。把庞杂的剧情,用简洁明确的线条拧结在一起,是李芳桂的八部大戏共有的结构特点,《如意簪》也无例外。全剧以吴绛仙的如意簪为主线,开展剧情。一方面以主要篇幅来写朱、吴的爱情曲折,一方面写朱尔旦妻"易头"事件引起的官司、风波,爱情和案情纠结在一起,写得扑朔迷离,悬念迭生,很好地满足了观众猎奇、探疑的心理。全剧通过对朱、吴的爱情描写,体现了作者郎才女貌的美学追求,颂扬了女性吴绛仙大胆追求自主爱情,冲击封建礼教的樊篱的叛逆精神。吴绛仙在"十王庙"与秀才朱尔旦一见两欢,便遗簪在地,"以卜天喜"。后历经死而复生劫难,都源于对朱尔旦一厢情愿的衷情。即使委身作妾也心甘情愿,宣称"假若是与解元钗分镜破",也要与朱尔旦"作一鬼魂夫妻了"。华剧《如意簪》同时通过陆判官的换头、换心术荒诞,曲折地批判了人间是非颠倒、好坏不分、贤愚不辨社会现实。

二、人物形象

古代小说与戏曲同属叙事文学,二者都以塑造人物形象为主要任务。由于小说和戏曲作为两种文本具有不同的叙事方式和创作规律,人物形象塑造手法、审美效果上存在着明显的不同。在小说《陆判》的改编中,李十三特别注重刻画人物形象的个性化、复杂性和丰富性。

小说《陆判》中,主要出场的人物朱尔旦、陆判、朱妻、吴侍御之女,朱妻、吴侍御之女面目模糊,属于符号化的人物。陆判、朱尔旦作为主要人物,个性比较鲜明。陆判为冥间鬼魅,是神性、人性兼具的人物。作为神,"绿面赤须,貌尤狞恶","豪饮,一举十觥",且法力高强,为朱尔旦换心理肠,为其妻换项上人头"加凿削于心肝,施刀锥于颈项者"之事从容简易。同时,陆判又富有人情,通世故,重情重义,率真坦诚,与朱尔旦相好后,急友所难。即使朱尔旦死后,在阴间,陆判为之积极奔走,使朱生"受有官爵,亦无所苦"。朱尔旦,驽钝却明事理,狂放却豁达爽朗;对友对事的单纯,坦诚,是一个真实可信的读书人形象。

《如意簪》出场的人物21人,主要人物的设置,除了陆判和朱尔旦外,朱妻、吴女、县官李如桂的戏也不少。并且主要人物关系也不再是陆判与朱尔旦之间的单纯的友情关系,而是朱尔旦与陆判、朱尔旦与其妻,朱尔旦与吴绛仙、朱尔旦与吴翰林等几组人物关系及其纠葛中。

在小说《陆判》中陆判作为主角,基本贯穿故事的始终。到华剧《如意簪》发生了明显的变化。首先,陆判在戏中出场的场次数比较少,戏份少。全剧22回,陆判共出场六次:第5回换肠、第8回换头、第13回神断、第19回内审、第21回平妖。在全剧中,陆判官行为表现出明显的被动型,如为朱尔旦换心、送吴绛仙还阳等都是奉阎王法旨而行。其次,华剧中的陆判,小说中赋予的人性弱化,作为鬼使的神性凸显。陆判来去神秘,只需运动"元功",便阴风四起。两次主要事件"换心""换头",陆判官都是"鸡不鸣犬不吠万籁寂静""夜深沉鸡犬无声"出现。并且法力高超,在面对凶手王十的祝告,陆判官"出声"威严警告;"火焰触天"的狱中烈火轻松救出朱尔旦;率领鬼卒施法术擒贼平妖,帮助朱尔旦剿贼立功。

在华剧《如意簪》中,李十三完成了对朱尔旦形象重塑。首先,朱尔旦成为贯穿始终的故事主角。全剧22回,朱尔旦出场10次:第1回思游、第4回遗簪、第5回换肠、第8回换头、第10回误认、第11回错审、第17回探狱、第19回内审、第21回平妖、第22回荣会。在华剧戏剧冲突、主要事件中朱尔旦都处于中心地位,并且全剧以朱生思游十王庙为始,以朱生功成名就、喜得二妻作结,可以看出朱尔旦是全剧的中心人物。其次,在丰富了小说《陆判》豪放素钝朱尔旦真诚胆大、热衷科举的性格特性,还赋予了其普通士子更多性格侧面。如朴素的知恩报恩,朱尔旦高中后,对陆判"换头首巧夺天工",夫妻二人感激不尽,亲赴"十王庙报答恩情"。如软弱性,在陷入"换头"官司,不敢争辩。如人性的"得陇望蜀""贪心不足"弱点。既增加了故事的曲折性,人物形象更加突出、鲜明,真实可信。

华剧《如意簪》一改小说《陆判》女性形象苍白、符号化的倾向。《如意簪》塑造的新颖的女性人物给读者留下深刻的印象:大胆追求爱情的吴翰林之女吴绛仙;县官李如桂妻子坐堂审案,条分缕析,逻辑严密,断案分明,判决公道,"这是在我国古典戏曲里,出现的第一个女性登上政事堂的新颖形象"。[5]

《如意簪》剧中的"配角"也个性鲜明。县官李如桂面临一系列离奇的无头命案,虽"有职正直申民冤",然智穷才拙,无计可施,拜鬼求签,出丑显愚,成为观众揶揄对象。衙役王十本是惯盗杀人凶手,却匿窜府中,"身住公衙,胆比天还大","下班之余偷盗为生"。朱尔旦的书童零干,诙谐滑稽,可爱有趣。

三、故事情节

小说改编为戏曲,为了适应舞台演出的表现需要,满足戏曲观众的需求,会在原有小说叙事材料基础上有所创新和发展。沈新林教授在《中国古代小说戏曲比较研究》中将这种改编概括为三种情况:一是添枝加叶,小有异同。二是借题发挥,尺水兴波。三是推陈出新,作意翻案。显然,李十三《如意簪》对《聊斋志异·陆判》的改编属于第二种情况。所谓"借题发挥,尺水兴波",即借助原有的"故事核",选取原著中某一事件,某些人物,在新的题旨统领下着意翻新。

第一,小说《陆判》是围绕两个中心事件展开叙述:一是陆判为朱尔旦"换心",一是陆判为朱妻"易头"。在华剧《如意簪》中"换心"一事仅仅一带而过,对朱尔旦生活的影响仅仅限于帮助朱生"名登金榜",而"换头"一事,成为全剧的中心事件。总共22回戏中,有16回着重写"易头"带来的一桩无头命案,及其被侦破的全过程。

第二,小说《陆判》的故事情节大致为戏约——交友——换心——换头——死亡——魂返——训儿——赠刀,华剧《如意簪》着重取材于《陆判》前半部分情节,舍弃了小说后半部分朱尔旦亡灵教子之事,而沿着"换头"这一事件生发扩展出一段新的故事来。

第三,原故事中吴绛仙被凶手杀死后,虽然托梦为朱生辩冤,后"以朱妻首合女尸而葬"结局。而在华剧《如意簪》作者奇妙的设计吴绛仙死而复生,为了实现这一设计,增添了花晓云父女,让花晓云因病而亡,意在让吴绛仙"借尸还魂"。于是朱家、吴家、花家众多人参与其中,造成许多喜剧性的误会和巧合:吴翰林把换上吴绛仙头的朱妻宋飞燕,误认为自己的女儿,却拒绝相认借花晓云尸复生的吴绛仙;而华严又把借花晓云尸复生的吴绛仙错认为自己的女儿花晓云。其中吴女头的朱妻、吴女魂的花晓云参与其中,忽而阳世,忽而阴间,令"无头案"扑朔迷离,搞得县官李如桂晕头转向,如坠云里雾中。于是作者又奇妙地安排县官李如桂夫人坐堂内审,让吴绛仙和宋飞燕当面现身说法,并且让吴绛仙如数家珍般地列举了许多人鬼交往、阴阳差错的例子,使李如桂折服,终于真相大白。与小说《陆判》单一线索不同的是,华剧《如意簪》增加了戏剧线索,剧情曲折复杂,加上离奇的案情纠葛,再施以误会、巧合、逆转等手法予以编织,使得全剧情节迂回曲折,跌宕多姿,引人入胜。

第四,小说《陆判》中叙写"换头"引发的官司,陆判帮助朱尔旦辨明案情,吴侍御将换上自己女儿头的朱妻认作闺女,并与朱尔旦成了翁婿。华剧《如意簪》剧末中添加的一些情节:朱生被陆判从狱中救出后,边关建功做官;并且除原配夫人宋飞燕外,又喜风流聪慧的吴绛仙,兼得二美。这样的处理上改变了显然迎合了传奇剧大团圆结构的需要,也更好地体现了作者才子必须坐高官、得厚禄、拥双艳的美学追求。

结语:清代小说、戏曲两种文体分别到达了高峰时代,在完全成熟的状态下,其相互影响较前代更为自觉和密切。小说、戏曲相互改编当时成为一种创作风尚。探究清代李十三碗碗腔皮影传奇剧的名作《如意簪》对小说《聊斋志异·陆判》的改造,对了解小说、戏曲两种文体之间内在的相互渗透和借鉴,不无裨益。

参考文献

[1]周贻白.周贻白戏剧论文选[M].长沙:湖南人民出版社,1982:245.

[2]杜建华.《聊斋志异》转化为戏曲的十种方式——以传统川剧为例[J].戏剧,2003(1):129-137.

[3]吕茹.叙事主题的转换性:古代白话短篇小说与戏曲的双向互动[J].咸宁学院学报,2011(1):79-80.

[4]雷群明.聊斋写作艺术鉴赏[M].上海:学林出版社,2006:94.

[5]高泽,等.李十三评传[M].西安:陕西人民出版社,1987:114.

试论戏曲剧本对汉语方言研究的价值

——以《李十三十大本》为例

曹 强

（渭南师范学院 人文学院，陕西 渭南 714099）

摘 要：戏曲语言对研究汉语方言具有重要意义。清代碗碗腔剧作家李十三的《李十三十大本》中保留着诸多关中方言的语音、词汇和语法特点，是研究关中方言的重要资料。文章以《李十三十大本》为个案，列举数例，讨论了其对研究关中方言的意义，探讨了戏曲剧本对研究汉语方言的价值。

关键词：戏曲；韵文；李十三；碗碗腔；关中方言

作者简介：曹强（1977— ），宁夏海原人。渭南师范学院人文学院教授，文学博士，主要从事汉语史与史记学研究。

戏曲剧本语言对研究汉语方言具有重要的意义，可以为汉语方言研究提供有价值的材料。前贤时俊曾撰文讨论戏曲语言与汉语方言的关系。本文以清代《李十三十大本》为个案研究，讨论戏曲剧本语言对汉语方言研究的价值，所谓野人献芹，尚乞博雅君子辱教。

李十三（1748—1810），原名李芳桂，字村一，陕西省渭南市临渭区蔺店镇人。清朝乾隆、嘉庆年间的戏剧家，为碗碗腔皮影戏（现称"华剧"）著有《香莲佩》（又名《钉呆迷》）、《春秋配》《十三庙》（又名《如意簪》）、《玉燕钗》《白玉钿》《紫霞宫》《万福莲》《蝴蝶媒》《火焰驹》《清素庵》等十大本，另有《古董借妻》《四差捎书》《玄玄锄谷》三折戏，史称"李十三的十大本"。

自清以降，二百多年来，李十三的十大本只有传抄本，未梓印发行。1958 年，陕西省文化局编印《陕西传统剧目汇编》，曾将李十三的剧作收入《华剧》等分册里，但因印数少，未能广为流传。渭南市临渭区文体局曾整理李十三的剧作，将其十本三折戏结集印刷，命之为《李十三十大本》。王相民先生整理、校注"十大本"手抄本，出版《李芳桂剧作全集校注》[2]。蒙北京大学张渭毅先生告知，台湾亦有诸多"十大本"手抄本和整理本，限于条件，我们未能寓目。

李十三，一生坎坷，生计艰难，19 岁考中秀才，后因生活所迫，只好在家乡附近的胡家、吴章等地教书糊口。教书之余，李十三常与皮影艺人密切往来，遂对碗碗腔皮影戏产生了浓厚的兴趣。李十三创作的剧作，深受乡邻百姓喜爱。说明他不是以"雅言"创作，剧本中除清代常用口语外，常常使用方言和俚语，为方言学研究提供了许多珍贵的语言材料。我们曾讨论过《李十三十大本》对研究关中方言的价值[3]。现再摭拾数例，讨论戏曲剧本的韵文对关中方言语音研究的价值。

李十三碗碗腔皮影戏是一种用于歌唱的韵文，通过押韵，它可以形成一种流畅回环的韵律美，不但可以使唱词悦耳动听，且有助于情感的抒发。所以，我们可以通过分析唱词的用韵情况，研究李十三剧作的语音特征。

一

根据我们整理，李十三的十大本中唱词大都为四句式，而且句句押韵。例如，"听一言不由人魂灵飞荡（荡/江阳），（括号内"/"前为《广韵》的韵部，"/"后为《中原音韵》的韵部。下同）背地里忍不住两泪汪汪(唐/江阳)。只说是订盟后山海一样(漾/江阳),哪料想今日里祸起非常(阳/江阳)。"(《香莲佩》)[1]P39 其中"荡""汪""样""常"入韵,句句押韵,属异调相押。又如,"欲去时心儿里无端牵挂(卦/家麻),亦非是起歹意无故盘查(麻/家麻)。再看她举动间是真非假(马/家麻),不问明扯的我难以还家(麻/家麻)"(《春秋配》)。[1]71 剧作中"挂""查""假""家"四字押韵,异调相押。再如,"初出门遇盗贼遭逢魔障(漾/江阳),出陷阱又遇着虎豹豺狼(唐/江阳)。若不从我性命目前便丧(宕/江阳),只落得泪珠流千种悲伤(阳/江阳)"(《春秋配》)。[1]P98 其中"障""狼""丧""伤"四字,句句入韵,属异调相押。

《李十三十大本》中的唱词,若以北京话读之,大都不押韵,但以今关中方言读之,朗朗上口,大都押韵。根据戏曲韵文押韵的特点,为谨慎起见,我们分析李十三剧作用韵情况时,处理原则为:小顿之处可以视为不入韵,大顿之处必须有韵。依照这一原则,通过比较分析,发现李十三剧作中诸多关中方言的语音特点。下面以果摄字为例,来看《李十三十大本》中保留的关中方言语音情况:

跑的我饥又饥来渴又渴,背着烧酒当馍馍(戈/歌戈)。

饥了也是喝,渴了也是喝(合/歌戈)。(《香莲佩》)[1]P40

我娃招了蝎子祸,不住两眼抹唾沫(末/歌戈)。

你今一死还犹可,叫谁把娘驴肉割(末/歌戈)。可惜了一件宝贝货(过/歌戈)。(《香莲佩》)[1]P20

真个是读书人出言太懦,俺敢为哪怕他将广兵多(歌/歌戈)。

但愿得集侠山大事定妥,出姑苏夺建康血染山河(歌/歌戈)。(《春秋配》)[1]P61

劝仁兄休将他性命结果,他亦是穷所迫无其奈何(歌/歌戈)。

且将他这一次轻轻恕过,再若犯定不是这样发落(铎/歌戈)。(《春秋配》)[1]P62

以上四例,"馍""喝",《广韵》分别属于戈韵、合韵,二字韵部不同;"沫""割""货"三字,《广韵》分别属末韵、末韵、过韵,三字韵部不同。"多""河",《广韵》同属歌韵。"何""落",《广韵》分别属歌韵、铎韵,二字韵部有别。以上诸字,《中原音韵》中同属歌戈韵。杨耐思先生分别拟其音为:"馍"[mo]、"喝"[xo]、"沫"[muo]、"割"[ko]、"货"[xuo]、"多"[tuo]、"河"[xo]、"何"[xo]、"落"[luo]。[4] 以《中原音韵》韵部情况观之,上面四例,分别是相互押韵的。今渭南临渭区方言,以上诸字分别读作:"馍"[mo]、"喝"[xuo]、"沫"[mo]、"割"[kuo]、"货"[xuo]、"多"[tuo]、"河"[xuo]、"何"[xuo]、"落"[luo]。[5] 从今关中临渭区方言的音读情况看,以上四例同样分别是押韵的。根据韵文押韵的特点,参照《中原音韵》中的拟音和今关中方言的音读,可以间接证明,清代关中方言果摄读音为 ɔ 韵或 uo 韵。张维佳先生曾指出:"关中方言果摄读音反映了汉语发展的三个层次:(一)上古层 æ(<ai)韵;(二)中古层 a 韵;(三)近代以后的层次 ɔ 韵和 uo 韵及其音变形式。"[6]237 从李十三剧作的用韵情况看,张先生的观点不谬。换句话说,清李十三剧作的押韵特点,为张先生的观点提供了新的事实依据。

李十三的"十大本"中存在大量遇摄模韵字与流摄字互相押韵的现象,反映出清代关中方言中模韵字与流摄字同韵。例如,《紫霞宫》中"涂""留""俦""侯"押韵[2]258,四字在《广韵》中分别属模韵、尤韵、尤韵、侯韵,《中原音韵》中"涂"字属鱼模韵,其余三字同属尤侯韵。属于鱼模韵字与尤侯韵字押韵。《蝴蝶媒》中"头""露""忧""骤"四字入韵[2]68,四字在《广韵》中分别属侯韵、暮韵、有韵、宥韵。"露"字在《中原音韵》中属鱼模韵,"头""忧""骤"三字在《中原音韵》中属尤侯韵。鱼模韵字与尤侯韵字相押。"露"字与流摄韵字押韵的还如,《春秋配》中"露"与流摄韵字"由""臭""钩"押韵[2]68。《蝴蝶媒》中"就""路""悠""秀"四字入韵[2]336,四字《广韵》中分别属宥韵、暮韵、幽韵、宥韵。"路"字在《中原音韵》中属鱼模韵,

"就""悠""秀"三字在《中原音韵》中属尤侯韵。"路"字与流摄字相押的例子多见,如《蝴蝶媒》中,"路"与流摄韵字"由""救""头"押韵[2]367。《蝴蝶媒》中"路"字和流摄韵字"投""口""游"相押[2]367。《十王庙》中,"堵""偷""丑""流""走""羞"六字入韵[2]122,六字在《广韵》中分别属姥韵、侯韵、有韵、尤韵、厚韵、尤韵,在《中原音韵》中除"堵"字属鱼模韵外,其余五字同属尤侯韵。《万福莲》中"吐""羞""透""牛"四字入韵[2]311,四字在《广韵》中分别属姥韵、尤韵、侯韵、尤韵,在《中原音韵》中除"吐"字属于鱼模韵外,其余三字均属于尤侯韵。由以上诸例可知,遇摄韵字与流摄韵字在清代戏曲中互押的情况非常多见,说明"涂""堵""路""露""吐"等字在清代关中方言中的读音与流摄韵母的读音相同或者相近。据我们调查,"涂""堵""路""露""吐"等字,在今关中大部分地区(如华州区、临渭区、蒲城县、高陵区、大荔县)读为[əu]或[ou]韵。除以上几字外,"土""图""杜""做""素""数""组""租""祖"等字,在今关中方言中韵母也读[əu]或[ou]韵。清代碗碗腔皮影戏中这些字与流摄韵字押韵,今关中方言中这些字的音读与流摄字主要元音相同。据张建军调查,甘肃、青海多地方言中也存在少量流摄字与遇摄字同韵的现象[7]。参照戏曲押韵的例证,可以推知,在清代关中方言中遇摄这些韵字的音读就与流摄韵母的读音相同或者相近,换言之,"涂""堵""路""露""吐"等字的音读,在清代关中方言中就与流摄韵母的读音相同或者相近。

二

分析碗碗腔唱词的用韵,可以探求韵脚字的韵部或韵母,似乎与声母无涉,但我们可以依据韵脚字入韵情况,参照汉语语音史和方言史理论,推测关中方言声母的情况。下面以全浊声母为例,分析清代关中方言全浊声母的音读。

唐宋西北方音古全浊声母的音读,学界看法不一。罗常培先生研究了五种藏汉对音、译音材料,认为全浊声母本来是送气音,又进一步推论全浊平声变次清,仄声变全清的趋势从那时就开始了。[8]28-29邵荣芬先生利用敦煌文献中的别字异文研究唐五代西北方音,发现浊音仄声字和全清互代,表明所变的清音都不送气。与罗先生结论不同,邵先生解释为"这种分别不是出于时间上的因素,就是出于地理上的因素"。[9]刘广和先生根据不空的梵汉对音认为在八世纪的长安方言全浊是送气的。[10]龚煌城先生根据《番汉合时掌中珠》中西夏文等对音材料,认为"中古汉语的浊塞音与浊塞擦音,不分声调,均变成送气的清塞音与清塞擦音,浊擦音则变成清擦音"。[11]李如龙、辛世彪先生在前人研究的基础上进一步研究,指出关中方言"全浊送气"的历史可以上溯到唐代。[12]218张维佳先生认为"关中方言古全浊声母读为送气音是围绕中心城市西安及其附近地区依次向周边地区波散开来的,越是远离中心,这种读音越多"。并说:"从古全浊声母白读层送气的地理分布看,这种音变现象曾是关中地区发生过的现象。"[6]85综上研究可知,学者大都认为,今关中方言全浊声母不论平仄一律送气,相承的是唐五代西北方言全浊声母送气的语音特征。也就是说,学者大都认为唐五代时期,关中方言全浊声母不论平仄均读为送气音。

纵观汉语语音史和方言史,学者大都直接从唐宋西北方言研究现代关中方言,明清时期的语音大都被忽略,主要缘于明清时语音材料有限。清代关中方言全浊声母音读如何?尚未见到学者深入讨论。《李十三十大本》中的用韵情况,可以为研究清代关中方言全浊声母的音读提供参证。例如:

口不言心儿里自己追悔,起祸端所因是捡柴相催(灰/齐微)。

到公堂前讲真情难免无罪,若鬼混万万的不得明白(铎/皆来)。(《春秋配》)[1]P83

伸双手拭不干眼中的血泪,亲难投家难奔自觉伤悲(脂/齐微)。

早知晓那乳娘这等连累,倒不如在家中死个明白(陌/皆来)。(《春秋配》)[1]P83

以上二例,"催""白""悲"三字,《广韵》分别属灰韵、陌韵、脂韵。《中原音韵》分别属齐微韵、皆来韵、齐微韵,韵部不同。杨耐思先生拟其音分别为:[tʂʰuei]、[pai]、[puei]。[4]以杨先生的拟音看,“催”“白”和“悲”“白”之间不押韵。“白”,《广韵》傍陌切,并母,属全浊声母。以上三字今关中方言分别读作[tʂʰɥei]、[pʰei]、[pei][5],“白”读为送气音。依据李十三剧作的押韵要求看,“白”字韵母应为[ei]或主要元音是[e]或与之相近的音。而今关中方言“白”字恰好读为[pʰei],与“催”和“悲”正好押韵。由此可以推测,清代关中方言中“催”“白”“悲”三字相互押韵。唐代全浊声母读为送气音,今关中方言全浊声母“白”字亦读为送气音,参照李十三剧作的押韵,我们可以确定清代关中方言全浊声母不论平仄读为送气音,至少碗碗腔戏曲中如此。此类例子在李十三剧本中多见,说明全浊声母读为送气音在关中方言中是常例。

关中方言中部分见系二等字今读作舌根音。清代关中方言何读?李十三的剧中也为我们提供了这方面的语音信息。例如:

这就是我女儿衣服都在,红绣袄素罗裙玉簪绣鞋(佳/皆来)。

养娘死必定是此人杀坏,如不然这包裹从何得来(咍/皆来)。(《春秋配》)[1]P87

“鞋”“来”二字,《广韵》分别属佳韵、咍韵,《中原音韵》同属皆来韵。杨耐思先生拟其音分别为:鞋[xiai]、来[lai][4]。“鞋”,《广韵》户佳切,匣母。黄淬伯先生之《唐代关中方言音系》拟其音为[ɣɪai]。[13]P45龚煌城先生根据《掌中珠》对译,认为“中古汉语的浊擦音 ɣ 在十二世纪末的西北方言中已清音化而成为 x 了。”并认为十二世纪末的西北方音中佳韵读 aï 音。[11]512、574我们知道,[tɕ][tɕH][ɕ]这三个声母大致产生于清初稍后的时期。其产生的具体原因是:舌根音[k][kH][x]与齐、撮呼韵母拼,受韵头或韵母的影响而发生腭化,腭化后舌位前移,遂变成了[tt][ttH][t]。[14]160“鞋”字今北京话读[ɕiɛ],而关中方言读作[xai]。依据西北方言史,参照李十三剧本中的押韵,可以推断清代关中方言“鞋”读[xai],也就是说,清代关中方言部分见系二等字读为舌根音。

此外,李十三剧作中的押韵现象,可以进一步证明今关中方言中的某些音读是古音的遗留。例如:

我的儿你何必这样哭啼(齐/齐微),为父母怎忍得将儿相逼(职/齐微)。

皆因你年纪大理当择婿(霁/齐微),婚姻事尽卜在天明佳期(之/齐微)。(《春秋配》)[1]P94

“啼”“逼”“婿”“期”四字,《广韵》分别属齐韵、职韵、霁韵、之韵;《中原音韵》同属齐微韵。杨耐思先生拟其音分别为:啼[tʰi]、逼[pi]、婿[xi]、期[kʰi],四字可相互押韵。“婿”,《广韵》苏计切,心母,霁韵。王力先生依据《经典释文》反切和唐诗用韵,将霁韵拟为[iæi]音。王先生在构拟宋代和元代音系时,认为宋元时开口四等霁韵为[i]。[15]275、359、410依据戏曲韵文押韵的要求,结合李十三剧本的押韵情况,说明清代“婿”字的主要元音当为[i]。今关中方言“婿”字仍读作[ɕi]。由此可见,今关中方言“婿”的读音,是古音的保留。

综上可知,戏曲剧本中保留了大量方言材料,是研究著作所处时代方言的重要参考资料,可以弥补韵书及其他文献资料的不足。我们在此抛砖引玉,期待更多学者挖掘戏曲剧本中第一手资料,以期丰富戏曲音韵学理论,推动汉语方言史研究。

参考文献

[1]李十三. 李十三十大本[M]. 渭南临渭区文体局内部印刷,2000.

[2]王相民. 李芳桂剧作全集校注[M]. 西安:三秦出版社,2011.

[3]曹强. 关中方言的一项重要材料——读《李十三十大本》[J]. 咸阳师范学院学报,2011(1):75-78.

[4]杨耐思. 中原音韵音系[M]. 北京:中国社会科学出版社,1981.

[5]田晓荣. 临渭方言调查研究[M]. 西安:陕西师范大学出版社,2009.

[6]张维佳. 演化与竞争:关中方言音韵结构的变

迁（第二版）[M]. 西安：陕西人民出版社，2005.
[7]张建军. 河州方言语音研究[D]. 陕西师范大学博士学位论文，2009.
[8]罗常培. 唐五代西北方音[M]，北京：科学出版社，1933.
[9]邵荣芬. 敦煌俗文学中的别字异文和唐五代西北方音[J]. 中国语文，1963(3).
[10]刘广和. 唐代八世纪长安音的韵系和声调[J]. 河北大学学报，1991(3).
[11]龚煌城. 西夏语言文字研究论文集[C]. 北京：民族出版社，2005.
[12]李如龙，辛世彪. 晋南、关中的"全浊送气"与唐宋西北方音，汉语方言的比较研究[M]. 北京：商务印书馆，2001.
[13]黄淬伯. 唐代关中方言音系[M]. 南京：江苏古籍出版社，1998.
[14]胡安顺. 音韵学通论[M]，北京：中华书局，2001.
[15]王力. 王力文集[M]. 济南：山东教育出版社，1987.

李十三皮影戏《十王庙》关中方言词举例

田晓荣
(渭南师范学院 人文学院,陕西 渭南 714099)

摘　要:《十王庙》是碗碗腔皮影戏传统剧目,《“李十三”十大本》之一,作者为清代著名的陕西皮影戏剧作家李芳桂。《十王庙》中运用了大量的关中方言词,这些方言词反映了当地人衣食住行方面的个性特征和思想观念上的遗传根基,为研究关中文化、近代汉语等提供了丰富而重要的第一手资料,是研究汉语史的宝贵财富。

关键词:十王庙;方言;释义;用例

作者简介:田晓荣(1964—　),女,陕西渭南人。教授,大学本科,主要从事汉语言文字学的教学与研究。

《十王庙》又名《如意簪》《十王庙换颡》,是碗碗腔传统剧目,皮影戏“李十三”十大本之一。“同州梆子亦有此剧目。”[1]100 李十三原名李芳桂,乳名鹏,字林一,号秋岩,又名鹭峰,行二,是清代乾隆、嘉庆年间陕西省著名的皮影戏剧作家。[2]54 本文摘录了《十王庙》的一部分方言词语,选词的原则主要有两个,一个是关中方言使用而普通话没有的词,二是与普通话词形相同但意义不同的词。例句均出自《李芳桂剧作全集校注》(王相民校注,三秦出版社,2011 年 10 月第一版)。每个词条的内容主要包括五部分:(1)释义并标注词性(未标注词性的是短语)。(2)列举《玉燕钗》中的例句。(3)现代关中方言用例。(4)其他作品用例。最后一部分内容主要是为了说明词语的渊源,尽量列举古代汉语、近代汉语用例,如果没有找到,有时也列举现代作品用例。有些词条若有需要说明的内容,加按语提示。

【毕】动词,完;完蛋,没救了。《十王庙》第十七回:“零干:只把她的头割下来还他,一场事岂不毕了。”[3]138

方言用例:你吃毕了赶快去学校。|我看你这辈子毕了,等下辈子吧。

其他用例:《孟子·滕文公上》:“公事毕,然后敢治私事。”《汉书·王莽传上》:“原诸章下者皆寝勿上,使臣莽得尽力毕制礼作乐事。”《史记·项羽本纪》:“若人前为寿,寿毕,请以舞剑。”宋沈括《梦溪笔谈·活板》:“此印者才毕,则第二板已具。”《西游记》六十八回:“国王看毕,十分欢喜。”《金瓶梅》七回:“薛嫂说毕话,提着花厢儿去了。”《红楼梦》一回:“说毕,二人一去,再不见踪影了。”清周容《芋老人传》:“老人语未毕。”清方苞《左忠毅公逸事》:“公阅毕。”《香莲佩》第十一回:“诸葛暗:把呆迷尸首借去,支应一时,等官验毕,着我官人埋了,省得你叫人打墓。”(P25)第十四回:(牛二)我车户牛二毕了。(P34)《四岔捎书》第四场:“纪明母:请你和叔与我把信看,看毕信我婆媳才了然。”(P481)

【才】①语气副词,表示惊讶,相当于现代汉语中的“竟然”。《十王庙》第十六回:“李如桂:做了半世官,断事才不胜个婆娘了。”[3]143 “李妻:这就奇了,人连鬼才相遇起来了。”“这就不像了,一个木头人,晓得什么,怎么讲论诗文,才会说话了。”[3]144

方言用例:我原来以为你胆大,现在知道你才是个胆小鬼。

其他用例:《玉燕钗》第十五回:“邹媚娘:咳,你怎么才是这样人。”《清素庵》第十六回:“囊斋:拿钥匙才是这一个,不敢说,今日才撞着正宗货。”

②时间副词,表示事情在前不久发生,相当于现代汉语的“刚刚”。《十王庙》第十五回:“花严:我为你在病中医生经遍,却怎么才起床反患疯癫。”[3]140

方言用例:你才来一会儿怎么就要走。

其他用例:《玉燕钗》第十回:“李倩倩:天色才明,那一只小船,只是两个女子在里面。”《玉燕钗》第八回:“店主:今日早晨衙内人役拿着伞出城才接去了,今日上任哩!”

③时间名词,相当于现代汉语的“刚才”。《十王庙》第八回:“吴志宁:他才问我和谁来?咳,就和你来。”[3]122

方言用例:你才说过的话就忘记了。

【岔】形容词,错。《十王庙》第十八回:“棱吾:你不用赔罪,恐怕可有岔哩。”[3]141

方言用例:娃没说错,是你听岔了。

其他用例:《金瓶梅词话》第四九回:“恐怕他说岔了话,向前把他拉过一边。”《红楼梦》第六一回:“这话岔了,方才我见你妈出去,我才关门。”孔厥袁静《新儿女英雄传》第九回:“三个人就急急忙忙奔了西渔村,谁想艾和尚糊里糊涂,又把地点记岔了。”

【当】形容词,算是。《十王庙》第十一回:“宋飞燕:你二老不必争吵,就当我是你女儿。”“吴志宁:老乞婆你听,连你我都不认了,才就‘当’起来了。”[3]129

方言用例:你就当没有这个儿子。

其他用例:《孟子·离娄下》:“养生者,不足以当大事;惟送死,可以当大事。”《三国志·吴志·韦曜传》:“初见礼异时,常为裁减,或密赐茶荈以当酒。”《金瓶梅词话》第七回:“〔西门庆〕说道:‘这个不当什么,先与你老人家买盏茶吃。’”

【得】音 dei,助动词,用在动词前表示可能。《十王庙》第二十二回:“吴绛仙:这又奇了,他怎么得出狱来?”[3]150

方言用例:你今天的活得完不得完?

其他用例:《论语·八佾》:“仪封人请见,曰:‘君子之至于斯者,吾未尝不得见也。”唐封演《封氏闻见记·月桂子》:“桂子得下,蟾兔之类何能不落?”明李贽《复邓石阳书》:“不问在家出家,人知与否,随其资性,一任进道,故得相与共为学耳。”《红楼梦》第二二回:“贾母见贾政如此光景,想到他身体劳乏,又恐拘束了他众姐妹,不得高兴玩耍。”《香莲佩》第五回:“吕庚娘:恐怕求下的亲事,未必得如路上遇着的佳人。”

按:普通话也有表可能的助词“得”,但读音和用法与方言略有不同。在普通话中表可能的助词“得”读“de”,一般用于动词后或动词与补语之间,如“他去得,我也去得。”“拿得动”。

【的实】形容词,确实;真实;实在。《十王庙》第十一回:“吴绛仙:有贼人名王十的实凶犯,那夜晚忽来在小房内边。”[3]131第十三回:“吴绛仙:杀我贼名王十的实凶犯,我今去叫我父禀明知县。”[3]136第十六回:“吴绛仙:这贼人叫王十的实凶犯,与朱家新解元有何相干。”[3]145“吴绛仙:项而肩还有那刀痕一线,这便是换头的的实政见。”[3]146

方言用例:我爸的实没在家,不信你到家里看一下。

其他用例:唐寒山《诗》之二八七:“自怜心的实,坚固等金刚。”宋苏轼《奏论八丈沟不可开状》:“臣窃详适(罗适)若曾用水平打量见的实丈尺,必不谓之约量。”元无名氏《赚蒯通》第二折:“今日个萧何反间施谋智,黑洞洞不知一个的实。”《西游记》第六回:“菩萨闻言,即命惠岸行者道:‘你可快下天宫,到花果山打探军情如何。如遇相敌,可就相劝一功,务必的实回话。’”《儒林外史》第二六回:“你替我说这事,须要十分的实。”

【颠懂】形容词,懵懂,糊涂。《十王庙》第十二回:“花严:怪不得今日里得下此病,细思想还是我年老颠懂。”[3]132

关中方言中重叠为“颠颠懂懂”,如:别让我去了,我年龄大了,颠颠懂懂的,啥也听不懂。

其他用例:沙汀《困兽记》十三:“我这个老婆子真老颠懂了哩!”

【挏】动词,搅和。《说文·手部》:“挏,拥引也。汉有挏马官,做马酒。”王筠句读:“盖撞挏之器重,须两手抱之,故曰拥;须往来推引之,故曰引也。”用马奶做酒,类似用牛奶打酥油,必须使劲推拉拌动,使奶汁里的奶油分离出去,留下奶酪发酵才能做酒。《汉书·礼乐志》:“其七十二人给大官挏马酒。”颜师古注引李奇曰:“以马乳为酒,撞挏乃成也。”综上所述,“挏”有推拉、拥抱、搅和、拌动之义,文中引申为“搅和”。《十王庙》第十八回:“棱吾:依我说来,这个姑娘,先胡斯收拾下,拿住那个姑娘,着她外边挏去罢!”[3]140

方言用例:你今天给咱挏(含贬义)了一锅汤。|你再不要管了,越挏越黏。

其他用例:清方以智《物理小识·饮食类·洗面筋法》:“俟其发起,挼之挏之,牵开有筋,则入水洗之,可得半成。”《白玉钿》第十一回:“董寅:好事都莫成,还算没挏洇。”《紫霞宫》第八回:“宁继愈:挏清一件是一件。”“宁继愈:咳,怎么连一样儿也挏不清了。”“男人夹女子,俗人搅和尚,真真挏成一盆酱。”《万福莲》第十六回:“萧九三:为恩人也不怕挏下烂酱,劝妹夫胆放大何用商量。”

按:这个词在西北大部,山西运城、河津、永济,河南的三门峡、灵宝、卢氏等地用得很普遍。都当搅和讲。陕西人把胡搅乱拉叫“胡挏”;拉乱了叫“挏乱了”;把搞脏了叫“挏脏了”;闯祸了叫“挏乱子”;甚至把挥霍浪费也叫“胡挏”。有的作品中用“董”或“懂”是不准确的。

【对】动词,碰撞。“对”在古汉语中就有“逢”“遇”之义,如《后汉书·周黄徐姜申屠传赞》:“琛宝可怀,贞期难对。”李贤注:“贞期谓明时也。对,偶也。(《尔雅》:‘偶,遇也’)”在剧本中引申为“碰、撞”之义。《十王庙》第十五回:“花严:来来来。咱两家就把车对了。”[3]142

方言用例:你走路小心点,不要让汽车对了。|我前天在街上对着(遇到)一个熟人。

其他用例:《古董借妻》第四场:“粮差:你把我对下一忽闪。”“张古董:你对我来我对你?”“粮差:你把我对下个青眼窝。”

【拐子】名词,拐骗人口的人。《十王庙》第十四回:“零干:大娘,你也成了拐子手了。”[3]138

方言用例:他家的小孩让拐子手骗走了。

其他用例:《初刻拍案惊奇》卷十六:“世间最可恶的是拐子。”《红楼梦》第四回:“因那日买了个丫头,不想系拐子拐来卖的。”《春秋配》第十回:“李华:呵,如此看来,你莫非是个拐子。石径坡:哎呀,认的对对的,我明明是个贼,他认成拐子。”

【胡斯】形容词,胡乱,随便,凑合着。《十王庙》第十五回:“棱吾:依我说来,这个姑娘,先胡斯收拾下,拿住那个姑娘,着她外边挏去罢!”[3]140“吴志宁:我说总不是的,你说总是的,还叫我胡斯收拾下罢!”[3]142

方言用例:你胡斯弄一下,能混过去就行了。

【浆子(糨子)官】昏庸糊涂的官吏。糨子即糨糊,也用来比喻头脑不清楚的人。《十王庙》第十四回:“零干:遇这浆子官,再不用说了。”[3]137第十七回:“零干:又遇着浆子官胡捣扰,把大叔弄的给火葬了。”[3]149

方言用例:《三滴血》里头的五台县官是个浆子官。

【可】副词,表频率,相当于“又”“再”。《十王庙》第十一回:“棱吾:一定可寻那相好的去了。”[3]132《十王庙》第十五回:“棱吾:你不用赔罪,恐怕可有岔哩。”[3]141第十八回:“零干:不用说了,一定可是陆判官手段。”[3]150

方言用例:你前几天刚来过,今天咋可来了。

其他用例:元高文秀《襄阳会》第一折:“咱且囤军居止。若聚集的些人马呵,那期间可与曹操仇杀,未为晚矣。”元无名氏《看钱奴》第二折:“儿也,我写了可与你说。”《明人杂剧选·娇红记》:“怎么不娶一个浑家,可又来这里做什么?”

【哭眼泪】哭。《十王庙》第十七回:“零干:走,借灵堂哭眼泪走。”[3]150

方言用例:我村死了人了,咱哭眼泪走。

【眯】动词,尘埃等杂物入目使视线不清。《十王庙》第七回:“把眼窝眯了。”

方言用例:不要扫了,尘土把人眯得眼睛都睁不开。

其他用例:《庄子·天运》:“夫播糠眯目,则天地四方易位矣。”唐杜甫《寄狄明府博济》诗之三:“早归来,黄土污衣眼易眯。”清纪昀《阅微草堂笔记·如是我闻三》:“凄风飒然,飞尘眯目。”郑泽《登楼叹》诗:“胡沙惊飞眯我目,胡风觱发寒我臆。”

【黏串】形容词,麻缠,牵扯不清。《十王庙》第十五回:“棱吾:好黏串的事。我寻我姑娘加,快丢开。”[3]139

方言用例:这是一件黏串事,你最好不要管。

其他用例:《紫霞宫》第十一回:“宁继愈:有道姑,又有和尚,恐怕有些黏串事情。”

【捻弄】动词,修理,收拾。《十王庙》第八回:“零干:到明天我也把判官私敬,仰乞他也将你捻弄捻弄。”[3]119

按:捻弄,原指抚玩,如五代 李存勗《阳台梦》词:“娇多情脉脉,羞把同心捻弄。”《敦煌曲子词·内家娇》:“只把同心千遍捻弄。”在今天的关中方言中指收拾、想办法解决,如:“我刚把车子捻弄了一下。”“你把那事情给咱看的捻弄一下。”

【呕】动词,使人委屈而说不出,生闷气。也做“怄”。《十王庙》第十五回:“棱吾:还是咱的造化低,着的都是呕肚子气。”[3]142

方言用例:把人心里呕得难受。

其他用例:《红楼梦》第二十回:“你只怨人行动嗔怪了你,你再不知道你自己怄人难受。”《红楼梦》第一一三回:“有甚么又不说,尽着在这里怄人。”《儿女英雄传》第三二回:“老弟,告诉不得你!这两天在南城外头只差了没把我的肠子给怄断了。”《万福莲》第十四回:“萧九三:平白的这几日挨了三顿,实实的打得人肚里怄人。”第十六回:“萧九三:这我也晓得,真真怄人。”

【婆娘】名词,妻子。《十王庙》第十六回:“吴绛仙:若要断清,除非你家太太一堂就审清白了。李如桂:哈哈哈,这才奇了。做了半世官,断事才不胜个婆娘了。”[3]143

方言用例:张三引的婆娘娃回去啦。

其他用例:元石德玉《秋胡戏妻》第四折:“谁著你戏弄人家妻儿,迤逗人家婆娘。”《紫霞宫》第十二回:“宁继愈:告状人儿拜弟妻,你婆娘跟上当干证。尽是你一家胡鼓捫,前后把我来捉弄。”柳青《创业史》第一部第十章:“在姚士杰看来,土改以后 高增福 死婆娘,是老天替他报应。”

关于“婆娘”一词的来历,在当地流传着这样一个故事,说古代一户富裕人家有一位公子,生来娇生惯养,在家里除了他婆(关中方言中“婆”即奶奶)之外谁都不怕,所以每当他犯浑没人能管制的时候,只要他婆一出面,他立马就变得乖顺。后来他婆年事已高,即将离开人世,在她还清醒的时候,把伴随了她一生的包头发的黑色带子(包头)传给了这个男子的母亲。他婆去世后,只要他不听话,他母亲就把那包头拿出来,一看见那个,他仿佛看见了自己的婆,于是就跪到母亲面前,喊着“婆,婆”悔过认错。后来他母亲也老了,把包头传给了他媳妇。他母亲去世后,他媳妇就用同样的方式管他,这时候他面对包头跪着所喊的就是“婆,娘,婆,娘”了。于是从此以后人们就把自己的妻子称作“婆娘”。

按:在关中方言中,“婆娘”也可用作对妇女的统称,如“那人简直就是个婆娘调调子,一点男人的气概都没有。”近代汉语作品中也有此种用法,如元关汉卿《窦娥冤》第二折:“劝普天下前婚后嫁婆娘每,都看取我这般傍州例。”

【起去】动词,起身离开;起来。《十王庙》第七回:“李如桂:起去。前行安置。”[3]120

方言用例:你起去,这是我的座位。|快起去转一转,不要老坐着。

其他用例:《后汉书·刘盆子传》:“恭惶恐起去,盆子乃下床。”南朝宋刘义庆《世说新语·简傲》:“移时不交一言,钟起去。康曰:‘何所闻而来?何所见而去?’钟曰:‘闻所闻而来,见所见而去。’”唐杜甫《燕子来舟中作》:“暂语船樯还起去,穿花落水益沾巾。”清沈复《浮生六记·闺房记乐》:“余窥帘见芸忽起去,良久不出。”《警世通言·计押番金鳗产祸》:“天色雨下,怕有做不是的。起去看一看,放心。”明汤显祖《紫箫记·胜游》:“今日俺同来,你不得睡了,把酒酌一杯,起去游玩。”《香莲佩》第十七回:“曹也参:第二天回家,一醉如泥,他家遭下人命,与你无干。也是无罪之人,起去。”《蝴蝶媒》第八回:“柳妗母:执起家法,切齿咬牙。哎,又舍不得将你打。起去。”《火焰驹》第十四回:“李绥:能伸能屈,才为丈夫,何罪之有?站起去。”

【甚】程度副词,很。《十王庙》第七回:“吴志宁:你今日偏没有一点灵验,死则死却死得不甚分明。”[3]122

方言用例:这件事情我不甚清楚。|他平时不甚(不常)到我家来。

其他用例:《国语·晋语一》:“吾闻甲生甚好仁而强,甚宽惠而慈于民。”《史记·孙子吴起列传》:“吴起为西河守,甚有声名。”唐韩愈《考功员外卢君墓铭》:“夫人李姓,陇西人。君在,配君子无违德;君殁,训子女得母道甚。”明刘基《江行杂诗》之三:“良宵月出江水底,行人喜甚天无风。”《香莲佩》第十四回:“折杯:老大哥、你这酒做得不得法,不知是曲大吗,还是走了气了,味不甚佳。”《清素庵》第十四回:“范质素:紧着问的那些闲话做什么?囊斋:这话也不甚闲,倒是极有关系的话。”

按:在陕西方言中,“甚”一般用于否定句中,肯定句中表程度时一般不用“甚”。表否定时,一般有“甚不”和“不甚”两种用法,如:“这两天天气不甚冷。”“我甚不想吃饭。”

【是得】动词,是。常用于对话中表示同意他人意见或应答他人之词,加强肯定的语气。《十王庙》十五回:“吴志宁:棱吾,你听她说话声音,总是你姑娘。棱吾:是得是得。从外面子看,不是我姑娘,从里面子看,这却是我姑娘。”[3]140

方言用例:甲:你骂人总是不对的吧?乙:是得是得。|问:这是你的吗?答:是得。

其他用例:《香莲佩》第十三回:“牛二妻:你在我家,他如何得知?吕庚娘:是得。”第十七回:“曹也参:你看老爷审的是不是。马飞:是得。”《春秋配》第十七回:“石径坡:是,这个看起来鬼鬼的,像是得。”《紫霞宫》第八回:“宁继愈:竹林内有付尸首,可是得否?”

按:这种用法与普通话中的“是的”基本相同,但在方言中读音为“shidei”,因此应写作“是得”。

【要】动词,开玩笑,戏弄。《十王庙》第四回:“零干:不知谁和你要哩,抬到咱家来了。”[3]114

方言用例:我跟你要哩,你不要当真。

元马致远《汉宫秋》第一折:“休烦恼,吾当且是要,斗卿来便当真假。”《水浒传》第六回:“等他来时,诱他去粪窖边,只做参贺他,双手抢住脚,翻筋斗攧那厮下粪窖去,只是小要他。”《初刻拍案惊奇》卷二九:“(张幼谦)白白守了三个深夜,并无动静。想道:‘难道要我不成?’”《红楼梦》第四九回:“若太太不在屋里,你别进去。那屋里人多心坏,都是要咱们的。”

【我的】代词,我们。《十王庙》第十七回:“零干:我的会救,不劳你救。”“我的会扯,不劳你吩咐。”[3]148

方言用例:我的是农村人,跟那些城里人说不到一块。

其他用例:《香莲佩》第十六回:“蒋松:只管说我的是同一辈,着是那样称呼。”《紫霞宫》第四回:“吕子欢、吕花瓣:咋加,开发我的加。”《玄玄锄谷》第一场:“贾捏揣:屋里家,与我把饭送着来,我的锄地去呀。”

【稀烂】形容词,破损到极点。《十王庙》第十七回:“衙役:禀老爷,打得身体稀烂,肠出而死。”[3]150

方言用例:他被人打得浑身稀烂。

其他用例:《西游记》第六三回:“只一下,把个老龙头打得稀烂。”《儒林外史》第十回:“乒乓一声,把两盘点心打得稀烂。”《万福莲》第十四回:“萧九三:如今两腿稀烂,手内分文无有,这该怎处?”

按:在陕西方言中,“稀烂”也可表示“食物因蒸煮变得非常松软”。如“把肉煮得稀烂。”近代汉语中也有此用法,如元尚仲贤《气英布》第一折:“必不似郦生卖齐,被油锅烹来稀烂。”有时也可表示“非常差”,如“这次考试考得稀烂。”

【下】动态助词,表动作的持续。相当于“着”。《十王庙》第十五回:“棱吾:依我说来,这个姑娘,先胡斯收拾下,拿住那个姑娘,着她外边搁去罢!”[3]140

方言用例:门开下,人怎么不见了。

【些】①量词。A. 表示不定数量,一般多表示少量。《十王庙》第四回:“零干:这是一瓶酒,一盆水,喝酒加你喝,喝水加少喝些。”[3]115

方言用例:大家多吃些。|你再拿些,不要客气。

其他用例:《太平广记》卷一二七引唐无名氏《广古今五行记》:“诸僧送别驾,见寺主左臂上袈裟忽有些鲜血。”宋辛弃疾《鹧鸪天·代人赋》词:“陌上柔桑破嫩芽,东邻蚕种已生些。”《水浒传》第四回:“你今日诈得百姓许多财物,如何不借我些?”

B. 表示程度轻微。《十王庙》第十八回:“吴志宁:谁家姑娘,站远些。”(P139)方言用例:你慢些,不要急。|你走迟些,让人家先走。

其他用例:唐卢纶《伦开府席上赋得咏美人名解愁》:“舞态兼些醉,歌声似带羞。”明李贽《三大士像议》:“像之面目有些不平整,和尚每见辄叹以为好。”清盛禾《浣溪沙》词:“似墨浓云雨脚斜,参差蝉雀掩轻纱,水亭今夜觉凉些。”《春秋配》第三回:“贾氏:你二人同去,下午早些回来。”第五回:“贾氏:早些睡去,明日好去打官司。”《白玉钿》第一回:“门斗:李相公,你明日也早些来。”《紫霞宫》第十一回:“夏云峰:你们快些走远。”《万福莲》第九回:龙象乾:“小姐,将伞扯住,好走些。”《清素庵》第十六回:“薛清乾:大姐走动些。”《古董借妻》第四场:“张古董:你今黑睡觉离我远些。粮差:对对对,我就离你远些,你黑了睡觉可不敢唤叫。”

②语气词,用于假设句中,相当于“的话”。《十王庙》第十五回:“棱吾:挑上告示些才好。”[3]139《十王庙》第十七回:“零干:该死些,把我也烧死了。”[3]149

方言用例:我死了些,你现在就看不到我了。

其他用例:《香莲佩》第五回:“曹也参:他肯跑些,得如不来。”《玉燕钗》第十七回:“贾充:哎呀,说了个歪的,若是同来些,我便是铜雀锁二乔了。”《白玉钿》第四回:“董寅:你也想哩吗,我能读半车书些,何苦一路与你管盘缠哩。”第十回:“崔双林:该病,该病,不论是谁些,都要病哩。”第十一回:“尚飞琼:不是他来些,我也未必得来。”《万福莲》第十六回:“萧九三:有福些放的按院不作,寻得连贼娃子造反哩。”

【哑子】名词,哑巴。《十王庙》第十一回:“宋飞燕:心中有苦只自知,如同哑子吃黄柏。”[3]130

其他用例:《元·后庭花》第四折:“真是个哑子做梦说不的,落可便闷的人心碎。”宗鸣安《陕西近代歌谣辑注·吃洋烟》:“哑子吃了一口烟,立时就把真言发。”

按:《汉语方言大词典》收有“哑子”词条,一指哑巴,一指比喻打不响的枪炮等。“哑子”指“哑巴”分布在中原官话(山东费县、山西临汾、河南原阳),晋语(山西阳区、离石),江淮官话(江苏南通、如皋),西南官话(四川成都),徽语(安徽歙县),吴语(上海、苏州),赣语(福建建宁)、客家话(江西瑞金、广东梅县),湘语(湖南长沙),闽语(福建建阳、建瓯、沙县、邵武、南平、峡阳)等地。

【言喘】动词,说话。《十王庙》第八回:“零干:你只言喘一句,我把他搬过来,就横他哩么。”[3]123

方言用例:他吓得一句都不敢言喘。

其他用例:《醒世姻缘传》九十二回:“左思右想,料得他的钱定是放在枕下,或是放在床里褥底,心生一个巧计,说那皮狐常是盗人家的钱物,人不敢言喘。”《西游记》五十六回:“三藏闻说,不敢言喘,心中暗想道:‘或者悟空打杀的就是也。’”清郑燮《范县署中寄舍弟墨第五书》:“百姓莫敢言喘，放翁恶得形诸篇翰以自取戾乎?”《紫霞宫》第四回:“吕花瓣:人骂了半晌,你怎么不言喘。吕子欢:我口里不言喘,肚里做事哩。”“吕花瓣:嫂嫂,你在这里做什么,怎么不言喘?”“嫂嫂不言喘,恐怕你永总不得言喘了。”《香莲佩》第十回:“牛二:你在石桥寨东头哩吗,西头哩?怎么不言喘。”《清素庵》第十七回:“薛玉素:嫂嫂,怎么见了我都不言喘。”《玄玄锄谷》:“板凳腿:既爱为弟这块地,就该央人来买,咋不言喘。”《古董借妻》第五场:“(知县许久不言喘)”

【眼巴巴】形容词,亲眼看着不如意的事发生而无可奈何。《十王庙》第十四回:“宋飞燕:眼巴巴将你我鸳鸯拆散,故逃此欲同死携手黄泉。”[3]137

方言用例:我眼巴巴看着洪水把房子冲倒了。

其他用例:《西游记》第二二回:“那大圣保着唐僧,立于左右,眼巴巴地望着他两个在水上争持,只是他不好动手。”《说唐》第二一回:“王小二目定口呆,眼巴巴看他把三十枝毛竹拖去了,又不敢上前扯住他,只得忍耐。”

按:这个词在渭南方言中还有“急切盼望”“想要得到”之义,如“娃眼巴巴地等着他妈回来”“他在那儿狼吞虎咽地吃着,一个孩子在一旁眼巴巴地看着。”这个意义在近代汉语中就有,如元无名氏《飞刀对箭》第一折:“每日家苦淹淹守定这座大黄庄,空着我便眼巴巴盼不到长安道。”明《杀狗记·亲弟移尸》:“许多时缘何未归,眼巴巴倚着门闾。”《官场现形记》第十九回:“正钦差亦在那里,眼巴巴地望信哩。”

【眼窝】①名词,眼睛。《十王庙》第五回:“棱吾:哎,起风了。把眼窝眯了。”[3]117

方言用例:只怪我当初眼窝瞎了,看上你这么一个不争气的东西。|笑笑的眼窝又大又花哨,越看越爱看。

其他用例:《清素庵》第十六回:“囊斋:原来是我没眼窝,把箱主人才认错。”《玄玄锄谷》:“板凳腿:你娃眼窝不要瞪,看你爷坟在那哒呢。”

②名词,眼球所在的凹陷的部分。《古董借妻》第四场:“粮差:你把我对下个青眼窝。”

方言用例:鼻子大,眼窝深,各(自己)看各(自己的孩子)亲(可爱)。

【遭孽】遭受苦难、罪孽,引申为遭报应。《十王庙》第八回:“零干:可遭孽哩。”[3]119

方言用例:这样的鬼天气出来赶集,真是遭孽。|你做下亏心事,将来要遭孽哩。

其他用例:《香莲佩》第七回:“张氏:再莫要胡说,给你遭孽哩。呆迷:我见杀猪的架子上,整年杀猪,咋不遭孽呢?”

按:“遭孽”一词经常在中间插入其他成分使用,如:《香莲佩》第十六回:“吕庚娘:全不怕遭下孽空中雷震,这样人真正是禽兽不分。”“这娃从小么妈,遭了不少孽。”

【走】趋向动词,置于动词性词语之后,祈使句末尾,表示邀请对方去做某事,相当于现代汉语中的“去”。《十王庙》第十七回:“零干:借灵堂哭眼泪走。”[3]150

方言用例:咱今天晚上看戏走。|咱一块儿上街走。|走,到西安走。

其他用例:《紫霞宫》第一回:“吕花瓣:走走走,先吃走。”“吕子欢:先到厨房吃白蒸馍走。”《玄玄锄谷》第一场:“贾捏揣:掮锄去,锄地走。”

【总】助动词,表猜测,恐怕;可能;大概。《十王庙》第十五回:“吴志宁:棱吾,你听她说话声音,总是你姑娘。棱吾:是得是得。从外面子看,不是我姑娘,从里面子看,这却是我姑娘。”[3]140“吴志宁:我说未必是的,你说总是的,还叫我胡斯拾下罢!”[3]142

方言用例:你总是骂他了,要么他咋能打你呢?|他们欺负你,我总没惹你吧?你为啥连我一起骂呢?

其他用例:《水浒传》第二回:“这村便唤作史家村,村中总有三四百家,都姓史。”《警世通言·王安石三难苏学士》:“自黄州到眉州,总有四千余里之程,夔州适当其半。”《玉燕钗》第三回:“苗润:咳,总是女儿大了,做梦去没远没近的。”《白玉钿》第十回:“苏氏:总是由不得你。”

【嘴巴(子)】名词,耳光。《十王庙》第十七回:“零干:老爷,这判官二字,若从我的口内出来,一定有嘴巴子哩。”[3]149

方言用例:打了他三个嘴巴子,脸都打肿了。

其他用例:《红楼梦》第三十回:“只见王夫人翻身起来,照金钏儿脸上就打了个嘴巴。”《红楼梦》第五十五回:“你不依,这不是嘴巴子?再打一顿。难道这脸上还没尝过的不成?”鲁迅《呐喊·阿Q正传》:“他擎起右手,用力地在自己脸上连打了两个嘴巴,热剌剌地有些痛。”

参考文献

[1]张蕻,张崇文.李芳桂碗碗腔皮影戏剧作全集校注[M].杨凌:西北农林科技大学出版社,2014.

[2]李十三史料研究组.李十三评传[M].西安:陕西人民出版社,1987.

[3]王相民.李芳桂剧作全集校注[M].西安:三秦出版社,2011。

地方文史研究

试论陕西当代小说从田园到乡土再到田园的递变:
——以《创业史》《鸡窝洼的人家》《栀子花开》为例

李 娜

(渭南师范学院 人文学院,陕西 渭南 714099)

摘 要:“五四”以来由古典田园递变而来却又带着对它的解构乃至替代的乡土小说,已渐渐缺失田园所能包含的灵魂栖息地的精神实质。植根于深厚的古典田园文学传统之源与现代乡土文学流变中的当代陕西小说,随着时代精神与社会现实的变化,对自然的态度与情感,从20世纪60年代时不时地描写与赞美,到80年代以来对自然的几乎不去提及,甚或展现出的人与自然的极端博弈,再到21世纪开始自觉地对工业化盲目快速发展带来的人们精神与自然生态困境的思索与突围,发生了从田园到乡土再到回归田园的曲折变化。

关键词:乡土;田园;自然;陕西当代小说

作者简介:李娜(1975—),女,陕西蓝田人。博士,渭南师范学院中文系教授,研究方向中国文学。

在传统与现代裂变的大时代背景下,致力于固守乡土,是陕西小说在当代文坛上呈现的突出姿态。在描绘近现代陕西农村的社会变迁、展现其风俗民情与生活图景、揭露乡土的苦难与阴暗、观照工业化进程中农民被裹挟到城市遭遇的尴尬与困顿等方面,陕西小说无疑着力甚深,成就突出。厚重的历史与乡土,是陕西小说的根;呈现乡土社会文化情境,是陕西当代小说标志性的特色。

一、古典田园与现代乡土之间:陕西当代乡土小说的双重源流

所谓“乡土”,并不是“五四”以来中国现代文学中突现的题材,如果追溯根源,可与中国古典文学的“田园”题材相呼应,然而不同经济、政治背景下,两个不同的名词传递、指涉的内涵是有明显差异的,无论从书写对象、内容,还是思想、情感均发生变化。现当代文学语境中的“乡土”的“土”,固然仍指土地的土,却总与“洋”字所代表的现代、文明、进步、时尚等形成反衬,可引申或隐含的是守旧、落后、凋敝、蛮荒等一系列贬义词语。被称作“乡土”的人群面对“洋”所代表的现代文明的心理,则如《青木川》所描述的那样:畏缩、自卑、向往、模仿、落伍与走样[1]。

现当代乡土与农耕时代的田园,虽所指地域空间相同,但词性在不同时代背景下却发生了悄然的变化,已丧失旧有农耕经济基础下田地与家园的双重意义。相比于乡土,“田园”是积淀着美丽宁静、赏心悦目、淳厚自然、悠闲自在等内蕴的意象,是中国古代诗人关注、倾情与流连的精神家园,蔚为大观的田园诗则是这一精神流注的结晶,作品中的田园里,人与自然相依相恋、和谐共生,人对自然充满敬畏、喜爱之情,往往融入其中,与之合一。同时浓厚的忧患意识与责任意识,又让中国文学要担当起“兴观群怨”的社会功能,于是田园叙写,在描绘幽静秀美的田园景色与淳朴宁静的生活外,少不了民生的忧嗟,也让底层叙事一直以来都是古典田园叙写的另一重镇。从《诗经》

中的《豳风·七月》《周南·芣苢》，再到唐诗中承继的现实叙写，如王建的《田家行》以丰收的喜悦起篇，却在对比反衬中转折诗意，叙写出“麦收上场绢在轴，的知输得官家足。不望入口复上身，且免向城卖黄犊”[2]的农夫悲辛的生活境况，而白居易的《杜陵叟》（伤农夫之困也）与《卖炭翁》关注的更是关中一带农民生活的状况，在平原上种田（“岁种薄田一顷余”）、养蚕（“典桑卖地纳官租”），靠天吃饭（“三月无雨旱风起，麦苗不秀多黄死。九月降霜秋早寒，禾穗未熟皆青干”[3]），向终南深处伐薪烧炭以致“满面尘灰烟火色，两鬓苍苍十指黑”[4]，但仍然要受到“急敛暴征”“宫使驱将”盘剥，最终不知“明年衣食将何如”的悲惨生活境遇，无不透露出对生活在这片土地上的农夫们的深切观照。而有关田园叙写的两极——田园景观与社会生活，也作为源源不断的两条支流延续在中国古典田园文学的河流之中。

至明清，叙事文学登上文学舞台，它与城市工商业经济的萌芽、发展逐至繁盛息息相关，并伴随着城市经济的扩张一步步驱逐着传统的抒情文学，而一直以来为抒情文学所钟爱的山水田园也在叙事文学的日趋成熟下被放逐。如果说早期的以四大名著为代表的古典传统叙事文学作品，在长于叙写故事情节的过程中，还不忘情于山川河流、草木鱼虫、日月星辰、春夏秋冬等自然万物，时不时地点染出自然的背景，仍充满田园的余绪的话，及至近现代，中国经济、政治发生翻天覆地的变化，作为叙事文学代表的小说则是越来越倾向于对情节、人物等小说要素的把握，“田园”逐渐退场，直到“五四”以后被暗换为“乡土”。

同时古典文学中的“田园”语汇也渐渐被另一名词“乡土”所替代，由田园递变而来的乡土，与古典田园之间有着一脉相承的深厚血缘，然而更多的是作为对它的对抗、解构乃至替代而来，田园所能包含的理想中的灵魂栖息地的精神实质，仅在极少数作品中保留（如沈从文所建构的湘西世界），在绝大多数的乡土中将不复存在，那种诗意的眷恋情怀，被现实拆解，留下的只是被视为蛮荒、落后，被称作乡土的地方，也让作家们在眷恋与厌弃、固守与困惑的矛盾中，找不到出路，乃至焦躁、混沌。

沿着这一流变发展，直到今天，自然在文学中的存在空间日渐逼仄，尤其是时下的一些都市题材小说，家庭琐事、爱恨情仇、商场争斗、职场角逐作为重要部分被津津乐道，自然从此退居于角落，残存在一些以乡土为题材的小说之中，但即便是乡土文学，也不像古典田园那样倾力于描绘田园的自然之美。这种小说发展的脉络，也从一定程度上暗合于人类工业化进程的脚步。当钢筋水泥、高楼林立铸成的城市将绿地、农田一步步逼向边缘的时候，自然也在文学中悄然褪色，当叙事文学作为胜利者取代了抒情文学，作为抒情的背景——自然，关注度自是越来越少。

在厚重的历史文化底蕴与近现代的经济巨变之间，步入当代，陕西文学更多地固守在对历史与农耕文明的眷恋中，成为乡土叙事的重要一派。它不像海派那样，在近现代十里洋场的喧嚣与当代经济之都的辉映下，洋味十足地叙写着都市五光十色的传奇或细碎的市井家庭生活，它不是都市文学的乐土与厚壤，于是带着浓厚的乡土味，陕西的当代作家们牢牢地扎根在历史与乡土的叙写之上，将目光深情地锁定在他最熟悉也给他源源不断创作生命的厚土上，如柳青的《创业史》，陈忠实的《白鹿原》，贾平凹的《鸡窝洼的人家》。即便是提到骨子里就非常陌生且疏离的都市，也总是以批判的态度审视着，充满着种种焦灼与不适，如路遥的《人生》《平凡的世界》，高建群的《最后一个匈奴》，而贾平凹的《废都》《高兴》，则将城市生存状态下，人性的自私、虚伪、冷漠、残忍，人们精神的荒芜与颓废，揭露得深入骨髓。

脚踩着大地，沾着浓厚的泥土气息，既让陕西文学拥有了自己独特的风味，也让其由此陷入与现代背离的困境之中。对陕西当代文学而言其困境突出的表现在两方面：其一是对代表着现代社会的都市、工商业等领域的陌生与疏离上，由此而来面临的是传统与现代性矛盾的困境。其二则是对自然仍然存在的漠视与疏离上。由此两端困境而来的则是:无论是传统、还是现代,陕西当代文学都与之隔膜的尴尬境遇,这种局面 20 世纪 80 年代起表现得尤为突出,真实的再现、入木三分的揭露、深重的矛盾与困惑,则成为此时期陕西文学的主色。

二、田园告退,乡土日盛:从《创业史》的田园余绪到《鸡窝洼的人家》的乡土困窘

尽管表现反映的背景是乡土,陕西文学对自然的态度与情感,在当代社会的不同发展时期却不尽相同,呈现出田园告退,乡土日盛,再到回归田园的曲折递变。中华人民共和国成立后工业化发展初期,以柳青《创业史》为代表的作品中时不时地描写与赞美自然,仍充溢着“田园味”,至 80 年代改革开放工业化迅速发展以来绝大多数作品对自然几乎不再提及,甚或展现出人与自然的极端博弈,“乡土味”日盛。这既与叙事文学替代抒情文学的文学自身发展脉络一脉相承,也与大时代背景之下人们精神状态的认知息息相关。

处在工业化初期,陕西当代文学中的自然尚展现出审美的一面。产生于20 世纪60 年代的《创业史》,是展现我国西北地区终南山下的村庄——蛤蟆滩,在农业合作化运动的时代变革下农民生活、思想演变的长篇巨著。现实的展现虽为主调,但带着浪漫主义的热情与对一方乡土与人民的纯爱,作者还会时不时的从后台跳出来对笔下的人物与自然一抒喜爱之情。于是我们阅读时总会听到诸如“庄稼人啊! 在那个年头遇到灾荒,就如同百草遇到黑霜一样,哪里有一点抵抗的能力呢”这样的叹息。或者看到住在渭河以南秦岭山脚的庄稼人,“跑终南山扛椽、背板、担炭、砍柴”,“买牛、租地、立庄稼”[5]成家立业的生活。也会听到梁三老汉骄傲的声音:“这稻地水渠里有白鹤、青鹤、鹭鸶和黄鸭,还有雁哩。你们渭北老家那里有吗?”[6]会看到这里黄灿灿的迎春花,早春解冻的汤河水,消失的繁星,残留的下弦月,初生的太阳,还没消雪的奇形怪状的巅峰,刚除过草的麦苗上、稻田的青稞绿叶上、刚发嫩芽尖的春草上的闪光的露珠。对此作者也不由自主地要赞叹:“在大平原的道路上听起来,河水声和鸡啼声是那么幽雅,……空气是这样的清香,使人胸脯里感到分外凉爽、舒畅。”[7]

一幅幅生动、美好的充满着和谐的田园图画下,反映出 1949 年后工业化进程刚刚起步,农村面临着巨大变革的时期,一切欣欣向荣的景象,充溢着田园气息。也反映出现代性相对薄弱的时代,人们虽然仍向自然去讨要生存,但生命意识里却视之为衣食父母,对其天然的依恋,索取但不过度攫取的农村生活的本来状态。

不同的时代,不同的生存状态,不同的精神生态状态,都会让作家笔下由自然万物构成的土地空间呈现出不同的风貌。山水田园在文学中的困境实由人的生活困境与精神困境而来。到了 80 年代初,由于时代背景的变化,这样的山水田园景象,就黯然退场了。厚厚的一部《白鹿原》,涉及自然描写的极少,《最后一个匈奴》虽然也有诸如冬天苍茫的陕北大地上缩回“窝”的兔子、黄羊、山鸡、豹子、蚂蚁、长虫、荒原上饿狼凄厉的长嗥[8],几场秋霜后山杨、背搭杨、白杨、红柳……还有种种灌木:狼牙刺、酸枣刺……以及各样的谷物,各样的杂草,呈现出的令人心醉的红色[9]等景色与动物描写,甚至还提及有关沙漠治理的事情,但仅是寥寥数笔,仍以大段的叙事、对话替代描写、抒情为主色。

产生于此时的贾平凹商州系列小说之一——《鸡窝洼的人家》,以极其客观冷静的笔调叙写着那个闭塞的乡村里人们生活的窘境。在生活极其匮乏的境遇下,人是无心也无力去欣赏与自己相依相伴的自然田园的,谋生过日子是一辈又一辈重复着的人生。

小说中的主人公禾禾,是生长在闭塞的鸡窝洼却因为当兵曾经踏出这方土地最后又落根于此地的男人,他见识过外面的世界,于是不愿重复这里世世代代所固守的向土地讨生活的日子。他与回回所代表的大多数只是老实本分的耕作并以此为骄傲的乡里人不同。带着躁动不安、破旧立新的信心与勇气，初次出现在我们视野的禾禾是这样的形象：一个男人，一把土枪，跟着一只“瘦长长的，没有尾巴”的狗，脸上充溢着自信和活力，在风“滚动着”的雪夜里与野狐之间展开了一场“紧张、激烈的追捕”。这一形象从一开始就与自然紧张对立，对自然的欣赏与观照更是无从谈起。生活的困顿让他在这个雪夜也有了偶尔的思绪，此时此地他想的是“咳，动物是不可理解的，即使人和人也是这么不能相通啊！”[10]紧接着这样的叙事场面仍然存在，禾禾没有炸到狐狸，只是炸了一条狗，作为他的猎物，被带回去的这条狗遭遇到这样的境遇：

禾禾开始抄着棒槌打伤狗，好不容易打死了，要去剥皮时，那狗又活了过来……禾禾把狗吊起来，灌下冷水，果然一时三刻没了命。剥了皮，钉在山墙下，肉拿到屋后的水泉里洗了，就生火煮起来。……烟峰……从屋里望外看着蜜子在篱笆前啃着同类的骨头，而钉在厦房山墙上的狗皮上，一群麻雀飞上去，“哄”地又飞走了。[11]

这种带着血腥的残酷画面，作为象征，揭示出生活的真实，也是人与自然的真实，没有人觉得这有什么不妥。即便是一开始随主人出场的那条叫作蜜子的狗，最后落得的结局也是在主人精神极度崩溃的时候被打死。

作品中偶尔也会出现对得天地精华的一方水土骨子里的喜爱：

在鸡窝洼里，最方便的莫过于是水了，家家屋后紧挨着一个石坎或者岩壁，那石缝里，长年滴滴咚咚流着山泉，泉水又冬暖夏凉，再旱也不涸，再涝也不溢。家家就把一根长竹打通关节，从后墙孔里塞出去，一头接在那泉上，一头接在锅台上……适用的倒比城里的水龙头还强。[12]

但这种对田园景色的倾心描绘与浸透的爱恋之情，在整部作品中仅如灵光乍现，倏忽即逝。其对自然的态度真实地再现出那个特定的时代人们精神的真实面目：困顿、焦灼、躁动、不安，如此心境也打破了与现代背离的蛮荒乡村中的宁静。陕西作家一以贯之的底层叙事，乡土中国物质与精神的双重贫瘠与匮乏，让人在有感于生活原来如此的情境下，被现实的沉重灰色、残酷真相压抑到几乎窒息的境地。

三、乡土的反思与田园的回归：《栀子花开》中的田园梦

在坚持与固守中，陕西文学成就出乡土文学的繁荣。但对这种文学色调的单一性，作家们也一直在思索并尝试着作以改变，并试图寻找出路。伴随而来的则是90年代初期《废都》与21世纪《高兴》《栀子花开》等的出现，视角开始关注都市，或者在都市、乡村的双重视线下叙事。同时随着世界格局下生态意识的觉醒，加之陕西作家们自觉地对工业化盲目快速发展而来的人们精神生态与自然生态困境的思索与突围，陕西文学发生着新的变化。如果说早期的工业化进程所带来的人的精神困顿，陕西乡土作家从一开始就在小说中真实展现着，但在特定时代背景下还未清醒地意识到究竟是什么问题的话，那么《怀念狼》(2006)、《青木川》(2007)、《后花园》(2008)、《栀子花开》(2009)，也包括陕西籍作家红柯的《生命树》(2010)的出现，则标志着陕西乡土叙事困境下有意识的田园突围。

《青木川》是在自觉地反思历史与乡土，思索乡土的文明与现代性等问题下展开叙写的。作者笔下的青木川在四川、甘肃、陕西交界处，盛产香菇、木耳、中草药，熊猫、金丝猴、“老虎、狗熊、豹子什么的，当然也包括羚牛”，“曾经有过华南虎亚种，只这些年才不见了踪迹”[13]，以前还有罂粟和土匪。有过荡气回肠的历史传奇，如今唐代三位皇帝入蜀所经过的回龙驿“北面是高山，是秦岭主峰，南面是河谷……河床满是巨石，岸边长满了细碎灌木”，但“灌木上粘着的红、白塑料袋子和各样垃圾”[14]，诉说着这里生态环境的破坏。

《栀子花开》除秉持陕西作家一贯的现实主义本色外，开始在现实中注入诗意的浪漫与理想，并倾注对都市与乡土两重命运的思索。其中既表现出对城市绿色的喜爱、遥望与追慕，又有纯粹的乡土小说中一度缺失了的田园风光摹写，并将两重

天地交织,将叙事与自然描写交融,在四季更替、城市乡村景色视角变换的生态视野下,架构、展开并推动着故事情节的发展,人物命运的变化。叙事的同时被忽略与遗忘的自然万物、生态景观亦齐聚于此,并被赋予了生命与情感。整篇小说时时跃动扑面而来的清新自然气息,充溢着叙事小说中久违了的田园诗意情怀。

小说入笔处,即以城市雪景展开,让自然去映衬人情人性之纯净美丽。并通过拟人与拟物的修辞手法,将人与物之间的界限打通,或运用比喻,将自然与生活中的事物交融,将乡村与城市的事物互比,让城市的生活处处留有自然田园的气息,如"积雪就像蛋糕上面一层厚厚的奶油……那些路灯又像是高秀山老家树上结出的葫芦苞,纷飞的雪花在灯光下就像繁忙的蜜蜂飞舞着……"[15]诸如"杨树枝丫上抱团的绒球酷似婴儿小手"这样的比喻,则让春天与青春、绿色,与婴儿一样生动、鲜活,富有生机。

然而现实的城市,并没有多少绿色,窗外的白杨树是仅存的风景,伴随着城市化进程的加快,自然生态被肆意破坏着,以至于"一些大树被伐,土地平整后准备盖房子。厂区越来越像一个剃光头发的脑袋,一览无余。"[16]在作者的理想中,融汇着田园美丽风景、充满古典诗意的城市,才是美好的,而"昨夜那一场风分明也是一场春风,遗憾的是这阵风经过的不是桃花林也不是杏花村,以至于它的风声也显得生硬,远不如'夜来风雨声,花落知多少'那般婉约,那般诗情画意。"[17]

如果说城市的生态由于人们的破坏,已经缺少了美与诗意的话,那么乡村则是理想中的诗意栖息地,充满着田园的温馨、美好、宁静与和谐,也满含着质朴、纯净、美好的人情、亲情与爱情。这个地处秦、鄂、川交界处的乡村,冬季是由正午的太阳、长青的树木、悠闲的老人、河道边的村庄构成的写意山水图。夏天更美:"稻田的稻穗开始泛黄,不时有白鹭突然从稻田中飞起,在空中悠闲地滑行着;农家与稻田相接,稻田与荷塘相连。紫的、黄的蜻蜓在盛开的红的、白的荷花上嬉戏着。白天已经很热闹了,到了傍晚,故乡又沉浸在一片蛙声中……"[18]白鹭、稻田、荷塘、荷花、蜻蜓,加上心情清爽驻足欣赏的人,构织出一幅美妙和谐的诗意生态图。而月色笼罩下的夜晚,稻田里"有一种暗香在浮动","轻纱般的月色又如罗帐笼罩着美丽的田园"[19]。这已不是乡土,而是被作者称之为"田园"的地方。

珍视、呵护自然万物,与它们共生,是小说一以贯之的生态意识,这种对人之外的动植物生命的珍视,与史怀泽的观点一致:"只有当一个人把植物和动物看得与他的同胞生命同等重要的时候,他才是一个真正有道德的人。"[20]在自觉的生态意识的观照下,作者敏锐地发现不仅城市的生态惨遭破坏,而且乡村也在工业化的推进下,缺少了往日的宁静与和谐。现代城市在一步步前进的过程中,用城市生活的繁荣喧闹,"让我们失去了自然的根基和庇护""让我们增长了欲望却失去了幸福感乃至生存的意义"[21]。这种失去的感慨弥漫于小说之中。

整部小说与其说是一部"工业题材的小说"[22],毋宁说是新时期里流淌着"自然美"与诗意田园情怀的生态小说,从而为陕西当代小说注入古典诗意与生态反思的新气象。

由柳青《创业史》,到贾平凹的《鸡窝洼的人家》,再到《怀念狼》《青木川》《后花园》《栀子花开》等,陕西当代文学自然书写的曲折历程,也是伴随着我们的国家由百废待兴,到经历历史的曲折决心改革开放,再到经历经济的迅猛发展,也将工业化进程中所呈现出的种种矛盾凸显出来的一段历程,而每一部作品都体现着陕西文学特有的忧患意识,对现实的思索。可以说对人类命运的关注,秦人自古以来"究天人之际""为天地立心"的强烈使命感,也使得陕西作家在新的历史命题下将以往的乡土叙事视点转向对人类家园的思考。而《怀念狼》《栀子花开》《青木川》与陕西籍作家红柯的《生命树》等21世纪以来的新作品,则在这种思索下,将理想中城市的构建,乡土的开发与保护,人与自然的和谐等内容,纳入叙事主题中,成为陕西当代文学的探索与转向之作。

对自然的态度与叙写变化,反映的则是陕西文学自觉地探寻人类命运的曲折轨迹,由对自然的征服,再到与自然的和谐共生,由摒弃田园,审视乡土,再到田园的回归的曲折历程。由此亦可通观整个现当代文学在传统与现代、乡土与田园的矛盾中回环发展的历程。表面上看,在文学革命中带着对古典传统的决裂一路走来的现当代文学,其实从来没有在真正意义上剪断母体与婴儿连接的脐带,作为潜流,传统与古典默默地沉潜在彼时彼地现当代文学的血液之中,而此时此地被遮蔽的理想、古典、传统是到了该反思而后回归的时候了。或许文学中的想象与浪漫,那个想象中的桃花源,会无意中消解反映现实的深刻性,但文学中若真实得一点理想的光泽都看不到,却也背离了文学的本色,但愿在文学这片本就是做梦也可以做梦的领域,多些理想诗意的辉映,在现实与理想、现代与传统的双重翅膀下飞得更高,更远。

参考文献

[1][13][14]叶广芩. 青木川[M]. 西安:太白文艺出版社,2007:9,15,25-26.

[2]王建. 王建诗集[M]. 北京:中华书局,1959:10.

[3][4]白居易. 朱金城笺校. 白居易集笺校[M]. 上海:上海古籍出版社,1988:227,223.

[5][6][7]柳青. 创业史第1部[M]. 西安:陕西人民出版社,1978:4,5,26.

[8][9]高建群. 最后一个匈奴[M]. 西安:陕西人民出版社,2011:67,84.

[10][10][11][12]贾平凹. 鸡窝洼的人家[M]. 北京:人民文学出版社,2005:119,124,126.

[15][16][17][18][19]戴吉坤. 栀子花开[M]. 西安:太白文艺出版社,2009:65,50,32,50,55.

[20]施韦兹. 敬畏生命[M]. 上海:上海社会科学出版社,1995:9.

[21]鲁枢元. 生态批评的空间[M]. 上海:华东师范大学出版社,2006:117-138.

[22]李星. 乡恋和乡离:“第一代城市人”的尴尬和乡愁——序戴吉坤的长篇小说《栀子花开》[A]. 戴吉坤. 栀子花开[M]. 西安:太白文艺出版社,2009:4-5.

清初关学复兴背景下的频阳论学考述

——以王弘撰《正学隅见述》和《频阳札记》为中心

党艺峰

(渭南师范学院 人文学院,陕西 渭南 714099)

摘　要:康熙十六年(1677年)九月,王弘撰与李颙相与论学于频阳,就"格物致知"和"无极太极之辨"两个理学基本命题展开论争,次年,顾炎武再与李颙就同一主题持续论争,这是近世关学思想史的重要事件之一。该事件的背景是清初遗民学术从救亡到启蒙的主题转换,但鉴于李颙和顾、王所意识到的儒学危机的差异性以及各自不同的思想渊源,频阳论学并没有促成双方的思想融合。在某种程度上,频阳论学显示出清初关学复兴可能面临的各种困难。

关键词:频阳论学;王弘撰;李颙;顾炎武;关学

作者简介:党艺峰(1966—　),陕西合阳人。渭南师范学院人文学院副教授,主要从事当代文学批评和关中地方文化思想研究。

康熙十六年(1677)九月初三日,顾炎武入关,暂居王弘撰明善堂,拟筑山居以养老。频阳令郭传芳闻讯即遣使致函王弘撰问候并告以朱廷璟之丧,其中以顾炎武入关为关学复兴的标志。朱廷璟,字山辉,顺治六年(1649)进士,先后任工部、吏部主事,又出历山西口北兵备道、河北道、左江道等,遇裁归里,居于乡,晚年好学,文章卓然有体,著《循寄堂诗稿》。因其丧,关中士人频繁相与往还于频阳。十九日,王弘撰赴频阳吊朱山辉之丧,郭传芳即邀入城,乍一相见,问别后为学情况,王弘撰已于前一年冬天完成《正学隅见述》,即以之付郭传芳。郭王即函札往来,相互质证。其时,李颙寄居频阳军寨也有数年时间,且有不出门拜客之禁,闻王弘撰至,即使其子伯著持札邀约,两人做竟日之谈。后数日,郭传芳以李颙《格物说》见示于王弘撰,而王弘撰即以《正学隅见述》覆之,因此,李王之间书函往来,以《正学隅见述》为触媒,就"格物致知"这一理学基本命题展开论争。王弘撰后有《频阳札记》记载此一过程。同年冬,顾炎武访李颙于军寨,次年春,再至频阳,先后盘桓于军寨李颙家、李因笃所居月明山下、郭九芝署衙、朱廷璟之子树滋所居等处几近一年时间。其间,康熙下诏开博学鸿儒科,顾炎武、李颙、李因笃、王弘撰、傅山均被牵涉到,而以李颙的出处为题目,顾炎武与李因笃相互争论,态度略有差异。又次年,顾炎武、李颙依旧留在频阳,而王弘撰、李因笃、傅山则次第进京应试,又各自寻名目逃离。此后,顾炎武病死于山西曲沃,王弘撰客游江南十余年,李颙离开频阳,返归盩厔,栖居垩室,足不出户,凿壁以通饮食,李因笃隅居关中授徒为生。

王弘撰和李颙的论争并不复杂,但如果从其所置身的思想史网格和可能的后果来看,王李之争乃是一极为重要的思想事件,而按照中国思想史的命名习惯,此一事件可称之频阳论学。本文即尝试在梳理相关史料之基础上挖掘作为思想事件的频阳论学的复杂内涵,尤其关注它在关学史脉络之中的标识性意义。

一、《正学隅见述》和《频阳札记》的写作背景

康熙九年(1670)元旦,作为曾经的浊世翩翩

佳公子和关中声气领袖的王弘撰焚毁自己的诗稿，他说，“予自三兄逝后，无日不怆然于中，且自警自惧，故于庚戌元旦，谨告先灵，凡一切逾分违理事，必不敢为，所以养身，非独自励，亦望我子弟共识此意也。予昔日好声伎，三兄尝以为戒，今每忆及，不仅泣下数行，悔过之诚，有如皦日。不独如吾家右军所云：‘恐儿辈觉，损欣乐之趣也。’”[1]598悔过明善未必要焚毁诗稿，而王弘撰的焚稿之举应该有另外的原因。前此在康熙二年(1663)，王弘撰与顾炎武订交于华阴，康熙五年(1666)，与屈大均订交于三原，掌关中书院院事，康熙十二年(1673)，李颙过访，留五日，相与论为学、出处之义。与当世一流学人的交流，尤其是与顾炎武订交，应该对王弘撰有极大的影响。与顾炎武订交时，王弘撰刚42岁，因此，他说，“予少攻举子业，时有酒色之失。寻遭寇乱，狂惰自废，德业靡成，年逾四十，始知为学。见圣贤言语实际，要以明善为宗：‘致知者知此，力行者行此，尽性者尽此，践行者践此，修己者非此无以修己，治人者非此无以治人。此之谓善，至善也；此之谓明，明则诚矣。身之所在，道即在焉。道之所在，艺亦在焉。下学而上达，大行不加，穷居不损，豁如也。’”[1]541王弘撰的悔过明善以为学作为前提，但他依旧明示出道艺同在的学问格局，这意味着焚毁诗稿还是无法得到合理的解释。

然而，王弘撰两次提到的“好声伎”和“酒色之失”则指出一种可能性，他的焚稿与“酒色之失”的确有某种内在的联系。纵观王弘撰一生，“好声伎”和“酒色之失”的个人生活习性并没有因为悔过明善之举而完全改变，以至于59岁尚纳妾，即使顾炎武再三规劝之亦不止，因此，“酒色之失”与焚稿的内在联系应该在超出个人生活习性的向度上来理解，而王弘撰在这两者之间加入的链接则是所谓“举子业”。

“举子业”是明清科举制度的特色之一，顾炎武曾经指出，“国家之所以取生员而考之以经义、论、策、表、判者，欲其明六经之旨，通当世之务也。今以书坊所刻之义，谓之时文，舍圣人之经典、先儒之注疏与前代之史不读，而读其所谓时文。时文之出，每科一变，五尺童子能诵数十篇而小变其文，即可以取功名，而钝者至白首而不得遇。老成之士，既以有用之岁月销磨于场屋之中，而少年捷得之者，又易视天下国家之事，以为人生之所以为功名者，惟此而已。”[2]71“举子业”生产出明清时代庞大的新科第士绅群体，在制度内部，它奉行的是一种可以称之为无耻的快乐主义的生活观念，李贽等人开启的所谓个性主义思想正是建基于这种生活观念之上的，而由此形成的士风在清初遗民群体的视野中则是病态的，如李颙所说，“若夫今日吾人通病，在于昧义命，鲜羞恶，礼义廉耻之大闲，多荡而不可问。苟有真正大君子深心世道、志切拯救者，所宜力扶义命，力振廉耻，使义命明而廉耻兴。”[3]76顾李等人对科举制度的反省其实更是对明朝士风的反省。对明朝士风的反省和批判是清初遗民的共同态度，而对于顾炎武来说，这种反省尤其是在政治抗争失败之后的事业，它有别样的意味。“有亡国，有亡天下。亡国与亡天下奚辨？曰：易姓改号，谓之亡国。仁义充塞，而至于率兽食人，人将相食，谓之亡天下。……知保天下然后知保国。保国者，其君其臣，肉食者谋之；保天下，匹夫之贱与有责焉耳矣。”[4]756在清初遗民那里，亡国已经是无可改变的事实，但如何维系天下则是更为紧迫的思想和政治使命。维系天下的核心恢复某种源于传统的文化秩序，而此种文化秩序能够促使人可以按照自己的价值尺度建构好的生活方式。要完成这种思想和政治使命固然需要如顾炎武所谓的匹夫有责，但更重要的应该是士人群体需要完成关于人的价值尺度的阐释。正是因此，清初遗民在观念上完成了从救亡向启蒙的转型，正如有学者所说，“这个时代变革的意义是深刻而久远的。正是这样的时代变革，孕育和产生了中国最早的一批启蒙学者。其代表，在南方有黄宗羲、顾炎武、王夫之等，在北方则首推李颙。”[5]1以遗民群体为核心的清初启蒙思潮内部呈现出极其复杂的状态，但就顾炎武来说，他在自己的阐释系统中不完全是从伦理评价的角度来理解与"举子业"密切相关的"文苑之徒"。顾炎武初与王弘撰订交,即因为王弘撰的介绍而过访朱存杠。朱存杠是明宗室子弟,其父朱子斗乃"青门七子"最年少者,顾炎武在《朱子斗诗序》中说,故明宗室子弟"其不肖者怙侈放辟,以为民害,而其贤者亦仅仅守己洁行,学为辞赋,以自附于文苑之徒。于是举天下之宗,无一人焉任国家之事,以生草泽之心,而招蛮夷之侮。"[2]85"文苑之徒"不能任事,也就意味着它过去徒然见证国破家亡而无所作为,而将来也必不能在启蒙实践中担当自己的责任。这种态度与李颙的道德判断明显不同。

王弘撰的焚稿之举应该说正是同时受到顾炎武和李颙的影响,其后,他先后完成自己的《周易图说述》《周易筮述》《正学隅见述》,同时有《山志》及多种"日札",因此,焚稿意味着王弘撰在清初因为个己的遭际与友朋的影响重新开始自己的思想之旅,也意味着他全面融入自己置身其中的清初遗民群体开启的启蒙思想潮流之中。这种选择有两个方面的意义,首先是因为家族传统和顾炎武的影响,王弘撰选择程朱理学,把明善看作为学的标的,其次,也是更重要的,王弘撰选择与顾炎武完全相同的"日知录"作为论学体式,我们在《正学隅见述》《山志》《频阳札记》及其多种"日札"里都能看到"日知录"的影子。

二、李颙的思想路线与明末新科第士绅群体的分化

李颙自述学问应当"以致良知明本体,以主敬穷理、存养省察为工夫"[3]129,或者如其晚年用更简洁的方式所表达的,即"明体适用,反身实践"[3]597,其弟子张琪穷溯源头,称其师学问"以阳明先生之'致良知'为明本始,以紫阳先生之'道问学'为做工夫,脉络原自井然。"[3]14应该说,李颙的思想系统并不复杂,但他又的确是中国思想史上最复杂的思想家之一。形成这种状况的原因只能在明末清初的思想史脉络即救亡向启蒙的过渡中寻找。

李颙对明中叶以后新科第士绅群体的分化有明确的意识,他说,"僧有禅宗,有应付。道有全真,有应付。儒有理学,有应付。"[3]451也就是说儒道释三教中人皆可区别为两个类型,而对于新科第士绅群体来说,他们正处身于一个下流化的历史关头。李颙指出:"吾儒之教,原以经世为宗。自宗传晦而邪说横,于是一变而为功利之习,再变而为训诂之习。浸假至今,则又以善笔札、工讲颂为儒当然。愈趋愈下,而儒之所以为儒,名存而实亡矣。"[3]122因此,新科第士绅群体集体蜕变为"应付儒","读儒书,冠儒冠,置身于儒林,既以儒自命,乃甘以应付儒结局生平乎!"[3]451这些徒有儒者之名的人大体上有三种情况,"明体而不适于用,便是腐儒。适用而不本于明体,便是霸儒。既不明体,又不适用,徒灭裂于口耳伎俩之末,便是异端。"[3]120这种描述暗示出李颙的启蒙路线,他试图恢复儒学的本来面目,重新塑造儒者的整体形象。这种启蒙路线的选择与李颙的早期经历有关。李颙弟子惠龗嗣在《历年纪略·序》中称:"《小学》谓:'人生内无贤父兄,外无严师友,而能有成者鲜矣。'先生早岁丧怙,既无父兄,又无师友,孤苦自奋,备极戹患,从万死一生中屹然成立,故论者尝譬诸莲:他人成立犹莲之生于水,顺而易;独先生成立犹莲之生于火,逆而难。先生为其难,以迈其易。"[3]555这种经历决定了李颙对自己所属的身份集团有更多的依赖,因此,他"童时尝读天启朝事,雅慕高忠宪公之风节"[3]95。对东林领袖的向往其实隐喻的是李颙对儒者群体的归属意识,也因为这种归属意识,他才对儒者群体有更高的要求。

启蒙总是应对某种深层危机的,对于李颙来说,这种危机的表象是新科第士绅群体的下流化,但其根源则在别的地方。李颙说,"儒者之学,明体适用之学也"[3]120,"欲为明体适用之学,须读明体适用之书。"[3]163于是,他给弟子们开出一份书目,在这份书目中,引人注目的是当世学人的论著,而能入其法眼的只有徐光启的《农政全书》《泰西水法》等。在李颙的时代,徐光启绝对是异端知识分子的典范,他通过利玛窦而皈依天主教,其《农政全书》和《泰西水法》不能完全在科技史的范

畴理解。利玛窦等早期传教士的传教特征是理性化,也就是通过理性达到信仰,但其最终目的依旧是建立汉语基督神学,具体的思想路径即是“补儒易佛”,而达成此一目的的最好方式借用程朱理学的“格物致知”[6]。在这种背景中,科学技术及其背后的逻辑知识是其达成神学目的的工具,但因此形成类似于徐光启这样的新知识分子群体。李颙对徐光启的重视并不是认同,而是感觉到正在迫近的危险,他称徐光启一类儒生为“霸儒”。“霸儒”一词源于杨慎,其意义正在于创制新学,残破经史,驱儒入于异端。作为异端的徐光启等新知识分子正构成李颙试图抵抗的真正对手,如其所说,“因而他若西洋教典,外域异书,亦皆究其幻妄,随说纠正,以严吾道之防。”[3]632因此,李颙在认识论的意义上昌明“悔过自新”之旨,他说,“古今名儒倡道救世者非一:或以‘主敬穷理’标宗,或以‘先立乎大’标宗,或以‘心之精神为圣’标宗,或以‘自然’标宗,或以‘复性’标宗,或以‘致良知’标宗,或以‘随处体认’标宗,或以‘止修’标宗,或以‘知止’标宗,或以‘明德’标宗。虽各家宗旨不同,要之总不出‘悔过自新’四字。”[3]3

“悔过自新”在李颙那里有特殊的含义,他说,“圣人之悔过处及其自新处,与凡人自不同耳。盖必至于无一念之不纯于理,无一息之或间于私,而后为圣人之‘悔过’;必至于‘与天地合其德,与日月合其明,与四时合其序,与鬼神合其吉凶’,而后为圣人之‘自新’。夫卑之,虽愚夫妇有可循;高之,至于神圣不能外。”[3]7所谓“悔过”,是一种德性实践,它所期望的是念念纯于理、息息无间私的德性境界,而在此境界中,所谓“自新”就是借助人的意志创造出全新的价值,最终至于新人的诞生,“庶几仰不愧天,俯不怍人,昼不愧影,夜不愧衾。在乾坤为肖子,在宇宙为完人。今日在名教为贤圣,将来在冥漠为神明。岂不快哉!”[3]4由此看来,李颙的“悔过自新”或者“明体适用之学”其“所为括精粗,兼大小,该本末,彻终始,而一以贯之者欤!”[3]7这明显具有海德格尔所谓“主体性的形而上学”[7]831的特征。但是,“悔过自新之学,功夫在于静坐”[8]19,李颙的启蒙因此成为个体在沉思中的对善恶之人于几微的边界的领悟,这种领悟也就在精神上切近政治浪漫派。政治浪漫派是理想主义的,在实践过程中又是高度机会主义的,它始终期望通过一场革命造就全新的世界,而它的全部作为又始终局限在从日常生活里捕捉革命即将降临尘世的前兆。

三、频阳论学的基本主题与朱陆之辩的思想史意义

频阳论学的缘起或触媒是王弘撰的《正学隅见述》。《正学隅见述》包括两个部分的内容,他们分别照应王弘撰提出的两个命题,即所谓“格物致知之训朱子为正”和“无极太极之辨陆子为长”。在频阳论学的过程中,李颙终究以《格物说》回应王弘撰的《正学隅见述》,这似乎意味着他们论学的主题局限在如何理解“格物致知”的含义,近乎没有涉及“无极太极之辨”,但未必符合实际。

李颙《格物说》“大要谓格物乃圣学入门第一义。入门一差,无所不差。毫厘千里,不可以不慎。古之‘欲明明德于天下’节与‘物有本末’节原相连,只因《章句》分作两节,后儒不察,遂昧却物有本末之‘物’,将格物‘物’字另认令解,纷若射覆,争若聚讼,以成古今未了公案。又谓欲物物而究之,入门之初,纷纭胶葛,堕于迷魂,陈此是玩物,非是格物。真能为格物之学者,其用功之序,先之以主静,令胸中空空洞洞,了无一尘。物欲既格而后,渐及于物理,诚正之。基本既立,然后由内而外,逐事集义,随时精察,天德王道一以贯之矣。否则,纵博尽羲皇以来所有之书,辨尽羲皇以来所有之物,总之是骛外逐末。”[1]873这是李颙论学的基本立场,与此不同,王弘撰谨守朱熹“即物穷理”之说,两者之间的差异源于对“物”的不同理解。

李颙的“物”是二元论的,物和物理是分裂的,与此相应,主体性也是分裂的,体现为良知和物欲。在这种状态中,世界的可理解性只能建立在对“无”的把握上,也就是说必须在世界的存有之上设立先验的“无”,经由无中生有才能解释二元论的“物”,也才能进入明体适用之学。然而,一旦确立先验的“无”,在逻辑上就预设了无中生有必然是虚无主义的,而“虚无主义是一个过程,是最高价值贬黜、丧失价值的过程”[7]683,而“虚无主义是那种历史过程,在其中,占据统治地位的‘超感性领域’失效了,变得空无所有,以至于存在者本身丧失了价值和意义。”[7]734这正是从陆九渊至于王阳明一系执着于无极太极之辨的根源所在,也是陆王之学被徐梵澄称之为“精神哲学”[9]13-24的原因所在。

而王弘撰虽然称自己严守朱熹关于“物”的训诂,在本体论上倾向于朱熹从“有无为一”而展开的理气合一,但他又对“有无为一”之说不惬于怀,原因在于朱熹的“有无为一”说的基础是以“无穷”解释“无极”。因此,王弘撰就需要在弥合陆朱的裂隙处重新阐释无极太极之辨。在王弘撰那里,“无”或“无极”是知识结构的必要元素,他说,“盈天地之间皆理也。理求实,而其位则虚。即如天地间有润下之理,水得之。然有水而润下之理见,即无水而润下之理亦自在。是润下之理水得之,非有水而始有润下之理也。有炎上之理,火得之。然有火而炎上之理见,即无火而炎上之理亦自在。是炎上之理火得之,非有火而始有炎上之理也。”[1]727所谓“其位则虚”是王弘撰解释“无极”的关键,他认为,从《周易》出发,太极是“神无方也,易无体也”[1]514,朱熹偶然也会以“无体”解释“无极”,但王弘撰则侧重于“神无方”,而“神无方”亦即“其位则虚”。这个侧重点的选择意味着王弘撰尤其突出知行合一,尤其具有实学的色彩。

王弘撰和李颙对“物”的不同理解意味着一种本体论差异,因此时时关涉到的都是无极太极之辨,但他们双方都有意识地弥合甚至遮蔽这种本体论差异,而与此同时又侧重显示各自在认识论上的分歧,表现这种差异的则是他们对“正心诚意”的阐释。

李颙从王阳明的“致良知”出发,他“认为心体虽然虚寂,而念虑则不断地起灭。念虑之起,要分别有意与无意。有意的念虑,即是‘所起皆善,发而为言,见而为行,可则可法,事业烜卓。’但是毕竟不是‘行所无事’,而是‘有为之为’,是君子所不赞同的。这就是他……说的‘有意为善,虽善亦私’,不值得称道。只有‘无念之念,乃为正念’。所谓‘无念之念’,指不带有物欲的念虑,完全符合天理,它‘至一无二,不与物对’。”[10]15李颙所区别的念虑的无意和有意正是他和王弘撰在理解“正心诚意”时所表现出的差异。这种差异在中国思想史的整体框架中持续存在,日本学者森三树三郎指出,“荻生徂徕就是这样认为《中庸》的‘诚’是为了对抗《老子》而制造的,原来儒教中并没有这种道德。但是,对于《庄子》的‘真’是儒教‘诚’的改换说法,似乎没有人注意。”但“无论是《中庸》的‘诚’,还是《庄子》的‘真’,都同样具有主观性,也就是说欠客观性。所谓‘诚’与‘真’,概括地说,都是指‘该人心中没有虚假’的专纯状态。光有心,如同仅有一个点,心向何处运动,尚不得而知,其中包含着向无数个方向发展的可能性。”[11]112正是出于这种担心,王弘撰将“正心诚意”等同于“博文约礼”,而李颙则选择的是“穷理主敬”。

频阳论学最终并没有任何结论,但讨论并非没有意义。美国批评家特里林在其《诚与真》中指出,诚与真的分裂作为问题出现在 16、17 世纪之交,它是欧洲道德生活的一个全新要素。“诚”是个体的扮相,它要求个体公开表达的感情和实际感情间的一致性,而导致此种分裂的原因包括“社会”的出现、个体的社会流动性增强、个体内空间意识的生成等。诚与真的分裂在本质上是伦理实践对认识论的介入,所谓的“诚”在认识论上强调的是个体意识对外部权力的内在顺从,亦即李颙所谓“无念之念”,其核心是伦理实践和认识论的同一性,黑格尔曾称之为高贵意识,然而问题是在世俗化的时代个体如何能够坚守这种高贵意识,因此,王弘撰做出另一种选择。在某种程度上,频阳论学再现了朱陆之辨的思想史意义。

四、频阳论学的续曲与顾炎武的关中遭际

王弘撰与李颙的论学持续的时间非常短,不久,王弘撰一方面要为顾炎武定居华下操劳,另一

方面又要应付即将到来的博学鸿儒科的征召。顾炎武在康熙十七年(1678)则与李颙盘桓于频阳，这是他们第三次见面，前两次分别在康熙二年(1663)和前一年的冬天，时间都短，这一次似乎有大把的光阴供他们消遣，因此，他们或者当面相互质证，或者函札往来，演出了频阳论学的精彩续曲。

李颙批评顾炎武的立场始终不变，早在康熙二年(1663)十月，他们第一次见面，两个博物宏通的学者从容盘桓，上下古今，靡不辩订，但李颙突然感慨道，“尧舜之知，而不遍物，急先务也。吾人当务之急，原自有在，若舍却而不务，惟务精神于上下古今之间，正昔人所谓‘抛却自家无尽藏，沿门持钵效贫儿’也。”[3]641-642 听到这里，顾炎武就变了脸色。等到第三次见面，无论是否了然王弘撰与李颙讨论的经过，顾炎武借助考据手段试图拆解李颙所赖以表达思想的概念系统的合法性，他指出，李颙论学的基本范畴是“体用”，而体用在儒学经传中极少并用，体用范畴的成立是释氏援儒入佛的结果。而李颙在认同顾炎武考据结论的前提下，仅仅指出一点，体用范畴至少在朱熹那里就已经惯用。显然，李颙不愿意在考据的层面回应顾炎武，他说：“然此本无大关，辩乎其所不必辩，假令辨尽古今疑误字句，究与自己身心有何干涉？程子有言：‘学也者，使人求本也，不求于本而求于末，非圣人之学也。’何谓求于末？考详略采异同是也。”[3]152 不仅如此，后来批评顾炎武的《日知录》时用更尖锐的声气说道，“友人有以‘日知’为学者，每日凡有见闻，必随手札记，考据颇称精详，余尝谓之‘日知’者，无不知也，当务之为急。一若舍却自己身心切务，不先求知，而惟致察乎名物训诂之末，岂所谓急先务乎？假令考尽古今名物，辩尽古今疑误，究于自己身心有何干涉？诚欲日知，须日知乎内外本末之分，先内而后外，由本以及末，则得矣。”[3]240 而顾炎武应该极其看重李颙，他对李颙的思想路线持否定态度，如其所说，“心者吾身之主宰，所以治事，而非治于事……至于斋心服形之老庄，一变而为坐脱立志之禅学，乃始瞑目静坐，日夜仇视其心，而禁治之。……古人之所谓存心者，存此心于当用之地也，后世之所谓存心者，摄此心于空虚之境也。流行造化，无一息不运，人得之以为主，亦不容一息不运，心岂空寂无用之物哉？”[4]38-39 但顾炎武并不正面否定李颙，甚至内心始终期望李颙的转变，“中孚虽从象山入手，而近颇博览，与吾交，亦更亲于昔者。”[2]232 然而，李颙近乎没有任何改变，而且很快就作出决定，离开频阳军寨，回到盩厔。

频阳论学的结局是悲凉的，它也预示出关学的未来处境。在频阳论学的当时，顾炎武对于关中地区的印象是极为矛盾的，一方面，他说，“频阳令郭公既迎中孚而侨居其邑，今复遣人千里来迎，可称重道之风。而天生遂欲为我买田结婚之计，虽未可必然，中心愿之矣。”[2]p232 之后，郭传芳又迎傅山入关。由这些细节顾炎武形成一种普遍的文化判断，即“秦人慕经学，重处士，持清议”[2]p136。而在另一面，如他在《与李子德》书所说，“去秋老弟行后，频阳便无主人。长源谓秦俗最薄，劝吾归吴，至于再四。今虽暂移华下，其买田结婚权停。山史家计日落，恐不能为吾主人。其他交与，虽有二三搢绅，亦未知何如也。惟中孚送别，至吞声下泣，颇见交情。开美亦亲来华下省视。然吾在贵县一载，酒肉之外，一无所收，去时惟受九芝十二金，为雇车之费而已。”[2]265 这种矛盾态度与顾炎武的处境有关。前此，顾炎武先后在山东山西垦殖，略有积蓄，入关前，已安排嗣子北来，有买田且为嗣子结婚的打算。入关前数年，顾炎武主要在山西活动，康熙十四年(1675)八月，至山西祁县，寄居戴枫仲家，枫仲为筑室祁之南山，亭林因置书堂焉，有久居之意。戴枫仲博学好古，交友广泛，尤与傅山、阎古古等气节之士为刎颈之交，与王弘撰也有往来，正是因此，顾炎武将积蓄五百金寄存于戴枫仲处，但是，“山右行囊五百金寄戴枫仲者，为其子窃去，纳教谕之职。以此捉襟见肘，尚未有就”。[2]154 正是用钱之际而失五百金，戴枫仲也没有爽快归还的意思，顾炎武因与之交恶。在此期间，顾炎武频频与亲友谈论经济问题，其背后可能隐喻的则是对人的心性气质的忧烦。顾炎武入关定居应该具有潜在的政治设想,而其全部政治设想都根源于对“儒教的不安定层”的意识,也根源于在保天下的框架内部“寓封建于郡县之中”的制度设计。在此背景下,任何政治设想甚至“一切政治行为本身就具有趋向于正确知识的目的性,亦即对于美好的生活或健全的社会的目的性”[12]59。与此种设想相适应的是一种乌托邦场景,然而,乌托邦场景总会在一瞬间的震荡碎裂,如顾炎武所说,“黄精松花,山中所产;沙苑蒺藜,只隔一水;终日服饵,便可不肉不茗。然华阴绾毂关河之口,虽足不出户,而能见天下之人,闻天下之事。一旦有警,入山守险,不过十里之遥;若志在四方,则一出关门,亦有建瓴之便。今年三月,乘道涂之无虞,及筋力之为倦,出崤、函,观伊、洛,历嵩、少,亦有一二好学之士闻风愿交,但中土饥荒,不能久留,遂旋车而西矣。彼中经营方始,固不能久留于外也。”[2]136

参考文献

[1]王弘撰著,孙学功点校整理. 王弘撰集[M]. 西安:西北大学出版社,2014.

[2]顾炎武撰,刘永翔校点. 亭林诗文集;诗律蒙告[M]. 上海:上海古籍出版社,2012.

[3]李颙著,陈俊民点校. 二曲集[M]. 北京:中华书局,1996.

[4]顾炎武撰,黄汝成集释. 日知录集释[M]. 上海:上海古籍出版社,2006.

[5]施炎平. 儒学精神与启蒙思潮的沟通——论李颙(二曲)思想的特征及其价值[J]. 华东师范大学学报,1997(5).

[6]李天纲. 简论明清“西学”中的神学和哲学[J]. 复旦学报,1999(3).

[7]海德格尔著,孙周兴译. 尼采[M]. 北京:商务印书馆,2002.

[8]邱汉生. 关中大儒李颙思想再探(下)[J]. 西北大学学报,1987(2).

[9]徐梵澄. 陆王学述[M]. 武汉:崇文书局,2017.

[10]邱汉生. 关中大儒李颙思想再探(上)[J]. 西北大学学报,1987(1).

[11]森三树三郎著,王顺洪编译.《中庸》的“诚”和《庄子》的“真”[J]. 中国典籍与文化,1994(2).

[12]列奥·施特劳斯. 什么是政治哲学[A]. 詹姆斯·古尔德,文森特·瑟斯比编;杨淮生,王辑思,周琪等译. 现代政治思想[C]. 北京:商务印书馆,1985.

古汉语教材《史记》文选《西门豹治邺》注释商榷

朱成华

（渭南师范学院 人文学院,陕西 渭南 714099）

摘　要:当前《古代汉语》教材一般都会选用《史记》中一定数量篇目的原文作为古汉语语料,因为《史记》是反映秦汉时期汉语语言的重要古籍文献。作为古代汉语学习的重要语料文选,《史记》词语注释尤显重要。现就所拜读郭锡良先生等主编的《古代汉语》文选《史记》之《西门豹治邺》中的几处注释疑问,稍作探讨,以向专家学者学习。

关键词:郭锡良;古代汉语;《史记》;《西门豹治邺》;注释

基金项目:省社科项目(13K104,2015S001);省教育厅项目(15JZ023);校级项目(JG201710)。

作者简介:朱成华(1974—　),江西抚州人。渭南师范学院人文学院副教授,主要从事《史记》与汉语史研究。

高校古代汉语教学使用的最权威教材之一——郭锡良先生等主编的《古代汉语》[1],继承了王力先生主编的《古代汉语》诸多优点,在高校当中被广泛用作《古代汉语》授课教材,该教材在全国高校影响较大,且获得了诸多奖项。

郭锡良先生等主编的《古代汉语》教材中,选录了《史记》列传中的《滑稽列传》,具体在教材中选录了西门豹相关事件,且教材给予该文选新标题,其标题为《西门豹治邺》。郭先生等主编的《古代汉语》教材经过多次修订,今已经几近完善。然而在学习《西门豹治邺》该篇文选时,发现某些注释存在注释不当或注释不足等微瑕,故不揣浅陋,稍作商榷,以求教于方家。

1. 魏文侯时,西门豹为邺令。[1]227

文中“邺令”中的“邺”,郭锡良《古代汉语》注释为:“邺:今河北临漳县。”[1]228

按:文中“邺”一地注解在“今河北临漳县”,似乎不够具体,当在河北临漳县西南。如韩兆琦《史记笺证》注曰:“邺——也叫邺城,在今河北省临漳县西南,当时属魏。”[2]6182 王利器先生注解也较为具体,其《史记注译》对此注云:“邺:魏邑名。在今河北省临漳县西南、磁县东南。”[3]2642

2. 豹往到邺,会长老,问之民所疾苦。[1]227

文中“长老”在郭锡良《古代汉语》教材中注释为:“长老:地方上年纪大的人。”[1]228

按:文中“长老”释义为“地方上年纪大的人”,似乎不准确。准确的理解,应该是既要有年纪大,还得有德望的老人。王利器先生的《史记注译》注为:“长老:年高有德望的人。”[3]2642 而韩兆琦先生的《史记笺证》注云:“长老——年高有德的人。”[2]6182 二位学者所言皆是,因为还有年纪大而并没有威望的老人并不好称之为“长老”。

3. 长老曰:“苦为河伯娶妇,以故贫。”[1]227

文中“苦为河伯娶妇”中的“河伯”,郭锡良《古代汉语》注释为:“河伯:迷信传说中的水神名。”[1]228

按:此处“河伯”的注释似乎不准确。韩兆琦先生《史记笺证》注云:“河伯——河神。按:此处之河指漳河,漳河流经当时的邺县,东北流,汇入黄河。按:《正义》有所谓‘河伯,华阴潼乡人也,姓冯氏,名夷,浴于河中而溺死,遂为“河伯”也’云云,此乃有关黄河水神的传说,邺县距黄河甚远,其所受害之河乃漳河,故此处之“河伯”亦不必牵引黄河水神以为说。《六国表》秦灵公八年有所谓‘初以君主妻河’。《索隐》曰:‘“君主”犹“公主”也,“妻河”谓嫁之河伯,故魏俗犹为河伯娶妇,盖其遗风。’杨宽曰:‘世界各地沿河部族皆有此风俗。’”[2]6183可见,韩氏《史记笺证》注尤为详细准确,可从。而教材中的注释容易让人以为是传说的黄河河神。

4. 邺三老、廷掾常岁赋敛百姓,收取其钱得数百万,用其二三十万为河伯娶妇,与祝巫共分其余钱持归。[1]227

文中“三老”“祝巫”,郭锡良《古代汉语》是这样注释的:“三老:古代的乡官,掌管地方上的思想教育。祝巫:旧时以装神弄鬼搞迷信活动为职业的人。祝:替人告神求福的人。巫:用舞蹈降神而替人祈祷的人。”[1]228

按:文中“三老”注释为“乡官”,不确;注为“掌管地方上的思想教育”,也不够全面。事实上,“三老”这一官名,“执掌教化”。[3]2642“三老”官名,“汉代于县、乡两级皆设之,秦时唯乡有,此处所云乃县廷之三老,或战国实有,或后人以汉制推言之。有人释此为‘乡官’者,似与文意不合。”[2]6183。可见,教材中的“三老”官职注释显示其对官职设置的行政级别不清楚,同时其执掌范围也不确。

教材中“祝巫”中的“祝”的注释,似乎可以更准确些,如《说文》曰:“祝,祭主赞词者。”即文中的“祝”当是管着念诵祭神之语之人。

5. 洗沐之,为治新缯绮縠衣,间居斋戒;为治斋宫河上,张缇绛帷,女居其中,为具牛酒饭食,行十余日。[1]227

文中“间居斋戒”中的“斋戒”,郭锡良《古代汉语》注为:“斋戒:一种迷信活动。指祭祀鬼神前,洗干净身子,穿整洁的衣服,以表示虔诚。”[1]228

按:此处之“斋戒”注释较为简略,可以补足一些信息,大体就是表示虔诚的一些表现不止上文所述那些,正如王利器先生的《史记注译》“斋戒”注所言:“古人在祭祀以前,沐浴更衣,不喝酒,不吃荤腥,以表示虔诚,称为‘斋戒’。”[3]2643而韩兆琦先生的《史记笺证》“斋戒”则注云:“斋戒——古人为对某事表示虔敬而做出的一种表现,包括沐浴、独居、不理政事、不食酒肉等。”[2]6182

6. 共粉饰之,如嫁女床席,令女居其上,浮之河中。[1]227

文中“共粉饰之,如嫁女床席”,郭锡良《古代汉语》注释为:“[大家]共同给它装饰点缀,像嫁女儿一样的床铺枕席。之:指嫁女床席。”[1]229

按:此处“共粉饰之”的“之”注释疑误,当代指行将“嫁”给“河伯”之女,因此韩兆琦先生的《史记笺证》注云:“共粉饰之——众巫遂为之梳妆打扮。”[2]6183而且,文中“共粉饰之,如嫁女床席”注释为“[大家]共同给它装饰点缀,像嫁女儿一样的床铺枕席”似乎不好理解,可能文本有问题,如教材强翻译,则显牵强。正如韩兆琦先生的《史记笺证》注云:“如嫁女床席——按:此句不顺,缺少谓语。此句似应作为‘为床席如嫁女者’。”[2]6183则文通句顺,即前文言“众巫为‘嫁’女梳妆打扮”,之后可能令其躺卧于床席之上,遂有下文的“令女居其上,浮之河中”,但是床席得装饰点缀,如同民俗嫁女那样需要铺设枕席,并且还要美美地装点一番。

7. 西门豹曰:“呼河伯妇来,视其好丑。”即将女出帷中,来至前。[1]229

文中“出帷中”,郭锡良《古代汉语》注释为:“出帷中:从帷帐中出来。”[1]230

按:文中对“出帷中”的注释需要补充一点,即对“出”与“帷中”的语法关系稍作解说,二者是述补关系,注解时,可以理解为“出[于]帷中”,如此,学生理解时,除了知道此句的意义,还知道古汉语特殊的句法,即在述补结构中,可以省略表处所的介词“于”字。

8. 西门豹簪笔磬折,向河立待良久。[1]230

文中“西门豹簪笔磬折,向河立待良久”,郭锡良《古代汉语》注释为:“簪笔磬折:插着笔,弯着腰。形容西门豹做出恭恭敬敬的样子。簪笔:把笔插在冠前的头发上。簪:古代别住头发的一种首饰,这里用如动词。‘插’的意思。笔:簪子头上装上毛,像笔。不是真正用来书写的。古代官吏,头上戴上这种东西,只是表示听从吩咐的一种礼节,磬折:比喻像磬石一样弯着。磬;古代一种用玉或石做成的乐器,形状像曲尺。良久:很久。”[1]230

按:文中对“簪笔磬折”解释虽然较为全面具体,但是字句之外蕴涵之意欠火候。西门豹之“簪笔磬折”,即其帽子上插着一支像毛笔一样的簪子,弯腰鞠躬,故意装出一副十分“虔诚”的样子。因而韩兆琦先生的《史记笺证》注云:“按:‘西门豹簪笔磬折,向河立待良久’,此即所谓‘滑稽’处,褚少孙之所以将西门豹补入《滑稽列传》,关键在于此。西门豹此时的威严,较之大发雷霆者,更有十倍百倍之可怕。”[2]6184可见,韩先生此处之注释真可谓点睛之笔,让学生霎时恍然大悟,因为郭锡良先生等主编的教材《古代汉语》在文选《西门豹治邺》篇首的【说明】中就已经言明:“本篇选自《史记·滑稽列传》褚少孙续补部分,题目是后加的。”[1]227

9. 西门豹即发民凿十二渠,引河水灌民田,田皆溉。[1]231

郭锡良《古代汉语》对该句注释为:“发:征发。凿:开挖。溉:灌溉。”[1]219

按:文中对“西门豹即发民凿十二渠,引河水灌民田,田皆溉”此句可以稍加引申,如韩兆琦先生的《史记笺证》注云:“引河水灌民田,田皆溉——凌稚隆引董份曰:‘西门豹若徒沉巫妪不泄水,魏方有河患,娶妇之说益行矣。凿渠者不独灌田,所以泄水去患、除害破惑也。此豹政本。’”[2]6184如此解说,则明白“西门豹治邺”之政本,以此提升学生对本文的理解层次。

10. 当其时,民治渠少烦苦,不欲也。[1]231

文中“民治渠少烦苦”中的“少烦苦”,郭锡良《古代汉语》注为:“少烦苦:稍微感到厌烦劳累。少:稍微。”[1]231

按:文中对“少烦苦”中的“少”注释为“稍微”,不错,但是最好将此处的文字情况说清楚则更好,即此处“少”为通假字,本字是“稍”。王利器先生的《史记注译》对“少烦苦”中的“少”注为:“少:通‘稍’。略微。”[3]2643此注释较为全面,可从。因为古汉语中有较多的古书用字现象,如文中的通假现象需要向学生讲明,既要指出通假字,还要找出本字。

11. 今父老子弟虽患苦我,然百岁后期令父老子孙思我言。[1]231

文中“然百岁后期令父老子孙思我言”中的“期”,郭锡良《古代汉语》注为:“期:期望,预期。”[1]231

按:文中“然百岁后期令父老子孙思我言”中的“期”字注释似有不妥,当释义为“必,必定”。《汉语大词典》第六卷收录“期”字一词,其有“必,必定”一义,且为较常用之词义,即“7. 必,必定。《左传·哀公十六年》:‘期死,非勇也。’杜预注:‘期,必也。’《汉书·路温舒传》:‘画地为狱,议不入;刻木为吏,期不对。’颜师古注:‘期,犹必也。议必不入对。’宋孔平仲《续世说·方正》:‘陛下必欲面释此僧,请先杀臣,然后取之。不然,臣期不奉诏。’元乃贤《答禄将军射虎行》:‘将军闻之毛发竖,拔剑誓天期杀虎。’”[4]1305同时,韩兆琦《史记笺证》注曰:“期:必,一定。”[2]6184王利器先生《史记注译》也有类似注云:“期:必;一定。”[3]2644只要联系该词的上下文,就可知西门豹此番话之含义,即:“老百姓可以和他们共同为成功而快乐,不能同他们一起考虑事情的开始。”[1]231因此,当前父老乡亲虽然会埋怨“我”(西门豹)开凿沟渠引水灌溉给老百姓添加麻烦,让他们受苦受累,但是等我死后“一定”要让父老子弟们思念“我”(西门豹),记着我今天说过的话。[2]6184不是“期望”或“预期”,而是“一定”,这正是政治家西门豹所能确定的,所以才有如此的铁腕治邺创举。

总之,作为高校古代汉语教学使用的教材《古代汉语》,其文选对词语的注释应当经得起推敲,尽量合乎古籍原文之意。而当前各大高校仍采用的最主要教材之一——郭锡良先生主编的《古代汉语》,自其初版以来,经过多次修订,不断地吸取最新的科学合理的注释,使得该教材与时俱进,渐趋完善。这对于使用该教材的师生来说,无疑是最受欢迎的。正如史佩信先生所言:“笔者在高校从事古汉语教学 20 多年,使用过不少《古代汉语》教材,比较下来,还是觉得郭本《古代汉语》相对精到,更适用于教学。正因为如此,我们殷切地希望郭本《古代汉语》编者能在广泛听取使用者意见的基础上进一步进行修订,力求精益求精。”[5]99 而我辈后学者也应该在认真学习郭本《古代汉语》教材之余,为该教材的与时俱进贡献一份力量,使其后出转精,这或许就是郭先生所期望的,更是师生们所渴求的。

参考文献

[1]郭锡良,唐作藩,何九盈,蒋绍愚,田瑞娟,等. 古代汉语(修订本)[M]. 北京:商务印书馆,1999.

[2]韩兆琦. 史记笺证[M]. 南昌:江西人民出版社,2004.

[3]王利器. 史记注译[M]. 西安:三秦出版社,1988.

[4]罗竹风. 汉语大词典[K]. 上海:汉语大词典出版社,1986-1994.

[5]史佩信. 大醇小疵:读郭锡良《古代汉语》札记[J]. 上海师范大学学报(哲学社会科学版),2008(1).

《史记》中的历史与道德

田　野

（渭南师范学院 人文学院，陕西 渭南 714099）

摘　要：《史记》中的历史与道德主要体现在：在神人关系上，认为“神随德转”，天象变化“循德而行”；在道德与历史关系上，认为从宏观上看历史发展体现了道德的必然性；从微观角度看，历史演进表现出道德的不确定性。这些观点表现了司马迁思想的深邃和眼光的犀利；尤其是他对历史发展中非道德一面的分析，具有一定的超前性。

关键词：史记；历史；道德

作者简介：田野（1992—　），女，陕西蒲城人。渭南师范学院人文学院助教，文学硕士，主要从事新闻与文化传播方面研究。

《史记》在中华文化的历史长河中具有非常重要的地位，无论从何角度去挖掘，都对当今社会有着深远的意义。而《史记》中的历史与道德，对其二者之间关系的探讨，对我们从历史中去看待当今的社会道德有较强的指导作用。

本文认为，司马迁历史观中的道德观，体现在以下两方面：

一、认为“神随德转”，论证了历史宏观发展的道德必然性。

（一）道德对历史的宏观发展具有决定意义

毫无疑问，受科技发展等历史的和时代的限制，司马迁有较为浓重的天命兆示思想。如《史记》从黄帝写到汉武帝，上下三千年，十二本纪、三十世家涉及到的帝王诸侯，都往往有一个天命昭示的神异的起点。如《商本纪》一开始就说：“殷契，母曰简狄，有娀氏之女，为帝喾次妃。三人行浴，见玄鸟堕其卵，简狄取吞之，因孕生契。”《周本纪》开篇说：“周后稷，名弃，其母有邰氏女，曰姜原。姜原为帝喾元妃。姜原出野，见巨人迹，心忻然说，欲践之，践之而身动如孕者。居期而生子，……”[①]周族王业奠定者姬昌出生时“有圣瑞，古公曰：‘我世当有兴者，其在昌乎！’”[②]《高祖本纪》开头云：“高祖，沛丰邑中阳里人，姓刘氏，字季。父曰太公，母曰刘媪。其先刘媪尝息大泽之陂，梦与神遇。是时雷电晦冥，太公往视，则见蛟龙于其上。已而有身，遂产高祖。”[③]等等。

在认为天、神控制历史的同时，《史记》又是非常重视“人德”的。司马迁认为，从宏观上看，在相当多的情况下，天命是依据人德转移的。即《史记》固然认为“神定历史”，但同时也大讲“神随德转”。司马迁在《楚元王世家》中论赞中说：“国之将兴，必有祯祥，君子用而小人退。国之将亡，贤人隐，乱臣贵。……‘安危在出令，存亡在所任’，诚哉是言也！”[④]显然其“祯祥”有“君子”之意。

如《五帝本纪》表明，五帝之所以得天下，不仅

① 见《史记·周本纪》，中华书局1959年版第111页。
② 同上书第115页。
③ 见《史记·高祖本纪》，中华书局1959年版第341页。
④ 《史记·楚元王世家》，中华书局1959年版第1990页。

天命所归,亦是德之所至,民心所向。如说黄帝“轩辕之时,神农氏世衰,诸侯相侵伐,暴虐百姓,而神农氏弗能征。于是轩辕乃习用干戈,以征不享,诸侯咸来宾从。而蚩尤最为暴,莫能伐。……轩辕乃修德振兵,治五气,艺五种,抚万民……而诸侯咸尊轩辕为天子,代神农氏,是为黄帝。”①说帝颛顼“有圣德焉”“静渊以有谋,疏通而知事;养材以任地,载时以象天,依鬼神以制义,治气以教化,洁诚以祭祀”②;说帝喾“生而神灵,自言其名。普施利物,不于其身。聪以知远,明以察微。顺天之义,知民之急。仁而威,惠而信,修身而天下服。……”③说帝尧“其仁如天,其知如神。就之如日,望之如云。富而不骄,贵而不舒。……能明驯德,以亲九族。九族既睦,便章百姓。百姓昭明,合和万国。”④“尧辟位凡二十八年而崩,百姓悲哀,如丧父母。”⑤说舜“父顽,母嚚,弟傲,(舜)能和以孝,烝烝治,不至奸”。⑥ “舜耕历山,历山之人皆让畔;渔雷泽,雷泽上人皆让居;陶河滨,河滨器皆不苦窳。”⑦说“禹为人敏给克勤;其德不违,其仁可亲,其言可信,声为律,身为度,称以出,亹亹穆穆,为纲为纪。”⑧等等。总之,读完《五帝本纪》,给人的印象是:因为五帝具备了帝王之德,所以才得到天命的眷顾!

总之,在神人关系上,司马迁认为“神随德转”,论证了历史宏观发展的道德必然性。

(二)“阴德”:道德发挥作用的重要“机制”

《史记》认为,宏观的历史发展是天(神)德一致的,是神随德转的。为什么会如此?天(神)与人之间通过什么中介达到彼此契合的?司马迁给出的解释是“积阴德”,其意为暗中做对他人有德的事而积惠于自己或后代,与今天使用的意义没有什么区别。

1. 司马迁首次用“阴德”解释某些历史现象

“阴德”这个概念在《史记》之前很少见。笔者发现的最早文献中与“阴德”意义相近的“阴骘”出现在《尚书》中。《尚书·洪范》云:“王乃言曰:‘呜呼!箕子!惟天阴骘下民,相协厥居,我不知其彝伦攸叙。’”这段话《史记·宋微子世家》是:“武王曰:‘於乎!维天阴定下民,相和其居,我不知其常伦所序。’”其中之“阴骘”改成了“阴定”。关于“阴”,马融说:“覆也。”《释名·释诂》说“荫也。”即“阴”是“遮蔽”“荫护”的意思。“骘”,按照《史记》说法,是“安定”之义。那么,《尚书·洪范》中的“阴骘”就是“荫护安定”的意思,与《史记》的“阴德”不是一个意思,虽然“荫护安定”,也是对人做好事,但毕竟与“暗中做对他人有德的事而积惠于自己或后代”还是有不小区别的。

另外,《周礼》《礼记》中都出现过“阴德”二字,但分别是指“男女之情”和“女德”,与司马迁的“阴德”毫不搭边。

除《尚书》之外,笔者还查到两条,一条出自《文子》,一条出自《淮南子》,从作者生活时代论,前者属于先秦,后者属于汉代。

《文子·上德》和《淮南子·人间训》关于“阴德”的话是一样的:“有阴德者必有阳报,有阴行者必有昭名。”其“阴德”内涵与司马迁所用一致。由于学术界有认为现存《文子》是从《淮南子》抄录来的,所以究竟“阴德”是否真的出自文子之口还不好断言。不过《淮南子》产生在汉代,并且在司马迁之前应该是没有疑问的。也就是说,就目前查到的文献资料看,司马迁使用意义上的“阴德”在

① 《史记·五帝本纪》,中华书局 1959 年版第 3 页。
② 同上书第 11 页。
③ 同上书第 13 页。
④ 同上书第 15 页。
⑤ 同上书第 30 页。
⑥ 同上书第 21 页。
⑦ 同上书第 33-34 页。
⑧ 同上书第 51 页。

先秦极为罕见，在汉代司马迁之前已有，但亦未发现大面积使用。因此说，是司马迁首次将“阴德”纳入历史哲学领域，用以诠释历史发展的动因似不为过。

《史记》中“阴德”共出现7次，具体如下：

1.《天官书》	前列直斗口三星，随北端兑，若见若不，曰阴德，……
2.《晋世家》	十四年，灵公壮，侈，厚敛以彫墙。从台上弹人，观其避丸也。宰夫胹熊蹯不熟，灵公怒，杀宰夫，使妇人持其尸出弃之，过朝。赵盾、随会前数谏，不听；已又见死人手，二人前谏。随会先谏，不听。灵公患之，使鉏麑刺赵盾。盾闺门开，居处节，鉏麑退，叹曰：“杀忠臣，弃君命，罪一也。”遂触树而死。初，盾常田首山，见桑下有饿人。饿人，祢眯明也。盾与之食，食其半。问其故，曰：“宦三年，未知母之存不，愿遗母。”盾义之，益与之饭肉。已而为晋宰夫，赵盾弗复知也。九月，晋灵公饮赵盾酒，伏甲将攻盾。公宰祢眯明知之，恐盾醉不能起，而进曰：“君赐臣，觞三行可以罢。”欲以去赵盾，令先，毋及难。盾既去，灵公伏士未会，先纵齧狗名敖。明为盾搏杀狗。盾曰：“弃人用狗，虽猛何为。”然不知明之为阴德也。已而灵公纵伏士出逐赵盾，祢眯明反击灵公之伏士，伏士不能进，而竟脱盾。盾问其故，曰：“我桑下饿人。”问其名，弗告。明亦因亡去。
3.《韩世家》	太史公曰：韩厥之感晋景公，绍赵孤之子武，以成程婴、公孙杵臼之义，此天下之阴德也。韩氏之功，於晋未睹其大者也。然与赵、魏终为诸侯十馀世，宜乎哉！
4.《田敬仲完世家》	田釐子乞事齐景公为大夫，其收赋税於民以小斗受之，其禀予民以大斗，行阴德於民，而景公弗禁。
5.《李斯列传》	二世燕居，乃召（赵）高与谋事，……高曰：“……夫沙丘之谋，诸公子及大臣皆疑焉……，今陛下初立，此其属意怏怏皆不服，恐为变。……”二世曰：“为之奈何？”赵高曰：“严法而刻刑，令有罪者相坐诛，至收族，灭大臣而远骨肉；贫者富之，贱者贵之。尽除去先帝之故臣，更置陛下之所亲信者近之。此则阴德归陛下，害除而奸谋塞，群臣莫不被润泽，蒙厚德，陛下则高枕肆志宠乐矣。……”
6.《淮南衡山列传》	淮南王安为人好读书鼓琴，不喜弋猎狗马驰骋，亦欲以行阴德拊循百姓，流誉天下。时时怨望厉王死，时欲畔逆，未有因也。及建元二年，淮南王入朝。素善武安侯，武安侯时为太尉，乃逆王霸上，与王语曰：“方今上无太子，大王亲高皇帝孙，行仁义，天下莫不闻。即宫车一日晏驾，非大王当谁立者！”淮南王大喜，厚遗武安侯金财物。阴结宾客，拊循百姓，为畔逆事。
7.《太史公自序》	韩厥阴德，赵武攸兴。绍绝立废，晋人宗之。昭侯显列，申子庸之。疑非不信，秦人袭之。嘉厥辅晋匡周天子之赋，作韩世家第十五。

综上表明，司马迁所谓“阴德”，是指动机良善，手段正义的对他人的施恩行为，唯有这种施恩行为，才够得上“阴德”，施恩主体才会得到回报。这一回报，可能要经过较为漫长的历史时期，也可能当下予以实现。

二、阐释并演绎了历史发展中观和微观的道德不确定性

《史记》认为，历史发展，从宏观上看，从大轮回看，道德是起决定作用的；但从中观尤其是微观的历史角度看，则道德和非道德并存，历史的发展具有道德的不确定性。

（一）历史中观发展的道德性和非道德性并存

《史记·六国年表》序云：

太史公读《秦纪》,至犬戎败幽王,周东徙洛邑,秦襄公始封为诸侯,作西畤用事上帝、僭端见矣。礼曰:"天子祭天地,诸侯祭其域内名山大川。"今秦杂戎翟之俗,先暴戾,后仁义,位在藩臣而胪于郊祀,君子惧焉。及文公逾陇,攘夷狄,尊陈宝,营岐雍之间;而穆公修政,东竟至河,则与齐桓、晋文中国侯伯侔矣。是后,陪臣执政,大夫世禄,六卿擅晋权,征伐会盟,威重于诸侯。及田常杀简公而相齐国,诸侯晏然弗讨,海内争于战功矣。三国终之卒分晋,田和亦灭齐而有之。六国之盛自此始。务在强兵并敌,谋诈用而从衡短长之说起。矫称蜂出,誓盟不信,虽置质剖符犹不能约束也。秦始小国僻远;诸夏宾之,比于戎翟。至献公之后,常雄诸侯。论秦之德义不如鲁卫之暴戾者,量秦之兵不如三晋之强也,然卒并天下,非必险固便形埶利也,盖若天所助焉!

或曰:"东方物所始生,西方物之成孰。"夫作事者必于东南,收功实者常于西北。故禹兴于西羌,汤起于亳,周之王也以丰镐伐殷,秦之帝用雍州兴,汉之兴自蜀汉。……①

笔者以为,司马迁说的"盖若天所助焉"的"天助",既是指的"时势",也有点指"风水",还似乎有非人力所为的历史发展规律的意思。

也就是说,司马迁认为,在春秋战国以来诸侯国之间的形势变迁、力量消长中,有道德的作用(如秦穆公之"修政",中原大国的内耗)等,但更多的是与道德无关的即非道德因素起作用。

(二)历史微观发展存在非道德性

与中观的历史发展一样,司马迁认为,微观的历史发展也是道德性与非道德性并存的。关于历史发展的微观的道德不确定性,司马迁在《伯夷列传》中有直接表述:

或曰:"天道无亲,常与善人。"若伯夷、叔齐,可谓善人者非邪?积仁洁行如此而饿死!且七十子之徒,仲尼独荐颜渊为好学,然回也屡空,糟糠不厌,而卒蚤夭。天之报施善人,其何如哉?盗跖日杀不辜,肝人之肉,暴戾恣睢,聚党数千人横行天下,竟以寿终。是遵何德哉?此其尤大彰明较著者也。若至近世,操行不轨,专犯忌讳,而终身逸乐,富厚累世不绝。或择地而蹈之,时然后出言,行不由径,非公正不发愤,而遇祸灾者,不可胜数也。余甚惑焉,傥所谓天道,是邪非邪?

但是,认为历史宏观发展是道德的必然的司马迁,大概是能够看到细微末节的"微观"历史;所有道德的和不道德的个人历史及其活动,在汹涌的历史波涛中,经过无序地碰撞、有意识的避让,人为地平衡、相互间牵制等等,汇聚成历史的中观,又再汇聚为历史的宏观。在粗线条的、宏观的历史进程中,历史的发展选定的是道德规律。

参考文献

[1](汉)司马迁. 史记[M]. 北京:中华书局,1978:158.

① 《史记》中华书局 1959 年版第 685 - 686 页。

近现代期刊《史记》研究的阶段及特点

朱正平

（渭南师范学院 报刊社，陕西 渭南 714099）

摘　要：近现代期刊发表的《史记》研究论文经历了介绍校勘期、全面拓展期、新解新说期三个阶段，其研究有着鲜明的特点：普及性、丰富性、深刻性、时效快、影响大。

关键词：近现代期刊；史记研究；阶段；特点

作者简介：朱正平（1969—　），陕西富平人。渭南师范学院报刊社副编审，文学硕士，主要从事编辑学、地方文史以及鲁迅研究。

古代的《史记》研究成果主要是通过书坊刊刻，以论著的形式出现。在近现代期刊中刊发《史记》研究的论文，是一种新的研究方式。与论著相比它的社会普及性要宽、创新性要强、时效性更快、社会影响力更大。纵观近现代期刊上发表的200多篇文章[1]，可以看出《史记》研究经历的阶段性和特点。

一、近现代期刊史记研究的阶段性

（一）介绍校勘期（1905—1924）

随着中文期刊在中国的出现，学术研究中的《史记》研究也开始成为期刊研究的一个重要方面，当时期刊发表了相当数量的《史记》研究论文，但早期的《史记》研究基本上还停留在介绍校勘阶段。这20年的时期内期刊刊发《史记》文章约16篇，集中在《国粹学报》《国学杂志》等11种期刊上。

1905年第10、11号《国粹学报》刊发了陆绍明的论文《史记通义》，阐发了他对《史记》的一些体会与认识，这是期刊上发表的第一篇《史记》论文。从1907年至1910年，刘师培在该刊也发表了3篇《史记》研究的文章，论述司马迁对《左传》《周易》《尚书·尧典》三部经典叙义的不同与创新。傅以辉在上海昌明国学会主办的《国学杂志》期刊1915年第1期发表《史记先黄老后六经辨》，倪羲抱在该刊1915年第4期发表的《读史记》。孟真在北京大学新潮社编的《新潮》期刊1919年第1卷第1号“故书新评”栏目刊文《清梁玉绳之史记志疑》，介绍评析清代梁玉绳的《史记志疑》。郑鹤声在《史地学报》第2卷5期、6期，第3卷发表3篇文章介绍司马迁与《史记》。齐树楷在《四存月刊》发表多篇提倡读《史记》的文章：《论史记之宜读》《史记读法》。《民彝杂志》第1卷刊发马其昶、张诚、吴兆璜等多篇读《史记》的文章。《清华学报》是我国最早的大学学报，该刊1919年第4卷第1期刊发了李奎耀的《史记抉疑》，开始把《史记》研究引向纵深。1924年孙德谦在《东方杂志》第21卷19号发表《辨史记体例》，研究《史记》的结构体例，1922年孔庆宗在《北大月刊》发表了《史记货殖列传在我国古代经济思想之价值》一文，最早研究《史记》的经济思想及《货殖列传》。

这一时期的期刊主要是一些综合性期刊和国学类期刊，期刊数量比较少，期刊类型比较窄，研究者也集中在当时的国学学者和史地学者。

（二）全面拓展期（1925—1934）

20世纪20年代中后期期刊上的《史记》研究内容更多元化，期刊刊发论文约57篇，涉及期刊40余种。问题领域扩展，内容深入，研究者队伍壮大，刊物也进一步增多。

研究内容出现大量校勘注释方面,如李笠毕生致力于语言文字、校勘、训诂学的研究与教学,对《史记》之研究,更是毕其一生。1925 年,曾以木刻版出版《史记订补》八卷,受到当时学术界的重视。之后数十年,又广为研究考订,陆续发表《史记》研究专著多部,著《史记订补》《叙例》《订补二续》《订补之余》《史记札余》,后成《广史记订补》若干卷。在期刊上发表《史记订补叙例》《史记订补之余》《史记补订自序》多篇。还有其他一些篇章:王重民的《史记版本和参考书》,赵澄的《史记版本考》,伍俶的《史记集解自序》,郑鹤声的《补史记箕子世家》,卫聚贤的《史记残卷校》,朱师辙的《史记补注》,靳德峻的《史记斠读释例》都是校勘注释方面之研究,苗可秀的《史记屈原贾生列传疏证》,缪凤林的《读史微言》。《金陵学报》1931 年第 1 卷第 2 期刊发日本学者武内义雄的《六国表订误及其商榷》(王古鲁译)。

评介感想类的文章较多,有张寿林的《司马迁的史记》,徐啸天的《史记的研究》,高步瀛的《读史偶拾》,汪定的《司马迁传》,陈石孚的《中国史界太祖司马迁传略》,梁之盘的《诗人之告哀——司马迁论》,包谦六的《读司马迁年谱》等。

与《史记》进行比较研究的也有重要成果。黄子亭(黄云眉)的《史汉异同》,郑鹤声的《史汉研究绪言》,李光季的《三史考》,陈柱尊的《马班异同论》,傅振伦的《中国三大史家思想之异同》,孙媛贞的《禹贡职方史记货殖列传所记物产比较表》,罗根泽的《从史记本书考史记本源》。

史学地理方面也有一定研究。吴柳隅的《从史学上观察史记之特色》,施章的《司马迁史学的研究》,杨宗镇的《史记地名考》,孙媛贞的《禹贡职方史记货殖列传所记物产比较表》,

《史记》中的人物也是研究的热点与重点。唐兰的《史记里的老子传》,罗根泽的《史记老子传考证》,徐震的《史记老子列传辨证》,陈朝爵的《考正史记孔子世家》,孙次丹的《论史记老子传之妄证无稽》,容肇祖的《司马迁指为韩非所作而未可遽信者》。

《史记》文学研究研究有周乐山的《史记中之人物描写》,袁菖的《史记之文学研究》。

对《史记》文本进行研究的成果主要有:大任的《史记田敬仲世家中邹忌的三段话》,李镜池的《封禅书著作问题》,梁劲的《评史记五帝本纪》,张秀民的《读史记淮阴侯列传》,刘朝阳的《史记天官书之研究》《史记天官书大部分为司马迁原作之考证》。

司马迁家世研究方面有新的成果,王国维的《太史公行年考》认定司马迁出生于汉景帝中元五年(前 145),1933 年萧鸣籁在《现代史学》第 1 卷第 1 期发表了《读史记对于王国维太史公行年考之异议》,提出了不同见解。徐震的《太史公历年考》,对司马迁的生平进行了一番考证。

对司马迁思想尤其是经济思想进行了一番研究:王肇鼎的《司马迁经济思想阐释》,徐慎修的《中国古代时代经济思想之一斑(史记货殖列传)》,胡适的《司马迁辩护资本主义》,程金造的《司马迁崇尚道家说》便是这方面的成果。

《史记》的体例也有一定的涉及。如靳德峻的《史记名称之由来及其体例之商榷》。

(三)新解新说期(1935—1949)

这一时期虽然因抗战的爆发,研究受到较大的影响,在期刊上发表了约 132 篇论文,已经占整个近现代期刊《史记》研究的 65%,涉及期刊 70 余种,比较突出的有《东方杂志》《国文月刊》《国学丛刊》《说文月刊》《学术世界》《燕京学报》《禹贡半月刊》《责善半月刊》《制言半月刊》等期刊。这十年研究论文数量较前有大的增加,研究广度深度也有进一步的增强。

前期《学术世界》在 1935—1936 年刊发了以陈柱为代表的系列讲读文章,比如《屈原贾生列传讲记》《史记五帝本纪讲记》《李斯列传讲记》《老庄申韩列传讲记》《史记立儒林、游侠、货殖三传论》《商君列传讲记》《史记伯夷列传讲记》。《说文月刊》在 1940—1941 年刊发了卫聚贤的系列文章,如《史记越世家注》《史记伍子胥传注》《史记孙武传注》《史记吴世家注》《史记吴世家注》。

《东方杂志》在1944—1946年刊发了李长之的系列文章，如《司马迁的父亲》《史记各篇著作先后之可能的推测》《司马迁之性格与交游》《司马迁与李陵案》《司马迁之史学及其他》《司马迁之识与学》。《国文月刊》也在1947年刊发了李长之的系列文章，如《司马迁的散文风格之来源》《史记书中的形式律则》《史记的建筑结构与韵律》《史记句调之分析》《司马迁的散文风格之来源》《史记文余论》。《燕京学报》1948年刊发了陈梦家的三篇研究六国年表的文章，如《六国纪年表》《六国纪年表考证（上）》《六国纪年表考证（下）》。这些研究成果系列有深度，有些就是专著的章节，比如李长之的文章1948年由开明书店结集出版了《司马迁之人格与风格》。[2]

此期研究大家在《史记》研究方面多有论著及论文，有李长之、余嘉锡、翦伯赞、程金造、吕思勉、陈梦家、侯外庐、傅斯年等研究大家。研究领域进一步拓展，比如研究司马迁及其家世的，成果突出。有萧远健的《子长游历的研究》，闻惕的《太史公名位考》，李奎耀的《司马迁年表》，朱希祖的《跋张鹏一君太史公年谱》，杨鸿烈的《关于司马迁的种种问题》，心源的《汉大作家司马迁的一生》，李长之的《司马迁生年为建元六年辨》《司马迁的父亲》《司马迁之性格与交游》《司马迁与李陵案》《文学史上的司马迁》《司马迁识与学》，蒋元庆的《太史公年岁考》，施之勉的《太史公行年考辨》，凡石的《史官世家司马迁》，施蛰存的《太史公名号辨》等。对《史记》的思想及其历史学方面的研究有：钱子泉的《史记之分析与综合》，章太炎的《读太史公书》，李奎耀的《史记琐谈》，马非百的《司马迁的素封论》，雷海宗的《司马迁的史学》，翦伯赞的《论司马迁的历史学》，程臻的《论司马迁述道家精神专一》，李长之的《司马迁之史学及其他》《司马迁及其时代精神》，光的《司马迁的历史观》，张擎铭的《史记之根本认识》等。还有一些《史记》的错例勘误研究，比如杜呈祥的《史记六国表订误》，贺次君的《史记货殖列传新诠地理正误》，徐文珊的《史记勘误举例》，林秋的《史记摘谬》，德俊的《史记伪篇考》，郑家霖的《史记之抵牾》等大量篇章。还出现了大量《史记》的校正考辨文章。

二、近现代期刊《史记》研究的特点

（一）普及性

中国期刊是在近现代时期才开始出现的，这一新的传播形式不像著作那样更专业、深刻，它更多地面向普通读者，因而早期的期刊《史记》研究文章偏重于介绍感想以及讲读校正类。倪羲抱、吴兆璜均发表过题目为《读史记》的文章，题目中以“读”“读法”为关键词的文章有20余篇。介绍性的代表文章有：郑鹤声的《太史公司马迁之史记》《司马迁之史学》，张寿林的《司马迁的史记》，王重民的《史记版本和参考书》，徐啸天的《史记的研究》，汪定的《司马迁传》，梁之盘的《诗人之哀告——司马迁论》，李奎耀的《史记琐谈》，汤用彬的《史记发微》等。

（二）丰富性

著作只是有着某一相关论述话题，是固定单一的作者阐述，而期刊这一新的传播形式虽然有着相对固定的页码、版式以及大致相近的研究领域，但作者更多，风格更多样化，研究话题也更丰富，使大多数人在期刊中都能找到一些感兴趣的文章。期刊中的文章题材多样，有介绍感想、校正校勘、体例结构、文学修辞、历史地理、人物事件、哲学思想、文本细读、行年游历、家谱世系、版本注解、比较辨析等。

（三）深刻性

近现代期刊《史记》研究从一开始就有一定的深刻性。较早的刘师培就从《史记》等角度研究《左传》《周易》以及“尧典”，傅以辉认为《史记》之思想是先黄老后六经，朱希祖研究了《史记》为什么起于黄帝，孔庆宗、王肇鼎、胡适、徐慎修、马非百研究了《史记》的经济思想，胡朴安、孙德谦、靳德俊、程金造逸民研究了《史记》的体例，黄子亭、姚尹忠、赵惠人把《史记》与《汉书》进行了比较，刘朝阳研究了《天官书》，马其昶、李镜池研究了《封禅书》，李奎耀研究了司马迁的年表及世系表略，冒广生研究了《律书》，李长之、蒋元庆、闻惕、施蛰存等对司马迁的行年、名号等有所研究。

(四)创新性

近现代期刊早期的《史记》研究介绍性的文章较多,从研究论题看,《史记》研究的方方面面都有所论述,但也有大量创新。孔庆宗较早研究《史记》的经济思想,刘师培把《史记》与其他典籍作了比较,尤其是杜呈祥、贺次君、徐文珊、林秋、德俊、郑家霖等人对《史记》的谬误疏漏进行了研究。

(五)时效快

近现代期刊的《史记》研究是刊发在期刊上的成果,它按照期刊的周期出版,或是季刊、双月刊、月刊、半月刊等,但主要还是月刊样式,文章见刊的时效性大大加强。尤其是读者比较关注的系列文章,能在社会上产生较大的影响。比如刘朝阳在《国立中山大学语言历史研究所周刊》1929 年第 73 - 74 期发表了《史记天官书之研究》后,在同年第 94 - 96 期又发表了《史记天官书大部分为司马迁原作之考证》。陈柱在《学术世界》发表了系列的《史记》讲读文章,频率也非常紧密。卫聚贤在《说文月刊》也发表了系列的《史记》注释文章,对《史记》的普及作出了一些贡献。

(六)影响大

近现代期刊《史记》研究的有些成果直到现在也是被尊奉,影响深远。1916 年,王国维的《太史公系年考略》在《广仓学窘丛书》对司马迁的上卒年作了考证。1923 年,他又发表了《太史公行年考》,对司马迁的上卒年作了更严密的考证。王国维认定,司马迁的生年为汉景帝中元五年即公元前 145 年,梁启超、张鹏一、郑鹤声、程金造也持这一观点,几成定论。日本学者桑原骘藏于 1922 年发表《关于司马迁生年之一新说》,他以古时“四”作“三”为依据(笔者注:甲骨文、金文“三”作“四”),提出《索隐》《正义》两者讹误几率相等。并以前 145 说与《报任安书》(下作《报书》)“早失二亲”不吻合为据,首创前 135 说。

1933 年萧鸣籁在《现代史学》上发表文章《读史记时对王国维太史公行年考之异议》,提出了不同意见。同年,徐震在《国学商兑》撰文《太史公历年考》。1944 年 5 月,李长之在《中国文学》上撰文《司马迁生年为建元六年辨》,提出了司马迁生年为建元六年即公元前 135 的著名说法。同年 8 月施之勉也在《东方杂志》第 16 期发文《太史公行年考辨疑》,支持李长之的观点。1953 年钱穆《司马迁生年考》也持建元说。直到 1955 年时任中国科学院院长的郭沫若在《历史研究》第 6 期发表《太史公行年考有问题》以后,再次引起了学术界的重视。

近现代期刊《史记》研究的阶段性与特点是由于期刊这一新的传播形式产生的,面对不同职业、不同年龄、不同地域、不同学术背景的读者,每本期刊都要给其提供丰富多样、篇幅适中、深浅结合的学术文章,每期有看点与热点,照顾到大多数读者的阅读兴趣与习惯,能给大多数读者提供不同的精神营养,获得读者的持续关注与厚爱。

参考文献

[1]张大可,俞樟华,梁建邦. 史记论著提要与论文索引[M]// 张大可,丁德科. 史记论著集成. 北京:商务印书馆,2015.

[2]李宗刚. 国文月刊(1940—1949)目录辑校[J]. 山东师范大学学报(人文社会科学版),2013(3):47 - 66.

秦东抗战中的文化典故

白赵峰
（渭南师范学院 人文学院，陕西 渭南 714099）

摘　要：秦东是抗日战争时期的抗日前线，红军、八路军和国民党军队汇聚秦东抗战前线，秦东的抗战文化勃然兴起，异彩纷呈。贺龙的“白皮红心”论、王尚德的红色“赤大”、樊仰山的《抗战五部曲》、蒋纬国誓死守卫潼关是抗日战争时期脍炙人口的抗战文化典故。这些文化典故，激励了秦东军民的抗战热情，是秦东宝贵的战争文化财富。

关键词：秦东；抗战；文化典故

作者简介：白赵峰（1964—　），陕西澄城人。渭南师范学院人文学院教授，研究方向：地方战争文化。

一、贺龙的“白皮红心”论

红军改编为八路军，大部分官兵对红军改名、戴上青天白日帽徽不理解，十年内战使得红军战士对蒋介石军队充满仇恨，抵触情绪很大，有人号啕大哭，有人拒不换装，甚至有人离开队伍回家当了农民。如何能让干部战士心悦诚服地换装是部队领导很头痛的一件事。120 师师长贺龙的一番讲话别具一格，打通了干部战士的心结。

1937 年 9 月 2 日，120 师在富平县庄里镇举行改编暨抗日誓师大会，朱德总司令、任弼时政委都参加会议并讲话。接着贺龙演讲，他说：

“我贺龙现在是你们的师长，但你们可能知道，国民党的军装我穿过，青天白日帽徽我戴过，青天白日旗我也扛过。有人说，我不当将军，皮靴不穿，愿意穿草鞋跟红军爬山；高楼不住，愿意跟红军钻芦苇。可是他们哪里知道，当红军、穿草鞋和钻芦苇是我贺龙的心愿。算起来，从大革命失败到现在，我已经闯荡了 10 年，跟国民党斗了 10 年。可是现在国难当头，为了共同对付日本鬼子，为了国家和民族的生存，我愿意带头穿白军的衣服，戴白军的帽徽和白军统一番号。虽然我们的外表是白的，但我们的心却是红的，永远是红的！”[1]

最后，贺龙语出惊人：“只要是为了民族解放的事业，老子穿花裤子都可以！”[2] 话音一落，满场笑声，连一向严肃的朱老总和任弼时也忍不住哈哈大笑。120 师全体官兵都高高兴兴地换了装。

贺龙在富平庄里镇“白皮红心”的妙论，生动深刻，展示了将军豪爽的性格和宽广的胸襟，在干部战士心目中留下了深刻的印象，成为我军思想政治工作的佳话，也是秦东抗战文化的瑰宝。

二、王尚德的红色“赤大”

1. 王尚德办“赤大”

王尚德是秦东共产党人抗战中的一面旗帜。他率先在赤水职业学校实行国难教育，组织师生深入各地农村举办农民夜校，演唱抗日歌曲。他把对学生的思想政治教育放在学校工作的首位。在课堂上，以延安发行的《解放》周报及《抗日救国十大纲领》《抗日统一战线教程》《什么是列宁主义》《历史唯物论》等书刊作为教材进行讲授。1938 年上半年，毛泽东的《论持久战》发表之后，这篇著作便成了语文课的主要教材。

王尚德率先在赤水农业职业中学开设军事课程，对师生进行军事训练。全校编成一个民众抗日大队，全大队每人一支枪。王尚德亲自兼任大队长，带领学生挖战壕，搞演习，进行严格的军事训练。他对学生说:“延安办抗大,我们要向延安学习,办赤大。”[3]王尚德主持下的赤水农职承办人成了秦东一面鲜红的抗日旗帜。在王尚德关怀下,赤水农职党的地下组织得到了很大的发展。至1938年6月,已吸收新党员40余人,建立起了中共赤水特别区委,党的抗日干部迅速成长了起来。王尚德领导的赤水农职为延安输送了大批追求革命的青年学生,他把自己的两个儿女王允端、王允翕(王铁)全都送到了延安。

2.“韩城师范”

抗战期间,秦东中共党组织得到了长足的发展。王尚德领导的赤水农职,是秦东地区中共党组织在抗战期间发展状况的缩影。蒲城县内府小学和崇实中学,在民众教育工作中发挥了号角作用,党睦小学教师基本上是“清一色”的党员,被内部誉为蒲城的“党校”。抗战期间,秦东地区的青年学生和有志青年追求进步,追求革命,奔赴革命根据地学习成为一种热潮。秦东各县先后有数百名进步青年分赴延安中央党校、抗大、陕北公学、鲁迅师范和安吴训练班、云阳党训班等地,学习革命理论。尤其以韩城最为突出,1938年下半年以后,韩城县奔赴延安的进步青年达400人。地处陕西旬邑县马家堡的鲁迅师范学校有五六百人,其中半数是韩城县人,人们戏称鲁迅师范为“韩城师范”,著名作家韩城人杜鹏程就毕业于这所学校。

三、樊仰山的《抗战五部曲》

1.韩城人樊仰山

樊仰山是韩城芝川镇人,陕西著名的抗日民主人士,抗战时期著名的报刊编辑、诗人和戏曲作家。他曾经担任过杨虎城的秘书,深得杨虎城赏识。1936年在杨虎城的赞助下创办了《青门日报》《更生》半月刊,因宣传停止内战,一致抗日,被“西北剿总”捕押至“西安事变”次日获释。相继又担任了《西安平报》的编辑、总编辑,是抗战时期西安报界很有影响的人物。但樊仰山在抗战时期最有影响的不是报刊编辑和诗词创作,而是他的戏曲创作。

他是陕西易俗社编辑,潜心于戏剧创作,1934年编《杨贵妃》一剧,名噪陕、京。樊仰山不仅创作质量高,而且数量多,编写了大型历史剧30多本,如《衣带诏》《续衣带诏》《秦良玉》前后本、《出师表》《梅花岭》《青宫案》《红梅扇》《李秀成》等,尤以《续衣带诏·毒皇子》(现名《白逼宫》)一折一直传演不衰。1938年日本飞机疯狂轰炸西安,局势危难,樊仰山编戏不辍,每月出一本新戏,编写了时装新戏《两兄弟》《从军行》《出征》《原礼奉还》等,深为观众所喜爱。

2.抗战五部曲

樊仰山戏曲创作影响最大的剧目是1938年至1943年的秦腔大型现代戏《大江会战》《血战永济》《牧童艳遇》《湘北大捷》《民族魂》等抗战剧目,总称《抗战五部曲》。《抗战五部曲》取材于生活,再现我国军民抗战的事迹,以激发国人的民族精神,是易俗社最为叫座的抗战剧目。樊仰山在所创作的抗战剧目中采用“旧瓶装新酒”的形式,在传统的表演艺术中融入新的表现手法,破天荒地用古代服装表演抗日大型戏,得到了观众的认可,产生了良好的表演效果。樊仰山出版了《抗战五部曲》(合订本),著名的作家和诗人熊斌、于右任、丁玲、邵力子、洪深等人题诗作序。“第一版印5000册,第二版印1.5万册,第三版印3万册,都销售一空,得《西京平报》印刷厂之便,又加印单行本都很快卖空。”“西安的许多老百姓,就是拿着剧本看戏,有的还边看边唱,反映非常热烈。”[4]樊仰山所编的《抗战五部曲》在西北各地城镇乡村上演。尤其是“《血战永济》一时唱红西安、关中、延安和整个西北”。[5]樊仰山为抗战戏剧留下了浓墨重彩的一笔!

四、蒋纬国守卫潼关

蒋纬国是蒋介石的二儿子,1940年底,蒋纬国从美国装甲兵训练中心研习装甲战术回国,奉派到胡宗南麾下的陆军第一师(驻守潼关、渭南一带)三团二营见习,先后在二营五连任见习排长、副连长、连长,以后升为该营少校营长,先后驻守渭南赤水和潼关,在潼关驻守时间较长,1945年调离。作为蒋介石的二公子,蒋纬国在潼关是比较引人瞩目的。一般认为蒋纬国到部队就是镀镀金,走走过场而已。而出人意料的是,蒋纬国在驻守潼关期间颇有建树,具有标准军人的风范。在此之前蒋纬国先后在德国、美国军队受训和深造5年,具有良好的军事素质和军事理念。

1. 和善待人的蒋纬国

蒋纬国来潼关服役时24岁,风华正茂。潼关时期的蒋纬国为人随和,生活朴素而严谨。蒋纬国和普通百姓交往时很随和,喜欢和人聊天拉些闲话。"每逢过年他还到住地一些年长的普通百姓家里作揖拜年。如果主人邀请他吃饭,他也就上炕、盘腿、举杯、拿箸与群众一起吃笑。"[6]蒋纬国喜欢和士兵玩耍、逗笑,玩到高兴处,蒋纬国常常被士兵抬起来往上撂,撂得越高越高兴,乐得哈哈大笑。蒋纬国在工作中也能和士兵打成一片,他和士兵每日一道唱抗战歌曲,筑战壕、掩体、工事,当地军民称赞他吃苦耐劳,抗战精神好。蒋纬国平时很注重军容风纪,穿戴整齐,路途遇到上级、同级,举手敬礼从不马虎,下级给他敬礼,他很认真地还礼。

2. 打抱不平的蒋纬国

好打抱不平,整顿军纪,也是蒋纬国留给潼关人深刻印象。姚翔冲在《蒋纬国在阌底》有一段描述,颇有意思:

"有一次,堡里村一村民拉扯阌底镇公所一个乡丁,到蒋纬国前请评理。蒋纬国问明情况很气恼,原来那个乡丁下来催交公粮,动手痛打村民,蒋纬国让乡丁当面向村民道歉,鞠躬赔不是,训斥他身穿军服不懂军纪,今天要按照《步兵操典》,对他进行'各个熟练'。说着下达口令:'目标阌底镇公所,卧倒、匍匐前进,起立、卧倒、匍匐前进,起立…。'如此反复动作,派人'教练'到2里外,搞得那乡丁精疲力尽。"[7]此事风传遐迩,妇孺皆知,此后附近军政人员谁也不敢再随便动手打人了。

3. "誓与潼关共存亡"

蒋纬国作战勇敢,情报工作做得很出色。在驻守潼关期间,"蒋上尉所守据点乃是河防中最紧张的一个,他所驻的营房乃是给敌人大炮射击最多而且最破烂的地方"。[8]在前沿阵地,蒋纬国曾亲手用轻机枪射死日军5名,还曾击落日机一架。他设计了一具测地与火炮射击两用的仪器,效果极佳,潼关守军曾屡次准确炮击黄河对岸风陵渡的日军目标,当与此有关。蒋纬国的情报工作也做得很出色。他通过沿陇海铁路的苦力、土窑(妓院)的窑姐、天主教堂等途径搜集敌方情报,曾经抓获了图谋用地雷炸毁陇海铁路潼关隧道的汉奸,查获多起毒品走私案件,立下了战功。

"誓与潼关共存亡"表明了蒋纬国的抗战决心。1944年4月中日豫中会战,豫西沦陷,日寇正向潼关方向进逼,敌先头部队距离潼关前线不到30公里,潼关处于战争危机之中。蒋纬国召集前沿阵地构筑防御工事的士兵和百姓举行保卫潼关抗日宣誓大会。会上蒋纬国跪在桌子上宣誓:"我蒋纬国誓与潼关共存亡!决不放弃潼关!决不遗弃潼关父老!"[9]誓词声震天地。

蒋纬国和当地驻军严阵以待,准备迎击日军的进犯。当时豫中会战中失败的第一战区司令长官汤恩伯的军队正沿着阌华公路向陕西溃退,对潼关的守卫造成极大地影响。在此紧张时刻,蒋纬国率部在阌底西洛潼公路涧河桥上堵截溃兵,不许一人一骑通过,即使军长也毫不通融,迫使那些抗日不力虐民有余的常败将军绕道秦岭山地,保证了潼关防线的稳固。

蒋纬国在守卫潼关时期留给人们的印象是坚定抗战、吃苦能干、为人和善、富有正义感的标准军人形象。蒋纬国离开潼关时老百姓沿路欢送,沿途村民摆上小桌子,每张桌子上面放了3杯高粱酒,蒋纬国一路喝到火车站。

秦东是抗日战争时期的抗日前线,红军、八路军和国民党军队汇聚秦东抗战前线,秦东的抗战文化勃然兴起,异彩纷呈。贺龙的"白皮红心"论、王尚德的红色"赤大"、樊仰山的《抗战五部曲》、蒋纬国誓死守卫潼关是抗日战争时期脍炙人口的抗战文化典故。这些文化典故,激励了秦东军民的抗战热情,是秦东宝贵的战争文化财富。

参考文献

[1]王建伟,文忠民. 军旗飘飘:中国人民解放军军史经典故事二[M]. 北京:国防大学出版社,2007.

[2]西苗. 贺龙元帅的风趣[J]. 学习月刊,2006(7).

[3]陕西省中共党史人物研究会. 陕西近现代名人录[M]. 西安:西北大学出版社,1988:16.

[4]梁星亮,等. 陕西近现代名人录(第三集)[M]. 西安:西北大学出版社,1994:334.

[5]董寿安. 河东军民血战日寇纪实(上)[M]. 北京:中央党校出版社,2008:159.

[6]政协陕西省潼关县委员会文史委员会. 潼关文史资料第 7 辑[M]. 1994:182.

[7]政协河南省三门峡市委员会学习文史委员会、政协河南省三门峡市灵宝市委员会. 三门峡文史资料 第 14 辑 · 天宝鼎城开元来[M]. 2005:521.

[8]赵超构. 延安一月[M]. 北京:中国国际广播出版社,2013:13.

[9]政协陕西省潼关县委员会文史委员会. 潼关文史资料第 7 辑[M]. 1994:183.

曹操与韩遂、马超潼关之战探析

刘树友
（渭南师范学院 人文学院，陕西 渭南 714099）

摘 要：曹操与割据关陇一带的韩遂、马超势力的潼关之战，是曹操平定关陇地区、实现北方统一的重要战役。赤壁战后，天下三分格局已定，曹操即着手剪灭韩遂、马超等关陇割据势力、统一北方，作从长统一天下之计。汉献帝建安十六年(211)，曹操遂和韩遂、马超等十余支关陇割据势力战于潼关。由于各种因素所致，曹操最终赢得战役的胜利。潼关之战基本上消灭了割据关陇的十余支军事力量，关陇地区基本得以平定，北方实现了完全统一，进而为西晋统一全国创造了诸多有利条件。

关键词：潼关之战；背景；结局；影响

作者简介：刘树友(1963—)，陕西蒲城人。渭南师范学院人文学院教授，主要从事唐宋史、地方文化研究。

潼关自东汉开始设关，其易守难攻的军事优势迅速凸显，并逐渐取代函谷关而成为关中东部最重要的军事防御屏障。古往今来，多少诸侯豪杰、军事集团围绕进出并经略中原或关中与敌对势力之间的搏杀，而在潼关爆发的战争不胜枚举。其中，东汉末年曹操和以韩遂、马超为首的关陇割据势力发生的潼关之战，无疑是其中较为著名的一次。其影响和意义已远远超出了该次大战本身，使曹操平定了关陇地区，最终实现了对北方的完全统一，进而为西晋统一全国创造了诸多有利条件，从而使该战成为发生在潼关众多战役中对中国古代历史发展进程产生重大影响的一次战役。

一

汉献帝建安十三年(208)，曹操与孙权、刘备联军爆发了著名的赤壁大战，因各种主客观因素的综合作用，使数十万曹军在孙刘联军的猛攻下，灰飞烟灭。赤壁大战的结果，导致曹操占据中原地区，“吴有长江之险，蜀有崇山之阻”[1]43天下三分格局的形成。作为政治家的曹操认为短时期内难以消灭孙权和刘备两大军事集团，于是审时度势，改变策略，着力经略、发展好北方地区，作从长统一天下考虑。

当时北方的形势是，汉献帝建安五年(200)爆发的官渡之战，曹操一举击败了盘踞于河北在当时属于北方最大的割据势力袁绍，遂即拥有青、冀、幽、并四州，奠定了统一北方的基础。建安十二年(207)，曹操又兵出卢龙寨(今河北喜峰口)，打败了与袁氏残余势力相勾结的少数民族乌桓势力，进一步巩固发展了中原统一的局面，而割据关陇地区的韩遂、马超等十余支军事势力，不仅没有被统一，反而成了牵制曹操有关军事行动的后顾之忧，“时关中诸马腾(马超父)、韩遂等，各拥强兵相与争，太祖(曹操)方有事山东，以关右为忧”。[2]392再加上关中拥有政治影响、经济实力、军事地理方面的巨大优势，所以，赤壁战后曹操便开始着手考虑解决割据在关陇一带的韩遂、马超等军事集团问题。

但是，韩遂、马超当时称臣于“唯有名号”[3]53实为傀儡的汉献帝，所以曹操不能贸然对其采取军事行动。而当时张鲁凭借汉中一带“财富土沃，四面险固”[2]264得天独厚的自然条件和地理环境，公然对抗东汉朝廷。从东汉朝廷的立场来说,曹操出兵攻灭张鲁是符合东汉朝廷根本利益的。而发兵攻讨张鲁,必然要借道关中。这就威胁到占据关中的韩遂、马超等军事集团。他们出于自身利益,必然要结盟阻抗,“煽动作逆”,[2]683 曹操因此便可名正言顺、堂而皇之地举兵剪灭韩遂、马超等关陇割据势力。故元初杰出史学家胡三省对此曾有精彩点评,他说:曹操舍关中而远征张鲁,“伐虢取虞之计也。盖欲讨超、遂而无名,先讨张鲁之势以速其反,然后加兵耳”。[4]2106 可谓深中肯綮。而事实也正是按照曹操预设的逻辑、方案发展变化的。

二

潼关,地处关中东部,是关陇及西北地区的东大门和重要屏障,地势险要,易守难攻,战略地位非常重要。史载潼关“上跻高嵎,俯视洪流,盘纡峻极,实为天险……河山之险,迤逦相接。自此西望,川途旷然。盖神明之奥区,帝宅之户牖,百二之固,信不诬也……南薄山,北阻河,中通一径,车不得方轨,马不得成列,一夫当关,亿万之众不可逾也……诚是非三秦之枢纽,环宇之雄镇哉”!由此而成为历代政治家、战略家和有识之士所看重的战略要地。古往今来,以潼关为舞台,曾经上演了无数幕战争活剧。而曹操与割据关陇的韩遂、马超势力之间的潼关之战,即是其中较为经典的一幕。

汉献帝建安十六年(211)三月,曹操命大将钟繇自关中作攻讨割据于汉中的张鲁势力的姿态,同时派大将夏侯渊等出河东(今山西南部)直趋关中与钟繇会合,造成南征张鲁之势。于是割据关陇一带的韩遂、马超、侯选、程银、李堪、成宜、张横、梁兴、马玩、杨秘等十余部“疑繇欲自袭”,[2]34 迅速联合起来,并集结起 10 余万军队,在潼关以西“建列营阵”,[5]946 旨在拒曹操大军于潼关之外。

此时,曹操令安西将军曹仁移师至潼关,并要曹仁“坚壁勿与战”。[6]2106 八月,曹操亲率主力大军抵近潼关,安营于潼关以东,与韩遂、马超军队形成“夹关而军”的阵势,[2]34 并造成兵临城下、急欲破关的迹象。同时利用韩遂、马超等在蒲阪关(今山西永济县境内的黄河东岸)及黄河两岸一带防守空虚之机,密遣骁将徐晃、朱灵率四千精兵“夜渡蒲阪津,据河西为营”,[2]34 在黄河西岸安营扎寨。此举成功后,于闰八月,曹操自潼关东北冒死向北渡过黄河,据《资治通鉴》卷 66 汉献帝建安十六年三月条纪事记载:“兵众先渡,操独与虎士百余人留南岸断后。马超将步骑万余人攻之,矢下如雨,操犹据胡床不动。许褚扶操上岸,船工中流矢死,褚左手举马鞍以蔽操,右手刺船。校尉丁斐,放牛马以饵贼,贼乱,取牛马,操乃得渡”。[6]2107 曹操北渡黄河后沿黄河东岸北上,旋即又折而向西渡过黄河,与此前到达该地的徐晃、朱灵部会师。

自蒲阪关西渡黄河后的曹军各部,在左冯翊(今大荔以东)沿黄河西岸向南直达渭河北岸的狭长地带,“连车树栅,为甬道而南”,[2]35 建立起稳固阵地,并将河东(今山西南部)的粮草调运到该地,保障有充分的后勤供给。随后又广设疑兵,旨在迷惑对方耳目及分散对方注意力。以此为掩盖,曹操暗地里派兵于渭河上架设浮桥,趁夜间使大军经浮桥抵达渭河南岸,与韩遂、马超军对阵。此时,韩遂、马超一方急于求胜,屡屡向曹军发起挑衅,但曹军按兵不动,以此来麻痹对方。求战不得之际,遂韩、马超等又向曹操表示愿割地求和。起初,曹操不许。后来采纳谋士贾诩建议,伪许韩遂、马超等割地纳质求和,并在讲和谈判过程中,采用离间计,史载“韩遂请与公(曹操)相见,公与遂父同岁孝廉,又与遂同时侪辈”。于是谈话时,“不及军事,但说京都旧故,拊手欢笑”。[2]34-35 随后,马超等询问韩遂与曹操的谈话内容,韩遂照实回答,马超等人质疑不信,进而起了疑心。“公又与遂书,多所点窜,如遂改定者”。[2]35 马超等更加怀疑韩遂与曹操私下有密约。曹操得知离间计告成后,各项战前准备工作也相继就绪,便令曹军突然向韩遂、马超等军发起猛攻。为求得全胜,曹操先以轻兵挑战,以疲惫对方,在对方疲惫后“乃纵虎骑夹击，大破之”，[2]35从而取得了潼关之战及平定关陇的决定性胜利。其中，成宜、李堪等死于交战中，杨秘逃往安定（今甘肃镇原县），不久归降曹操。梁兴退保鄜城（今陕西洛川县），不足一年，又被曹操消灭。马超逃亡陇上（今甘肃天水市西南），后南奔张鲁，不见重用，最终投归刘备。韩遂逃至显亲（今甘肃天水市），建安二十年（215），在曹操南征张鲁强大的军事攻势下，被其部将所杀。其他割据势力土崩瓦解，至此，关陇所有割据势力均被曹操剪灭，整个北方实现完全统一。

三

潼关之战最终以曹操的大获全胜而鸣金收兵。出现这样的结局，不是偶然的。这可从曹军和韩、马军双方主帅的素质及其用兵布阵、军队战斗力和其他方面来加以分析。

从曹军这一方来说。

第一，主帅曹操具有高超的军事指挥艺术，是曹军获得此次战役胜利的一个至关重要的因素。曹操是中国古代一位雄才大略的封建政治家和杰出的军事家。他不仅具有敏锐的战略眼光，而且具有深厚的军事理论与精湛的军事指挥艺术，并在军事实践上取得过一系列辉煌胜利。裴松之《三国志注》引孙盛《异同杂语》说：曹操“博览群书，特好兵法，抄集诸家兵法，名曰《接要》，又注《孙武》十三篇，皆传于世”。[7]3裴松之《三国志注》又引《魏书》说曹操：

其行军用师，大较依孙、吴之法，而因事设奇、谲敌制胜，变化如神。自作《兵书》十万余言，诸将征伐，皆以《新书》从事。临事又手为节度，从令者克捷，违教者负败。与虏对阵，意思安闲，如不欲战，然及至决机乘胜，气势盈溢，故每战必克，军无幸胜。[8]54

充分说明曹操所具有的深厚军事理论与精湛军事指挥艺术，具体到这场战事，战后曹操与部将有一段对话：

诸将或问公曰：“初，贼守潼关，渭北道缺，不从河东击冯翊（今陕西大荔县）而反守潼关，引日而后北渡，何也?”

公曰：“贼守潼关，若吾入河东，贼必引守诸津，则西河未可渡，吾故盛兵向潼关，贼悉众南守，西河之备虚，故二将得擅取西河；然后引军北渡，贼不能与吾争西河者，以有二将之军也。连车树栅，为甬道而南，既为不可胜，且以示弱。渡渭为坚垒，虏至不出，所以骄之也；故贼不为营垒而求割地。吾顺言许之，所以从其意，使自安而不为备，因畜士卒之力，一旦击之，所谓疾雷不及掩耳，兵之变化，固非一道也。”[2]35

上述对话，是曹操对曹军在潼关大战战术方面取胜原因的一个全面总结，淋漓尽致地展示了曹操“谲敌制胜，变化如神”的军事指挥艺术。正因为如此，所以在战前，“议者多言：‘关西兵强，习长矛，将使不得以刺，诸君但观之耳’。”[8]35表明曹操在战前就已胸有成竹，有了稳操胜券的把握。

第二，主帅曹操善于采纳部将建议也是曹军获胜的一个重要原因。在长期的政治、军事生涯中，曹操十分注意收拢人才，集思广益，从谏如流，并从中受益匪浅，成为曹操克敌制胜进而建立非凡的人生功业的重要秘诀。

在此次战役中，曹军获胜取决于两个非常重要的步骤，而它均来自曹操部将的建议：一个是派徐晃、朱灵率劲兵4000余人偷渡蒲阪津获得成功。其实，这一决策本来自徐晃。史载曹操“至潼关，恐不得渡，召问晃。晃曰：‘公盛兵于此，而贼不复别守蒲阪，知其无谋也。今假臣精兵渡蒲坂津，为军先置，以截其里，贼可擒也’。太祖曰：‘善’。”[9]528并付诸实施。另一个是伪受韩遂、马超割地纳质求和的请求，并采取离间计拆散韩、马联盟。这一计策则出自贾诩。史载：“超等索割地以和，并求任子。诩以为可伪许之。又问诩计策，诩曰：‘离之而已’。太祖曰：‘解’。一承用诩谋……卒破遂、超，诩本谋也。”[10]330由于这两个关键环节的成功，最终使曹军得以大获全胜。可见，曹操善于采纳部属建议的一贯作风对曹军获胜的关系之大。

第三，充足的军需也是曹军赢得潼关之战胜利的重要原因。与关中隔河相望的河东（今山西南部一带)地区,“被山带河,四邻多变,当今天下之要地也”,[11]494所以为曹操高度重视,较早就委派良吏杜畿进行经营。由于杜畿勤政爱民,施政有方,治绩显著,故在当时“天下郡县皆残破,河东最先定……百姓勤农,家家丰实”。[11]496所以,潼关之战中,河东地区也就自然成了曹军坚固的后方基地,为曹军提供了大量的军需粮饷。史载:曹操“至蒲阪,与贼夹渭而军,军食一仰河东,及贼破,余畜二十余万斛”。[11]496即使曹操在后来的南征之役中,仍有部分粮草取给于河东地区,所以,曹操曾高度评价杜畿对曹军后勤保障方面所做出的突出贡献,他说:“昔萧何定关中,寇恂平河内,卿有其功”。[11]497

从韩遂、马超军队一方看。

第一,以韩遂、马超为首的十余支割据势力是一个暂时的、松散的军事联盟,缺乏稳固基础,使其军队战斗力大打折扣。黄巾大起义后,东汉王朝土崩瓦解,名存实亡,随即豪强并起,纷纷割地称雄,并以武力相火并。割据于关陇地区的韩遂、马超势力也不容轻视。在曹操大军压境、危及自身的根本利益时,他们从自身利益出发,暂时联合起来,对付曹操。但是,从长远要割据称雄以及为此又要保存各自的实力这一点来说,又决定了这种联合必然是松散的和暂时的。从曹操略施小计就可使韩遂、马超二人产生嫌隙这一点,也完全能够说明这一问题,从而使其军队战斗力大打折扣。

第二,缺乏统一指挥,统一政令。由于以韩遂、马超为首的十余支割据势力是一个暂时的、松散的军事联盟,所以很难有统一指挥、统一政令、统一行动,做到令行禁止,所谓“其众虽多,莫相归服,军无适主”。[2]35就当时参与反曹潼关之战的十余支割据力量来看,韩遂、马超的力量最强,二人的威望、地位也明显高于其他各部首领。但此二人之间没有上下尊卑之分及谁节制谁的问题。于是,在事关重大的战术决策上,韩遂、马超二人不但没有起码的配合和协调,迅速达成共识,反而互相掣肘,酿成丧失战机,以至归于失败。比如,当曹军打算自蒲阪津西渡黄河进而沿黄河西岸南下时,马超主张应在黄河西岸布置重兵把守,阻断曹军来自河东的粮饷通道,这样便可使曹军因河东粮饷被阻断不战而退,但却遭到韩遂的否决。据《三国志·马超传》记载:

曹公军在蒲阪,欲西渡,超谓韩遂曰:“宜于渭北拒之,不过二十日,河东谷尽,彼必走矣。”遂曰:“可听令渡,蹙于河中,顾不快耶!”超计不施。曹公闻之曰:“马儿不死,吾无葬地也”。[12]946

曹操之所以发出“马儿不死,吾无葬地也”的慨叹,主要因为曹操突出奇兵从防守空虚的蒲阪津西渡黄河取得了主动,从而避免了在潼关天险与以韩遂、马超为首强悍的军事集团决战的被动。所以,如果没有暗渡蒲阪津的成功,以千里奔袭的曹军绝不可能在和凭借潼关天险,以逸待劳的韩遂、马超军队决战中获得胜利。同时,韩遂没有采纳马超在黄河西岸布置重兵把守,阻断曹军来自河东的粮饷通道的建设性建议,也是酿成自身一方被动、失败的重要原因。可见,没有统一指挥、统一政令及统一行动,是韩遂、马超一方失败的重要原因,元初著名史学家胡三省对此曾评论道:“当此之时,关西之兵最为精强,而破于操者,法制不一也”。[13]2109堪称不易之论。

第三,未在蒲阪津等其他进出关中的关口设防而孤守潼关,被动等待曹军前来决战,导致战术决策上的重大失误。当曹军远道驱驰而来,面对韩遂、马超布置的十万重兵据险把守的潼关,谙熟兵法的曹操,决不可能去与对方夹关而战,肯定要设法入关。从当时的实情看,可能性最大的则是从距离潼关最近的蒲阪津渡过黄河而西入关中。而韩遂、马超一方却没有在黄河西岸布置重兵防守,让曹操所遣徐晃、朱灵偏师以及随后曹操统帅的主力大军得以轻易由蒲阪津渡过黄河西入关中,反客为主,由被动变为主动;而对方则变主为客,由主动变为被动。这是潼关之战中韩遂、马超在战术决策上所犯的重大失误,造成了无法挽回的后果。

四

潼关之战的结局,其影响十分巨大,已经远远超出了该次大战本身。具体分析,主要体现在以下三个方面。

第一,潼关之战是曹操平定关陇地区、实现北方完全统一的重要战役。潼关之战,曹操基本上消灭了盘踞于关陇地区的十余支割据势力,奠定了平定关陇、实现北方完全统一的重要基础。正如《三国志·武帝纪一》记载:

> 始,贼(韩遂、马超等部)每一部到,公(曹操)辄有喜色。贼破之后,诸将问其故,公答曰:"关中长远,若贼各依险阻,征之,不一二年不可定也。今皆来集,其众虽多,莫相归服,军无适主,一举可灭,为功差易,吾以是喜"。[2]35

可见,潼关之战,一举消灭了割据关陇地区的十余支军事力量,关陇地区得以平定,北方实现了完全意义上的统一。

第二,曹魏代替东汉后,关陇地区归属曹魏政权,大大增强了曹魏政权的经济、军事等综合实力,从根本上瓦解了诸葛亮主导的蜀汉北伐,使诸葛亮的"命一上将将荆州之军以向宛、洛,将军(刘备)身率益州之众出于秦川"的[14]913"隆中对策"中规划的两路北伐中原统一天下的蓝图陷于落空。三国末年,诸葛亮先后统帅蜀汉大军六出祁山,最终因曹魏政权对关陇地区的牢牢掌控而难以成功。自然,"隆中对策"中诸葛亮预设的北伐统一全国大计也就沦为纸上谈兵了。

第三,关陇地区实现统一,为西晋消灭蜀汉统一全国创造了许多有利条件。司马氏之所以短期内成功消灭蜀汉政权,很重要的一点,就是关陇地区为其军事行动提供了坚固的后方和优越的自然地理条件。由此可见,曹操取得潼关之战的胜利及其随之而后关陇地区统一的意义之重大。

参考文献

[1]〔西晋〕陈寿. 三国志·卷1·武帝纪一注引《九州春秋》[M]. 北京:中华书局,1959.

[2]〔西晋〕陈寿. 三国志·卷1·武帝纪一[M]. 北京:中华书局,1959.

[3]〔西晋〕陈寿. 三国志·卷1·武帝纪一注引《魏略》[M]. 北京:中华书局,1959.

[4]〔宋〕司马光. 资治通鉴·卷66汉献帝建安十六年三月纪事条注[M]. 北京:中华书局,1956.

[5]〔西晋〕陈寿. 三国志·卷36·马超传注引《典略》[M]. 北京:中华书局,1959.

[6]〔宋〕司马光. 资治通鉴·卷66汉献帝建安十六年三月纪事[M]. 北京:中华书局,1956.

[7]〔西晋〕陈寿. 三国志·卷1·武帝纪一注引孙盛《异同杂语》[M]. 北京:中华书局,1959.

[8]〔西晋〕陈寿. 三国志·卷1·武帝纪一注引《魏书》[M]. 北京:中华书局,1959.

[9]〔西晋〕陈寿. 三国志·卷17·徐晃传[M]. 北京:中华书局,1959.

[10]〔西晋〕陈寿. 三国志·卷10·贾诩传[M]. 北京:中华书局,1959.

[11]〔西晋〕陈寿. 三国志·卷16·杜畿传[M]. 北京:中华书局,1959.

[12]〔西晋〕陈寿. 三国志·卷36·马超传[M]. 北京:中华书局,1959.

[13]〔宋〕司马光. 资治通鉴·卷66汉献帝建安十六年九月纪事条注[M]. 北京:中华书局,1956.

[14]〔西晋〕陈寿. 三国志·卷35·诸葛亮传[M]. 北京:中华书局,1959.

试析汉中之战

杨　敏

(渭南师范学院 人文学院历史系,陕西 渭南 714099)

摘　要:汉中地形险固,资源丰富,是连接关中和巴蜀的主要通道,更是中国西部的战略要地,作为兵家必争之地,在东汉末年群雄割据的时代中扮演着重要的角色。赤壁之战天下三分形势初现,但是三分鼎立格局并未形成,曹操依然傲视群雄。汉中争夺战,实力远逊于曹操的刘备夺得了汉中,凭借秦岭天险固守汉中以据曹魏,三分鼎峙之势最终确立。汉中之战的胜利,刘备有了进可攻退可守的战略要地,进而奠定了蜀国的霸业,巩固了蜀汉政权,开辟了军阀混战的鼎立新格局,中国进入了三国时代。

关键词:汉中;汉中之战;天下三分

作者简介:杨敏(1979—　),女,陕西三原人。历史学硕士,渭南师范学院人文学院讲师,主要从事中国古代史、秦东历史文化研究。

汉中四通八达,"前瞰三秦,后蔽四川"。[1]98 作为中国西南地区的交通枢纽,在东汉末年到三国时期,是各方势力争夺的战略要地,尤其关乎蜀汉的政权存亡。刘备取得汉中之战的胜利后,影响了整个形势的变化,鼎立格局最终确立。

一、汉中的战略地位

汉中地形险固,历来为兵家必争之地,在东汉末年群雄割据的时代中扮演着重要的角色。

1. 汉中自然条件

汉中处于关中和四川之间,北有险峻的秦岭山脉与关中地区相连,南面隔大巴山脉与四川盆地相通,是中国西部的战略要地,更是关中进入巴蜀地区的重要通道。

战国时期,楚国强盛,汉中为楚所有。秦惠文王更元十三年(前 312),秦楚两国在丹阳大战,秦国夺取了汉中之地,秦惠文王首置汉中郡。秦国在取得汉中之前已经攻占了巴蜀之地,巴蜀和汉中就连成了一片,消除了楚国从南方带来的威胁,巴蜀丰富的资源可以顺利通过汉中运往关中,这无疑又为秦国的崛起提供了充足的粮草保障。

刘邦为汉王时期,在汉中屯居练兵以待时机,在韩信的指挥之下,"暗渡陈仓",还定三秦,出关争雄,建立了强盛的汉王朝。虽然刘邦在汉中时间不长,但汉中对汉王朝的建立意义非同寻常。汉中使刘邦发迹,是汉王朝的起点,更是汉家发祥地。

2. 汉中的战略地位

东汉末年军阀混战,汉中地理位置独特,史料记载:"北瞰关中,南蔽巴蜀,东达襄、邓,西控秦、陇,形势最重。"[2]392 引起了当时各方势力的关注。

北方群雄割据的混战局面,通过战争兼并剩下了曹操和袁绍两大集团。曹操要想实现"挟天子以令诸侯"的大业,必须消灭袁绍,"客观形势是利于袁绍而不利于曹操的"[3]45,双方必须一争高下,爆发了官渡之战。在大战之前,荀彧分析了两方差距,预言必胜,更有郭嘉提出了十胜十败,以此来使曹操树立信心。但曹操还是做了最坏的设想,他所担心的是袁绍势力侵入关中和巴蜀地区,采纳了荀彧的建议:"钟繇可属以西事。公无忧矣。"[4]313 解决了大战之前的后顾之忧,可见曹操战略眼光高远,安定了关中西部的形势,使袁绍的势力无法渗透,为取汉中打下了基础。

孙氏家族占据江东,“全据长江”是孙吴三代的宏伟蓝图。鲁肃曾对孙权说:“竟长江所极,据而有之,然后建号帝王以图天下,此高帝之业也。”[4]1268鲁肃的建议是占据长江,处于长江上游的汉中自然是其中目标之一。

刘备胸有大志,多次寄人篱下,始终无法强大起来。刘备对自己过去的失败进行了反思,是由于战略缺少良计,急需寻找谋士。于是,诸葛亮登上了历史的舞台,给刘备的对策是:“若跨有荆、益,保其岩阻,西和诸戎,南抚夷越,外结好孙权,内修政理;天下有变,则命一上将将荆州之军以向宛、洛,将军身率益州之众出于秦川”。[4]913诸葛亮认为当务之急是夺取荆州和益州,与曹、吴成鼎足之势,而“出秦川”的战略点就在汉中,刘邦就是自汉中出秦川夺取到全国政权,诸葛亮后来的北伐也是以汉中为大本营,可想而知诸葛亮战略计划里汉中是必不可少的战略要地。

二、汉中之战

赤壁之战后,天下三分形势逐渐明确,对于汉中的争夺也越来越激烈,汉中到底归谁所有,曹、刘之间爆发了汉中争夺战。

1.汉中之战的背景

(1)曹魏方面

赤壁之战大败,曹操想“短期内取荆州、下江南已是势不可能”。[5]62曹操把目光转向了关中,打败了马超,取得了关中和凉州,巩固了中原地区,为取汉中奠定了基础。

建安二十年(215),刘备取代刘璋成为益州之主。汉中居益州和关中之间,它的重要性就凸显出来了。汉中地势险峻,是进入益州的咽喉。曹操如果不取汉中,刘备就会攻打汉中,会对关中造成威胁。曹操“欲图蜀,必以汉中为跳板”[6],决定抢在刘备之前攻取汉中。

这一年,曹操西征张鲁。张鲁听闻曹操大军到来,就想投降,其弟张卫不肯。张卫率众万人屯守阳平关,坚决抗拒曹军,并拦腰筑建了一段长十余里的城墙。曹操一时无计可施,准备退军。但发生了一偶然事件,曹军天黑迷路,误入张卫别营,营内士兵见曹军惊慌失措,四处逃跑。曹操得知此事,立刻命令诸军出击,张卫当夜逃遁。张鲁得知阳平关失守,逃亡到了巴中,后又被曹操招降了。曹操占有了汉中,自己回邺城,留夏侯渊等留守。

曹操虽然引军北归,但对汉中丰富的资源自然是不会放过。既然占领了汉中,就要充分利用这些资源。第一,“公军入南郑,尽得鲁府库珍宝。”[4]45这些钱财都是张鲁占据汉中时剥削的民脂民膏。这对当时的战争年代是非常有利的,可以充为军费,饷银。第二,曹操占领汉中后,迁移了大量的汉中人口。“太祖拔汉中民数万户以实长安及三辅。”[4]472另外,曹操北归后,让杜袭留守汉中,“徙洛、邺八万余口”。[4]666曹操迁移汉中人口,实为以后做最坏的打算,一旦刘备攻取了汉中,也会利用这些资源,何不提早留给刘备一座空城。第三,掌控汉中的政权,把汉中设为军事要塞。“复汉宁郡为汉中;分汉中之安阳、西城为城西郡”[4]45,夏侯渊、张郃坚守汉中,来抵御刘备,将汉中变成防御刘备的军事要塞,这样益州北线就被曹军牢牢钳制住,刘备的生存空间就受到了威胁。

(2)刘蜀方面

赤壁之战后,刘备拥有荆州大部分郡县,却是三面受敌,北有曹操,东有孙权,西有张鲁、刘璋,又因荆州无险可守,此时刘备正意谋益州。

建安十六年(211),益州牧刘璋听闻曹操将攻打张鲁,内心恐惧。这时益州别驾张松建议结交刘备,对刘璋说:“(刘豫州)若使之讨鲁,鲁必破。”[4]881刘璋同意,并派法正领四千人去迎接刘备,以图依赖刘备并自保。而法正、张松等不满刘璋的懦弱无能,准备拥立刘备为益州之主。在法正和庞统的说服下,刘备决心取蜀,借刘璋邀请进益州的机会攻取益州,自己亲自领兵数万,沿长江三峡西上。

建安十六年(211)十二月,刘备入蜀,所经过的地方向他供应物资,前后所得以巨亿计算。到了涪县(今四川绵阳),这时法正等建议刘备劫持刘璋,逼其出让益州。刘备认为此事不可匆忙下手,要建立德行威望。为了能保证刘备顺利攻打张鲁,刘璋给刘备增派兵马粮草,让其可以安心攻打张鲁。这一年刘备到了葭萌(四川广元)驻军,并没有急于攻打张鲁。

建安十七年(212)二月,曹操攻打孙吴,孙权向刘备发出了求救书。刘备要求增兵及粮草,刘璋只给了四千兵,其余都减半。刘备以此为反刘璋的借口,发兵至涪城,刘璋派兵阻击,但或败或降。刘备在进攻雒县(四川广汉北)时遭遇了顽强的抵抗,耗费一年的功夫才把雒县拿下。

建安十九年(214)夏,刘备兵临成都城下,围城数十日,刘璋深感孤军无望,开城投降。至此,历时两年多的时间,刘备和平的占领了益州,基本完成了"跨有荆、益"的计划,而刘备也因夺取益州后实力大增。

眼看刘备夺取了益州,占据了长江上游,对东吴构成了威胁,孙氏家族的"全据长江"蓝图被拦腰斩断,这时孙权开始谋划夺回荆州诸郡。

建安二十年(215)四月,孙权向刘备索要荆州。刘备借口拖延,孙权决定强行索要。碍于强大的关羽,孙权决定只索要南三郡,但是关羽把他们全部驱逐出境。孙权并没有放弃攻打南三郡,继续增兵。这时刘备亲自领兵到了公安,派关羽率兵三万夺取三郡。孙权派吕蒙用计招降了郝普,鲁肃在益阳与关羽会晤解决分歧。这时刘备听说曹操攻克了汉中,偏将军黄权曾进言:"若失汉中,则三巴不振,此为割蜀臂股也。"[4]1043 刘备担心失去益州,向孙权求和,并重新划分了荆州的版图。

汉中对于益州来说至关重要,汉中四通八达,"东接南郡,南接广汉,西接陇西,北接秦川。厥壤沃美,赋贡所出,略侔三蜀"。[7]103 汉中的得与失,对于曹操和刘备则不同。巴蜀是南方地区上游,北有大巴山;关中是北方地区上游,南有秦岭。"占据汉中具有防御入侵和准备出击的双重作用,因此这一地区成为割据战争当中两方尽力争夺的前哨阵地。"[8] 曹操占有汉中,关中就有了屏障,而且南下还可以攻打益州,曹操之所以攻克了汉中,就是为了抑制刘备北上进攻关陇;而刘备如果占有了汉中,益州就有了屏障,北方防线抓在自己手里,而且益州大本营就无后顾之忧。倘若曹操失去了汉中,还有北方地区可依托;而刘备失去了汉中,益州北门大开,几乎不可以立国,若无汉中,则无巴蜀。

汉中不仅是益州重要门户,更是诸葛亮"隆中对"的一部分。在刘备取得荆州、益州后,看似已经完成了"跨有荆、益"的计划,但却少了一个战略支点,而这个战略点就是汉中。刘备夺取益州后并没有一举拿下汉中,有两方面原因:第一是因为汉中独特的政治环境。张鲁得汉中后,断绝通往关中的谷道,自树一帜。虽然汉中作为益州的一部分,可是益州却控制不了汉中,因为地理上的独立性,造成了政治上的割据势力。张鲁向百姓传播五斗米道,对于政权的稳定有一定的积极意义,一时很难攻克,因此张鲁"雄踞巴、汉垂三十年"。[4]263 另一方面是刘备刚取下益州,此时正面临对益州内部的整治,安抚民心,无暇他顾。并不是刘备不想取汉中,而是一时尚无力来争夺。此时刘备正等待时机成熟,入关争雄,汉中作为战略点必定是刘备的必争之地。

2. 汉中之战的经过及结果

建安二十二年(217),法正认为攻打汉中的时机到了,对刘备说:"曹操一举而降张鲁,定汉中,不因此势以图巴、蜀,而留夏侯渊、张郃屯守,身遂北还,此非其智不逮而力不足也,必将内有忧逼耳。今策渊、郃才略,不胜国之将帅,举众往讨必可克"。[4]961 刘备决定发兵解决益州的后顾之忧,同时扩大益州的疆域,为以后进取关中奠定基础。

建安二十三年(218)春,刘备命诸葛亮总理后方兵粮补给,自己率领诸将进兵汉中。分别派遣张飞、马超等先攻下辨,自己率领赵云、黄忠、魏延等主力,向南郑进攻。

曹操派夏侯渊与赵颙进驻阳平关,以徐晃守马鸣阁道,张郃守广石(陕西勉县西),命曹洪、曹真、曹休在下辨抵挡。二十三年(218)二月,张飞领兵做出要截断曹洪后方的样子，但被曹休识破。曹洪在曹休建议下，趁蜀军兵力尚未集结之时袭击吴兰、雷同，张飞等引兵退走。

四月，刘备攻打马鸣阁道，魏军徐晃率兵抵御。不久，刘备攻克了马鸣阁道，与魏军在阳平关前对峙，并派兵攻打关隘，企图拔除关外这一据点。张郃率兵亲自奋力搏战，刘备要求后方增兵。蜀郡太守杨洪给诸葛亮说："汉中则益州咽喉，存亡之机会，若无汉中则无蜀矣，此家门之祸也。"[4]1013杨洪正说出了汉中的重要性，诸葛亮立马发兵增援，曹操决定亲自率军击退刘备。

建安二十四年(219)一月，刘备在定军山(陕西勉县南)安营扎寨。"该山两峰对峙，比高约200米，出山后即入汉中盆地，对汉中防御极为重要。"[9]207两军展开了争夺战，刘备军火烧曹军营围鹿角，刘备利用曹军救火时，命黄忠带兵突击，夏侯渊被斩于定军山下，张颌率领残军退守阳平关。

夏侯渊死后，张郃被推为主帅，来安定军心。刘备企图渡过汉水进攻汉中，曹军众将商议后准备坚决抵御刘备。但郭淮建议远离汉水，诱敌渡水，等到渡过一半时攻击，这样就可以打败刘备。曹军远离汉水后，刘备果然中计了，因起疑没有渡汉水。

三月，曹操以汉中危机，自长安出褒斜道，亲临汉中指挥作战，另外调遣徐晃屯兵宛城，以助曹仁防关羽的进攻。刘备听闻曹操来了说："曹公虽来，无能为也，我必有汉川矣。"[4]884刘备之所以满怀信心，是因为他深知曹操虽来汉中指挥，"但两线作战，粮运困难，不可能长期留在汉中"。[9]209于是刘备集中兵力，据守险要，不与曹军正面交锋，并不断派兵袭击曹操的运粮队伍。有一次，黄忠率兵夺粮，过期不归，赵云出营察看，恰巧遇到曹军，并诱敌深入进入蜀营，在曹军退兵之际向发起攻击，曹兵惊慌失措，自相践踏，很多人坠入汉水溺亡。

魏军与蜀军对峙一个月，士卒伤亡日益增多。五月，曹操决定撤军北还，并以张郃守陈仓，派曹真到下辨，撤曹洪等军还陈仓。同时担心刘备北取武都白马氐以逼关中，"徙氐五万余落出居扶风、天水界"。[4]473曹操占有汉中时迁移了百姓，这次撤出汉中时又迁徙了汉中西面武都的百姓，又留了一座空城，让刘备得城不得民，失去了宝贵的人力资源，刘备短时间内无法北上。

从建安二十二年(217)到建安二十五年(219)，汉中争夺战以刘备获胜而结束，刘备称汉中王，以魏延镇守汉中，自己率兵回成都。此时的刘备雄踞益州，东有荆州，北有汉中，实力是最强的时候，也是刘备的鼎盛时期。这时刘备争天下的条件也都有了，只用等待时机，进取中原。

3. 双方胜负原因分析

(1)刘备成功的原因

汉中之战，实力远逊于曹操的刘备夺得了汉中之地，刘备的成功是必然的，分析其原因有以下几点：首先是汉中独特的地理环境有利于刘备。汉中的地势地貌与益州一样，都是山川沟壑，以山地作战为主，而这正是蜀军的擅长之处；其次，作战方针的制定符合当时的形势。前期主要是切断阳平关以西进入汉中的阁道，封锁夏侯渊，诱使其离关。后期是据守要害，避其锋芒，拒不出战，破坏曹军的粮草储备，逼曹操不得不撤出汉中；再次，刘备善于用人访才。刘备的脱颖而出与他用人是分不开关系的，三顾茅庐重用诸葛亮，提拔庞统为其出谋划策，再如大功臣法正，老将黄忠和有缺陷的魏延等。人才是事业成功的关键因素，"是故造业者，必须得时势之机遇，人才之辅弼，及地利之获得，三者并具，然后因势利导，开国创业，因以完成。设若缺少此等因素，而能成创国之业者鲜矣。"[10]164最后，当然是军民同心，取得汉中才能守住益州，这是军民的殷切希望。

(2)曹操失败的原因

如果说刘备的成功是必然的，那么曹操失败也是必然的。第一，运粮的困难。两军交战胜负一时难分时，谁有足够的粮源，谁就能坚持到最后。曹军在汉中作战，粮草要从关中运往前线，这段路程崎岖难行，再加上蜀军偷袭运粮车队，曹操失去了战胜刘备必不可少的首要物质条件。第二,当曹操撤出汉中,其实不难想到当时曹操实属无奈之举。如果死守汉中,必然会投入大量军费开支,要调集大批军队,而且北方乌桓屡屡侵犯,东吴孙权虎视眈眈,更何况胜负还是一个未知数,就算保住汉中,也会得不偿失。倘若孤军深入,会陷入进退两难的尴尬局面。因此,曹操对汉中的态度是决不强攻死守,失去了汉中,还有北方大片疆域,所以曹操撤军北还时,将大军留在关中以抵御蜀军北上。虽然失去了汉中,但曹操对汉中军事部署的安排,保全了大局,可以看出曹操不失为一个目光长远的军事家。第三,特殊的地理环境。正如前面所说,蜀军在山地作战方面有着丰富的经验,曹军短处暴露无遗,刘备正是抓住了机会,给了曹军致命一击。曹操放弃了汉中,虽有无奈,但也不失为一个明智之举。

三、汉中之战的影响

汉中之战刘备取胜,巩固了蜀汉的政权,对于蜀汉有着重要的意义:蜀汉严守汉中,曹魏无机可乘,孙吴也据江东以观天下,三大集团中任何一方都不会轻易出兵,由此三国鼎立局面最终形成。

1. 曹魏方面

汉中之战后,曹操于建安二十五年(220)病逝。纵观曹操一生,少年怀有大志,二十余岁时从征讨黄巾军起家,参与讨伐董卓的战争,后南征北战,战胜了李傕、吕布、张绣等。官渡之战大胜袁绍,统一了中原地区。赤壁之战是其人生转折点,汉中之战的失败使其已无力踏足南方,统一梦已破灭。虽然之后曹丕称帝,但魏国也一直没有统一全国。

曹魏无法一统,论其原因,汉中之战的失败是不可忽视的,“汉中战役对于曹操来讲是一次艰难的保卫战”。[11]虽然赤壁之战曹操大败,但曹操并未伤及元气,北方基业还在,还可以重整旗鼓,统一全国还有希望。然而,汉中之战的失败却是人生最大的一个转折点,失去了汉中,等于失去了进兵南方统一全国最后的机会,曹操撤出汉中,已经决定了他在短时间内已无力再南下。曹操统一南方的步骤是先拿下益州,再顺势而下击败孙权,可惜事与愿违。汉中是进入益州的北门户,丢了汉中,刘备以汉中作为战略前方屯兵据守,曹操想再攻取汉中,已经不可能实现了。这时得到汉中的刘备以秦岭为界抵御,曹操要想再取汉中,必须要翻越崇山峻岭的秦岭,就算到达汉中后还得在重兵把守的汉中作战,蜀军以逸待劳,曹军几乎没有任何胜算。所以说,曹操只能眼看刘备实力坐大,进而形成了鼎足之势。

2. 孙吴方面

孙权父子三世经营江东,孙氏家族的目标并非只想立足江东,而是想“全据长江”,再谋取天下。周瑜曾建议孙权取蜀并吞并汉中:“乞与奋威俱进取蜀而并张鲁。”[4]1264可惜周瑜病逝于巴丘。后来,孙权再谋取蜀,派遣使臣对刘备说:“今欲先攻取璋,进讨张鲁,首尾相连,一统吴楚,虽有十操,无所忧也。”[4]880孙权的计划又被刘备所阻。等到刘备取下了益州,又拿下了汉中,站稳了脚跟,这时候长江中上游地区又被刘备抢先了一步。尽管之后派吕蒙袭取了荆州,可是孙吴与刘备实力旗鼓相当,谁也不可能把对方吞掉,两大集团更不可能让曹魏渔翁得利。正如饶胜文先生谈到汉中对于南方政权的重要性时认为:“东南政权无论是恃四川还是恃荆襄作为上游屏障,都须藉汉中以作进一步的巩固,所以说南方真正的上游是在汉中地区。”[12]140刘备在取得汉中后,东吴已无机会,只能依靠江东,三分天下有其一。

3. 蜀汉方面

刘备得汉中后,在汉中设都督,重将坐镇,“是后处蜀,固险重守,自丞相、大司马、大将军皆镇汉中”。[7]121汉中是蜀汉的大前方,经营好汉中,益州才能稳固,刘备当然深知其中的利害关系,派重兵把守秦岭各个谷道,据其出口,防止曹魏南下。并且利用汉中的有利资源为蜀汉的发展及政权的稳定奠定了基础。

优越的自身条件让汉中成为蜀国的重要粮仓。后勤补给是行军打仗的前提保障,要是能在前线解决大量的粮草辎重,就可以节省很多时间,农业发达的汉中不可不利用。曹操在撤出汉中时迁移了大量百姓,农业发展离不开百姓,要想解决运粮维艰的问题,就必须解决汉中的农业和人口。于是,诸葛亮在汉中开始实施军屯,并往汉中迁移了人口,使地广人稀的汉中重新得到了发展。除此之外,诸葛亮还在汉中设立"督农"一职,任命吕乂为汉中太守,并兴修水利,为农业的发展创造了有利条件,为北伐准备充足的军需物资。

地形险固的汉中,加上秦岭这个天然的屏障,为蜀汉政权的稳定提供了强有力的保障。诸葛亮也选定汉中作为北伐的大本营,在汉中整整战斗了八年,虽屡败屡战,但精神是值得赞扬的。从八年北伐中也可以看出蜀汉的战略核心是在汉中。从地形上看,汉中是处于秦岭和大巴山之间,汉水从中流过,易守难攻。魏延坐镇汉中时,采取了屯兵据守的战略,在汉中外围的据点放重兵把守,曹军不会轻易举兵南下。蜀汉后期对汉中的军事部署也是严控汉中,迫使曹魏从主动进攻变成了被动防御,虽然曹魏集团实力强大,但蜀汉的实力也不容小觑。汉中之战的胜利,三方鼎足之势已确立,也使刘备事业达到了顶峰,实力足以和曹魏、孙吴任何一方相抗衡。

四、结语

汉中之战影响了整个军阀混战的格局,应看成是三分局面形成的标志。

汉中之战是三国时期最重要也是最被低估的战役之一,自从刘备得汉中后,到邓艾灭蜀四十余年的时间,虽然大小战事不断,但三大集团鼎峙之局没有被破坏,这与固守汉中有密不可分的关系。汉中之战的胜利,正是凸显了汉中的战略价值,刘备拥有了这样一个进可攻退可守的战略要地,汉中对于蜀汉的意义要比对于曹魏的意义更大,汉中是蜀国必争之地,夺得汉中在战争中就取得了主动权,使蜀国在地理上占据绝对的优势。汉中之战奠定了蜀汉的基业,巩固了蜀汉的政权,开辟了三国鼎立局面,天下三分格局最终形成。刘备因取得汉中,凭借秦岭之险拒曹操,曹操由统一全国战线变成了争夺战略要地,孙权也据长江之险抵抗曹魏,加之吴蜀联盟,足以与北方曹魏相抗衡。"不过,仅观当时的局势,吴、蜀双方也没有吞并曹魏的能力,于是,三国鼎立的局面终于完全形成。"[13]82

蜀汉后期姜维改变了汉中的兵力部署,撤销外围大部分的据点,削弱了蜀汉前沿阵地汉中的防务,魏军轻而易举进入了汉中,蜀国北面防线全面崩溃,形势大变,进而亡国。当然,不能把蜀国亡国的责任全推给姜维,蜀汉灭亡的原因不单单是军事战略的失策,还有四川当地的政治关系的错综复杂。蜀汉从诸葛亮死后统治集团腐朽,政治派系分化严重,外来势力与本土势力的矛盾日趋激化,直接消耗了蜀国的内部力量,亡国是必然的结果。蜀亡又开启了王濬自成都沿江而下灭吴的机会,三国又归一统。由此可看出,对汉中经营的得失,是三国鼎立的关键。

参考文献

[1]〔清〕严如熤. 郭鹏校勘. 嘉庆汉中府志校勘[M]. 西安:三秦出版社,2012:98.

[2]〔清〕顾祖禹. 读史方舆纪要[M]. 北京:中华书局,2005:392.

[3] 马植杰. 三国史[M]. 北京:人民出版社,1993:45.

[4]〔西晋〕陈寿,三国志[M]. 北京:中华书局,1959:313,1268,913,45,472,666,45,881,1043,263,961,1013,884,473,1264,880.

[5]何兹全. 三国史[M]. 北京:北京师范大学出版社,1994:62.

[6]薛凤飞. 刘、曹汉中之战[J]. 汉中师范学院报(哲学社会科学版),1989(3):67.

[7]〔西晋〕常璩. 华阳国志[M]. 成都:巴蜀书社,1984:103,121.

[8]宋杰. 汉中对三国蜀魏战争的重要影响[J]. 首都师范大学学报(社会科学版),2004(1):6.

[9]罗坤张永山. 中国军事通史·三国军事史[M]. 北京:军事科学出版社,1998:207,209.

[10]台湾三军大学. 中国历代战争史(第四册)[M]. 北京:中信出版社,2013:164.

[11]张东.试论三国鼎立的关键战役—曹、刘汉中争夺战[J].成都大学学报(社科版),2013(3):49.
[12]饶胜文.布局天下[M].北京:解放军出版社,2006:140.
[13]李兴斌.三国鼎立局面形成时间的再认识[J].东岳论丛,1990(3):82.

抗日战争时期韩城少年书报社的活动

程天芹

(渭南师范学院 人文学院，陕西 渭南 714099)

摘 要:1937年秋,共产党员张子超在韩城县城内创办了少年书报社。韩城少年书报社后来改名为“益智书店”,1940年被迫停止营业。韩城少年书报社以经销进步书报、宣传马列主义和党的抗日民族统一战线政策为宗旨。它采购书籍的对象是延安的新华书店和上海的生活书店。还销售西安《老百姓》报社李敷仁编的《中华民族革命歌》;上海出版的《抗日三字经》等宣传抗日思想和为抗战服务的小册子,如歌本、速写、消息报道等一类读物等。韩城少年书报社经营中注意利用一切可以利用的力量,扩大销售范围,改善经营模式,书报销路很好。韩城少年书报社(1937—1940)在经销抗日书报、宣传马克思主义和影响革命青年方面,起到了不可磨灭的作用。

关键词:抗日战争时期;韩城;少年书报社;宣传;马克思主义

基金项目:挖掘红色资源促进渭南中小学生素质提升研究(项目编号:17HX202)

作者简介:程天芹(1972—),女,河南新乡人。历史学博士,渭南师范学院人文学院历史系副教授,主要从事中国政治制度史、中国历史地理学研究。

抗日战争时期,中国共产党在渭南地区进行了大量的革命活动。而通过创办报刊杂志和书店销售进步书报,展开抗日救亡宣传活动,是其中一项重要活动。韩城少年书报社(1937—1940年),在经销马列主义书报和抗日书报、宣传马克思主义和影响革命青年方面,起到了不可磨灭的作用。

一、韩城少年书报社的创立

在中国共产党抗日民族统一战线政策的宣传和推动下,全国人民的抗日浪潮不断高涨。学生界、文化界、舆论界的抗日救亡运动也风起云涌,邹韬奋先生创办了“生活书店”,创刊了《生活》(周刊);陶行知先生创办了《新儿童报》,创立了“晓庄师范”“山海工学团”,进步书刊像雨后春笋般地出现。为了积极宣传党的抗日民族统一战线政策,促进各界人士投入抗日救亡运动,在中共韩城县委的领导下,张子超创办的“韩城少年书报社”便应运而生了。[1]86

张子超(1906—1984),名云蛟,又名养成,韩城东范家庄人。1924年,在陕西省立单级师范讲习所学习时,加入中国共产党,任支部书记。1937年秋,张子超在县城内创办了少年书报社,推销生活书店出版的进步书籍。兼任韩城抗敌后援会干事,并负责本县小学教师联合会的工作。[2]1007-1008

韩城少年书报社采用商业形式,因此需要集股筹资。经张子超串联后,段跻同、张晓农、杨范、王纪云、刘子信、李秉衡、韦孟若,各入股一百元。筹办地址在县明伦堂小学,筹办方法是边筹办、边进书、边销售。为了便于工作,当时雇用了明伦堂小学应届毕业生卜自珍、张勃为店员。筹办期间销售对象主要是明伦堂小学师生。[1]87后来,为了扩大影响,中共韩城县委决定少年书报社,由明伦堂小学移至西街丝房巷开设门市,向社会开放营业。[3]334

位于韩城城内丝房巷的少年书报社,坐北向南有两间房子,一间住人和放置书刊,一间作为门市部出售书籍。书店负责人是张志超,还有工作人员三人:张勃负责管账和售书;一位徐姓青年,南乡范家庄人,十四五岁,做些搬运书籍的杂务事;还请了杜鹏程来送书。杜鹏程主要是骑上车子,往本县各学校送进步书籍和我党在延安出版的报刊等。合阳县有个“救亡”性质的书店,它和韩城少年书报社关系密切。[4]100

二、韩城少年书报社经销的书籍

韩城少年书报社以经销进步书报、宣传马列主义和党的抗日民族统一战线政策为宗旨。它采购书籍的对象是延安的新华书店和上海的生活书店,与其他书店很少来往。[1]88 韩城少年书报社经销的书籍有:

(一)延安新华书店的马列主义著作和抗日文献

延安新华书店,原为创立于 1937 年 4 月 24 日的新华书局,位于延安清凉山万佛洞的一个石窟里。同年 10 月改名为延安新华书店。[5]248

韩城少年书报社经销延安新华书店的书籍有《列宁主义基础》《左派幼稚病》《农民问题》《抗日统一战线教程》《论持久战》《新民主主义论》《斯大林选集》等。[1]87

(1)斯大林著《列宁主义基础》

《列宁主义基础》全名是《论列宁主义基础》,这是斯大林于 1924 年 4 月在斯维尔德洛夫大学所作的一次讲演,以此献给纪念列宁时应征入党的同志们。《真理报》于同年 4、6 月连载了这篇讲话的全文。《论列宁主义基础》,是各国共产党进行马列主义教育的重要教材。这本书于 1927 年由瞿秋白翻译,长江书店出版,是斯大林著作在我国最早的中文译本,我们党曾多次把它列为干部的必读书目。[6]195-196

这部著作中,斯大林在阐述列宁主义,总结列宁同第二国际机会主义作斗争的经验时,特别提出来并加以强调的,就是理论和实践相统一的原则,阐明了这一原则在马克思列宁主义思想体系中的重要地位,指出这一原则是马克思主义理论中“活的革命的精髓”,是“列宁主义的方法的基础和实质”。这正是贯穿全书的一个基本思想。[7]60-65

(2)列宁著《左派幼稚病》

《左派幼稚病》即《论共产主义运动中的“左派”幼稚病》,这是列宁为批判国际共产主义运动中“左”倾思潮而写的重要著作。1919—1920 年共产国际所属欧美的一些国家的共产党内出现一些“左派”共产党人,他们大多缺乏革命锻炼和马克思主义理论修养,站在小资产阶级立场上,以极“左”的面目出现,否认革命的曲折性,拒绝参加议会斗争,主张退出工会,反对任何妥协,否认党的纪律,否认集中制原则,歪曲马克思主义关于群众、阶级、政党、领袖的关系,表现出严重的无政府主义倾向。列宁称之为“左派”幼稚病,是小资产阶级革命性在工人运动中的反映。为了克服这股“左”倾思潮,排除它们对革命运动的干扰,加强各国党的建设,列宁写了此书。全书由 10 章和“增补”的 5 节构成。中心思想是论述无产阶级政党领导革命斗争的战略和策略问题。[8]120

《左派幼稚病》对各国共产党的建设,制定革命路线和策略,正确开展两条战线的斗争,推动各国无产阶级革命事业的发展,起了重要的指导作用。[8]121

(3)毛泽东《论持久战》

1938 年,中国全民族的抗日战争在“亡国论”和“速胜论”疑云的笼罩下,抗战的前景到底如何?中国共产党到底该何去何从?这些问题一时间成为全国人民关注的焦点。在这样的背景下,1938 年 5 月,毛泽东在会议上明确地指出“重点研究持久战是非常必须的”之后,就开始了对《论持久战》的创作,写这篇文章是为了要批判“亡国论”和“速胜论”,面对这两种观点又解释了为什么抗日战争是长时间的,最后的胜利是属于中国的。毛泽东《论持久战》的问世一扫当时的迷雾,成为指导全国战争胜利的纲领性著作。[9]14

《论持久战》一文在敌后根据地产生了共鸣,还在大后方产生了很大反响,对于推动持久战战略成为中国政府抗战的战略总方针发挥了重要作用。同时,《论持久战》一文在西方世界也产生了一定影响，国际社会普遍给予《论持久战》很高评价。[10]90

《论持久战》在渭南地区的革命中影响也很大。如王尚德（1891—1946）在传播马克思主义时，常常能够吸收当前最新的理论成果，并及时讲解给学生。[11]19－24毛泽东的《论持久战》发表之后，便成了他在语文课上讲述的主要内容。[12]63 1936年2月，管建勋、翟贞祥等人在合阳县城创办的大众书店经销过《论持久战》等著作。[13]12

（4）毛泽东著《新民主主义论》

1940年1月，毛泽东发表《新民主主义论》，系统地阐明了中国共产党的关于中国资产阶级民主主义革命的基本理论、纲领、路线和具体政策，说明了三民主义与共产主义的关系以及它与中国共产党所主张的新民主主义的区别和联系。[14]343

《新民主主义论》被誉为毛泽东的"三大奇文"之一，是中华人民共和国成立前出版最多、发行量最大的毛泽东著作单行本之一。国民党把此书列为"禁书"，不准在国统区发行。[15]25

（二）上海生活书店的抗战书籍

生活书店的前身是《生活》周刊社。《生活》周刊创刊于1925年10月，该刊是中华职业教育社的机关刊物。[16]25 1926年，邹韬奋（1895—1944）接任《生活》周刊主编，锐意改革，销量激增。由于估计到《生活》周刊可能会被国民党当局查封，邹韬奋、胡愈之、徐伯昕商议后于1932年创办生活书店，既可以办刊物，也可以出版图书。[16]25上海生活书店大量销售宣传抗战和民主的书籍，仅《抗战读本》和《大众读物》就销售了五百万册以上。书店还编辑出版了许多宣传马列主义的书籍。[17]210

韩城少年书报社经销上海生活书店出版的许多图书，如：《大众哲学》《萍踪寄语》《抗战读本》《战时经济》《战时教育》《战地救护知识》《瓦解敌军工作》《八路军出马打胜仗》。[1]87

（1）艾思奇的《大众哲学》

在中国马克思主义的哲学大众化的历史上，艾思奇几乎成为马克思主义哲学大众化的一个象征，他的《大众哲学》已经成为马克思主义哲学大众化的典范之作。[18]123

艾思奇（1910—1966），云南腾冲人。作为党的理论工作者，他为研究宣传马列主义和毛泽东思想，实践马克思主义哲学的时代化中国化大众化，作出了杰出贡献。《大众哲学》是艾思奇在20世纪30年代出版的一部以通俗化的形式和语言风格向全社会普及马克思主义哲学的一部著作。1934年11月至1935年10月，艾思奇在上海的《读书生活》杂志的第一、二卷上连载名为《哲学讲话》的长文，1936年由上海读书出版社发行单行本，同年6月在第4版出版时，改名为《大众哲学》，后经多次修订，至1948年共印行32版，开创了中国哲学著作出版的奇迹。[18]125

在马克思主义哲学的传播史上，《大众哲学》占有不可或缺的重要地位，它以其通俗性的语言形式和现实性的理论态度，极大地扩展了马克思主义哲学对于普通大众的影响，极大地激发了普通民众对于马克思主义哲学的兴趣。[18]125－126

（2）邹韬奋的《萍踪寄语》

邹韬奋（1895—1944）是我国杰出的新闻工作者、政论家、出版家。从1933年7月15日起，开始在《生活》周刊上发表旅欧通讯《萍踪寄语》。[19]211

《萍踪寄语》由初集、二集、三集组成，分别于1934年6月、9月和1935年6月由上海生活书店出版。后收入1955年生活·读书·新知三联书店出版的《韬奋文集》第二卷。该书除"弁言"外，共122篇，是作者1933年7月至1934年9月因"爱国有罪"，被迫流亡海外写下的观感。由于是"写好后寄到国内来的，所以叫作'寄语'"。初集44篇，记录作者离开上海，经过新加坡、孟买、苏伊士运河到达威尼斯，游历意大利、瑞士、法国，抵达伦敦的所见所闻所感。二集则是"由英而法，由法而比，由比而荷，由荷而德"广泛考察的报告。三集写苏联的情况。在初集"弁言"中指出这次旅游，第一是想看世界大势怎样，第二是想研究中华民族的出路。书中虽然描写了异域的风光，记叙了各国人民的友谊，但更多的笔墨写了资本主义世界的种种矛盾，殖民主义者的种族歧视，揭露德国的法西斯统治,也更加清醒地认识到当时的中国只不过是一个封建专制的国家。对世界上第一个社会主义国家苏联,本书生动而真实地报道了那里发生的翻天覆地的变化。它充满科学的态度和分析精神,通过两种不同社会的对比,得出了资本主义必然为社会主义所替代的结论。文风朴实,语言流畅,是一部不可多得的报告文学集。[20]714这本 37 万字的《萍踪寄语》全部是在国外写成的。《寄语》开始在《生活》周刊连载后,迅即风行海内外,读者喜称它是"充满着爱与力的新游记"。[21]76

(3)张宗麟著作《抗战读本》

1937 年 8 月,张宗麟(1899—1976),中国现代教育家。应生活书店之请,为国难教育出版社主编一套抗战读本。戴白韬、孙铭勋等任编辑,[22]107生活书店出版。这套读本由编辑到出版不到两个月,共出了二百万册,发行全国,可算是中国出版界之最。虽不到半年即被国民党当局查禁,但仍在民间流传。[23]119

《抗战读本》这本书适合作小学课本,很受小学广大进步师生的欢迎。韩城少年书报社对这本书开始只试销数百本,后来一次购买一千至三千本,还是不能满足广大读者的需要。仅这本书,韩城少年书报社共销售了几万本。[1]88

(三)西安《老百姓》报和《中华民族革命歌》

李敷仁,学名会文,字敷仁。1899 年生于陕西咸阳北杜镇,曾参加过陕西的五四运动。1928 年后在国民党陕西省党部任职,并担任《中山日报》的总编辑。1931 年 6 月,在杨虎城的资助下去日本留学。"九一八"事变后,他放弃了去日本明治大学深造的计划,回国从事抗日救亡运动。1937 年 7 月,由何寓础介绍秘密加入中国共产党,他利用公开身份,掩护地下党组织,保护进步学生。1937 年 11 月 12 日,创办了《老百姓》报。[24]334李敷仁著有《中华民族革命歌》《关中歌谣集锦》《抗战歌谣》《中国谚语》等。[25]247－248

《老百姓》报发行的主要对象是农民,报纸用农民的口语宣传抗日救国的道理,内容有社论、评述、一周战事、社会情况、名人传略、读者来信、防空知识等。形式有政论、杂文、快板、数来宝、劝善调、秦腔唱词等,反映下层百姓的喜怒哀乐,农民和前方抗战的陕籍部队大量订阅,穷苦农民甚至用鸡蛋换报。[24]335

(四)张子超编的《晓渊从军》剧本

抗战初期,为了鼓励青年参加抗日,张子超根据党晓渊的事迹,编写了秦腔《晓渊从军》独幕剧本。

党晓渊(1909—1939),名人龙,学名弘,字晓渊,韩城县城内宫前巷人。10 岁入私塾,勤奋力学,仰慕忠烈。14 岁时,在自己右臂刺"尽忠报国"4 字。18 岁因家贫,将城内房屋变卖,移居西庄镇寺庄村,以部分房钱为资,考入县单级师范,毕业后任乡村初小教师。民国 18 年(1929)大旱,党晓渊失业,与其弟逃荒于扶风,以吃舍饭糊口。不得已,又返韩城靠卖字为业。灾后复又从教。大革命时,在潭马村初小教书,给村西洞前墙上书写"打倒贪官污吏,土豪劣绅"等标语,自编潭马村校歌,激发学生爱国思想。民国 26 年(1937),抗日战争爆发,党晓渊奋然投笔从戎。将发一束、齿二枚嘱妻收藏,如为国捐躯,让葬于象山之阳。其妻言家贫子幼,独立难支。党晓渊晓以大义,喻以祸福,妻醒悟,临行送至小渠沟岸,含泪相别。[2]973参军后,党晓渊于民国二十八年(1938)十月,壮烈牺牲。民国二十九年(1940)6 月,国民政府军委会明令给党晓渊晋一级,发抚恤金以慰遗属。县政府在城内广场为之召开追悼大会,并赠"为国捐躯"匾,以彰英烈。[2]974《晓渊从军》演出之后,大大激发了广大群众和青年的抗战热情,好多青年知识分子参加抗日。

另外,韩城少年书报社销售的还有法国巴黎寄来的《抗日联军第四军》、上海出版的《抗日三字经》、宣传抗日思想和为抗战服务的小册子,如歌本、速写、消息报道等一类读物。

三、韩城少年书报社书籍销售情况

韩城少年书报社经营中注意利用一切可以利用的力量,扩大销售范围,改善经营模式,书报销路很好。经常是书一到,随即销售一空。韩城少

年书报社的书籍销售这么好,有三条原因:[1]88

第一,小学教师联合会给韩城少年书报社以很大的支持,他们动员进步师生购买。

为了进一步动员群众参加抗日活动,中共韩城县委组织各种社会团体,形成广泛的抗日统一战线。韩城中学党支部与共青团员,组织学生成立抗战剧团宣传抗日。1938 年春,中共韩城特别支部在城内明伦堂小学成立小学教师联合会,各乡成立分会、共有会员 250 余名。师生上街演讲,刷写标语,画漫画,鼓动群众抗日情绪。[2]629 韩城小学教师联合会主要负责人有段洁、张子超、孙云斋等。在韩城小学教师联合会的推动下,1938 年韩城县全县各小学基本上采用生活书店编印的抗战课本,[26]78 促进了韩城少年书报社书籍的流传。

第二,韩城少年书报社主动给抗日部队送书。1938 年秋,驻防军第四集团军第十七师 102 团杨发震团副带部队由谢村城东渡黄河时,韩城少年书报社为了适应河东抗日部队教育训练的需要,张子超亲自带着大包书刊坐木筏子到荣河,供给黄狄秋部指战员阅读,受到他们的欢迎。

第三,韩城少年书报社对外销售范围大。山西稷山、河津、荣河的抗日游击队,山西牺牲同盟会及第二战区驻韩城的一些机关人员,都在韩城少年书报社买书。

四、韩城少年书报社的停业

当时虽然是国共合作、联合抗日的时期,但是,国民党积极反共的阴谋活动一直没有停过。1938 年冬,河南确山、湖南平江先后发生了袭击新四军办事处和杀害共产党人的事件,这股阴风也吹到了韩城。当时韩城驻军是蒋介石的嫡系 109 师,这个师的政工处对“少年书报社”严密监视。他们每天三三两两到少年书报社来,假装看书,实为检查,并说:“这不是书报社,是八路军在韩城的办事处。”[1]89

在这种形势下,为了保存,韩城少年书报社采取了改头换面的办法作掩护。请股东王纪云接任经理,将书报社改名“益智书店”。[1]90

1939 年冬,“益智书店”为了增加经济收入,将原来密藏的革命书籍当作废纸卖给小商贩包零货。正当动员指挥部苦于找不到地下党组织线索之际,他们偶然从包花生仁的纸上发现《斯大林选集》几个字。他们立即把卖花生仁的小贩叫来审问,小贩供认包裹纸是从“益智书店”买来的。于是,动员指挥部派队长刘××把经理王纪云抓去。“益智书店”于 1940 年夏季停业了。

在中国人民抗日战争时期,韩城少年书报社虽然仅仅存在了几年,但其经销的革命书籍,在宣传马列主义、宣传党的抗日政策、启发和动员群众开展抗日救亡活动方面,作出了突出的贡献。

参考文献

[1]中国人民政治协商会议陕西省韩城县委员会. 韩城文史资料汇编(第 1 辑)[M]. 1982:86,87,88,89,90.

[2]韩城市志编纂委员会. 韩城市志[M]. 西安:三秦出版社,1991:1007 - 1008.

[3]中共陕西省委党史研究室. 抗日战争时期中共渭南地区组织及其活动[M]. 西安:陕西人民出版社,1992:334.

[4]杜鹏程. 杜鹏程文集(第三卷)[M]. 西安:陕西人民出版社,2008:100.

[5]陕西省地方志编纂委员会. 陕西省志(出版志)[M]. 西安:三秦出版社,1998:248.

[6]孙铁. 党的组织工作词典[M]. 北京:中国展望出版社,1986:195 - 196.

[7]许俊基,冯卓然. 理论和实践的统一是马克思主义的革命精髓——《论列宁主义基础》的一个基本思想[J]. 北京师院学报,1980(1):60 - 65.

[8]万福义,陈有进. 干部理论学习辞典[M]. 北京:改革出版社,1990:120,121.

[9]许丹妮.《论持久战》与马克思主义中国化[D]. 沈阳工业大学硕士学位论文,2014:14.

[10]张卫波. 毛泽东《论持久战》的传播与影响[J]. 军事历史研究,2016(3):83 - 90.

[11]王奎群. 王尚德培养革命青年的教育实践[J]. 渭南师范学院学报,2016(23):19 - 24.

[12]中华人民共和国民政部编,中华著名烈士(第二十四卷)[M]. 北京:中央文献出版社,2003:63.

[13]中共合阳县委党史研究室. 中国共产党合阳县历史大事记(1921. 7—1998. 12)[M]. 西安:陕西人民出版社,2007:12.

[14]何理. 中国人民抗日战争史[M]. 上海:上海人民出版社,2015:343.

[15]韩晓青.《新民主主义论》导读[M]. 北京:中共中央党校出版社,2014:25.

[16]张复. 仲实:张仲实画传、忆念与研究[M]. 北京:中央编译出版社,2014:25.

[17]张军民. 中国民主党派史:新民主主义时期(修订版)[M]. 哈尔滨:黑龙江人民出版社,2006:210.

[18]方松华,姜佑福,陈祥勤. 近现代中国马克思主义哲学研究,[M]. 上海:上海古籍出版社,2015:123,125,126.

[19]齐峰. 报告文学的采访与写作[M]. 北京:中央编译出版社,2000:211.

[20]张永健,孙景阳,朱祖纯. 中外散文辞典[M]. 北京:中国文联出版公司,1997:714.

[21]张之华. 纵笔写寰宇 丹心系祖国——邹韬奋与《萍踪寄语》《萍踪忆语》[J]. 国际新闻界,1999(1):77-81.

[22]中国人民政治协商会议浙江省绍兴县委员会文史资料工作委员会. 绍兴文史资料选辑第 10 辑[M]. 1991:107.

[23]赵雪梅. 世界教育艺术大观:百年教育人物传记(第 33 辑)[M]. 呼和浩特:远方出版社,2008:119.

[24]郭琦. 陕西五千年(缩简本)[M]. 西安:陕西师范大学出版社,1991:334,335.

[25]周川. 中国近现代高等教育人物辞典[M]. 福州:福建教育出版社,2012:247-248.

[26]中国人民政治协商会议陕西省韩城县委员会. 韩城文史资料汇编(第 1 辑)[M]. 1982:78.

陕西最早的农民协会

——渭南县东张村农民协会成立始末

王奎群

（渭南师范学院 教育科学学院，陕西 渭南 714099）

摘 要：富有斗争精神的渭南农民，近代以来在北洋军阀及劣绅的蹂躏下过着极其悲惨的痛苦生活。东西两原的农民虽然进行了声势浩大的“交农”运动，但他们受压迫的状况仍未改变。能够改变这种状况的，只有共产党领导下的新式农民运动。马克思主义的广为传播，逐渐使渭南人民思想发生变化，为渭南农民运动的蓬勃发展创造了条件。东张村革命青年雷光显在王尚德、张宗适等同志的帮助下，积极向群众宣传革命道理，秘密培训农运骨干，并主持举办农民夜校，逐步唤醒了农民的觉悟。1925 年 11 月 22 日，东张村农民协会正式成立，被誉为“陕西农民觉悟的先锋队”。它为陕西的农民树立了一面光辉的旗帜，它标志着农民有了自己的组织，标志着陕西的农民运动进入了由共产党领导的新时期。

关键词：农民协会；东张村；农民运动；雷光显；渭南

基金项目：挖掘红色资源促进渭南中小学生素质提升研究（项目编号：17HX202）

作者简介：王奎群（1970— ），河南新乡人。渭南师范学院教育科学学院副教授，硕士，主要从事学科教育和陕西革命历史研究。

陕西省是大革命时期全国农民运动最活跃的省份之一。据 1927 年 6 月武汉政府农民部调查，陕西省有农民协会会员 705160 人，仅次于湖南、江西和湖北，居全国第四位。[1]61 1925 年 11 月 22 日（阴历十月初七），陕西省最早的农民协会在渭南县东张村正式成立。接着，渭南农民协会纷纷成立，有力地促进了陕西农民运动的发展。陕西省最早的农民协会为何会成立在渭南？东张村农民协会是如何成立的？它的成立有哪些影响呢？本文拟根据对史料的梳理探讨东张村农民协会成立始末。

一、渭南农民备受摧残

陕西省地处我国的西北部，数百年来，经济、政治和文化都比较落后。渭南位于陕西的东部，本来土地肥沃，物产丰富，然而近代以来，在北洋军阀及劣绅的蹂躏下，渭南广大农民过着极其悲惨的痛苦生活。

1924 年 2 月，陈独秀在《向导周报》撰文《陕西农民的苦》，惊叹陕西农民的困苦的程度，表达了对陕西农民的深切同情。文中他援引上海《新闻报》：“驻渭南之二十师四十旅，自旅长孙积孚令其侄儿孙秉文充任知县知事以来，百般苛敛，大施搜刮手段，该旅在正饷以外，每目向人民并索取麦子三十石，银洋三百元，时向人民要车辆，拉牲畜。近因招收戚友，在渭讲武，无房可容，乃派兵下乡采伐树木。该兵士每遇树木，不论大小，不论曲直，辄呼木工采伐，有贿以银元者，则转而之他，否则掠伐以后，强其送县，大烟茶膳，且要主供给。前因河南土匪猖獗，急欲出关，又向人民索取开拔费二万元，名曰借款，实无归还之望。此款收清未几，又以阳历年关难度复派出六万元，限八日交齐，令出之日，即派军队出乡勒收，全邑顿现阴惨之象。”[2]67

1925 年 12 月，张秉仁在《西安评论》上撰文

《兵匪蹂躏下的渭南人民》,描写了当时兵匪的六类暴行:其一,“搜取燃料,拆毁民屋”,每早至晚总有兵卒三五成群,到民家不论贫富,大木小材,有用无用,恣意搬取,稍有反言,则谩骂拷打,甚至持斧破门,携锯伐树;其二,“昼夜抢劫,拾棉割豆”,兵卒腰藏小刀、短枪等或劫夺路人财物,或到民家威吓勒索金钱,勾结无赖到农民田地,窃棉摘豆;其三,“强占民地,受贿拉票”,兵营附近的田地,常被军队霸为操场,不给租金,也不许农民耕种,而每次派款则须按亩均摊。农民见种期快到,暗送礼物,他们答应可以播种,农民来耕种时,兵卒却打伤农民;其四,“见物准价,搜借家具”,常有兵士任意跑至民家,名为借用具,实则一见即拿,拿去即在街售卖,物主虽认识亦无可奈何;其五,“野蛮行动,奸淫妇女”,常有军士到乡村越墙扭锁,窃取财物,强奸妇女,妇女不从,即行殴打;其六,“闾户萧条,有冤自受”,现在所有乡村,若无特别事故,家门俱关,鸡犬无闻。尤其街镇之地,一家一家的商店关门。问其原因,不敢说是兵匪骚扰,一旦被他们知道,就要重罚。对此,张秉仁发出了深深的哀叹:“我们渭南年来所受兵匪的蹂躏,真是一言难提!从前虽有数次‘交农’的运动,但未得到一点利。现在有所谓正式的定期的派款项,收月麦,要柴草麸料及临时捐……之外,又有不正式的且日甚一日的零销担负,真所谓打家劫舍,疮痍满目,人民实无以生。”[2]389

1926年1月,时任共青团渭南赤水特支书记的张宗适把渭南农民遭受的苦难概括为四个方面:(1)军阀的骚扰。刘振华的镇嵩军和冯子明开火,把渭南渭河沿岸做了战场,人民在枪林弹雨中讨生活,既要到火线上去抬死伤的兵士,又要阵前去掘战壕,牛马给他们使用,粮食让他们抢走。(2)土匪的抢劫。他们夜间的抢劫,像吃家常便饭一样,不为稀奇;可恨的是光天化日之下,也来打劫百姓。百姓们夜不能安眠,白昼也不敢远行一步。(3)贪官污吏的横征暴敛。他们预征十六年的粮,派柴、派草,加税……还有什么借款啦,富捐啦,更是层出不穷!(4)劣绅的敲诈勒索。恶劣绅士鱼肉乡民,值年甲长对百姓敲诈吞掳;加之连年风雨不调,旱涝不均,以致民力凋敝,农民生活日益困难。在这样的情况下,渭南农民“黠者流为盗贼土匪,富者纳钱买活官绅;穷而怯懦者则徘徊于十字路口,没知所处”。[2]401

备受摧残的渭南农民,只有团结起来才能赢得生存。正如陈独秀在《陕西农民的困苦》一文所说:“农民自救,只有聚众反抗这一条路。”[2]69

二、富有斗争精神的渭南农民

渭南人民向来具有斗争精神。古时,由于渭南地近都会,历代农民起义包括秦代的陈胜、吴广起义,西汉的赤眉、绿林起义,唐代的黄巢起义,明代的李自成起义,清代的太平天国和捻军起义等都曾活动在这里。在这些农民起义的激励和影响下,境内居民不堪忍受官府的剥削和压迫,常常组织起来反抗。

乾隆十四年(1749),渭南大旱,庄稼歉收,民不聊生,故市寨乡约张绪勋、屯民汤桂宗等具实呈报知县柳廷机,要求减免征粮,柳不但不准,且立限催征。次年2月,他们传集邻近屯民赴县署请愿。[3]529

光绪二十六年(1900),陕西大旱,粮食歉收,渭南,蒲城等六十余县尤甚,粮价由每石银一两五、六钱涨至十两以上,地主劣绅也乘机屯粮高利盘剥。8月,田贵宾带领群众八百余人聚集到楼田村造反。[3]533

光绪三十二年(1906),陕西巡抚曹宏勋向各县摊派西(安)潼(关)铁路捐款,激起人民的不满。当时渭南知县张世英向各户农民加征路捐银一分二厘,大钟寨汪启青等忿恨不平,用鸡毛传帖四处约定十一月初六日在故市集合,去县城交农,迫使知县当堂免了路捐的帖子。[3]534

“交农”是农民因不堪忍受官府压迫而将自己的农业生产工具送到官府以示抗议的一种斗争方式,以渭南东西两原的斗争最为壮观。1923年12月,渭南官府向农民加派月麦、烟款等捐款,其中包括预征1925年的田赋,要求在阴历年年底前一律交齐。这时,年关将近,农民们连自己的吃穿都发敖煎,哪里还有钱来交款纳捐呢?官府就派几十名军警逼款,挨户勒索,乱抓乱打。为了生存,东西两原的农民商议用鸡毛传帖的办法,定于12月26日交农。26日凌晨,东原数万群众,手持锄、锨、镢、杈、耙等农具,浩浩荡荡向县城进发,县知事孙秉文闻讯后,急忙骑马带着随从去安抚农民,刚走到距县城5公里的龙尾坡下的瓦塔村,就遇见“交农”的农民,双方展开面对面的斗争。孙秉文被迫答应:“各种派款,一律豁免;里正值年,任尔择选。”农民不放心,要求将免款项目写清,并盖上官印。这时,劣绅田德全在一旁替官府说话,群众听了怒不可遏,一轰上前,将田打死,并追打另外几个劣绅。知事吓得磕头求饶,将告示写清:“月麦、借款,一律豁免。”加盖了官印。西原群众接鸡毛传帖分两路交农,一路去县城,一路去区公所。知事刚回县城,见西原数万农民又将县城包围。知事被迫爬上城墙回话,并将印好的免粮、款告示撤下。[3]536

张绪勋率众抗粮、田贵宾造反、故市人民抗路捐、东西两原“交农”等运动显示了渭南农民的斗争精神。尤其是1923年东西两原的“交农”运动规模大,影响远。但此时的“交农”运动还是一种自发的农民运动,属于民变性质,农民受压迫的状况仍未改变。能够改变这种状况的,只有共产党领导下的新式农民运动。

三、马克思主义在渭南的传播和影响

渭南农民虽然备受摧残,但是找不到真正的自救之路。张宗适对当时农民的心理做了精辟的分析,他把农民面对沉重的剥削所持的态度分为五种类型:(1)命运派——认为天意如是,命运如是;(2)真主派——希望真龙天子出现;(3)自卫派——把自己的墙垣建筑得高高的,门户造得坚固些;(4)胡闹派——不顾一切,胡闹起来;(5)激进派——和恶势力抵抗,如打差人、抗款不交,交农等。他又从这五种态度中寻找其共同点:“不满意现社会,但他们不知道现社会为什么成了这样糟糕的局面,这就是所谓没有觉悟。”[2]393 如何唤醒农民的觉悟呢?需要掌握了先进理论的知识分子“到农村去,随时随地的宣传起来,使他们知道团结的必要和功效,而后实际帮助他们,指导他们。”[1]397-398

中国共产党成立前后,马克思主义在陕西的传播和影响不断扩大。1921年夏,魏野畴从北京高等师范学校毕业回陕西,先后在华县、榆林等地中学任教。在教学中,他运用唯物史观讲授中国近现代史,宣传马克思主义,介绍并帮助学生阅读进步书刊,组织他们参加社会政治活动。

1922年7月,王尚德从武昌中华大学毕业,受武汉地区党团组织和董必武同志的派遣,返陕建立党团组织。他回到家乡,很快发展张浩如、刘振之为团员,建立起陕西第一个社会主义青年团。[4]7 同时,与其他进步人士筹建“赤水职业学校”。他以此为中心,与张浩如、田涵荣等好友积极传播马列主义。他向青年学生传播马列主义的方式主要有:(1)亲自讲解;(2)重视学生课外阅读;(3)组织学生办墙报,定期开读书会、辩论会、讲演会等。[5]

1923年夏,李子洲从北京大学毕业回陕西,先后在三原渭北中学、榆林中学任教。在李大钊帮助下,他从北京大学、上海大学、北京师范大学延聘王懋廷、王复生、田伯英、杨明轩、常汉三、韩叔勋、李瑞阳等一批进步教师,作为革除旧教育、培养革命人才的骨干。

魏野畴、王尚德、李子洲等积极分子首先以学校为阵地,通过向青年学生传播马列主义,培养了潘自力、刘志丹、张宗适、雷光显等一大批进步青年。这些进步青年广泛深入民间,唤醒了更多的民众。除此之外,他们还通过办刊物的方式向民众传播马列主义。

1924年至1925年间,陕西各地以共产党人为主创办的刊物如雨后春笋般出现,主要有魏野畴主办的《青年文学》(后改为《青年生活》),雷晋笙、崔孟博主编的《西北晨钟》,蒲子政、亢维恪主编的《渭北青年》,何镜清、黄宪之主编的《新社会报》,赵葆华、宋树藩主编的《青天白日报》,王森然等创办的《榆林之花》《塞声》,魏野畴、张秉仁、关中哲等创办的《西安评论》等。[6]129 这些报刊与陕西境外的报刊相配合,对促进和扩大马克思主义在陕西的传播发挥了重要作用。

马克思主义的广为传播,逐渐使渭南人民思想发生变化,为中国共产党和社会主义青年团组织在渭南的建立,为渭南农民运动的蓬勃发展创造了条件。

四、党团组织的有力领导

1923 年 6 月,中国共产党第三次全国代表大会通过了《农民问题决议案》,"认为有结合小农佃户及雇工以反抗牵制中国的帝国主义者,打倒军阀及贪官污吏,反抗地痞劣绅,以保护农民之利益而促进国民革命运动之必要"。[7]208 1925 年 1 月,中国共产党第四次全国代表大会通过《对于农民运动之议决案》指出:"中国共产党与工人阶级要领导中国革命至于成功,必须尽可能地、系统地鼓动并组织各地农民逐渐从事经济的和政治的争斗。"[2]32

根据党中央的指示,在这个期间回陕和在陕的共产党员、共青团员、共进社员和革命知识分子,非常注重发动农民运动。在王尚德的领导下,渭南赤水的共青团员和团支部建立了"乡村教育研究会""陕东国民议会促成会""共进社分社""青年励志社""学生联合会""平民教育服务团"等青年进步团体。他们或举办乡村平民夜校,或组织讲演团到乡村宣传,或编辑出版刊物,均在宣传农民教育中起到了显著的作用。

王尚德在发展团组织的时候,来自东张村的青年学生雷光显逐渐引起了他的关注。雷光显于1905 年出生在渭南县城东南的东张村,在华县咸林中学读书时,深受魏野畴、王复生等进步教师的影响,他常随王复生去找王尚德交谈。1922 年下半年,王尚德与王复生在赤水职业学校建立"青年励志社",雷光显任负责人。1923 年 12 月,东西两原爆发交农斗争时,他也带着农具加入了斗争的洪流之中,他亲眼目睹了农民群众团结起来的力量,增加了对农民运动的认识。1925 年中共"四大"召开后,经王尚德、张宗适介绍,他结识了国民三军团长、共产党员张兆丰。在张兆丰的循循善诱和指导下,雷光显对农民运动进一步加深了认识。他到东关小学任教后,一面投身驱逐王述道的斗争,一面在东张村向群众宣传革命道理,秘密培训农运骨干,并主持举办农民夜校。在夜校,他通过讲水浒英雄的故事吸引了大量的群众。时机成熟,他就深入浅出地分析农民生活困苦的原因以及对待军阀压迫剥削的几种态度,并一针见血地指出:"大家受苦并不是什么命运、天意,而是军阀压迫的结果!人世间从来就没有什么真龙天子,谁也不会来拯救咱们,要想摆脱压迫剥削、摆脱困苦,只有靠我们自己!虽然咱们一村的力量是小的,但是如果把全县、全省、全国的农民发动和组织起来,就能彻底推翻军阀的统治!"[8]61

雷光显才华横溢,有胆有识,被村子里的乡亲们视为主心骨,纷纷主动找他交谈,推心置腹地倾诉心里的苦处,要求组织起来的愿望越来越迫切。成立农民协会在陕西是破天荒的事,对一个二十岁的青年来说有不少难度。王尚德得知后,派张宗适指导雷光显成立农民协会事宜,联络进步团体、邀请各界人士、安排会议进程等工作有序地进行着。在渭南共产主义青年团赤水特支的领导下,东张村农民协会终于要成立了!

五、朴实而隆重的成立大会

1925 年 11 月 22 日,早上,在张宗适、张翚等人的支持和协助下,雷光显带领青年农民布置会场,书写标语,起草宣言。会场设在一个旷野的麦田里,虽说尽是些农民用的农具,但布置的整齐可观。门前是柏朵儿扎的彩,上有"东张村乡农民协会成立大会"几个大金字,两旁是一副对联,其文为"增进农民利益,改造乡村生活",门的顶上是两个五色国旗,在天空中飘摇着。入内的满壁上贴着各处来宾及各团体的祝辞,还有一些伟人像,中间靠墙悬了一对农旗(旗是青天白日满地红并一个犁),旗下是一个横匾,上书"东张村乡农民协会会场"几个大字。为了提高开会的效果,会场还备有风琴、留声机等现代乐器。天空中,横拉着几条绳,绳上是无数的国旗、农旗及各种颜色纸上写的口号、标语等，微风吹动，非常喜庆。

当日男女来宾达数百人，团体代表有十三四处之多，如：渭南青年社、渭北青年社、关中农工商学兵联合会、国民党华县县党部、科学研究社、渭南学生联合会、县高学生会、赤职学生会、渭南初级小学联合促进教育会等都派有代表临会，其余如各校长、各校教职员、各机关之重要人物，以及附近村庄参观者不可胜数。

十一点，钟声数响，正式开会。30多个会员每人胸前带一朵红花坐在会场的正中，来宾分坐两旁，雷光显是大会主席。开会的秩序是：(1)向农旗行三鞠躬礼；(2)弹风琴，开留声机；(3)主席报告开会理由；(4)来宾演说；(5)讨论简章；(6)选举职员；(7)自由讲演，(8)开留声机，唱国歌、国际歌、少年先锋；(9)三呼农民协会成立万岁；(10)闭会。

会上发表了东张村乡农民协会成立宣言，全文如下：

只有我们农人可怜极了！你看穿的是破烂的衣服，吃的是粗米淡饭，今天要在这里去犁地，明天又要到田间去种田。一天做到晚，一年做到头，冬天北风吹着，把我们的脸都冻破裂了，夏天太阳晒着，把脊背都晒得起皮了，昼夜不休，风雨不避的尽管工作。但是打下的粮食和血汗换来的金钱，大半都出了差务，被人抢去，我们还是冻着饿着。

我们一方面既冻着饿着，一方面还受军阀官僚的压迫和恶绅污吏的欺侮。照这样过活下去，还有我们农民活的路吗？

我们现在感到我们农民所受的痛苦了，我们团结起来，这就是我们组织这农民协会的意思。

农界的同胞们！请你们也照样的组织起来吧！[9]95

在开会的时候，会场内外，非常肃静。有的细心听台上的讲演，有的凝神聆听唱歌；有的面露笑容，有的却表现出很惊奇的态度。会员则挺胸抬头，看上去严肃而自豪；讲演者则声音洪亮，语言诚恳，句句能使听众动心。闭会时，来宾及旁观者，均拍手欢呼，庆祝东张村农民协会成功召开。

六、渭南各地农民协会纷纷成立

农民协会成立后，在雷光显的带领下，东张村大肆整顿，官事私事，概由农会处理。政府狗腿子去要粮草，农会说不交就不交；农民协会掌握了村政权，抗粮抗税。光显还与农协会组织起农民武装，抵御土匪，维持治安。这时土匪十分猖獗，附近各村夜夜枪声不绝，但是东张村安然无恙。

东张村农民协会的成立情形，被《西安评论》《中国青年》数次报道，被誉为“陕西农民觉悟的先锋队”[2]392，在陕西引起巨大反响。渭南赤水河西岸各村群众纷纷要求组织农协会。不久，在党的领导下，东张村附近的西张、北张，赤水附近的堰头、姚李等村也先后建立了农民协会。为了推动农运，雷光显与张宗适、王尚德等夜以继日地赶编农民夜校教材、歌谣、新剧，走遍大大小小一百多个村庄，到处点燃农协火炬。区、村农协如雨后春笋，在全县普遍建立起来了。在此基础上，1927年2月9日，渭南县农民协会宣告成立。[2]5

东张村农民协会虽然是个村级农民组织，会员只有30多名，但意义却非同一般。它为陕西的农民树立了一面光辉的旗帜，它标志着农民有了自己的组织，标志着陕西的农民运动进入了由共产党领导的新时期。

参考文献

[1]吴继轩，蔡乾和，金烨. 中国共产党解决“三农”问题的理论与实践[M]. 兰州：甘肃文化出版社，2015：32，61，397－398.

[2]中共陕西省委党史资料征集研究委员会. 大革命时期的陕西地区农民运动[M]. 西安：陕西人民出版社，1986：5，67，69，389，392，393，401.

[3]渭南县志编纂委员会. 渭南县志[M]. 西安：三秦出版社，1987：529，533，534，536.

[4]中共渭南市委党史资料征集委员会. 王尚德[M]. 1987：7.

[5]王奎群. 王尚德培养革命青年的教育实践[J]. 渭南师范学院学报，2016(23)：19－24.

[6]中共北方区委历史编写组. 中共北方区委历史

[M]. 北京:中共党史出版社,2013:129.

[7]张静如,刘会军,刘敏. 中国共产党历届代表大会 一大到十八大 上[M]. 石家庄:河北人民出版社,2012:208.

[8]中共渭南地委党史资料征集研究委员会办公室. 华岳苍苍颂国魂——《陕东英烈》第一辑[M]. 西安:陕西人民出版社,1989:61.

[9]中共陕西省委党校党史教研室,陕西省社会科学院党史研究室. 新民主主义革命时期陕西大事记述[M]. 西安:陕西人民出版社,1980:95.

渭华起义红色文化的时代价值

孙 宁

(渭南师范学院 人文学院,陕西 渭南 714099)

摘 要:渭华起义红色文化是马克思主义中国化的继承和发展,弘扬好渭华起义红色文化教育引领,不仅仅是对它本身的丰富和发展,更是通过它更好的帮助人们在思想、文化、社会、政治、经济层面的发展与进步,实现中国社会的全面、协调发展。

关键词:渭华起义;红色文化;时代价值

作者简介:孙宁(1989—),女,陕西西安人,渭南师范学院讲师,硕士,主要从事教育学的研究。

渭华起义是继南昌起义、秋收起义、广州起义之后,震动西北、波及全国的一次重要起义。1928年5月1日,渭南县委组织群众在崇凝镇开展运动,成立了陕西第一个红色政权——崇凝苏维埃政府,极大地鼓舞了西北人民的革命斗志。不少革命先驱经过渭华起义的考验和锻炼,积累了丰富的斗争经验,将革命的火种引向陕北,为创建陕北革命根据地打下了坚实基础。渭华起义枪声虽已沉寂,但它所熔铸的革命精神,始终激励着我们不忘初心、继续前进。这一革命精神可以概括为"坚定信念,听党指挥,不怕牺牲,矢志奋斗"。而它的时代价值主要体现在以下几个方面:

一、追求进步,敢于创新

在新时代背景下,面对当前社会人口众多、意识形态多样的复杂局面,我国还存在着人口问题、就业问题、贫困问题、教育问题等现象,正确处理这些问题都需要有先进的思想文化进行引导,渭华起义红色文化是实事求是、求真务实、追求进步、思想创新的具体体现,在20世纪二三十年代,以刘志丹、谢子长、习仲勋等共产党人在渭华地区陕甘边等地区,通过创办学校等各种途径,对各社会群体实施进步的革命思想教育。坚持追求进步,艰苦创业,敢于创新的精神,为陕西乃至陕甘边地区新民主主义教育的发展作出了巨大贡献。正是这种敢于追求进步、敢于创新的理念,促使当地人民积极向上,艰苦奋斗,它与"红船精神""照金精神"一脉相承,在新时代背景下,不断帮助人们树立正确的价值观,增强人们思想的创新性、活跃性,我们应培养广大中华儿女积极向上、追求进步的理念,积极培养他们的社会责任感和历史使命感,为实现中华民族伟大复兴的中国梦贡献智慧和力量。

二、文化传承,服务社会

习近平总书记在十九大报告上提到:"培育和践行社会主义核心价值观,要深入挖掘中华优秀传统文化内涵[1]。"渭华起义红色文化是对中华传统文化继承和发展,是中国特色社会主义的先进文化的重要组成部分,我们需要有睿智的眼光去解决当下我们对社会生活的困惑,培育和继承好渭华起义红色文化。国家和政府需加强引导,通过积极宣传渭华起义红色文化相关内容,通过建设渭南文明城市和多开展渭华起义红色文化教育景观灯,形式多样、层次丰富的物化教育建筑和开办教育网站、教育报刊等,营造出一个全方位、多层次的红色文化教育理念,来进一步提升渭华起义红色文化的内涵、价值。渭华起义红色文化带领人民敢于追求进步、自强自立值得我们学习,渭华起义革命者以"信仰坚定、爱国爱民、顾全大局、服务群众”的文化内涵一直指引着广大民众培育正确价值观,激发人民的斗志,让我们自立自强,不忘初心,通过它宝贵的文化资源引领时代的发展进程,更好地服务社会。

三、教育引领,使命担当

面对当今物欲横流的社会,在社会上出现了享乐主义、金钱主义、个人主义等不好倾向,作为新时代的接班人,我们需要学好历史,不忘初心。习近平总书记曾指出:“加强对党史、国史的学习,在对历史的深入思考中做好现实工作、更好走向未来。”[2]还提出了“发扬光荣传统、当好红色传人”的口号。同时在中国共产党第十九次全国代表大会报告中相应指出,我们必须弘扬好中国优秀的传统文化。渭华起义红色文化作为中华传统文化的一部分我们更需弘扬,只有这样才能更好地实现中华民族的伟大复兴和共筑中国梦。我们在社会上开展渭华起义红色文化的实践活动、开办渭华起义红色展览馆等活动,通过网络平台、新闻、报纸上开展渭华起义红色文化教育活动,让人们了解渭华起义红色文化历史,积极引导广大人民走向社会、了解社会,思考现实,体会、体验渭华起义红色文化所给我们带来的新气象,继承好渭华起义红色文化精髓,贯彻好社会主义文化强国的理念。渭华起义红色文化诠释了先进文化,渭华起义革命者更激发人们树立社会责任感和历史使命感,我们应牢记渭华起义红色文化历史,通过渭华起义红色文化教育引领为国家、为社会、为人民尽一份绵薄之力,为社会主义现代化强国奋斗终生。

四、政策支持,文化强国

我国正处于建设文化强国的重要阶段,文化的发展离不开政治的依附。国家在建设社会主义新时代还存在着一系列的问题,如对红色文化的宣传不到位、有些立场不坚定等问题,我们需要加强认知观念、先进的制度、政治文化的学习,确保国家及时应对社会上存在的一些问题,确保中国共产党的绝对领导地位。中共十九大报告里面也提到:“加强党对意识形态工作的领导,社会主义核心价值观和中华优秀传统文化广泛弘扬。”[3]渭华起义红色文化是中国特色社会主义先进文化的一部分,对于一些问题,如当前渭华起义红色文化保护不定位、地方资金给予投入的力度不强,需要下发一些政策文件、政策法规、法律条文对渭华起义红色文化进行更好的宣传和保护,更好地服务当地民众和国家社会主义现代化的发展步伐。只有这样,才能更好地巩固渭华起义红色文化的精神实质。渭华起义红色文化具有很强的民族凝聚力、向心力,影响力,能够激发人民群众团在一起,为中华民族的伟大复兴而努力奋斗的决心和勇气,我们需要学习渭华起义红色文化的优秀事迹,让它带领我们更好的服务我们自身和社会发展,实现伟大的中国梦。

五、大力振兴,发展老区

渭华地区地处关中东部,物产丰富,同时这里也是渭华起义革命老区,老区的建设与开发事关陕西省经济的发展,渭华地区经济建设离不开渭华起义红色文化的教育引领,它激励和鼓舞当地人民自立自强,乐于奋斗的精神理念为社会所需。我们需要加大渭华起义红色文化的宣传和投入,开发渭华起义红色文化的历史遗迹资源——渭华起义纪念馆,加强对它的保护和开发,只有这样,我们才能更好地服务于社会的发展,才能更好地为社会主义现代化建设服务。可以利用这些有效资源,通过开展红色文化旅游和开发,开展地方特色文化产业相结合的方式,来活跃地方经济发展,从而也进一步促进地方红色文化的传播和教育,这对于新时代中国社会主义经济、文化起到了一定的促进作用,我们务须在新时代背景下弘扬好渭华起义红色文化,让它服务于社会现代化发展进程。

2018 年是渭华起义爆发 90 周年。正如习仲勋同志为渭华起义题词所说:“渭华起义的革命精神永放光芒”。在新时代,渭华起义的革命精神也必将激励与引领广大党员干部,以永不懈怠的精神状态和一往无前的奋斗姿态,继续朝着实现中华民族伟大复兴的宏伟目标奋勇前进。

参考文献

[1]习近平.决胜全面建成小康社会 夺取新时代中国特色社会主义伟大胜利——在中国共产党第十九次全国代表大会上的报告[M].北京:人民出版社,2017.

[2]习近平在中共中央政治局第七次集体学习时强调在对历史的深入思考中更好地走向未来中国特色社会主义合格问卷[N].人民日报,2013-6-27:001.

[3]习近平.决胜全面建成小康社会 夺取新时代中国特色社会主义伟大胜利——在中国共产党第十九次全国代表大会上的报告[M].北京:人民出版社,2017.

论渭南历史文化的传承与发展

师　帅

(渭南师范学院 人文学院，陕西 渭南 714099)

摘　要:渭南历史文化积淀深厚,资源丰富,其中蕴含的理念、智慧、气度、神韵,能增添渭南人民和中华民族内心深处的自信和自豪。本文从文化自信的相关理论入手,运用理论联系实际的方法,首先依据有关文献资料,对渭南历史文化进行系统梳理和总结,以走访式、田野实地考察等手段,深入调查渭南历史文化开发与保护现状及存在问题,在此基础上,探讨渭南历史文化的当代价值,重在提炼出融入现代社会形态的新内容,最终根据渭南"文化强市"战略,从整体上探讨渭南历史文化传承与发展策略。

关键词:文化自信;渭南历史文化;传承与发展;研究

基金项目:2018 年陕西省社科界重大理论与实践问题研究项目:《文化自信视域下渭南历史文化传承与发展研究》(2018Z136)阶段性成果;渭南师范学院横向科研项目:《渭南历史文化与企业职工文化融合策略研究》(17HX19)阶段性成果。

作者简介:师帅(1987—　),女,陕西大荔人。渭南师范学院教师,文学硕士,主要从事古代文学研究。

我们所讲的渭南历史文化,是指中华人民共和国成立以前在渭南大地上积淀的历史文化。这些历史文化的理念、智慧、气度、神韵,能增添渭南人民和中华民族内心深处的自信和自豪。作为渭南的本土学者,我们亟须认真研究、探索,使这厚重的历史文化不再沉睡,使之激活,创新出强大的文化软实力。这是我们责无旁贷的责任。

一、渭南历史文化分布状况

渭南历史文化源远流长,蕴积深厚。"大荔人"头骨化石,是距今约 20 万年前的原始人类化石;"禹门口洞穴堆积",是旧石器时代遗址;在周、秦、汉、唐两千年间,渭南一直是"三秦要道,八省通衢"和京畿重地。历史悠久的古潼关、风陵渡,充满了传奇色彩;大荔的"沙苑文化遗址""魏长城遗址"、丰图义仓等闻名遐迩;"五岳第一庙"的西岳庙、汉文字始祖仓颉故里、汉代"史圣"司马迁祠墓、合阳的帝喾陵、韩城文庙、蒲城唐睿宗桥陵,最负盛名的党家村的明清古建筑群等,皆被列为国家级重点文物。雄厚的历史文化造就了无数杰出的人才。字圣仓颉、酒圣杜康、汉太史令司马迁、唐代名将郭子仪、伟大的现实主义诗人白居易、宋代名相寇准、清代状元王杰等彪炳青史。灿烂的历史文化又形成了渭南独特的风俗民情。华山庙会、太史庙会、仓颉庙会等十大庙会以及蒲城焰火、华阴皮影、同州梆子、黄河锣鼓、尧山大鼓、麦秆画等声名远扬;合阳提线木偶被称为中华一绝。渭南还是现代革命者活动较早的地区之一。华县高塘镇的"渭华起义烈士永垂不朽"纪念碑、蒲城县永丰镇的"永丰战役纪念塔""杨虎城将军纪念馆"等,是对青少年进行革命传统教育的基地。渭南还有壮丽的山川河流。奇险峻秀的西岳华山,傲居五岳之首;合阳洽川是国家级风景名胜区;处女泉、福山翠柏等是风景秀丽的旅游胜地。

二、渭南历史文化开发与保护现状调查

我们以走访式、田野实地考察等手段,深入调

查渭南历史文化开发与保护现状及存在问题。通过调研,我们看到,许多文化资源在近年来的旅游业中已经显示出其独特的魅力,如司马迁祠墓、党家村的明清古建筑群、韩城文庙、蒲城唐睿宗桥陵等都取得了较好的经济效益。渭华起义纪念馆、永丰革命烈士陵园等,已经成为爱国主义教育基地。在弘扬传统文化过程中,渭南优秀的民风民俗得以传承。诸如华山三月三古庙会、韩城太史庙会、白水仓颉庙会、合阳东雷三官庙庙会、尧山庙会、华县蕴空山庙会等庙会,使当地村民尽情享受古老的民俗及文化盛宴。但是我们发现,许多古迹基本上处于自生自灭状态,甚至有的珍贵文物由于风雨侵蚀已经面目全非或面临消失坍塌。这些古迹的价值没有被充分利用和挖掘,只有在开发中合理有效地保护、利用这些旅游文化资源,才能形成可持续发展的良好态势,真正使旅游业产生巨大的经济效益和社会效益。目前,我们应该组织有关专家,对有关文物加以清理、认定、保护。

陕西东路皮影是我国诸多宝贵非物质文化遗产之一,是中华民族个性和民族审美习惯"活"的显现。特别是华县碗碗腔、华阴老腔,是陕西东路皮影的代表,在文化发展史上具有的独特地位。时代发展到今天,陕西东路皮影却出现了皮影后继无人,技术失传,脚本散失,道具也大量流失境外的现象。韩城古门楣题字是省级非物质文化遗产,随着社会的发展,民居不断革新,一些极具文化内涵和观赏价值的古门楣题字逐年破损、消失,修复保存难度较大,加之年轻人对此知之甚少,参与保存和研究的更是寥寥无几。韩城古门楣题字作为一种特殊的文化形态,急需投入大量的人力物力,对其进行抢救和保护,并继承发扬。

三、渭南历史文化当代价值研究

时代发展到今天,渭南历史文化依然蕴含着丰富的精神文化资源。研究其蕴含的核心思想理念、中华传统美德、中华人文精神和丰富的旅游文化价值,可以提升渭南在国内外的人文魅力、知名度和吸引力。

渭南历史文化是中华民族在五千多年的社会实践中形成的思想理念、传统美德和人文精神的集合,体现出中华民族特有的思维方式和精神标识。它在历史上为推动民族进步和社会发展发挥过重要作用,时至今日依然具有显著的时代价值。我们要科学辨析渭南历史文化中的精华与糟粕,实现优秀传统文化的创造性转化和创新性发展,从而为社会主义现代化建设提供精神滋养和智力支撑。

(一)渭南历史文化所孕育的民族精神是凝聚全国各族人民的价值纽带

渭南历史文化所孕育的民族精神是中华民族共同的精神财富,它可以凝聚社会各领域的力量,激发各民族成员的归属意识、认同意识和进取意识,形成推动社会发展的凝聚力和创造力。

司马迁是世界文化名人,在中国传统文化国学精品中,《史记》是无与伦比的百科全书。《史记》文化是中国传统文化中的精华,也是渭南历史文化的优秀代表,有取之不尽的思想源泉。千百年来,《史记》文化以其丰富的文化内涵和价值,养育着一代又一代人的成长。

司马迁《史记》以十二本纪为纲,以纪传体的形式,通过各种类型的人物群像塑造,第一次形象地对中华民族三千年奋斗历程进行全面地总结,对中华民族形成过程中逐渐积淀起来的民族精神予以生动、形象的再现。第一,积极豪迈,勇于建功立业。勇于创新,胡服骑射的赵武灵王;"九合诸侯,一匡天下"的霸主齐桓公;完璧归赵,智斗秦王,智勇双全的蔺相如;统一六国,首创中央集权制的千古一帝秦始皇;身处穷巷僻壤,敢于揭竿而起,高举反秦大旗的陈胜、吴广;"力拔山兮气盖世",建立霸王之业,但身死东城的项羽;威镇敌国,为汉王朝建立大功的卫青、霍去病;善于运筹帷幄,决胜千里之外的张良、萧何;战无不胜,攻无不克,功高无比最终却被统治者杀害的韩信等。司马迁热情歌颂了他们在历史上建立的丰功伟绩。第二、坚忍不拔,战胜挫折。司马迁在《史记》中所赞扬的历史人物,大都具有这种坚忍不拔、战胜挫折的意志。对这些人物的真实记述,给《史记》增添了悲壮色彩和生命力量。今天我们阅读起来,仍激动不已。忍辱负重,百折不挠。为父兄报仇,历尽艰难,终建功名的伍子胥;遭受刑戮,为人奴而不死,终为汉名将的季布;卧薪尝胆、励精图治,终灭夫差,成就霸业的勾践;受人嫉害,成为残废,但忍辱负重,围魏救赵的孙膑等。这些人都是"弃小义,雪大耻,名垂于后世"。第三,勇于改革,敢于革命。在《史记》中,司马迁满怀崇敬的心情,为我们描写了一系列锐意进取,勇于改革,敢于革命,努力创新的改革家的形象。诸如商汤伐夏桀,周武王伐殷纣,改朝换代,迎来了新时代的到来。赵武灵王胡服骑射,使赵国国力大盛。商鞅变法,不仅使秦国的经济得到发展,而且使秦国的军事力量不断加强,最终发展成为战国后期最富强的封建国家。特别是陈胜、吴广领导的农民起义,不仅揭开了中国农民战争史的序幕,而且以它光辉的业绩彪炳于史册,永为后世景仰。第四,舍生取义,人格独立。在《史记》中,我们可以看到,从传说中的黄帝开始,许多国君德厚仁爱,受到民众的拥护与爱戴,诸如商汤、周文王、周武王、汉文帝等以仁德著称;而暴虐如桀、纣的国君,则被民众推翻。在人物传记中,司马迁热情讴歌了志士仁人高风亮节、坚持气节、追求独立人格的精神风范。在《孔子世家》中,司马迁记述了孔子为了理想政治积极进取,自强不息,不屈不挠的奋斗精神。《伯夷列传》热情赞扬了伯夷、叔齐不愿食周粟而饿死、追求独立不羁的人格精神;《鲁仲连列传》记述了鲁仲连宁愿"蹈东海而死",也不忍秦国称帝的事迹;《田儋列传》中赞扬了田横及其门客坚持正义,舍生取义的高尚情操。特别是《赵世家》"程婴救孤"的故事感动了一代又一代中华儿女的心灵。《史记》所表现的民族精神,除了以上所述之外,还有团结统一、爱好和平;维护正义、反对邪恶;扶危助困;救人危难,等等。尽管这些历史人物身上体现的是个体的生命精神,但这些人物同时也体现着我们的民族生命和民族精神。

这些民族精神是中华民族获取自尊和坚定自信的力量源泉,是中华民族生存发展壮大的精神支柱,是实现民族伟大复兴的最大价值共识,也是现代化进程中促进国家统一、维系民族团结、寻求价值和谐的终极文化基因。

(二)渭华起义红色文化可以更好地帮助人们在思想、文化、社会、政治等层面的发展与进步,实现中国社会的全面、协调发展

在20世纪二三十年代,以刘志丹、谢子长、习仲勋等共产党人在渭华地区陕甘边等地区,通过创办学校等各种途径,对各社会群体实施进步的革命思想。坚持追求进步,艰苦创业,敢于创新的精神,为陕西乃至陕甘边地区,新民主主义教育的发展作出了巨大贡献。正是这种敢于追求进步、敢于创新的理念,促使当地人民积极向上,艰苦奋斗,它与"红船精神""照金精神"一脉相承。渭华起义红色文化是实事求是、求真务实、追求进步、思想创新的具体体现,是对中华传统文化继承和发展,是中国特色社会主义的先进文化的重要组成部分,渭华起义红色文化具有很强的民族凝聚力、向心力、影响力,能够激发人民群众团结在一起,为中华民族的伟大复兴而努力奋斗的决心和勇气,我们需要学习渭华起义红色文化的优秀事迹,让它带领我们更好的服务我们自身和社会发展,实现伟大的中国梦。

渭华起义红色文化具有政治教育价值功能。渭华起义红色文化倡导的是崇高思想境界和革命道德情操,传播其理念、彰显其精神有利于红色革命精神深入人心,是开展青少年德育的有效载体。渭华起义红色文化的历史遗迹资源、渭华起义纪念馆等都是鲜活的教材,都折射着革命先辈崇高理想、坚定信念、爱国情操的光芒。可以用鲜活的历史告诉青少年,老一辈革命家的丰功伟绩建立在他们对祖国深厚的爱之上。一个人对祖国爱得越深,历史的责任感就越强烈,人生目标就越明确,人生信念就越坚定。渭华起义红色文化正是彰显革命历史的新平台、新课堂,其感召力是学校和书本不可比拟的。

(三)渭南历史文化中的思想智慧可以为当今社会发展提供有益帮助

在经济全球化、政治多极化、文化多元化的时代背景中,我们既要保持民族文化底色,守住民族精神阵地,又要参与人类文明交流互鉴,为世界文明进步作出应有贡献。

习近平同志指出的:“优秀传统文化是一个国家、一个民族传承和发展的根本,如果丢掉了,就割断了精神命脉。”渭南历史文化是中国传统文化的重要组成部分,在人类文明史上独具一格,源远流长,博大精深,具有极伟大的凝聚力和极持久的生命力。“民本”“大同”和“小康”“和合”“天人合一”等思想,“大丈夫”精神、“自强不息”“杀身成仁,舍生取义”等精神,至今都还闪耀着光芒,仍然是我们汲取智慧和力量的思想源泉。特别是司马迁《史记》所蕴含的大思想大智慧,可以慰藉心灵、涵养德性、纯洁情感,为解决当代人的思想意识与价值困惑提供智慧。

在人与人的关系上,司马迁倡导仁爱友爱、礼让诚实,主张相知真诚。《史记》三十世家和七十列传,叙列西周以来王侯将相圣贤之士。《史记》中列为三十世家之首的《吴太伯世家》,突出的是吴太伯“让贤而逃奔荆蛮”的谦让美德,列为七十列传之首的《伯夷列传》,突出的是“让国”美德。《乐毅列传》中燕昭王对乐毅优礼信任,乐毅对昭王忠心耿耿,君王敬重臣下,臣下尽忠主上,成为君臣道合的榜样和标本。司马迁《史记》所追求的真善美的人生境界,具有重要而深刻的时代价值,历久弥新,对我们当今有着巨大的教育、引导和激励作用。

四、渭南历史文化传承与发展对策研究

(一)打造以司马迁与《史记》为主的特色文化品牌

司马迁是世界文化名人,他的《史记》是全人类的文化遗产,是上古三千年文化史的凝结,是中华民族文化的精髓,是爱国主义的思想源泉,是渭南历史文化的优秀代表,我们要深度挖掘《史记》文化内涵,打造《史记》文化品牌。

1.继续打造以司马迁祠墓为核心的“史记碑林博物馆”和“史记城”。目前,韩城司马迁祠十二本纪景观已经向游客开放。依据“十二本纪”建成的雕塑群,分为五帝文化、夏文化等九个景观区,以石雕艺术配景观小品、文字及绿植等形式再现了“十二本纪”人物和时代文化特征。笔者认为,在“史记碑林博物馆”,还应该收藏目前利用现代传媒对《史记》进行普及传播的作品,如电视剧《司马迁》《汉王刘邦》《吕不韦》《李斯》《淮阴侯韩信》等,大型电视专题片《司马迁万里行》等。另外还有以《史记》为素材的小说戏曲以及历代歌咏司马迁的诗词。如纪君祥的《赵氏孤儿》,金仁杰的《追韩信》,叶宪祖的《易水寒》,朱权的《卓文君》等,这些资源丰富多彩,摇曳多姿。

2.举办大型文化活动,扩大其吸引力和凝聚力。首先要精心打造。从内容、形式上要不断创新,使其不仅仅只是集中展示《史记》精粹,更要有主题、有内涵,具有示范和导向意义。在形式上,要新颖,优时代特质。其次,要有持续性。要有长远的规划,加大投入,逐步推进,力求做大做强,才能深入人心,产生品牌效应。再次,要有先进的文化设施,这是举办大型文化活动基础条件,是提高水准和层次的一个指标。自2011年至今,韩城市举办了六届大规模的民间祭祀活动“风追司马”,取得了良好的社会反响。每年清明节,韩城有“司马迁民间祭祀活动”。特别是2018年“中国·韩城‘一带一路’国际灯光艺术节”,吸引了八方来客,为提升“史记韩城·黄河特区”品牌形象,助力韩城市全域旅游和景城一体化发展,实现旅游要素联动配置,满足广大游客在我市各大景区的光影体验需求。灯光艺术节期间,韩城市以将游客从全国带入韩城、从城区导入景区的思路,以游客需求为出发点,借助各项活动的开展,激活春节旅游市场,实现了各大景区人气爆棚的目标。2011年至今,韩城市每隔两年举办大型“中国·韩城‘司马迁杯’全国锣鼓大赛”,把气势恢宏的锣鼓、汹涌澎湃的黄河、钟灵毓秀的韩城有机融合,上演华夏鼓乐盛会。通过举办大赛展示了中华锣鼓神

奇艺术魅力,搭建了文化交流平台,实现文化建设成果全民共享;扩大韩城对外宣传,提升城市品味,推动文化旅游事业发展,使《史记》文化深入人心。

3. 依托韩城市,辐射周边,打造独具特色的《史记》主题旅游区。在韩城市,很有必要开辟司马故里旅游专线,这样可以将各具特色的景点、景区进行有机的组合,从而形成具有旅游价值和旅游效益的大旅游区域,可以避免单个景点对旅客吸引力不足的弊端,又可以使旅客花较少的费用和时间,在游山玩水之中融入文化品味,使旅游者从中受到启迪与震撼。同时以韩城为核心,带动渭南市《史记》旅游文化的发展。依托韩城市,辐射合阳、澄城、蒲城、大荔、华阴、华县等地,充分发挥《史记》旅游文化资源的经济效益。在关中其他地区,结合当地文化事业与旅游事业,打造独具特色的主题旅游区。以宝鸡为核心,打造周文化主题旅游区;以秦始皇兵马俑博物馆为轴心,打造秦文化主题旅游区;以西安市为核心,打造汉文化主题旅游区。

4. 开发《史记》旅游商品。我们这里所说的《史记》旅游商品,主要包括《史记》旅游工艺品、《史记》旅游纪念品。设计《史记》旅游商品,一定要注意其所蕴含的文化属性要能满足游客的精神消费需求,更好地体现观赏性和《史记》文化内涵的统一。可以设计《史记》著名人物雕塑工艺品(包括牙雕、玉雕、泥塑)。利用关中地区特有的剪纸、皮影等民间工艺,展现《史记》中的典故、历史人物形象。《史记》旅游纪念品,可以以太史祠、龙门、司马书院等为题材,充分利用当地特有的原材料,设计富有纪念意义的小型纪念品,从而开发出具有自身特色的旅游商品。《史记》旅游商品的销售,可以在《史记》旅游景点、景区,建立连锁经营点,这样可以方便、快捷地为游客提供物美价廉的《史记》旅游商品。在韩城,筹建《史记》旅游商品交易市场或《史记》旅游商品一条街等。

通过以上途径,突出《史记》独特的文化魅力,使其成为社会认可度高、影响力大的文化品牌。

同时还要开发红色文化品牌、华山文化品牌等;扶持华阴皮影、华县老腔等地方戏曲;发展皮影、麦秆画等特色艺术品种。

(二)建设“两馆一站一室”文化平台,把渭南历史文化保护、传承和发展纳入百姓日常生产生活中

“两馆”即县有文化馆、图书馆。“一站”即乡(镇)有综合文化站。“一室”即行政村有文化活动室。建设“两馆一站一室”文化平台,其目的在于把渭南历史文化保护、传承和发展纳入百姓日常生产生活中,使渭南历史文化“接地气”“增人气”,达到以文化人的目的。

近年来,渭南市围绕“两馆一站一室”建设,先后投入 1.5 亿元,新建和改建社区文化中心 115 个、社区文化活动室 180 个、村级文化活动室 1134 个、乡镇文化站 149 个、县(市、区)文化馆和图书馆各 11 个。在全国公共文化馆评估中,富平文化馆被评为国家二级馆,市群众艺术馆、临渭、华县、大荔、澄城等 5 个文化馆被评为国家三级馆。2014 年,总投资超过 15 亿元的市文化艺术中心、体育中心、图书馆和文豪国际中心等一批极具城市“地标性”特征的大型公共文化设施项目相继建成,不仅助推了全市经济社会发展、完善了城市服务功能,实现了县县有图书馆、文化馆,镇镇有文化站(中心),村村有文化活动室,市县乡村“四级”文化服务设施不断完善。同时,渭南市推出了“一元剧场”演出项目。一元钱,让久违的观众又回到剧场享受乐趣。“一元剧场”演出项目,成功地探索出“政府支持、企业联姻、院团服务、百姓受惠”的公共文化服务新模式,打造出一个响当当的公益文化活动品牌,取得了良好的社会效益和经济效益,受到中央、省有关领导的充分肯定,人民日报、中央电视台等国内 30 多家重要媒体进行了深度报道,极大地提升了渭南文化的影响力和渭南的知名度。

(三)通过新媒体的宣传与开发,焕发渭南历史文化的生命活力,使渭南历史文化转化为一种当代人们能理解和接受的文化

新媒体是新的技术支撑体系下出现的媒体形

态，如数字杂志、数字报纸、数字广播、手机短信、移动电视、网络、桌面视窗、数字电视、数字电影、触摸媒体、手机网络等。新媒体就是能对大众同时提供个性化的内容的媒体，是传播者和接受者融会成对等的交流者，是无数的交流者相互间可以同时进行个性化交流的媒体。它具有的即时性、互动性、可视性、平等性等特点和优势使其有别于传统媒体而深受公众喜爱。

新媒体时代，信息的储存和传播具有数字化、及时化、互动化的特征，快速有效地影响着社会生产的各个环节。利用新媒体宣传与开发渭南历史文化，就是要建立和完善渭南文化遗产保护的数字化平台，通过数字化方式让文化遗产“活”起来。随着计算机技术的发展，采用各种数字方式记录和保存数据已经成为当今古建文物预防性保护的一大方向。政府要加大资金投入，组织人力物力，尽快深入村镇，对全市文化遗产进行抢救性的挖掘普查，从种类、数量、分布状况、生存环境、保护现状及存在问题等方面出发，运用文字、录音、摄像等方式，进行真实、系统的全面记录，进行数据化处理。可使用3D、AR等先进技术，让文化遗产“活”起来的同时，让更多市民有机会一睹文化的“真容”。因为数字化的平台可以让我们不出家门，就能走近文化遗产，且不受时间、地点、财力、体力等条件限制。

数字化平台除了具备基本的信息查阅功能和图像视频展示功能外，还要具有和公众之间良好的互动功能。渭南文化遗产数字化平台的建设一方面是为了实现数字化保护的目的，更重要的是要通过平台的多媒体功能，让这些遗产资源得到更好的传播和传承。因此，数字平台的建设不仅要考虑到相关学者、专家和非遗保护工作人员的研究需要，还要兼顾普通公众的接受程度，做到专业化和大众化兼顾。平台不仅可以免费查阅、下载渭南文化遗产资源，还鼓励公众提供上传散落在民间没有得到统一保护的文化资源，由政府机构进行适当的奖励。通过建立这样一个数据详实、互动方便的数字化平台，实现渭南文化遗产资源和公众、管理者和公众之间的良性互动，为文化资源的保护起到了积极的作用。

（四）培训一支文化人才队伍，使渭南历史文化得到更好的传承与创新

渭南历史文化传承与创新，离不开人才。这支队伍包括“乡土理论辅导员”“乡土宣讲员”“乡土信息通讯员”“乡土文艺宣传员”等。开展渭南历史文化知识宣传教育。要精心挑选骨干力量，组织成立县、乡两级渭南历史文化知识宣讲团，通过集中学习、座谈交流、你问我答、邀请专家作辅导讲座等方式，开展形势政策理论辅导和渭南历史文化知识教育。充分发挥“乡土理论辅导员”队伍的作用，突出抓好面向基层普通群众层面的宣讲。“乡土理论辅导员”要学“透”形势政策和渭南历史文化，定期到各村、各企事业单位蹲点，开展形势政策理论学习辅导和渭南历史文化知识宣讲，帮助广大农村群众学好学透当前形势政策，认识身边文化的价值。“乡土宣讲员”要说“精”形势政策和渭南历史文化，要求宣讲语言口语化，运用本土语言——渭南方言开展宣讲；宣讲形式“入土随乡”，村头、田间、树下、黑板报、祠堂……随时随地开展宣讲，宣讲形式不拘一格。“乡土信息通讯员”要写“实”形势政策和渭南历史文化。充分利用各乡镇（街道）的信息期刊、党报月刊、简报等刊物，专门开辟形势政策宣传栏，组织成立信息通讯员队伍，负责撰写信息，扩大群众对各项政策和渭南历史文化的认识面，做好形势政策和渭南历史文化宣传的服务工作。“乡土文艺宣传员”要演“活”形势政策和渭南历史文化。充分发挥全市多支文艺队伍的作用，以基层文化俱乐部、村文化协会和小康体育村等为平台，自发组织文艺巡回演出，通过歌舞、戏曲、腰鼓、快板、三句半、小品、相声、诗歌朗诵等形式，把党的最新理论和渭南历史文化的精髓用通俗易懂、喜闻乐见的文艺形式展现给群众，用地道的、最具特色的、最有说服力的大众形式来做好政策和渭南历史文化的宣传工作，从而达到事半功倍的效果，形成别具一格的特色文化格局。

五、开展乡土知识教育，普及渭南历史文化知识，让更多群众了解历史、尊重历史、热爱历史

渭南历史文化承载着丰厚的中华传统文化，饱含着劳动人民在长期的历史过程中形成的智慧。但我们在与周围人特别是年轻人的接触中发现广大民众对本土文化与历史的了解并不深，这对一个定位“山水渭南”“民俗渭南”的特色城市来说，不能不说是个遗憾。渭南的发展不仅仅只看高楼与大马路，还需要与之相匹配的市民的文化素养。那么，怎样才能发挥好我市的特色文化优势，提高市民的文化素养呢？笔者认为，可从以下几个方面着手普及本土文化与历史知识：

(1)从学校教育抓起。学校是学习的最好场所，在校的中小学生是渭南的未来。让学生了解家乡的历史文化，培养热爱家乡的思想感情，树立为建设美好家乡而不懈努力的坚定信念刻不容缓。

(2)编印通俗易懂，易于普及的介绍本土文化与历史的出版物。我们注意到，虽然新华书店内有专门摆设本土作品的专柜，但这些书不是价格偏高，就是专业性太强，不易理解，让一般的民众只能望书兴叹，从而影响了本土文化与历史知识的普及。这就要求文化与史志单位编印一些价格适中，内容生动有趣，能被广大市民所接受的出版物，如民间故事传说、民风民俗，以图文形式介绍渭南历史等内容的出版物都是广大民众所喜爱的。

(3)充分利用新兴媒体——互联网和手机。互联网和手机现已成为许多民众特别是年轻人获取信息的重要渠道。虽然现在也有些相关单位的网站也设有介绍渭南文化与历史的栏目，但因更新缓慢，内容枯燥而少有人问津，致使这些栏目没有发挥它应有的作用。政府部门可整合相关文化史志单位的力量，建立一个专门的渭南文史网站，指定专人负责日常维护更新，网站内容除发表专业文史人员的文章外，还可调动民间的文史爱好者积极投稿，撰写与收集相关资料，参与网站的管理中来。利用网站这个平台，组织一些介绍本土文化与历史的讲座，出版刊物等形式进一步普及本土文化与历史知识。

通过研究，从而使渭南历史文化与现代社会接轨、与民众需求吻合，达到为今天所用、为现实所用，对渭南“文化强市”战略提出对策性理论参考，对以文化自信为核心的文化传承与创新提供理论依据。

慕课模式下的秦东地区高校汉语课程建设方案初探

延 慧

（渭南师范学院 人文学院，陕西 渭南 714099）

摘 要：随着我国综合国力的逐渐提升，汉语学习者越来越多，汉语学习者的需求日益增长。各大高校、网络孔子学院等投入了大量的人力财力，但仍存在不少诸如教学内容的表现形式单一、师生互动方式单一、学生不能精准定位学习内容等问题。慕课大规模性、开放性等特点可以很好地解决汉语教师缺乏、教学条件、地域差异等限制，为学习者提供更好的教学资源和服务，实现教学资源的均衡共享。

关键词：慕课；汉语国际推广；课程建设

作者简介：延慧（1984— ），女，陕西绥德人。副教授，文学硕士，主要从事汉语国际教育与跨文化交际研究。

一、运营方式的选择

现在的慕课主要有几种运营方式：高校联盟或高校自主研发、高校与企业合作、企业自主开发等。其中，高校联盟或自主研发，是当前最常见的一种慕课平台运营模式，但技术成本、难度较高，知名度不高，不利于在国际上大范围推广传播；企业自主开发容易导致慕课商业化操作，为了获取更好的效益而忽视了学术建设；而高校与企业合作，利用比较广为人知的慕课平台，推广高校优质的课程，是比较有优势的方式。高校具有优质的教学资源，企业利用先进技术制作精良的课程和品牌知名度，能够吸引更多的学生参与。例如，作为慕课"三驾马车"之一的 Coursera，在国内外的知名度都很高，北京大学所推出的《基础汉语教学》有较高的品质保证，因此利用已有的知名的慕课平台进行汉语国际教学的推广和宣传是比较好的形式，高校和企业也可以得到双赢，共享收益。

二、教学大纲的重设

汉语作为第二语言的教学应该如何教，是学术界一直在摸索和探讨的话题。为此不断地更新和改进汉语教学大纲，对汉字、词汇、语法点的掌握都有详细的规定，但这仅适用于传统的课堂和 HSK 等级考试标准，对于网络汉语课程的教学目标、教学内容、教材使用、考核方式并没有统一化的标准。语言的学习会受到学习者第一语言的影响，慕课也没有很好地将汉语教学国别化。目前的汉语课程授课媒介语主要是汉语和英语，对于母语者非英语的学生而言，需要花费更多的时间来学习，这也是阻碍学生进一步学习汉语的原因之一——语言存在障碍。因此，需要重视网络汉语课程的教学大纲设置，对于教学目标、教学内容、教学对象、时间、教材编写、考核方式都应当有清晰的纲领指导。只有切实可行的规范，才能够更好地利用慕课进行汉语国际教学与中华文化传播。

针对教学大纲设定的问题，不少国家汉办选派的汉语教师认为，传统课堂中教学的大纲依旧有参考价值，例如初级、中级的分别要掌握哪些词汇、语法点，只是要更加细化到每个知识点，而不是依照课本中的单元循规蹈矩的进行。并且应该以知识点为中心，设计相关的场景、语境和练习来展开学习。针对教学对象不同，设计不同的慕课。例如商务汉语、旅游汉语等等，适应不同需求的学习者。同时,应当专门为教师编写慕课教案作为指导,并通过教学效果不断改进教学方法。

三、课程设计

课程设计得好不好,是能否吸引学生继续上课的关键。北京大学的《基础汉语教学》中,每段视频中间都穿插一些小测验,要完成测试才可以继续观看,相当于传统课堂中老师的提问,可以抓住学生的注意力;视频中老师保持一定的出镜量,提高教师的存在感,给学生制造更真实的教学环境;在完成视频学习后,有相关的测验,以巩固和检测学生所学知识。另外还提供视频、音频、课件以及字幕下载,方便学生根据自己的学习进度进行自主学习。完善的课程设计可以让学生更好地得到在线体验,从而提高学习效率,收获更高的学习效果。教师也从传统课堂中的中心转变为学习的组织者,慕课的中心则是学生。只有在课程设计中把握好以学习者为中心的理念,才能更加符合学习者的需求和体验,设计出更好的汉语课程。

小测验、作业以及学习材料的设计,确实弥补了传统课堂的一些不足。但因为教师没办法了解学生的进度,进行实时的互动,很难说传统课堂的效果是否就不如慕课。作为课后的辅助学习是非常有用的,但这并不能替代传统课堂的学习。

在慕课的推广使用当中,较为受争议的一个问题就是学生的注册率、参与率很高,但完成率非常低。在果壳网公布的《2013MOOC 中文用户大摸底》的调查报告中显示,67% 的学习者一门课程都没有完成。其中最重要的外在原因之一,是教师课程设计和教学内容。因此教师应当更注意提高教学内容的实用性。学生学习汉语最重要的目标是交际。因此教师应当对教学内容进行筛选,利用情景对话、角色扮演等多种活动方式,引导学生使用汉语解决实际问题。避免延续传统课堂中的"一言堂"形式,应该给学生更多使用汉语的机会,提高学生的信心。

四、互动方式

慕课相比其他网络公开课,最大的特点就是其互动方式。如中国大学 MOOC 中设置了教师答疑区、课堂交流区、综合讨论区,学习者可以在此上传作业,进行互评交流,向教师提出问题等等。这也超越了传统课程中的交流方式,师生互动、生生互动变得更具开放性、多样性。不仅教师可以对学生的问题进行答疑,学生也可以对教师的讲课方式、教学内容提出疑问,促进教师更好地对课程进行改进,推动相互之间的进步。在果壳网公布的《2014MOOC 调查报告》中,50.6% 的学习者喜欢老师答疑,48% 的学习者喜欢与老师在讨论区互动,44.2% 的学生喜欢与老师进行实时交流。这表明学生是比较积极主动地与老师进行交流的,在网络这个开放的平台,更容易激发学生的主动性和创造性。另外,在一些语言学习平台上,还支持通过视频找语伴的方式促进学生交流。汉语慕课也可以参考这一形式,将现有的成熟的技术,如语音识别(Google),在线聊天(QQ,skype 等),人机对话(苹果 Siri)等工具有机地结合起来进行教学,让学生能够跟母语者、学习者使用目的语进行交流,切实地在实际生活中使用汉语,构建丰富多彩的学习环境。

在汉语慕课当中,还有许多方面不够完善。例如学生学习汉字,需要书写,口语也需要教师及时地纠错。这还需要在实践当中继续探索和检验。北京大学在 Coursera 中发布的、由施正宇教授主讲的《汉字初级教学》在练习中,采用的是图片展示的方式,让学生根据图片选择相关汉字。这一设计可以很好地检查学生的认字能力,但无法检测学生的书写。因此仅仅依靠慕课进行学习还不够,需要学生在课余时间进行练习巩固。慕课中的互动方式可以督促学生在课后继续学习,多样化的互动方式也提高了学生的积极性。然而,即使是传统的课堂,很多学生也没办法完成老师布置的作业。如果说仅仅使用慕课来学习语言,恐怕要学习动力比较强、比较自觉才可以。

五、汉语慕课设计

1. 学前分析

学前分析是教学设计的第一个重要环节,包

括教的分析与学的分析两大方面。教的分析包括社会需求分析、教学内容分析、教学人员特征分析、现有教学条件分析等;学的分析包括学习者学习动机分析、兴趣爱好分析、起点水平分析、认知风格分析、学习条件分析等。

除了一般的要求外,汉语慕课的学前分析一定要重视网络课程与传统课堂教学的不同,不能照搬传统课堂教学的模式。由于教师和学生、学生和学生、学生与资源都处于分离的状态,中间通过一个"机器"作为中介,这个机器就是网络和终端设备的代名词。于是教学内容这个要素被资源所替代和涵盖,而教学方法这个要素更多地转变为教师与学生、学生与学生、学生与资源之间借助机器互动的方法和策略。

汉语慕课的学习者层次参差不齐,动机不一,学习习惯、学习风格差别很大,学习时间趋于碎片化;慕课可以对学习者进行一定的筛选限制,相对平均一点。另外,由于学习者大都以个别学习的方式来学习慕课,容易产生孤独感,无法与教师、同学进行即时交流。因此,线上线下的交流互动对他们很重要。

2. 目标设计

在学前分析的基础上,应该对一门汉语慕课的教与学目标进行初步的确定。教的目标是指教师对课程最终结果的期望,学习目标是学习者对课程学习结果的期望,在慕课的学习中,这两者很可能有不一致之处。慕课的学习者除了部分是为了获得证书和学分之外,更多的有较强的个人意愿,希望通过课程学习得到自己想要的东西,而不一定都会按照老师的希望那样去行动。因此,教师在设计课程目标时,一定要充分考虑到这一点,在教的目标与学的目标之间找到一种平衡。

3. 策略设计

慕课的教学策略主要分为教学资源建设策略、教学活动策略、教学流程设计三大部分。

(1)资源建设策略

①资源类型。教学资源中最重要的是视频资源,其次是课件、文本、工具、素材资源等。慕课的教学视频应选择优秀的教师来录制,内容应该选择重点、难点和连接点,教师在视频中可以露面,也可以不露面,一切以内容需要来确定。视频一定要清晰、流畅、节奏恰到好处,以突出教学效果、有效沟通为原则,而不要故意炫耀技巧、花里胡哨;风格以简洁为上,应该尽可能去除一切与内容传递、有效沟通无关的冗余信息,降低学习者的认知负荷;慕课视频最好能支持手机播放,时间不宜太长,以5至15分钟为佳。要配上字幕,同时提供文字稿本,以供不同习惯的学习者选择。课件、工具、文本、素材等资源应提供上传和下载功能。②平台模块。慕课的平台模块,要根据平台的类型而定。一般应包含几大模块:课程通知与课程介绍;教师信息;教学视频;学习资源;讨论区;作业提交与成绩公布;自测习题库;个人作品展示;意见建议;相关链接。

(2)教学活动策略

对于语言慕课而言,教学活动中最重要的是如何开展互动,使用汉语进行交际。在线练习、小组协作、作业评改、交流讨论、互动答疑等活动,线下的活动只能作为补充。如果是局限在校内的慕课,则可以与校内的面对面教学相结合,采用翻转课堂的教学模式,即学生在课外通过网络课程资源自主学习,课上则进行讨论、交流、练习、辅导等活动。甚至可以邀请母语者跟学习者结成语伴进行学习。

慕课平台应该提供尽可能多地交流、互动、展示工具,也可以借助社交网络平台开展互动。例如使用QQ,WeChat,SKYPE等社交工具进行聊天谈话,增加汉语使用的机会。由于慕课的学习人数众多,不可能光依靠主讲教师来互动,必须按照一定的比例配备助教,助教可以由汉语作为母语的青年教师和研究生担任,也可选拔优秀的学习者或已修过该门慕课的结业者担任。如何对助教团队进行管理、分工、考评与奖励,需要依据具体情况不断探索。

(3)教学流程设计

一门慕课分为开课前的准备阶段、教学实施

阶段和评价总结阶段三个部分。开课前的准备阶段需要做大量工作,除了要做好课程设计、录制教学视频、在平台上开设课程之外,还要进行招募学习者的宣传,组织好教学团队及技术支持团队。宣传活动一般应提前数月甚至半年进行。教学实施阶段时间一般不宜太长,应比传统的学期为短,一般控制在两三个月内为宜,时间过长容易引起倦怠,增加辍学率。教学视频的发布一般以周为单位,每周发布一到数段短视频,同时提供教师精选过的学习资源、作业练习、讨论问题、自测试题等。按照课程内容体系由易到难,循序推进。

4. 评价设计

慕课的教学评价可采用多种形式。教学评价包括对学习者的评价和对课程教学本身的评价两部分。

(1)对学习者的评价

慕课学习者的学习成绩主要由平时成绩与最后考核两大部分构成。平时成绩所占比例应该比传统课堂教学中要大。平时成绩由平时作业和练习完成情况、讨论交流表现等方面评定,最后考核由标准化考试或/和提交论文作品构成。

作业的评改可以机改(即计算机系统自动评卷)、教师和助教评改以及学员之间的互评等多种方式。其中学员之间的互评是一种解决大规模评卷困难的常见方式。主讲教师和助教应事前制定好评价量规、范例、评分标准等,在合适的时候发给学员,以利于互评活动的顺利进行。同一个学员的作业和练习应接受 2 - 3 名同学的评价,每个学员一般要评价 2 - 3 名其他同学的作业和练习。主讲教师和助教应通过多种方式对互评活动进行指导、培训、检查和监督。对于需要获得学习证书和学分的学习者,最后考核非常重要,无论是现场考核或在线考核,都必须保证是学习者本人参加,以保证学分和证书发放的权威性。证书可分为电子证书和纸质证书两种形式。

(2)对课程教学效果的评价

对课程的评价可根据平台提供的学习者学习活动的各种数据、对学习者的问卷调查与深度访谈以及网络和社会对课程的各种反映等多种形式进行。以利于新一轮慕课开课时做出必要的改进与调整。慕课作为一种新型的教育方式,使知识获取的途径发生了根本变化。它创造了跨越时间、空间和条件的限制,对教育模式、体制产生了革命性的影响。对汉语慕课的探索,希望能够起到抛砖引玉的作用,旨在为开展慕课汉语教学提供些许参考,为汉语国际推广提供一种新模式。

参考文献

[1]刘洪东. 当代法国语言推广政策及启示[J]. 东岳论丛,2014(2).

[2]姜葵. 汉语国际推广与对外汉语教师中国文化素养教育[J]. 绵阳师范学院学报,2013(1).

[3]周俊华. “慕课”浪潮下的高校教师发展战略研究[J]. 上海理工大学学报(社会科学版),2015(3).

[4]曾倩兰,周晓萍,刘振芳等. 跨文化视阈下慕课字幕翻译之归化与异化策略研究[J]. 校园英语,2015(36).

[5]刘娟. 慕课(MOOC)背景下的国际汉语教学和推广[J]. 学术论坛,2015(3).

和谐社会目标下的秦东高校危机管理

梁利伟

(渭南师范学院 人文学院,陕西 渭南 714099)

摘　要:高校危机管理属于政府危机管理的一部分,而危机管理已经成为高校管理重要的一部分。秦东高校的危机管理与危机传播成为一个全新的课题,本文从传播学、管理学角度探讨了秦东高校危机的诱因,提出了面对危机管理的原则,为和谐社会目标下的秦东高校危机管理提供反思和应对策略。

关键词:危机管理;危机意识;3T

作者简介:梁利伟(1982—　),女,河南新乡人。渭南师范学院人文学院教师,新闻学硕士,主要从事新闻业务研究。

稳定是大局,也是构建社会主义和谐社会的重要内容。我们要致力于构建社会主义和谐社会,就必须千方百计把化解矛盾、消除危机、维护社会稳定放在至关重要的位置。而加强政府危机管理,对于维护社会安定有序,不断消除现实社会中各种不稳定因素,对经济发展、社会进步、人民群众安居乐业营造和谐的社会环境有着举足轻重的作用。

目前我国正处于突发公共事件高发时期,各种自然灾害、事故灾难、公共卫生事件、社会安全事件等突发公共事件越来越频繁地刺激公众的神经。从美国"9·11事件"、印度洋海啸灾难到巴黎市郊的骚乱,从SARS病毒及禽流感肆虐、煤矿透水或瓦斯爆炸频发、松花江水受污染到九江地震,表明了在经济全球化、社会复杂化和自然环境不断恶化的时代背景下,社会公共危机已由非常态化的偶发转变为常态化的频发,成为社会管理中不可回避的重大挑战。未来很长一段时间内,我国也都将面临突发公共事件所带来的严峻考验。应对社会公共危机的能力已成为衡量政府管理水平的一项重要指标。如何建立一套比较完善的公共危机管理机制,形成有效的政府制度安排,及时有效地处理危机,已成为我们建设和谐社会的重要课题。其中高校的稳定牵涉到社会各个层面,也是社会稳定重要的一环。高校危机管理属于政府危机管理的一部分。

陕西是西部地区的教育大省,高校数量达76所,包括民办、成人等各类国家承认的大专院校。在人们传统的认识中,危机不会发生在校园,也不应发生在校园内,高校一向被视为内部组织稳定性较高、外部因素侵入较少的地方。但是,近年来由于社会转型和社会变迁的急剧加速,高校或因学生自身因素、或因校外各种因素的介入、或因自然因素,出现了各种危机,典型的如大学生自杀、集体中毒、意外伤亡等等。有时是外界的公共危机波及高校,如2003年"非典"流行,各地高校也或多或少受到影响。危机管理已经成为高校管理重要的一部分。

一、秦东高校危机的诱因分析

根据高校危机的发生过程、性质和机理,主要分为四类:第一、自然灾害类,包括地震、水灾、旱灾、风灾等;第二、事故灾难类,包括自杀伤害、交通事故、公共设施和设备事故、环境污染和生态破坏事件等;第三、公共卫生事件类,包括传染病疫情、集体食物中毒、滥用药物、群体性不明原因疾病以及其他严重影响师生身体健康和生命安全的事件;第四、社会安全事件类,包括恐怖袭击事件、不合法的游行示威、校园暴力、盗窃、黑客骚扰和涉外突发事件等。

从高校危机的不同类型可以看出,其表现形式呈现出多样化的特点。通过对近年来所发生的众多高校危机的反思与总结,发现一般都具有这样的特征:(1)突发性;(2)紧急性;(3)不确定性;(4)多元性;(5)敏感性;(6)危害性;(7)新闻性。

在市场经济条件下,高等教育的发展处于复杂多变的环境中,其中既有可控因素也有不可控因素。中国人民大学危机传播管理研究中心主任郭庆光认为“我们已经进入了一个高危社会,有的学者也称之为高危时代”,并且认为与传统危机相比,现代危机“传播速度更快,波及面更广、应对难度更大、后果也更严重”。因此,处于转型期的复杂社会大环境中,高等院校也不可避免地面临着各种危机。尤其是高校近年的扩招,使高校所牵涉的面越来越广,牵涉的社会关系也越来越多,更容易处于风险、面临危机。

1. 高校人群的特殊性,决定了它是各种危机的易发场所

高校是一个极其特殊的社会群体,这个群体的成员具有有别于其他社会组织的特征,表现在:(1)人群密集,价值取向高度一致;(2)群体成员的心理脆弱性和个性的非成熟性;(3)群体成员接受、传递信息的高速性和对信息判断的非理性。

2. 许多社会问题折射到高校,容易诱发危机

社会转型期,各种纷繁复杂的社会矛盾、社会问题通过各种信息渠道或家庭影响到学生,学生心理出现浮躁现象。如,家庭成员下岗、物价上涨、医疗保险不健全等看似属于社会问题,但这些问题可能涉及学生所在家庭,通过家庭传递给学生,学生则可能因为某一件事情引发对这些问题的不满,继而为引发危机埋下伏笔。

3. 高等院校办学规模不断扩大,校园文化的影响和管理不到位,使危机产生的概率增加

扩招使高校管理的客体骤然加大:一方面,学生活动场所受到限制,住、食用房普遍紧张;另一方面,学校对学生的管理和教育很难与快速发展的形势同步协调,使高校在管理上难免陷入松散和失效,管理和服务不能满足广大学生的需求就可能导致各种校园突发事件急剧增加,如自杀、校园暴力、集体中毒等。

二、秦东高校危机管理的基本原则

1. 遵守法治原则

在危机处理中,必须遵循国家有关法律法规,并根据其制定相应的规章制度,有效合法地建立危机处理的程序和步骤,形成科学合理的危机处理机制。学校对其制定的行为准则和各种规章制度,通过多种途径进行宣传教育,使学生了解学校的政策制度,做到“有法可依,有法必依”。同时,对于学生违纪违规现象,以批评教育为主,并根据有关规章制度严格执行,做到防微杜渐,确保校纪校规的严肃性。

2. 科学管理原则

决策者对危机事件的认识要客观科学,危机发生时切不可刻意隐瞒、回避。要始终按照科学的原则对待和处理危机,应对各种紧急突发事件,做到管理有方,行动有序。

3. 以人为本原则

以人为本是科学发展观的基本价值取向,它要求在危机处理中要尊重人权,最小限度地避免与个人权利的冲突,最大限度地保护学生和教职员工的生命财产安全,将教职员工的利益放在危机处理的首位。

4. 快速反应原则

一旦高校进入危机状态,学校应该迅速有效地控制危机发生的范围,谨防事态的扩大,将危机消除在初始状态,制止危机的蔓延。采取必要措施避免不实舆论的传播,尽量减少负面消息对学校的影响,迅速成立事件处理小组,对危机事件做好第一时间的迅速反应,并做好稳定工作。

5. 程序透明原则

在危机预防预警中,干预控制、善后补救和处理评估等危机管理过程中,高校都应当按照规范化的程序进行,确保相关规则和程序为管理人员

和师生所知悉。对于学生，辅导员、班主任要下到班级，调查学生对事件的了解情况，避免流言的传播，对事件要做好正面的思想政治工作。

三、秦东高校危机管理长效机制的建立

1. 建立管理预警系统，将危机管理规范化、制度化

在高校的工作实践中，为做好危机时刻的危机管理，必须在日常管理中做好危机预警的制定和演练工作，实现危机管理的规范化、制度化。

我国高校目前在危机管理组织机构方面的建设基本停留在临时组建危机管理领导小组这一阶段，这样临时组建的领导小组事先没有制定一个有效的危机处理计划，无法有效建立相应的危机培训和教育机制，即使有时能够处理一些危机事件，但成本较高。因此，建立高校危机管理机构非常必要。从高校危机管理机构的功能角度可将其分为决策小组（成员包括：校长、副校长等学校领导）、执行小组（成员包括：各院领导，学生处、教务处、宣传处、保卫处、辅导办的负责人以及各班班主任）和咨询小组（成员包括：学校医生，心理咨询师，信息管理人员以及法律顾问等）。

危机管理小组成员的职责明晰之后，一旦危机发生，小组成员应根据危机计划对具体的危机事件采取恰当的方式协调运作，相互配合。其次，危机管理机构应成为学校的常设组织，小组成员必须定期会面，讨论修改危机管理计划，经常分析各类信息及情报，发现学校应关注的问题，有效预防危机。

2. 开展危机意识教育，提高师生的应对能力

高校危机管理的基础环节是提高师生的自我防护，救护知识和技能，努力提高师生防灾、减灾和保护生命健康安全的意识和基本技能，这对于学校应对危机事件及减少事件的负面影响至关重要，所以学校必须建立高校危机应对训练机制。对于不同的培训对象，培训内容应有所侧重，总的来说应围绕四个问题展开：(1)树立危机意识；(2)预防和阻止各类危机事件的发生；(3)危机发生时，如何做出反应；(4)危机过后如何尽快恢复。

对以上内容的训练应可分3个层次进行：(1)危机意识。从理论上认识危机，了解学校可能发生的危机类型，树立危机意识。(2)模拟演练。将训练者置身于一个假设性的危机事件中，让他们构思小组的构成及各个成员的职责分配；或者给他们提供一个危机情境，并给他们配以各种角色，让他们学会在危机事件中集体思考、协同行动。(3)混合训练。在危机培训的最后部分是把内容培训与危机事件处理过程结合起来，这种结合实际上等于给训练者一个危机事件，让他们从头至尾地考虑问题，寻求对策，采取行动。第一层次的训练侧重理论，第二第三层次的训练侧重实践。

3. 加强信息沟通和心理服务

清晰的信息沟通路线对成功地管理危机事件非常重要。在制定危机管理计划的过程中，在地区、高校及社区之间建立一套有效的沟通机制是十分重要的。

根据信息沟通的原理和危机情境下信息沟通的特殊要求，高校危机管理的沟通机制在构建时首先应明确以下几点：第一，沟通对象。一般来讲，对高校危机管理而言，危机沟通的对象主要有危机管理领导小组、教师、学生、家长、媒体等。第二，沟通的目的。为了避免危机，或当危机发生时获得各方面的支持和理解，以提高危机管理的水平。第三，信息沟通的手段。目前信息沟通方式非常多，有手机、对讲机、电话、网络、传真、书信、新闻报道等。在此基础上，高校的危机管理沟通机制应包括：校内沟通、学校与家长的沟通、以及学校与媒体的沟通。

危机会引发人心恐慌，因此必须做好师生员工的沟通，消除不必要的恐慌，从而稳定秩序。一方面危机发生时学生和教职工都必须被告知学校发生了什么事情和应该做什么事情。学生家长也必须被告知危机的情景。另一方面与法律部门、信息部门和其他紧急事务部门沟通，学校委员会或者危机处理小组必须及时按照正常程序把实时信息发到相关各处做出公布。通过正确消息正面传播来避免不正确消息的非正常途径传播与

扩散。

高校危机传播作为在特定状况下、特定领域里的一种信息传递形式,从整个传播过程来看,既需要遵循如大众传播的普遍原则,同时又基于高校的特定情境有自己的特殊原则。英国危机公关专家杰斯特提出了危机沟通的“3T”原则,强调了危机时期信息发布的重要性:第一,以我为主提供情况(Tell your own tale);第二,尽快提供情况(Tell it fast);第三,提供全部情况(Tell it all)。这三条原则对于高校在危机事件中进行有效的传播同样适用。

心理咨询的有效开展不仅能够干预大学生的危险行为,更重要的是心理咨询的过程中可以积累大量有价值的第一手资料。因此,学校要加强心理健康教育和宣传,正确认识心理咨询的作用,鼓励学生在遇到心理问题时进行心理咨询,加强学生心理问题的自我干预。

4. 完善危机的后勤保证机制

危机的预防、控制、处理均须有后勤保障机制。学校应根据自己特点,设立危机后勤保障部门,配备专职或兼职人员,改善后勤设施,准备必要的救急所需的资金和物资储备,预先安排好解决各种危机所需的物资清单,使后勤工作及时、畅通、到位和有效。

5. 建立危机管理档案,加强危机反思

危机结束后,高校必须对其进行反思,前事不忘,后事之师,若能总结经验,对日后的危机管理会有很大的帮助。总结反思一般包括:

1. 调查与分析。调查危机发生的原因和相关的责任人,指明学校管理问题的所在,建立规范的管理制度。

2. 评估与评价。评估高校的整个危机管理系统,详尽地寻找整个危机管理系统的薄弱环节。

3. 整改与存档。根据调查和评估的结果,由危机处理领导小组组织各责任部门和相关人员讨论并提出整改要求,分门别类地做好危机管理档案,将危机管理过程的各种会议记录、建议方案、执行方案、善后处理报告等进行整理并组织学习,以帮助危机工作者提高危机管理的水平。

总之,危机的发生并不可怕,可怕的是没有危机意识和应对措施。只要高校实施有效的危机管理策略,危机的负面影响是可以控制甚至化解的。

参考文献

[1]郭庆光. 传播学教程[M]. 北京:中国人民大学出版社,2011:123-124.
[2]史安斌. 危机传播与新闻发布[M]. 广州:南方日报出版社,2004:34.

从新闻反转看自媒体时代新闻的真实性

张 涛

（渭南师范学院 人文学院，陕西 渭南 714099）

摘 要：自媒体环境下，新闻反转成为一种常态性的新闻现象，它是新闻真实性问题在新的传播环境下的外在表现。结合“罗尔”事件分析新闻反转的原因，可以发现自媒体时代新闻真相是一个动态的呈现过程，“有机的媒介运动”正是这个过程的形象体现。对新闻反转现象应该持有一个客观理性的认识，而不是以大众传播时代的既有观念对其一味地批判。

关键词：新闻反转；自媒体；有机的媒介运动

作者简介：张涛（1978— ），陕西临潼人。讲师职称，硕士研究生，研究方向为新闻理论。

从2013年“东北大妈讹诈外国小伙”事件，到2016年11月25日“罗尔”事件，再到2017年8月“榆林产妇坠楼身亡”，近年来新闻反转事件数不胜数。新闻反转已经成为互联网时代的一个常态现象，值得深究。新闻反转不是新闻学领域的传统的专业概念，而是近几年被广受关注的一种媒体现象[1]，目前尚未有一个公认的明确的界定。有学者认为新闻反转是新闻信息通过互联网传播，经过不断地质疑、补充，新闻真相扑朔迷离，“剧情”跌宕起伏，在一段时间内新闻事实不断逆转的新闻现象[2]。“新闻反转”从本质上看，是移动互联网时代这一新的媒介环境下新闻真实性问题的新表现。本文力图从新闻真实性问题入手，深化读者对新闻反转现象的认知，廓清互联网时代新闻的真实性问题的新变化。

一、新闻反转的内涵

新闻反转现象研究肇始于2010年，到2013年受到研究者的广泛关注，从论文数量上看，2016年成为一个顶峰时期。这和两微一端等新型媒体在国内的发展高度同步。本文梳理了新闻反转的相关文献后发现，当前对新闻反转现象的研究存在的问题主要变现为：首先对新闻反转概念界定不准确，认为新闻反转就是舆论反转，把新闻反转与舆论反转等同起来[3]；其次对“新闻反转”现象持完全的批评态度，认为新闻媒体和从业者的工作不到位是造成“新闻反转”的罪魁祸首。这是对新闻反转现象认识不够深入的表现。

研究新闻反转现象的前提是对这一概念做出清晰的界定，彻底搞清研究对象的边界。首先新闻反转不等同于舆论反转，虽然二者高度相关，但二者需要严格区分，因为他们具有不同的发生机制，产生的影响也大不相同，因此不能混为一谈。新闻反转是新闻信息在互联网传播过程中，初始的新闻事实不断地被补充、被质疑，在一段时间内新闻事实和事件的性质不断逆转，“剧情”跌宕起伏的一种新闻现象。新闻之所以发生反转，归根结底还是新闻事实的反转，即在进一步的调查过程中，事件的细节和全貌逐渐显现在大众面前，事件当中所涉及的人和事的立场也发生了改变，包括对原生报道进行信息的补充、对错误信息进行勘误纠错、甚至是与原生报道的完全对立和转变。新闻反转的过程是事件多方通力合作努力追溯真相的过程。舆论反转伴随着新闻反转发生，舆论反转是受众对新闻事件态度和情绪的转变，指新闻一经报道，舆论在最开始会把矛头对准当事的其中一方，而随着事件进一步发展，舆论又会倒向与先前完全对立的一方,受众的态度发生了一百八十度的大转变。舆论反转表现为受众被欺骗的感觉,从而对媒体信任度降低,质疑媒体报道的真实性。舆论反转所产生的影响远远大于新闻事件本身的反转。

假新闻报道导致的新闻反转是否属于"新闻反转"的概念范畴,值得商榷。假新闻之所以能够发生反转,是因为它所呈现的内容本身就是捏造出来的,并不是客观事实的呈现,在报道后经历了一个被识破的过程,这种新闻注定会发生反转。另一种反转情形则是,报道本身是基于一定的客观事实,只是在报道中被指出信息不完整或部分失实,随着更多事实的呈现,新闻事件的性质发生反转。前一情形中的虚假事实是主观故意捏造的结果,后一种情形中的虚假事实或者事实的不完备是客观因素限制的结果。研究者普遍将假新闻导致到反转排除在新闻反转概念的范畴之外。

二、结合"罗尔"事件分析新闻反转的原因

(一)从自媒体传播语境看新闻反转原因

据第 41 次发布《中国互联网络发展状况统计报告》,截至 2017 年 12 月,我国网民规模达 7.72 亿[4]。近年来,微博、微信、APP 等新媒体平台快速扩张,吸纳了数以亿计的用户,传播语境的变化对社会新闻事件的传播产生了重要影响。受众不再是单一的新闻信息的被动的接受者,而且是新闻的传播者和生产者。自媒体赋予了人们前所未有的知情权和话语权,人人都可以畅所欲言地表达自己。在公众的广泛参与下,新闻信息生产和传播的主体泛化,新闻生产传播进入"人民战争时代",不再是专业新闻机构的专利,越来越多的新闻事件发端于微博微信平台,热点新闻事件往往在短时间内迅速扩散,被围观评论。同时,移动互联网随时随地传播的特性,使得新闻信息的生产和接受方式在无形中发生了变化,呈现出高度碎片化的特征,包括时间的"碎片化"和内容的"碎片化"两方面,自媒体为了追求信息的传播速度,放弃了对信息的广度和深度的要求。

为了迎合受众这种"碎片化"阅读方式,当某一新闻事件发生后,具有高度参与性的报道者各自基于自己掌握的新闻事实快速的以碎片化形式报道呈现。当公众依据碎片化信息对新闻事件的性质做出判断时,极易被误导。自媒体传播以大量的高度碎片化信息逐渐呈现为主,而公众对新闻事件性质的初始判断需要基于系统的综合的事实,这是自媒体时代新闻呈现过程中天然存在的矛盾。加之自媒体和传统的媒介机构相比较,天然的存在把关人缺失问题,而缺乏专门训练的大众传播者专业素养普遍缺乏,他们在新闻传播的过程中对新闻真实性重视程度不够,易于造成新闻部分失实。甚至部分新媒体平台抱着"先传播、后过滤、再澄清"的态度,弱化把关环节。随着新闻事实逐渐呈现出来,原生报道中出现的信息漏洞,如信息不全面、失实等问题暴露,必然产生"新闻反转"。据统计,2013 年至 2016 年的 62 起"新闻反转"事件,其中 40 多起事件最开始都是在微博、微信朋友圈、论坛等新媒体平台上首先发布的,并且在新闻原生报道阶段就产生失实报道的情况中,网民和自媒体的责任是高于记者的[5]。

"罗尔"事件正是通过微信公众平台开始发酵的。2016 年 11 月当事人罗尔在其公众号上发布了推文——《罗一笑,你给我站住》,讲述了自己 5 岁的小女儿罗一笑不幸患重病,不得已"卖文"筹集善款,"小铜人"公司承诺该文每转发一次,便给笑笑的治疗费增加一元钱。该文在朋友圈被大量转发,在短短 3 小时内累计传播量超过 1000 万,迅速成为舆论的焦点。随后罗尔有房有车及笑笑医保报销比例超过 80% 等原生报道中未提及的重要信息被网友揭露出来,在公众面前罗尔从"悲情"形象瞬间逆转为令人仇恨的对象,被网民认为通过营销炒作"诈捐骗钱"。其实早在 2016 年 9 月 10 日罗尔发布的网文《我们不怕讨厌鬼》中,表明了自己写作的目的只是为了记录,以鼓励处在特殊时期的自己和家人。之后发布的文章中他也写到了朋友鼓励、有保险而不担心医疗费用等内容,提到将自己的公众号发展为关注白血病患儿的平台,将所得赏金用于资助他人,并且已经共资助了

4名白血病患者。但是,很多媒体没有对事实进行查证,忽略了罗尔的初衷,正是新媒体平台缺乏把关机制下的碎片化新闻信息导致了新闻反转。

（二）从大众情绪角度看新闻反转的原因

在网络世界,类似于这种“不转不是中国人”“为了你的爱人,必转”等字样的标题充斥着朋友圈里,然而其内容却不忍卒读,大多是情感绑架骗转发、制造恐慌危言耸听的谣言,文章背后更是藏着一种莫名其妙的逻辑爱国、孝心、爱心等各种能够激发美好情感的标签。很多网民会抱着一种“先转发再说,管他是不是真的”的从众心理进行转发。尤其是当那些带有敏感性质或者不公事件发生时,尤其能激发大众情感泛引发舆论狂潮。移动互联网传播环境中,获得传播话语权大众依赖自媒体成为网络新闻传播的主体力量,他们普遍的缺乏专门的训练,对新闻事实没有足够的鉴别能力,其网络传播行为受非理性的大众情感所鼓动。法国学者勒庞在其著作中指出,理性的个体在群体行动中会造成个体理性的迷失,作出种种极端化行为,网络大众同样也具有这样的行为特质。同时,个体的行为受到普遍社会心理的支配,因为普遍社会心理塑造了个体头脑中的认知图式,即使这样的图式很大程度上是一种刻板印象的偏见。从认知的角度看,网络大众对于新闻事件认知判断往往基于这种普遍的刻板印象偏见,譬如官员都是腐败的、富人都是为富不仁的等等。在当下中国社会的转型时期,由于利益的分层,形成了种种社会思潮,大众更易于被普遍的社会情绪所鼓动,能够反映社会情绪的新闻往往会演化为社会热点事件,大众也是基于情感选择性的解读新闻事件。马克思谈到人民报刊时说道,能够反映人民大众情感、与人民同呼吸共命运的新闻,哪怕事实本身是不真实的,也是本质真实的。马克思强调了新闻的立场问题,认为人民大众情感是最本质真实的东西。

就“罗尔”事件而言,在自媒体传播过程中突出了情感的推动作用。该事件之所以能够被迅速传播,发酵成热点事件,造成强烈反响,是因为该事件中涉及5岁幼女、患者、无经济能力、弱势群体等易于激发大众情绪的要素,大众对弱势群体的同情心是推动该事件传播的主要动力。事件当事人罗尔也深谙此道,在推文写作中充分运用煽情化的表达,以充满情感触动性的文字激发大众的同情心。短短3小时内累计传播量超过1000万,几小时之内获得了200多万赞赏金,这充分体现了情感在自媒体传播中所爆发的巨大能力,以及事件背后大众的善良轻信和盲目冲动。情感是把双刃剑,当新闻发生反转,大众发现他们被营销后,大众情绪便从易感动转化为巨大的愤怒,处在舆论风暴中心的罗尔和小铜人公司,以及转发该事件的自媒体成为大众质疑和声讨的对象。学者严安德对“罗尔”事件的问卷调查表明,大众对于“罗尔”事件只是听说,并没有进行深入的了解,只有14%的群体表示自己一直在关注[6]。这种缺乏鉴别能力,从情感出发盲目跟风点赞、凭借只言片语就给事件下定性的做法,是媒介素养缺乏的表现。随着事件发展当新的事实显露出来的时候,他们一改同情态度,一边倒地谩骂,正如学者曹林所说,被情绪主导的网络大众缺乏被打脸后的耻感。

三、新闻真相呈现更加表现为一个有机过程

新闻反转是公众在追求事实真相的过程中,伴随着新闻事实的逐步呈现,对事件性质的认知发生一个根本性的转折。“新闻反转”本质上是对自媒体时代新闻真实性问题的探讨。新闻真实性问题是新闻研究领域的基本问题,但基于不同的哲学观点,对新闻真实性内涵的理解却大相径庭。陈力丹坚持传统的反映论观点,认为新闻真实是对事实的客观反映,在报道中要坚持主观符合客观实际的原则[7],这种观点在某种程度上属于一种静态的真实性观点,即报道者把握了新闻事实的真实性然后按照它选择事实加以报道。学者李智则坚持建构论的观点,认为新闻事实是被构建的,并没有一个客观的真实存在,新闻只是话语叙事构建起来的“故事”[8]。这种观点在某种程度上取消了真实的客观性,意味着真实很大程度是大多数人对所构建事实的认可。马克思曾在《摩泽

尔记者的辩护》一文中提出了“有机的报纸运动”这一说法,即报纸是在循环的有机运动中逐步完善新闻内容,使事实完整地呈现出来[9]。这种观点强调新闻真实是一个动态的呈现过程,在事件的逐步报道中,新闻真实会逐渐完善,公众从而更加接近真相。

新闻事实建构论和有机的媒介运动的说法对于理解自媒体时代的新闻真实论大有裨益。在自媒体环境下,首先新闻的真实性和时效性这两大特点的矛盾也被放大了,如何平衡求快求真成为难题。在时效性的压力下,新闻机构很难做到掌握尽可能多的事实后,以研究的态度对事件的性质做出综合判断才加以报道。自媒体时代又是一个众声喧哗的时代,在媒介技术的助推下掌握自我表达权的大众可以随时随地将自己了解的关于新闻事件片面的碎片化的信息加以报道。因此自媒体时代,新闻真相的呈现,只能表现为一个过程,过程性的报道观念已经成为新闻报道的主导性观念[10]。在这样一个充满冲突和质疑的过程中,公众逐渐逼近事实真相。新闻反转的过程就是真相一步步被揭开的过程,在这个过程中,公众密切地关注着反转剧情的发展,逐渐改变了以往的“吃瓜群众”心态,对于公共生活和公共事件表现出更为积极地参与姿态。

在传统大众媒体时代,新闻机构垄断了新闻信息的传播渠道和新闻事件的真相,公众往往只能被动地接受媒体所报道的内容,很大程度上新闻一经报道就是板上钉钉的事了,对新闻事实和新闻真相的检验和质疑只是体现在媒体机构之间,公众较少参与到事实的报道和质疑讨论中去。然而在自媒体时代下,公众可以主动采集加工发布信息,表达自己的多元观点。在人民群众的汪洋大海中,新闻事件报道更容易发生反转。在“罗尔”事件中,正是由于网友积极参与,发现新闻事实中存在的疏忽和漏洞,引发舆论发生反转,促使深圳市民政局行动,对相关情况展开调查。

结　语

在自媒体时代,新闻真实更加鲜明的表现为一个动态的呈现过程,一个伴随着质疑和争议的去伪存真的过程。“新闻反转”必然成为一个常态现象,是公众参与新闻事件的必然结果,是时代的进步。

参考文献

[1]黎勇. 透过发生机制看新闻“反转”[J]. 中国记者,2016(6):56 -59.

[2]刘航,谢辉. 社交媒体时代“反转新闻”问题与策略探析[J]. 南方电视学刊,2016(4):63 -66.

[3]苏长青. 是“新闻反转”还是“舆论反转”——基于“反转”研究文献对两者关系的分析[J]. 青年记者,2017(14):4 -5.

[4]中国互联网信息中心. 第 41 次《中国互联网络发展状况统计报告》[R]. 北京:中国互联网信息中心,2018(1):22 -35.

[5]王正祥. 反转新闻的“病理”特征与角色失范探讨——基于 51 个反转新闻样本的统计分析[J]. 天水师范学院学报,2016(6):95 -100.

[6]严安德. 社交媒体环境下“舆论反转”现象研究——以微信朋友圈“罗一笑事件”为例[D]. 南昌:江西师范大学,2017.

[7]陈力丹. 论新闻真实[J]. 中国广播,2011(4):7 -11.

[8]李智. 对新闻事实的一种建构主义解读——兼对客观性新闻报道辩正[J]. 现代传播(中国传媒大学学报),2014(11):55 -59.

[9]朱立芳. 新媒体时代新闻真实的实现[J]. 新闻知识,2014(1):100 -101.

[10]杨保军. 新闻真实论[M]. 北京:中国人民大学出版社,2006.

渭南历史文化校本课程开发策略研究

马雅琴
(渭南师范学院 人文学院,陕西 渭南 714099)

摘　要:渭南历史文化校本课程是以渭南市历史文化资源为依托,结合学校的办学特点及高中生的学习兴趣和发展需要,开发设计的一门人文素养类的选修课程。是在坚持以学生全面发展为本的基础上,充分挖掘本地区历史文化中富有教育价值且具有地方特色的课程资源,并根据学生的认知特点和新课程改革精神对教学内容进行设计与编排。通过本课程的开发及实施,从而构建学校生动活泼、丰富多彩的文化生态环境,使学生的视野从教科书延伸到乡土、民间,延伸到生活。提高教师专业化的能力,促进教师在课改中大胆探索,不断进取。

关键词:渭南历史文化;校本课程;开发;策略

基金项目:2018年陕西省社科界重大理论与实践问题研究项目:《文化自信视域下渭南历史文化传承与发展研究》(2018Z136)阶段性成果;渭南师范学院横向科研项目:《渭南历史文化与企业职工文化融合策略研究》(17HX19)阶段性成果。

作者简介:马雅琴(1959—　),女,陕西大荔人。渭南师范学院人文学院教授,主要从事古代文学研究。

渭南历史文化,是指中华人民共和国成立以前在渭南大地上积淀的历史文化。渭南历史文化校本课程的开发及实施,就是为了进一步挖掘和丰富历史文化内涵,使优秀的历史文化得到更好的传承和发展。

一、渭南历史文化校本课程开发的依据

(一)课程改革的导向性

2001年6月8日,教育部印发了《基础教育课程改革纲要(试行)》,标志着新世纪的基础教育课程改革进入了一个新的发展阶段。该《纲要》指出:"新课程的培养目标应体现时代要求。要使学生具有爱国主义、集体主义精神,热爱社会主义,继承和发扬中华民族的优秀传统和革命传统。"[1] 2014年3月教育部颁发的《完善中华优秀传统文化教育指导纲要》中提出:"加强对青少年学生的中华优秀传统文化教育,要以弘扬爱国主义精神为核心……开展以'天下兴亡、匹夫有责'为重点的家国情怀教育。"[2]即要充分挖掘地方上的优秀传统文化资源,在本土历史文化的熏陶下增强学生对家乡的热爱,以及在伟人前辈崇尚的品格和爱国精神的感染下,将爱乡之情升华至爱国情怀。在《完善中华优秀传统文化教育指导纲要》中还"鼓励各地各学校充分挖掘和利用本地中华优秀传统文化教育资源,开设专题的地方课程和校本课程"。

所以,渭南历史文化校本课程开发是符合新课程改革的要求,也顺应了新时代基础教育的潮流。

(二)课程资源的丰富性

课程资源是形成课程的要素来源和必要而直接的实施条件,所以进行校本课程开发自然得审视下课程资源。

在渭南这块广袤的土地上,历史文化积淀深厚,资源丰富。"大荔人"头骨化石、"禹门口洞穴堆积"是远古文明的见证。在周、秦、汉、唐两千年

间，渭南一直是“三秦要道，八省通衢”，是十二个朝代的京畿之地；在渭南这块沃土上，还有许多有历史价值、科学价值、艺术价值的文物古迹。渭南现有文物古迹遗存600多处，其中国家级文物保护单位24处、省级60处。如韩城“魏长城遗址”、大荔丰图义仓等闻名遐迩；华阴的“五岳第一庙”西岳庙、白水汉文字始祖仓颉故里、韩城汉代“史圣”司马迁祠墓、合阳的帝喾陵、韩城文庙、蒲城唐睿宗桥陵、最负盛名的韩城党家村的明清古建筑群等，皆被列为国家级重点文物。蒲城清代考院博物馆为国家3A级旅游景区。蒲城博物馆（蒲城文庙）为文化旅游景点。雄厚的历史文化造就了无数杰出的人才。英贤将相，代不乏人。渭南历史上曾出现过6位皇帝，80余位宰相，300多位将军，他们为中华民族的繁荣昌盛作出了卓越贡献。字圣仓颉、酒圣杜康、史圣司马迁、唐代名将郭子仪、伟大的现实主义诗人白居易、宋代名相寇准、清代状元王杰、爱国将领民族英雄杨虎城等彪炳青史。著名的华山三月三古庙会、田市八仙鼓、韩城黄河阵鼓等为陕西非物质文化遗产；渭南剪纸、合阳和华县面花是劳动妇女智慧的结晶。特别是蒲城麦杆画声名远扬；还有被称为“国宝”“活化石”的陕西东路皮影（包括同朝皮影戏、富平阿宫腔皮影戏、华县皮影戏，华阴老腔皮影）。渭南是革命老区，有着光荣的红色革命历史和红色革命传统。渭华起义纪念馆为国家3A级旅游景区、全国重点文物保护单位、红色旅游经典景区、爱国主义教育基地。奇险峻秀的西岳华山、洽川处女泉、华县少华山等是旅游胜地。由此可以看出，渭南地区蕴藏着丰富的、能够更好地促进当地中小学生发展的资源，这些特征显著的地方历史文化资源可以通过文字、实物、活动、计算机网络等形式呈现，构成了丰富多样的课程资源，并能有力地支撑着渭南历史文化校本课程开发。

二、渭南历史文化校本课程开发与设计

（一）课程设置的理念

1. 以学生的发展需求为中心

随着经济发展水平的不断提高，社会对高素质人才的呼唤日益强烈，传统以教师为中心、教材为中心、课堂为中心，只着眼于培养少数有升学希望的学生的应试教育已经不能很好地适应时代的发展需求，于是面向全体学生、促进学生个性全面健康发展的素质教育应势而出。在素质教育价值取向指导下，学校教育是以促进学生的健康、全面发展为根本宗旨。所以，无论是校本课程的教学内容还是教学方法，无论是校本课程实施还是校本课程评价，都应该在新课程改革的基本理念指导下，从学生的身心发展规律出发，尊重学生的个性与特性，培养学生的人文素养，以促进学生综合素质的提高为根本导向。

本课程的宗旨是力求发掘适合每一位学生的课程，使我们的课程更贴近本地区的实际，更贴近学生的生活实际，使课程更加充实、更加崭新、更加灵活、更有利于学生智力潜能的开发，更有利于学生素质的培养，从而培养学生自主学习、创新学习和终身学习的能力。

2. 注重实践与合作探究学习

在课程开发与设计时，首先要转变以往传统的教师主体观，突出学生的个性发展以及强调学生的主体地位，即要树立正确的学生观；其次要结合地方、学校的实际状况，转变学生的学习方式，倡导学生发现学习、探究学习、研究性学习，创设多样化、开放式的学习条件，让学生积极参与实践活动，充分发挥学生的主体性、积极性与参与性。另外，根据学生兴趣设置探究性课题，并引导学生围绕课题进行相关的探究性学习以激发学生的学习热情；且在资料搜集、信息处理、问题探究的过程中，提高学生获取新知、分析问题、解决问题的能力，并学会同他人尤其是具有不同见解的人合作学习和交流，促进学生个性的健康发展。

（二）目标设置

1. 学生的课程学习目标

课程目标即课程的预期结果，狭义的课程目标指向教育内部的教育与学生的关系，主要指教育目标。而作为目标的行为主体和达成目标的衡量点，学生是目标设置时不可或缺的关键的影响

因素。所以,设置目标时应根据学生的发展需要,遵从学生身心发展规律,明确学生是具有主观能动性和发展潜能的人。为了促进学生的全面发展,笔者认为学生的课程学习目标应涉及知识、能力、方法、情感、态度、价值观等方面,具体三维目标设置如下:

知识与能力目标:了解家乡历史变迁的基本脉络;在掌握基本史实的过程中进一步提高阅读和通过多种方式获取信息的能力;通过对史实的分析、比较、归纳、综合、概括等认知活动,培养逻辑思维能力和解决问题的能力。

过程与方法目标:在开展实践探究活动时,善于从不同角度发现问题且积极探寻解决问题的方法,学会同他人合作与交流;在研究性学习中养成独立思考的习惯,能对所学知识进行全面的阐释、比较和概括。

情感态度与价值观目标:通过地方历史文化校本课程的学习,进一步了解乡情,热爱家乡,激发对本土历史与文化的自豪感,升华爱国主义情感并逐步形成对国家、民族的历史使命感和社会责任感;确立积极进取的人生态度,塑造健全的人格,培养坚强的意志和团结合作的精神。

2. 教师的专业发展目标

作为校本课程开发的主体和校本课程实施的中坚力量,教师应在精神领域、知识领域和技能领域促进自身的专业发展。

精神领域目标:在参与校本课程开发过程中,树立正确的学生观,坚持以学生发展为本;在不断探索和实施校本课程的过程里,形成向专家型教师方向努力的专业发展观;在与其他参与者共同开发与实施校本课程时,形成良好的团队合作精神。

知识领域目标:“校本课程开发重视的不是静态的、写在书本上的知识,而是强调那些使学生能自己获取知识的有用知识,强调使人真正成为人的知识。”[3]所以,教师要改变对知识本质的认识,积极进行理论学习,重组与改进自身的知识结构。

技能领域目标:“校本课程开发本身就是一个教师参与的不断反思的行动研究过程”[3],说明教师在校本课程开发的过程中要明确“研究者”的定位,通过课程目标的确定、课程内容的选择、课堂教学的组织与实施、课堂效果的评价等流程,提高自身的课程能力和研究能力。

(三)课程内容系列

该课程共分十二讲:

第一讲:“绪论——渭南历史文化概述”。让学生了解文化及渭南历史文化的概念,总体感受渭南历史文化的意义。

第二讲:“渭南历史文化研究方法介绍”。通过学习,让学生了解和掌握如何选题,如何制定研究计划;如何搜集、筛选、利用资料信息等,从而形成自己独到合理的观点,学会写作小论文。

第三讲:“远古文明的见证”。(1)大荔猿人。(2)禹门口洞穴堆积。(3)帝喾陵。(4)周、秦、汉、唐时期的古渭南。(5)古潼关、风陵渡等。通过师生互动,让学生了解渭南历史文化的地位,进一步加深对家乡的热爱之情。

第四、五讲:“久负盛名的文物古迹”。(1)汉文字始祖仓颉故里。(2)汉代“史圣”司马迁祠墓。(3)韩城文庙。(4)蒲城唐睿宗桥陵。(5)西岳庙。(6)党家村的明清古建筑群等。通过对话式教学,让学生认识和理解本地方的历史、文化底蕴。

第六、七讲:“群星璀璨的历史文化名人”。(1)字圣仓颉。(2)酒圣杜康。(3)汉太史令司马迁。(4)唐代名将郭子仪。(5)伟大的现实主义诗人白居易。(6)宋代名相寇准。(7)清代状元王杰等。通过探究式教学,深化学生热爱本土文化的感情,进一步认识渭南历史文化的丰厚积淀,吸收本土文化营养,陶冶性情,提高修养。

第八讲:“独具一格的民情风俗”。(1)华山庙会。(2)太史庙会。(3)仓颉庙会。(4)蒲城焰火。(5)华阴皮影。(6)黄河锣鼓。(7)尧山大鼓。(8)同州梆子。(9)合阳提线木偶等。通过探究式教学,使学生了解民间艺术与民俗文化,学会尊重文化多样性和关心当代文化生活。

第九讲:“红色文化”。(1)渭华起义纪念馆。(2)永丰革命烈士陵园。(3)渭南张希文烈士纪念碑。等等。通过师生互动,提高学生的思想品德修养,使他们树立远大的理想抱负。

第十讲:“壮丽的山川河流”。(1)奇险峻秀的华山。(2)合阳洽川。(3)处女泉、福山翠柏等。通过亲近自然,使学生感受山川河流的壮丽,进一步提升他们欣赏自然美、社会美的能力。

第十一讲:“了解渭南,走近渭南,开发渭南”主题讨论会。培养学生热爱家乡、祖国的感情,树立为建设美好家乡而不懈努力的坚定信念。

第十二讲:“总结研究”。在探究式教学过程中,尽可能提供给学生展示自己的自由时空,鼓励学生畅所欲言,培养他们倾听接纳、互助合作的学习精神。

(四)课程教学实施策略

1. 课程设计策略

授课对象:高一学生。课程类型:文化素养类(自选课)。教学材料:自编纲要。授课时间:从高一第一学期开始,每周一讲,共十二讲 。

2. 课程的教学方法。主要采用探究式教学和对话式教学两类方法,有利于自主、合作、探究的学习方式地开展。

3. 教学实施原则

《基础教育课程改革纲要(试行)》中指出:“教师在教学过程中……要注重培养学生的独立性和自主性,引导学生质疑、调查、探究,在实践中学习……创设能引导学生主动参与的教育环境……促进信息技术与学科课程的整合。”由此,在新课程改革精神的指导下,渭南历史文化校本课程教学方法实施应:

(1)转变角色,明确计划

校本课程开发的深层理念是以人为本,尊重学生个性的发展。所以,在渭南历史文化校本课程实施过程中,教师应转变传统观点,明确学生是具有主观能动性和发展潜能的人,积极树立教师为主导、学生为主体的教育观念,立足于学生的实际学习情况,着眼于学生的全面发展。渭南历史悠久、底蕴深厚,文化包罗万象,而校本课程多以选修课形式为主,由于受课时的限制,教学内容上不可能面面俱到。所以在全新的校本课程实施理念指导下,应在调查、研究、交流后,选取典型的教学内容并做好课时计划,从而推动校本课程教学的井然有序。

(2)整合资源,丰富形式

根据每个单元主题设置教学目标,合理开发和整合课程资源,如校外的各种课程资源:博物馆、革命烈士纪念馆、名胜古迹等;以及多媒体幻灯片等信息化课程资源。将这些资源进行有效利用,通过直观手段,引导学生观察,充分感知所学对象,使学生获得生动的表象,为正确理解知识做铺垫。另外,在课堂教学形式上应丰富多样,如了解渭南历史名人时,由于资料相对容易搜集整理,可以请学生课前准备,然后课堂上开展以“我心中的某某”为主题的演讲比赛;又如学习完这门课程后,请学生扮演一回导游,结合渭南市情设计以某特色为主题的观光旅游路线,小组合作完成,等等。这样将课堂教学与探究实践活动紧密结合,力求调动学生的积极参与性、提高课堂教学的效果。

在课程进度安排上,需要把握一个原则,即由易到难,由浅入深,循序渐进。需要说明的是,渭南历史文化课程内容系列只是一个提示性的纲要,一个教学的线索。在具体的教学中,可以此为线索,依据各自学校、学生、区域的实际情况,自行设计具体的教学内容。

(3)加强交流,及时反思

校本课程开发不是凭借老师的一己之力单独能够完成的,也不是一蹴而就的,老师应积极与校本课程开发的其他参与者加强交流与沟通,如:授课的对象——学生,可以通过调查、访谈、选举学生代表等方式,了解学生的兴趣和需求,从而调整校本课程的教学内容、形式等,力争让学生主动参与到校本课程开发中来。另外,老师也应做个细致的有心人,要善于发现实际教学中暴露出的问题,并及时进行教学反思,积极和同行探讨、请教,以不断改进自身的教学方法、完善校本课程的教学内容和提升教学实施的效果，同时促进教师自身的专业发展。

为了激发学生的学习兴趣，我们在所试验的学校，运用不同的组织形式及方法激发和调动学生的积极性和主动性，让学生主动获取信息。在我们试验的班级，围绕着以“了解渭南，走近渭南，开发渭南”为专题开展了以下系列活动：搜集与渭南历史文化有关的名胜古迹、民情风俗，要求同学之间互相交流；搜集与渭南历史文化有关的民间故事、历史人物故事，开展故事会活动；搜集与渭南历史文化有关的成语、俗语、谚语，并写出其意义和相关故事。举办“学习渭南历史文化，弘扬民族精神”为主题的文艺演出；调查了解渭南地理位置概况，调查了解渭南的生态旅游及发展规划；召开以“振兴渭南”为主题的调查报告会，培养学生热爱家乡的思想感情。设计宣传渭南的公益广告等。在这一系列过程中，我们注意了渭南历史文化开发的动态生成，突出了学生思想素养、知识素养、能力素养培育的主旨。通过开展以上专题活动，不仅使学生获得了丰富的感性材料和信息，了解了地方风俗人情，更加激发了他们关注和参与社会生活的热情，培养了强烈的社会责任感和历史使命感，提升了他们感受美、创造美、鉴赏美的能力和健康的审美情趣。

三、教学实施案例

以第六、七讲：“群星璀璨的历史文化名人”中的一课时为例，进行以下教学实施设计：

（一）课题名

《人杰地灵话王杰》

（二）教学目标

1. 知识与能力：了解古代韩城历史名人王杰；知道渭南自古以来特有的理念、智慧、气度、神韵。

2. 过程与方法：通过阅读材料提取有效信息，并分析归纳得出结论，学会史论结合的学习方法。

3. 情感态度与价值观：通过了解王杰等历史人物的事迹，学习他们崇高的品格，逐渐树立积极向上的人生观、价值观，增强学生对家乡的自豪感，激发学生勤奋苦读，为祖国的发展做贡献。

（三）教学重难点

王杰特有的智慧、气度、神韵

（四）教学方法

讲授法、史料教学法、讨论探究法

（五）教学工具

多媒体课件

（六）授课时间

1 课时

（七）教学过程

1. 导入新课

展示史料：

君子小人消长之机，国运系焉。王杰、董诰、朱珪皆高宗拔擢信任之臣，和珅一再间沮，卒不屈挠。一旦共、驩伏法，众正盈朝，摅其忠诚，启沃新主，殄寇息民，苞桑永固。天留数人，弼成仁宗初政之盛，可谓大臣矣。

——《清史稿 · 王杰传》卷三百四十 列传一百二十七

问题：从这些材料中可以获取哪些有关王杰的信息？

2. 新课讲授

（1）展示图片（王杰像）

（2）讲解

王杰（1725—1805 ），字伟人，号惺国，陕西韩城人。清朝状元、名臣，有清一代陕西第一名臣。初在南书房当值，后经多次升迁，官至内阁学士。乾隆三十九年（1774）任刑部侍郎后又转调吏部，擢升右都御史，乾隆五十一年（1786）出任军机大臣，上书房总师傅，第二年又出任东阁大学士，总理礼部。嘉庆帝即位，仍为首辅。王杰在朝四十余年，忠清劲直，老成端谨，不结党营私，不趋炎附势。嘉庆十年（1805），王杰去世，享年八十一岁，追赠为太子太师，谥号文端，祀于北京贤良祠。

（3）展示史料

王杰在枢廷十余年……和珅势方赫，事多擅决，同僚多隐忍不言，王杰遇有不可，辄力争。一日，和珅执其手戏曰：“何柔荑乃尔！”杰正色曰：

“王杰手虽好,但不能要钱耳!”和珅赧然。洎仁宗亲政,杰为首辅,遇事持大体,竭诚进谏,上优礼之。

七年,固请致仕,晋太子太傅。八年春,濒行上疏,略谓:“各省亏空之弊,起于乾隆四十年以后,州县营求馈送,以国帑为夤缘,上司受其挟制,弥补无期。至嘉庆四年以后,大吏知尚廉节,州县仍形拮据,由于苦乐不均,贤否不分,宜求整饬之法。又,旧制,驿丞专司驿站,无可诛求。自裁归州县,滥支苛派,官民俱病。宜先清驿站,以杜亏空。今当军务告竣,朝廷勤求治理,无大于此二者。请睿裁独断,以挽积重之势。”所言切中时弊,上嘉纳之。陛辞日,赐高宗御用玉鸠杖、御制诗二章,以宠其行,有云:“直道一身立廊庙,清风两袖返韩城。”时论谓足尽其生平。既归,岁时颁赏不绝,每有陈奏,上辄亲批答,语如家。

——《清史稿·王杰传》卷三百四十 列传一百二十七

问题:结合以上材料谈谈你对王杰的认识?

(忠臣王杰,耿直刚正,清官王杰)

(4)教师讲述

我们讲解分三个方面:状元王杰、忠臣王杰、清官王杰。

状元王杰:王杰,韩城市庙后村人。韩城自古办学之风兴盛,重视教育,历朝历代韩塬大地人才辈出,一代史圣司马迁就是韩城人。王杰是幸运的,生长在韩城这种独有的、浓郁的文化氛围是一种机缘,是一种幸运,也是一种福气。王杰成才路上的第二个幸运点是:他有一个贫寒困苦却重视教育的家庭。15 岁即考中秀才,20 岁,王杰在县考、府考中均名列第一。乾隆二十六年,也就是 1761 年,为了庆祝皇太后七十寿辰,举行了恩科考试。王杰一路过五关斩六将,参加了角逐状元的殿试。上呈试卷列第三名,乾隆皇帝亲自审阅试卷,定夺状元人选。钦定王杰为头名状元,实现了清代陕西籍状元“零的突破”。乾隆皇帝未曾想到,他为乾隆、嘉庆两朝,物色了一位极其出色的清官能吏。

忠臣王杰:王杰考中状元后,先在翰林院工作,因表现“卓异”,成绩突出,升迁至左都御史,也就是“最高检察院”检察长,担任检察长期间,王杰敢为他人所不敢为,言他人所不敢言,深得乾隆皇帝赏识,称为“能臣”,乾隆五十一年,王杰擢升为军机大臣兼上书房总师傅。后来当太子的老师,王杰从严教育太子,在王杰孜孜不倦地教导,颙琰学业突飞猛进。之所以说王杰是忠臣,主要体现在王杰与和珅的斗争上。历史上真正跟和珅斗争的原型人物不是刘墉,也不是纪晓岚,而是当时任东阁大学士、礼部尚书的王杰,是王杰把和珅送上了断头台。

宠用和珅是乾隆皇帝晚年犯的严重的“路线错误”。仗着皇帝这个靠山,当时的和珅独断专横,一手遮天,人称“二皇帝”。朝中官吏大都惧怕和珅的权势,或趋炎附之,或惧而避之,或有的敢怒不敢言;但是,也有那个不怕死的、也有那个不惧和珅淫威的,也有敢于斗争的英雄、勇士,王杰就是一位。

88 岁高龄的乾隆皇帝去世。和珅最大的靠山倒了,嘉庆机会来了。忍声吞气多年的嘉庆终于“久见不平一声吼”,立即召见王杰,商讨铲除和珅事宜。经过严密的商讨和组织,第二天,就以迅雷不及掩耳之势逮捕了和珅。然而,和珅虽已沦为阶下囚,人虽落网,余威尚存,况且他的爪牙遍布朝廷内外。据记载,当调查组将初步调查的材料与和珅当面对质时,和珅走上堂来,昂首阔步,昔日威风不减,狂呼:“看尔等谁有此胆量审我!”气焰嚣张如此。迫于当时内外的势力,朝中群臣面面相觑,竟无人敢担任主审官。这时,大学士兼礼部尚书王杰挺身而出,主动要求担此重任。王杰以 74 岁高龄着手调查与审理,经过大量的调查取证,仅仅 13 天就迅速查明和珅贪墨的惊人罪状。王杰铁面无私,秉公执法,按照和珅所犯事实,判处其死刑,并没收了家产。

清官王杰:王杰从乾隆二十六年中状元,到嘉庆八年退休,在朝做官 47 年,光做宰相就 14 年,乾隆朝 7 年,嘉庆朝 7 年,那多大的官啊。47 年前进京一介寒士,47年后回韩城两袖清风。“服官四十年,贫如为诸生”。当王杰告老还乡时,嘉庆皇帝派皇次子送至城外,并赐给他一把乾隆御用过的手杖,还亲自作诗为他送行。诗中云:“直道一身立廊庙,两袖清风返韩城。”评价很高。

(5)小组交流:说说你所知道的渭南籍历史名人、雅士。

(设计意图:通过走进历史名人,感受先辈们的品格魅力,学习他们的治学态度、做人准则和为官之道)

(6)展示图片(仓颉、司马迁、寇准、白居易、郭子仪像)

(渭南雄厚的历史文化造就了无数杰出的人才。字圣仓颉、酒圣杜康、汉太史令司马迁、唐代名将郭子仪、伟大的现实主义诗人白居易、宋代名相寇准彪炳青史)

(八)教学反思

四、渭南历史文化校本课程的评价

课程评价是指在一定的评价标准指导下,通过系统地收集有关信息,对课程的背景、实施和结果等方面采用定性、定量的方法予以作出价值判断并探寻改进途办法的一种活动。对于课程评价的功能,《基础教育课程改革纲要(试行)》中提出要“改变课程评价过分强调甄别和选拔的功能,发挥评价促进学生发展、教师提高和改进教学实践的功能”,即倡导发展性评价、突出评价促进发展、以维持课程持续生成的功能。由于校本课程开发是一个连续的、动态的、不断改进的过程,所以评价范围应包括课程方案、课程实施和课程效果等方面。

(一)课程方案评价

校本课程开发是为了提高课程的适应性,充分发挥学生个性潜能以及促进学生个性全面发展,所以课程方案的选择、目标的设置、内容的组织要与授课对象即学生的学习基础、习惯、认知等相结合。具体评价内容如下:课程目标是否从学生兴趣出发,有助于激发学习热情;符合学校培养目标,体现办学特色;目标定位清晰、内容表述明确等。课程内容是否选择准确、合理、科学;框架清晰、明了、有逻辑性;拓展的广度和延伸的深度恰当;材料组织进程合理,符合学生认知等。

(二)课程实施评价

校本课程的教学实施过程中主要涉及教师和学生,所以课程实施评价要包含对这两个群体的评价。

1. 对学生的评价

新课程改革要求改变长期以来以学生成绩作为唯一评价依据的滞后观念,重点强调要建立促进学生全面发展的评价体系,要求不仅关注学生的知识、技能的获得,更加关注学生学习的过程、方法以及相应的情感、价值观的形成和发展,关注学生创造能力和实践能力。所以学生评价从学生的课程参与度、表现度和学习成果按细则进行阶梯式的等级评价,并结合自评,以形成性评价为主,终结性评价为辅。

2. 对教师的评价

教师评价是指对教师的职业、教育思想、教学资源利用、教学行为、教学方法、教学效果以及道德水平、人际关系等方面的价值判断[4]。新课程改革后,我国也提出了要建立以促进教师的专业发展为最终目的,且符合素质教育要求的、多元的发展性教师评价体系。这一评价系统要求教师了解和尊重学生、具有良好的职业道德、良好的教学设计与实施能力和技巧以及良好的交流与反思能力。

(三)课程效果评价

校本课程实施后应把握此课程对学生、教师和学校发展的实际效果,如:学生是否达到预期课程目标,程度如何;学生的个性是否得到发展;学生的情感态度价值观是否发生变化;教师的课程理解能力、教学驾驭能力、教后反思能力是否得到提高;学校的办学特色是否显现等等,可以通过设计调查问卷的形式,获取相关的评价数据。当然,由于个体在学习兴趣、需要及认知和能力水平等方面都存在着差异,对校本课程实施的效果评价必然出现多元化,所以对此我们应当客观、理性对待,发现问题的普遍性并积极探寻改进的途径和方法,促进校本课程开发的持续性。

渭南历史文化校本课程的开发及实施,将进一步拓展教学空间。渭南历史文化承载着丰厚的中华传统文化,包含着劳动人民在长期的历史过程中形成的智慧。通过本课程的开发与实施,从而构建学校生动活泼、丰富多彩的文化生态环境。让学生从有限的教材中走出来,从狭小的教室走出来,使他们的视野从教科书延伸到乡土、民间,延伸到生活,从而去认知自己身边博大的文化。同时让渭南历史文化走进校园,满足学生的兴趣爱好和发展需求,有利于实现学习方法的多样性,让学生树立终身学习的思想,激发学生的创新精神。“渭南历史文化”校本课程开发及实施,能够较好地实现师生与课程的互动,实现师生对课程的构建,有利于营造创新的氛围,促进教师在课改中大胆探索,不断进取。

参考文献

[1]中华人民共和国教育部. 基础教育课程改革纲要(试行)[Z],2001.

[2]中华人民共和国教育部. 完善中华优秀传统文化教育指导纲要[Z],2014.

[3]马云鹏. 课程与教学论. 第二版[M]. 北京:中央广播电视大学出版社,2010:206.

[4]吴立保,汪明,杨虎民编著. 中小学新课程改革的理论与实践[M]. 合肥:合肥工业大学出版社,2004:110.

略论文化自信助推高校学生工作深入开展

——以渭南师范学院人文学院为例

白光霁

（渭南师范学院 人文学院，陕西 渭南 714099）

摘　要：习近平总书记对文化自信的深刻阐述，为辅导员做好学生工作提供了最有力的支持。从文化自信的高度来看，大学不能仅注重专业知识的传授，更要注重培养中华优秀传统文化和中国特色社会主义文化的传承者和创造者。

关键词：关键词：学生工作；文化自信；优秀传统文化

基金项目：2017 年度渭南师范学院教育科学国际合作研究项目“认知科学视域中的道家教育思想研究”（17GJHZ39）。

作者简介：白光霁（1980—　），女，陕西西安人。渭南师范学院人文学院教师，文学硕士，主要从事中国思想文化研究。

一、大学需要文化自信的指引

高校辅导员工作主要是和大学生们打交道，和他们进行有效沟通，从国家大政方针到校纪校规，从政治思想到日常生活中的行为举止等诸多层面对学生进行积极的引导，努力使学生成为具有较高素质的社会主义公民。自从成为高校辅导员的那天起，我就感到和大学生处理好关系不是一件简单的事。如果辞色俱厉，对学生采取“高压”手段，使学生们噤若寒蝉，从表面上看有效果，但实际上这将使辅导员和学生们的心离得越来越远。不能真正体现辅导员的价值，也难以培养具有一定思想水平和创造性大学生。因此，做好辅导员工作，既要要从深层次上理解教育、理解学生，也要具有亲和力，使自己的心和学生的心紧密相连。

德国诗人荷尔德林说过：“生命之旅迥异，犹如歧路，或群山分界。”[1]我们每个人生在天地之间，顶天立地，独一无二，都有着不一样的人生。同样的世界，折射到不同人的心灵里，产生不同的景象。学生们来自全国各地，从前的生活环境、生活习惯、思维方式等都不相同，为把他们熔铸成一个集体，就要在平时的工作中与学生们携手前行，将心比心、以爱育爱，和他们共同成长、共同度过四年的大学时光。在这个思路指引下，我认为从文化自信入手，学习中华优秀传统文化精神可以有力推动我院的学生工作迈上新台阶。

从文化自信的高度来看，我们当前对学生的教育是要造就建设中国特色社会主义的高素质人才，在新时期，高素质人才的“高”从根本是说体现在有高度的文化自信。习近平同志 2016 年 5 月 17 日在北京召开的哲学社会科学工作座谈会的讲话中说：“我们说要坚定中国特色社会主义道路自信、理论自信、制度自信，说到底是要坚定文化自信，文化自信是更基本、更深沉、更持久的力量。”作为高等教育的主体，大学文化自信的充分体现就是培养具有人文精神、具有较高道德品质，同时也具有一定专业水平的高素质社会主义事业的建设者。大学不是职业培训机构，大学是党的教育事业的重要领域，是社会主义文化的传播者，也是中华优秀传统文化的积极弘扬者。因此在辅导员的日常工作中,必须深入学习体会习近平总书记系列讲话特别是党的十九大报告精神,自觉地将其引导到学生培养的实践当中。

二、深入探寻文化自信的内涵

习近平同志说:“中国古代大量鸿篇巨制中包含着丰富的哲学社会科学内容、治国理政智慧,为古人认识世界、改造世界提供了重要依据,也为中华文明提供了重要内容。”对中华文明进行深入研究和准确把握,对其精神进行深入浅出的介绍,是我国高等教育应当承担的责任。在开展学生工作的具体实践中,我注重从中华文明的丰富宝藏中汲取智慧,提升自己、引导学生,和学生共同成长。

我国儒家学派的创始人孔子(前 551—前 479 年),他热爱古代传统文化,以西周礼乐文明的继承者自居,并加以传播。在现实生活中,孔子的理想是要推行文武周公制礼作乐的精神,保存优秀的文化传统,造就文质彬彬的君子国。但实际上他晚年周游列国,向许多诸侯国的君主宣传自己的主张,希望能得到重用,但没有人重用他,孔子叹息道:“天下无道久矣,莫能宗予”[2]。于是,他开办私学,倾尽全力教育学生,造就君子,也就是有知识、有能力、有道德、有理想的人。由此可见,孔子的思想是在艰苦困顿的生活中形成的,它不是书本上的纯理论知识,其中包含着孔子对生活、对人生的真切体验。只有对孔子的生存境况有深入的体察,我们才能明白孔子的精神追求是多么伟大,“君子无终食之间违仁,造次必于是,颠沛必于是”[3]正是孔子一生不懈追求理想生活的生动写照。在《论语·为政》中我们可以看到,孔子回顾自己的一生,说:“吾十有五而志于学,三十而立,四十而不惑,五十而知天命,六十而耳顺,七十而从心所欲,不逾矩。”[3]在孔子七十多年的人生历程中,他的思想境界每隔十年就有一次质的变化,完成一次自我超越。这不仅仅是理论知识由少到多的积累,更是人生阅历、生命体验的不断丰富,以及对自己所追求的理想的考验。孔子的这种不断进步的力量从何而来?他非常强调“学”与“思”的结合,《论语·为政》说“学而不思则罔,思而不学则殆”[3],这是说学习的过程离不开思考和体验,知识一天比一天多不见得是好事,重要的还在于对所学知识的理解,把这些知识身体力行地融入到现实生活当中去。由此可见,孔子是非常重视知行合一的。这给我们的学生工作带来的启示是:在大学期间,不能片面追求专业知识或技能的学习,还要注重个人修养和思想境界的不断提高,二者齐头并进才有望培养对社会和国家有益的人才。

孔子注重对古代优秀传统文化的传承和创新,他特别强调“学”的重要性。“学”是一个漫长的、由浅入深的过程,孔子终生好学,他曾说:“十室之邑,必有忠信如丘者焉,不如丘之好学也”[3]。“我非生而知之者,好古,敏以求之者也。”[3]他明白自己不是生来就有知识的人,不是先知先觉的圣人。他主要靠自学,没有具体的师承,随时注意向别人请教,他说:“三人行,必有我师焉;择其善者而从之,其不善者而改之”[3]。孔子的弟子子贡说:“文武之道,未坠于地,在人。贤者识其大者,不贤者识其小者。莫不有文武之道焉。夫子焉不学?而亦何常师之有?”[3]子贡评论自己的老师孔子说,周文王周武王制礼作乐的思想传统没有因为西周的衰亡而消失,它们散入民间了。有才能有见识的人能够得其精髓,没有才能目光短浅的人得到一些细枝末节。周文王周武王留下的文化传统在许多地方都有体现。孔子处处留心学习,没有专业的老师进行传授。孔子学习是发自内心对传统文化的热爱,而对文化的深入理解和感受也促使他的精神境界不断得到提升。

孔子说:“君子食无求饱,居无求安,敏于事而慎于言,就有道而正焉,可谓好学也已。”[3]在学习古代优秀传统文化的过程中,孔子能择善而从,学习的整个过程是自觉而主动的,有志于学,食无求饱、居无求安,同时也是和生活实践紧密联系,敏于事而慎于言、敏以求之。可见,孔子的“学”不是单纯学习古代的文化知识,更重要的是对传统文化的认可,他把传承和创造古代文化精髓作为自己的使命。“学”成为一个不断觉悟的过程,接受文化传统并将自己的生命意义融入其中，完成对生命的意义的创造，以及对文化传统、意义世界的探求。这正是文化自信经典而生动的案例。

三、结语

习近平总书记在党的十九大报告中说："青年一代有理想、有本领、有担当，国家就有前途，民族就有希望。中国梦是历史的、现实的，也是未来的；是我们这一代的，更是青年一代的。中华民族伟大复兴的中国梦终将在一代代青年的接力奋斗中变为现实。全党要关心和爱护青年，为他们实现人生出彩搭建舞台。广大青年要坚定理想信念，志存高远，脚踏实地，勇做时代的弄潮儿，在实现中国梦的生动实践中放飞青春梦想，在为人民利益的不懈奋斗中书写人生华章！"高等教育主要面向青年，辅导员在高校主要从事德育工作，是开展大学生思想政治教育的骨干力量，大学生健康成长的指导者和引路人。在对学生开展思政教育的过程中，尤其要注意方式方法，不能一味灌输和死记硬背，需要结合大学生的思想活跃、敢想敢干的特点，用文化自觉、文化自信的强大内在力量提升大学生的精神境界。在大学生活中，无论是辅导员还是学生，都需要从心出发，认真学习、不断超越，传承发展中华文明的优秀传统，共同将我国高等教育事业推向前进，正如习近平总书记在党的十九大报告中指出的，"文化自信是一个国家、一个民族发展中更基本、更深沉、更持久的力量。"在实际工作中不断推动中华优秀传统文化创造性转化、创新性发展，为国家造就有理想、有道德、有知识、有担当，为实现中华民族伟大复兴的中国梦而不断奋斗的青年一代。习近平总书记对文化自信的深刻阐述，为辅导员做好学生工作提供了最有力的支持。

参考文献

[1]荷尔德林. 塔楼之诗[M]. 先刚 译. 上海：同济大学出版社，2004：2.

[2]〔汉〕司马迁. 史记[M]. 北京：中华书局，1959：1944.

[3]杨伯峻. 论语译注[M]. 北京：中华书局，1980：36，12，18，53，72，72，204，209.

流动人口与渭南农村社会变迁探究

叶　玲

(渭南师范学院 马克思主义学院，陕西 渭南 714099)

摘　要:改革开放以来,随着市场经济的不断发展和城乡一体化进程的加快,人口的流动与迁移已经成为我国社会经济发展的一种必然趋势,并且流动的规模和深度还在继续扩大。在此大背景下,我国过去相对封闭的农村地区也出现了日益频繁的人口流动现象。渭南作为流动人口的流出地,大量人口流向沿海地区,流动人口的数量不断增加,跨地域、跨产业流动的现象越来越普遍,流动人口逐渐由无序流动转变为有序流动,对渭南经济、政治和文化等方面以及在此基础上引起的社会变迁产生广泛而深远的影响。因此研究流动人口与渭南农村社会变迁的关系对于渭南的发展问题尤为重要。

关键词:流动人口;渭南;农村;社会变迁

作者简介:叶玲(1964—　),女,陕西子洲人。大学本科,渭南师范学院马克思主义学院历史学副教授,主要研究方向是中国经济史、秦东历史文化。

历史上,中国就是一个人口流动性很强的社会,人口的流动与迁移早已成为中国社会的常态现象。中国实行改革开放政策以来,打破了过去户籍制度的限制,出现了一股人口流动的大潮。从 20 世纪 80 年代初开始,人口流动以逐年递增的趋势迅猛发展,到 90 年代中后期形成了规模庞大的流动人口群体,对中国的社会、经济、政治、文化发展等诸方面产生了广泛的重要影响。在这个过程中,长期生活在农村的人口逐步摆脱封闭,走向开放,形成一支流动人口大军。流动人口不仅在城市产生多方面的影响,同时也影响和改变着农村地区人们传统的生产、生活方式以及经济、政治和文化状况。本文以渭南流动人口作为切入点,通过个案的实地调查研究,依靠翔实、充分的田野调查资料,分析渭南流动人口对农村地区的经济、政治和文化等方面的影响以及在此基础上引起的社会变迁现象。这对准确把握渭南市人口流动的基本态势,认识流动人口生存发展的基本状况及其对社会变迁的影响,制定相应对策,保持渭南经济发展、管理有序、社会和谐有着重要的意义。

一、改革开放以来渭南农村流动人口状况

改革开放以来,随着社会主义市场经济体制的建立和完善,打破了城乡分离及地域界限,长期被禁锢在土地上的中国亿万农民开始缓慢而又艰难的流动,人口流动成为普遍现象,并从 20 世纪 90 年代开始逐步形成了具有中国特色的“民工潮”,即大规模的农村人口跨地区流动,且数量多、方向集中。

1. 渭南农村流动人口基本现状

渭南地处关中平原东部最宽阔地带,是陕西的“东大门,总面积约 13134 平方千米,户籍人口 560 万(2010 年六普数据),为陕西省农业大市和人口第二大市。

改革开放以来,随着经济社会的快速发展、城市化进程的加快,渭南作为流动人口的流出地,大量人口流向沿海地区。当前,渭南流动人口的数量、规模不断增加,流动人口已近百万之巨,占全市人口比重正加速上升,跨地域、跨产业流动的现象越来越普遍,流动人口的流向趋势也在发生变

化,对渭南经济结构、社会结构、产业结构产生了越来越深远的影响。

按照国家人口计生委的安排部署,西北各省和新疆建设兵团自2011年开始,开展了流动人口生存发展状况动态监测调查,2012年陕西省对流动人口的动态监测数据进行分析研究,撰写了《2012年流动人口动态监测分析报告汇编》,包括西北区域、陕西省、西安市、渭南市流动人口动态监测调查数据的趋势研究。2013渭南市人口计生局在全市开展了为期3个月的流动人口计划生育清理清查活动之后,深入全市13个县市区的27个村(社区)对流动人口的基本现状作了专题调研。

根据马学文、陈丽君的《渭南市流动人口调查报告》调查统计,2011年渭南市共有流动人口296 163人,其中流入人口48 376人,流出人口249 071人;2012年渭南市共有流动人口378 814人,其中流入人口167 540人,流出人口211 274人;2013年上半年渭南市共有流动人口263 871人,其中流入人口41 088人,流出人口222 783人。目前渭南市共有常住人口5 662 398人,流动人口362 252人,占全市总人口的6.4%。流动人口中,流出人口305 030人,占流动人口的84.2%,其中市内流出49 847人,省内流出101 556人,省外流出153 627人;流入人口57 195人,占流动人口的15.8%,其中市内流入16 579人,省内17 886人,省外流入22 730人。县域内流动人员为577 733人,人口流动相对频繁,若包含县域内流动人口,渭南流动人口达到939 958人,占总人口的16.6%。流出人口最多的省分别是广东、江苏、北京、上海、浙江。在渭南市所辖的2区2市7县及高新区、经开区中,流动人口主要来自7县。[1]

针对这一状况我们选择了澄城县王庄镇郑家村、富平县曹村镇红河二社、蒲城县三合乡义合村、临渭区站南办百合小区做了问卷调查,共发出问卷500份,收到467份。统计数据显示:被调查人口中男、女比例基本平衡。被调查人口中年龄小于18周岁的占16%,18~30周岁的占39%,30~50周岁的占27%,50~65周岁的占12%,65周岁以上的占6%。流动人口中未婚的占38%,已婚的占57%,离婚/分居的占2%,丧偶的占3%。在被调查的流动人口中打零工的占35%,在企业打工的占18%,经商的占4%。流动人口月收入水平(工资+奖金+补贴)在1 000~2 000元的占27%,在2 000~3 000元的占36%,在3 000~4 000元的占22%,在4 000~5 000元的占10%,在5 000元以上的占5%。流动人口中在现居住城市的生活时间在3个月以下的占2%,在3~6个月的占11%,在0.5~1年的占17%,在1~2年的占21%,在3~5年的占14%,在5~10年的占11%。流动人口在县域以内流动的占24%,在市域以内流动的占30%,在市域以外流动的占46%。流动人口工作稳定的占22%,工作基本稳定的占36%,工作不稳定的占43%,流动人口中愿意长期生活在现居住城市的占51%。流动人口中受教育程度在初中以下的占23%,初中毕业的占27%,高中毕业的占36%,大专毕业的占8%。

2. 渭南农村流动人口的主要特点

在全国日益频繁壮大的人口流动背景下,审视内地的人口流动显得十分重要,在调查中我们发现,相对其他地区而言,渭南农村人口流动呈现出如下特点:

(1)年龄构成年轻化

任何流动人口群体中,年轻人都会占绝对优势。我国现阶段的人口流动从本质上说是劳动力在流动,流动人口年龄构成较年轻是最突出的特征之一。通过对渭南农村流动人口的调查,不难发现,流动人口当中,青壮年劳动适龄人口是主体,50岁以下的青壮年约占转移劳动力的90%以上,年龄构成较年轻且年龄组相对集中,主要集中在15-39岁。人口流动的理论和实践均表明:在农村中,人口流动的一般规律就是以青壮年劳动力为流动人口的主体。从调查点统计数据来看,渭南农村流动人口也同样遵循这一规律。

(2)性别构成均衡化

从流动人口的性别结构来看,男性在流动人口中占据主要地位,但女性流动人口近年来有增加的趋势,流动人口的性别构成正在逐步趋向均衡化。

从我们对澄城县王庄镇郑家村调查,该村女工从几十人的比例增长到几百人,妇女务工明显增多,而且男女比例差距越来越小,由 2004 年的 2:1逐步缩小到2008 年的 1.2:1,这种变化一方面反映了选择外出务工的人员总数在不断增加,进一步促进了农村剩余劳动力的转移和劳务创收,农民的思想观念更为进步、开放,农民的市场观念、致富意识不断增强;另一方面也表明妇女的外出务工人数明显增多,几乎与外出男性的人数相同,真正发挥了妇女在家庭和社会生活中的"半边天"的作用,在该村是属先进的思想典型。这也说明了在农村大部分女性的思想观念不再保守,有许多年轻的未婚女性通过外出打工,在外组建家庭,有一些直接选择留在了流入地。

(3)文化构成知识化

近几年,我国流动人口的受教育水平迅速提高,流动人口的受教育程度构成不断升级,呈现出明显的不断知识化的特点,较高受教育水平的流动人口不断增多。

从调查澄城县王庄镇郑家村来看,外出流动人口的文化程度低但普遍高于当地留守居民的文化水平,大多是初中文化,有很多年轻人是在完成九年义务教育后才选择外出打工的。在 42 户居民的随机抽样分析中显示,具有初中以上文化程度的流动人口占流动人口总数的 37.93%,大多数流动人口的文化程度是小学,占流动人口总数的 58.62%,文盲的比例大幅度下降,只占流动人口总数的 3.45%,与 30 年前全国流动人口的平均学历水平相比有了较大的提升,也经历了一个不断知识化的过程。

(4)职业构成集中化

当代中国农村流动人口的户口和职业相分离,尽管他们在身份上是农业户口,但是主要从事非农产业,且集中于劳动密集型行业。由于广大农民普遍受教育程度低,文化素质水平不高,缺乏专业技能,只能在一些劳动时间长、劳动强度大、技术含量低的传统劳动密集型行业就业。渭南外出务工人员主要从事制造、建筑、住宿、餐饮业、服务业等劳动密集型行业或者个体经营,自营劳动,劳动强度大,工资不高,主要为每月 2 000 元左右。特别在餐饮行业,平均每周工作 6 天,每天工作 10 个小时 。以枯燥乏味的重复性操作为主,一般经过短时间的现场观摩或简单培训即可掌握操作技巧。近年来,随着科技发展的突飞猛进,城市中各工种的技术要求有所提高,从事技术性较强工作的流动人口数量在增加,但增速较慢,这是由于大部分农村流动人口缺乏培训资金,培训时间也难以保证,并且受年龄偏大的影响对新知识、新技术的理解与接受能力大为减弱,技术培训工作困难重重。

(5)流动方式灵活化

我国大中城市人口流动方式主要有:有组织的流动、以老带新的流动、投亲靠友的流动、盲目的流动等四种,当前,人口的流动形式已由过去的个体流动为主,逐渐演变成现今的举家流动,即家庭式流动和个体流动并重的局面。[2] 我国劳动力市场体系建设尚不完善,农民外出务工的组织方式缺乏统一、有序的安排,具有明显的自发性,农村流动人口结合自身实际情况入城自选职业者普遍存在,而关于就业方面的信息则是主要来源于已在外务工的亲朋好友,这种地缘、血缘联系的广泛性和在此基础上不断扩大的社会网络关系成为农村劳动力搜寻就业机会的主要依靠。家庭成员、亲戚、邻居、朋友、同学、老乡是提供信息的主要渠道,72.2% 的民工通过上述方式得到第一份工作。[3]

在调查中发现,渭南农村人口流动,以农民工(农村户籍人口中外出务工的劳动力)为主体并逐步向农民工家庭成员及城居民扩展的人口流动。流动方式由个体劳动力流动向家庭化迁移转变,家庭成员为分次流入,夫妻先流入,再把全部或部分子女接来同住是最常见方式。在农村调研时发现,部分家庭中,爷爷、奶奶留守家中,种地营生;儿子居家在县城内生活,经济条件相对较好,大人务工经商孩子在县城上学。

(6)流动范围扩大化

20世纪90年代以来,我国农村流动人口流动趋势主要是:在流动地域方面,流向相对集中,呈现出一种梯度流动,即由内陆向沿海流动,由山区向平原流动,由农村向城镇流动,由中西部贫困地区、欠发达地区向东部发达地区流动,流动范围也在不断扩大。从流动地域角度,可以将农村流动人口分为两类:一是离土离乡的流动人口,即大区域范围流动的人口,他们大多跨省流动,长期在外经商、打工,偶尔返乡"探亲",其中许多人已不再有回乡当农民的打算;另一类是离土不离乡的流动人口,即小区域内流动的人口,他们只在邻近的乡镇或县市从业,吃住在家,多数还承包土地,既要务工、又兼顾种地,是一种"候鸟式"的、亦工亦农的人口。

在调查中发现,渭南农村流动人口的流向比较广泛,流动距离较远,并经历了一个由近及远逐步扩大化的过程。根据调查结果显示,渭南外出农民工80%集中在广东、江苏、北京、上海、浙江,而省内流动一般选择南西安、榆林、延安等地,还有一部分人口就近流动,在县城务工,从事建筑和服务行业。

(7)收入水平波动化

流动人口的收入水平偏低且不稳定。虽然收入是一个比较敏感的问题,但从2004年全国六城市流动人口抽样调查登记,流动人口收入情况仍可以粗略地看到,流动人口月均收入在1 000元以下的占90%以上,其中有接近45%的流动人口月收入在500元以下,由此可以推断,与流入地劳动力收入相比,流动人口以低收入人群为主。[4]农民工外出务工主要靠出卖劳动力,从事苦、脏、累的工作,而且工作时间长,工资收入较低。渭南外出务工人员大多集中在建筑业、制造业和服务行业,年净收入6 000元以下的占25%,6 000~8 000元的占务工人员的49%,8 000~10 000元的占18%,年净收入10 000元以上的占8%左右。此外,渭南流动人口入城务工后,因为产业发展的周期性影响,个人的疾病、家庭突发事件,以及对工作环境和待遇的不满,导致他们经常变换职位,也会引起收入水平的波动。

二、流动人口对渭南农村社会变迁的影响

如前所述,近年来,渭南农村流动人口群体不断膨胀,从某种意义上说,流动已经成为渭南地区农村人生活的常态,这是他们基于外部社会环境的改变所作出的自主性、适应性选择,顺应了时代发展的潮流。农村人从偏远、闭塞的农村流入城市,在新的社会环境中接触到了与原有的传统思想、行为模式不同的城市文明,并不断吸收这些开放、高级的现代性元素,他们的主体性与先进异质文明相结合且通过人的主观能动作用加以释放,由此推动渭南农村地区发生了广泛而深远的社会变迁。

1.流动人口推动下的渭南农村地区的经济变迁

大量的农业人口从农村涌向大中城市和经济发达地区,对农村的社会经济产生着广泛的影响。对人口迁出地区而言,先期进行的人口流动外迁,可缓解当地的劳动力市场供给压力,提高劳动力生产效率。转移的农村劳动力,他们以外出打工、经商为契机,接受了商品经济的思想,学到了先进技术,积累了创业资金,为家庭创造了更多的经济收入和发展机会。当他们返乡后,可以将发达地区的资金、技术、信息、新的思想观念带回到相对落后的广大农村地区,从而促进人口输出地的经济发展状况的改善。

(1)农业生产精细化

通过调查,渭南农村流动人口家庭与常年居家无流动人口家庭在农业生产方面存在明显差异,原因主要有两点。首先,村内大量劳动力、特别是青壮年劳动力的外流,引起了农业生产中的劳动力稀缺状况,只有通过输入资金购买机械设备、推广应用新技术提高农业生产效率,才能弥补农忙时节劳动力的不足,使农业生产方式发生了巨大的改变,由传统的人畜协作、粗放式管理向半机械化、精耕农业发展。其次,外出务工人员带回

了丰裕的现金收入,农业生产理念也得到了更新,广大村民在农业生产资料方面的投入显著增加,各种新式农业机械得以应用,新品种和新技术得以推广,农田水利设施也得以完善,农业单位产量持续攀升,农业生产没有因劳动力的大量外流引起的短缺状况而受到大的不良影响,没有出现大规模的抛荒、减产现象。

通过渭南农村流动人口家庭与常年居家无流动人口家庭农业生产状况的对比可以得出这样的结论:流动人口外出务工创造的收入增加了农业生产中的资金投入,推动了农业生产方式的改进,由传统落后的生产方式逐步向现代、高效、先进的农耕方式转变,农业生产趋向精细化。

(2)产业结构优化

农村人口的流动缓解了农村人多地少的大矛盾,促进了农村经济产业结构的优化。人多地少是中国最基本的国情之一,一方面庞大的人口基数带来了新生劳动力的持续增长,另一方面农村的耕地资源则是有限的,这两者之间的巨大矛盾严重制约了我国农村经济的发展,农村剩余劳动力被束缚在有限的土地上,使农民难以致富,甚至基本生活需要也得不到满足,长期徘徊于贫困的边缘。人口流动使农村剩余劳动力到外地入城务工成为可能,这些原来在农村闲置的人力资源在新的工作职位上开始发挥效用,创造出大量的社会财富,同时也有效减轻了流出地耕地资源对人口的承载力,促进了农业规模化经营的发展,提高了农业劳动生产率。此外,外出人口的耕地无论是租、转让或由家人代种,都会在一定程度上提高农村土地在留守人员中的人均拥有量,从而有利于留守农民收入水平的提高。

再者,人口的流出为新的生产方式腾出了空间,改变了单一的农业经营方式,经济活动更加繁荣而富有活力。过去,渭南偏远乡村基本局限于自给自足的农业生产及简易手工业,生产活动单一,经济收入十分有限。然而,随着流动人口的大量出现和非农经济成分逐渐增多,这种局面有所改变。众多的渭南乡村人口离开农村,走进城镇经商务工,其从事的经济领域变得非常广泛。同时,他们在外出就业时接触到更多不同类别的信息资源,思想观念逐步更新,有些还掌握了一定的专业技能,他们返回乡村后,多数不愿再经营传统农业生产,而是利用自身积累的资金、精湛的技艺、可靠的信息、丰富的管理经验发展各种非农产业,或从事个体经营,或合伙投资办厂,或进入乡镇企业管理层,使当地农村产业发展迈向了多元化。传统农业结构不断得到调整和优化,促进了渭南地区农村经济由从事封闭、单一的种植业到兼营建筑业、养殖业、服务业等多种二、三产业形式,向开放型商品经济条件下的多元化经济结构转变。

(3)就业压力缓解

渭南是个人口大市,人口密集度高,一般家庭成员有 4 –5 名左右,劳动力 2 –3 人,单纯的种植业生产只需 2 人劳作即可,劳动力剩余率为 30% ~50%,迫切需要转移到非农产业就业。目前,集体经济经营模式下的各类企业大多已经破产,或濒于破产边缘,吸纳劳动力的作用大为减弱。而实践证明,脱离农业生产、跨区域流动则可以获得更多的就业机会,于是这部分农村剩余劳动力离开了山村,来到县城、省城,甚至流动省外寻求到新的职业,减轻了当地农村的就业压力,有利于输出地农村社会的发展与稳定。

由此可见,人口流出区是经济欠发达的农村,大量农业剩余劳动力滞留在农村,无疑是劳动力资源的浪费。剩余劳动力流入城市,不仅减轻了农村的就业负担,有利于农业实现规模化经营和农业生产效率的提高,加快了我国农业现代化的步伐,而且创造出更多的物质财富。

(4)耕地经营高效化

大量农村居民外出务工使得流出地农村的土地供应相对充足,满足了留守农民对这部分土地的需求。外出农民对自己土地的使用权处置方式一般有三种选择:一是无偿转让、赠予留守农民耕种,待返乡后收回;二是有偿承包、出租经营权;三是让自家留守老人耕种。当然,也有少部分农民选择耕地撂荒。从自身经济利益最大化的角度考虑,越来越多的外出农民选择将自家耕地进行有偿出租或委托村委会以商定价格代为转包,这样就使农村耕地资源越来越集中,有利于闲置耕地的规模化开发与利用。土地资源的大规模产业化复合性经营,使得农业生产资料的单位耗费减少,可以有效降低生产的单位成本;在种植品种方面也有了更多的选择,开发出适销对路的质优农产品,提高其市场竞争力。

此外,输出地农村外出务工农民对自家土地资源的灵活处理方式为有关部门制定土地流转法规和实施细则提供了现实的参考,以免造成土地资源的浪费,打击农民的种粮积极性,从而威胁到我国的粮食安全和社会的长治久安。

(5)农村城镇化

流动人口的流出与流入返乡有利于农村城镇化发展,促进农村经济的繁荣。流动人口作为信息载体,通过流动中的信息传播,增加了乡村社区的开放性,引进了外源发展动力,为乡村城市化作了物质和精神两方面的准备。他们不但提高了自身的日常生活水平,而且在城市和农村之间架设了沟通的桥梁,他们给农村带去了信息、技术、经验、资金等,有利于农村产业结构的调整与优化,促进乡镇企业的进一步发展,使农村剩余劳动力就地转化,从而促进农村人口的城镇化发展,全面推动了现阶段的社会主义新农村建设,这正是建立和谐社会,化解各种矛盾,实现全民小康和社会公平与正义的必由之路。

近年来,在流动人口的带动下,渭南农村的城镇化进程明显加快。由于受县城良好的生产、生活环境的吸引,很多村民已搬迁到县城边缘区域生活居住,成为短距离流动的流动人口,农村区域正在逐步演变成城镇区域。从村民身份和从事的职业来看,作为流动人口的相当一部分村民已经较少参加农业生产活动,直接在县城从事个体、运输、建筑等非农行业,或在乡镇企业就职,工作环境、生活方式、思想观念等已经与城镇居民无异,只是部分村民还保留了符号性的农村户口而已。

2.流动人口推动下的渭南农村地区的政治变迁

改革开放以来的实践证明,农民的流动不断改变着传统政治文化的乡土基础,以农民流动为特征的"民工潮"已经成为传播先进文化和现代城市文明的重要渠道,促进了农村的现代化和农民各项素质的提高,同时也改变着传统农村的政治文化生活。

(1)民主法制意识增强

流动人口从封闭落后的农村走入发达的现代城市,逐步接受城市现代文明的熏陶。他们在经商、打工等过程中,不仅增加了收入,而且还开阔了视野,学到了技术,学会了管理,积累了在竞争环境中生存的经验。经济收入的增加使流动人口认识到自身价值的存在,在外务工经商的艰辛又使他们认识到保护自身权益的重要性。因此,流动人口的权利意识、政治参与意识、法制意识和民主意识往往更强。随着外出农民思想意识在流动中的提高,他们的政治参与意识增强,自然会产生参与村务决策、监督村组干部工作等要求,他们更加希望选出自己信任的、有能力的基层领导干部,而不再任由上级政府部门通过行政命令方式指派村组干部。这样他们对乡村基层组织的领导能力提出了挑战,影响了他们的管理方式,使他们在管理手段上表现地更为民主。从政治层面看,流动人口在稳定农村社会秩序、增强政治参与水平、提升民主政治质量方面起着积极的作用。

(2)基层领导结构转变

自20世纪80年代后期,在长期外出务工中成长起来了新一代农村精英人物,比如收入较高的建筑业包工头以及成功的个体经营者。他们不仅在经济领域有所成就,具有优越的经济资源,而且往往具有相对较高的文化素质,并在流动中形成了新的人际关系网络、获得了新的信息资源渠道,见识卓越,眼界开阔,对国家有关法律法规也有一定的了解,具有较强的法律观念,常年在外的打拼经历使他们性格更为坚韧,思维更为敏捷,处事愈发稳重,受到邻里乡亲的尊重,具有广泛的群众基础和良好的领导才能。目前,虽然这部分农村精英绝大多数忙于商业活动,无意参选村干部,但他们的存在和日常的言谈行为已经对村内公共权力的生成和运作产生了较大的影响。流动人口所形成的农村精英构成的“魅力型权威”常常取代由传统村干部所拥有的“传统型权威”。这些拥有更多的新型资源的“魅力型权威”在农村的声望越来越高,而原来的基层干部所拥有的资源不但没上升,反而因人们对这些“传统型权威”的怀疑而失去不少,有些甚至成为新兴“魅力型权威”的追随者,于是新型权威取代传统权威。这一变化将有利于建设一支更年轻、更有活力的基层干部队伍,有利于农村基层民主政治的发展。

(3)社会治安好转

20 世纪 80 年代以前,渭南偏远农村,人多地少,大部分村民生活困苦,有的村民还在温饱线上挣扎,大量人口出于失业状态,这些闲置劳动力在家无所事事,村内小偷小摸、打架斗殴的现象时常发生,使社会处于一种失衡状态,极易引起社会成员间的冲突,不和谐因素增加,村内的治安、稳定工作遇到了严峻的挑战。改革开放后,随着农村人口的大量外流,农村剩余劳动力大量流向城市,人多地少的矛盾得以缓和,同时也缓解了当地的就业压力,留守在家的村民需要花费大量时间进行田间劳作,即使回家后也要忙于家庭养殖和日常家务等,因此打架斗殴、寻衅滋事、小偷小摸等现象已极少发生,使乡村治安秩序大为好转。同时,外出务工的流动人口带回了可观的收入,家庭经济状况得到了很大的改善,家庭、邻里间的经济纠纷随之化解,社会风气好转,对当地社会的稳定、和谐起到了很大作用。

(4)社会阶层结构分化

改革开放后期,国家调整了户籍制度,放开了对流动人口的限制,因而流动人口使农村社会阶层得到更进一步的分化。人口流动促进了新的社会阶层——农民工的崛起,特别是 20 世纪 90 年代中期以后进城务工的农民被称为新生代的农民工,他们比较年轻、文化程度较高,长期在外打工,对社会的认识更全面更深刻。农民工已构成一个相对独立的社会结构单元与社会管理单位,为乡村社会结构的变迁增添了新的契机。事实上,在进城务工流动过程中,农民工经过职业分化,实际上已经并将继续分化为三个不同的社会阶层,即占有生产资料并雇佣他人的业主、占有少量资本的自我雇佣的个体工商户和完全依赖找工的受薪者。形成了一些新兴群体,如农民工、个体劳动者与个体工商户、私营企业主等。[5]

当然,目前农村的这种社会结构还处于不稳定状态,各阶层之间还存在着诸多利益冲突,但我们应该看到,这些新的社会阶层几乎都是从农民阶层分化而来,有的是在带领广大村民发财致富中形成的,有的是利用自身特殊技能开办中小企业而从农民阶层分化出去,还有的是依靠自身体力和人际关系开展多种非农经营活动而脱离农民阶层,虽然现在他们之间分属于不同阶层,存在着不同的利益要求,但同根同源,不存在根本的利益冲突,都是社会主义新农村的合格建设者,因此,现阶段农村新阶层的出现对当地乡村社会发展的推动作用居于主导地位,利大于弊。

3. 流动人口推动下的渭南农村地区的文化变迁

在农民的整个流动行动过程中自始至终贯穿着,也影响着甚至是决定其行为的是不断处于变迁中的思想、观念等组成的文化。无论是外出时的动机、外出中的现实体验,还是回流后的经历都经受着观念的支配,都渗透着文化观念的变迁,并且现实地体现着文化变迁。在流动中乡村流动人口既通过现代性体验,改变和更新着已有的文化观念,同时也在流动的冲突中体验着文化变迁所引发的文化冲突与文化失调。

(1)思想观念的变迁

农村流动人口成为联系农村和城市的纽带,他们通过在外务工,跳出狭隘的小农经济圈子,接受了外界许多新思想、新观念,学到了先进文化和城市文明生活方式,他们的一举一动在无形中会对农村的整个精神层面起到潜移默化的作用,有利于农民改变传统落后的思想观念。在城市中的生活经历改变了村民的传统心理和文化意识，使农村长期形成的传统观念受到强烈冲击，他们的人生观、价值观、婚育观、消费观等都发生了巨大的变化。

第一，婚育观念更新

流动人口对人们婚育观念的影响可以表现为许多方面，包括：对未婚人群的初婚年龄、择偶观念（如择偶范围、择偶方式和择偶标准）等的影响，对未育人群的生育年龄、生育子女数量和性别的影响以及对离婚观念的影响等。

流动人口在流迁后的婚姻恋爱观念逐步从传统的婚姻恋爱观向现代的婚姻恋爱观发生转变。人口的迁移流动对婚姻恋爱观的影响，是通过人口在流动过程中社会经济地位的改变、视野面的扩大及传统思想观念的转变等实现的。在城市现代婚姻恋爱观念和行为的影响下，流动人口逐步选择并接受了这种现代的婚恋观念，并在自己的婚姻恋爱中去实践。具体表现为：择偶的范围不断扩大，择偶的方式从媒妁之言、家庭包办婚姻转变为自由恋爱、自己做主的自由婚姻。

人口的迁移流动对流动人口的生育行为具有重大的影响作用，促进了人们生育观念的转变和生育行为的变化。调查结果显示，农村迁移妇女的生育水平并不高，明显低于迁出地非迁移妇女，其生育水平介于城镇和农村之间。这说明流动人口的主要目的是务工经商，获取经济利益，而不是以超生为目的。流动人口生育行为的最大转变，从早婚早育转变为晚婚晚育，从多生多育、养儿防老观念转变为少生优育，实现从注重生育数量到重视生育质量的重大根本性转变，这说明城市的生育观和生活方式正影响到流动人口的生育观念并使之逐渐得到改变。

改革开放以后，流动人口的日益增加，使人们的思想观念发生了变化，对于离婚现象的看法也有了改变。现在人们认为婚姻自由应该也包括离婚自由，离婚不等于离弃，这种观念的转变导致了近年来离婚率的迅速增加。1980 年中国的离婚率为 4.75%，1990 年到达 8.24%，1998 年上升到 13.35%，2005 年高达 21.68%。[6]社会对离婚的宽容，使当事人在作抉择时少了后顾之忧，农村离婚现象（过去这种让农村人很丢家族面子的事情）日益增多。民政部门调查显示，农村中有 50% 以上的离婚事件是因为夫妻一方外出打工、长期两地分居而引致的。实地调查中，有外出打工的已婚女性因各种原因已与丈夫离婚，其中最主要的一个原因就是长期两地分居而引起的感情纠葛，于是近几年村内离婚率呈现出不断升高的态势。

总的看来，渭南农村流动人口促使了婚姻家庭的变迁，初婚年龄普遍推迟，通婚范围扩大，择偶标准更加注重情趣相投，婚姻以感情为基础，家庭关系融洽，婚育观念更加开放、更加理性化。

第二，市场观念增强

渭南地区农民从闭塞、偏远的大山深处流入城市，离开了世代居住的乡村，改变了原来日出而作、日落而息的农耕生产生活模式，促使广大的渭南地区农民从传统的小农经济束缚中解放出来。农民不再满足过去的“温饱型”田园生活，纷纷涉足市场经济大潮，使人口流动越来越活跃。渭南地区农民大量从农村走入城镇，在寻找就业机会的过程中，他们受到城市文明的熏陶，学习当地的先进理念，开辟市场，参与竞争，培养了市场经济意识、竞争意识和风险意识，树立了竞争、协作、公平、效率等观念，其传统观念得到很大的更新。同时，外来人口的进入，在一定程度上增加了就业压力，有压力就有竞争的出现，也促进了人们竞争意识的加强。

当流动人口进入城市在潜移默化中接受着新的消费观念，被卷入大都市的消费潮流中，逐渐追逐城市的消费时尚。受中国传统的“家本位”思想的影响，进城务工农民一般每隔一段时间就会返回家乡，这部分候鸟式回流人口会把城市的消费观念、消费方式在当地农村传播开来。调查发现，外出回迁家庭与原住民相比，在消费观念、消费行为、消费水平上与城市更为接近，这说明流动人口由乡村到城市的频繁流动和曾经的城市生活经历推动了他们消费观念的改变和消费方式的现代化。虽然绝大多数流动人口还没有足够的经济实力去追时髦,但是他们至少可以在一些较低层次的消费水平上追随城市消费时尚,比如身穿牛仔服装、吊带背心、名牌皮鞋,买高档手机等。个别赚到钱的老板对消费时尚的追逐比城市居民是有过之而无不及。

(2)生活方式的变迁

流动人口离开偏远封闭、贫穷落后的山区农村,到经济社会发达的地区打工,这本身就意味着他们赖以生存的生产生活方式发生了根本性的变化。流动人口在外打工过程中,在城市生活过程中,在与城市居民接触的过程中,不断吸收外界的新观念,逐渐地改变自己,适应现代生产方式和生活方式,在潜移默化中改变生活习惯和生活内容,在思想观念、生活方式以及人际交往关系等多方面发生了改变,不断从农村传统、落后的小农经济向与现代化的市场经济相适应的城市现代生活方式推进。

渭南农村流动人口通过自己离家在外的辛勤劳动,挣到了钱,日子比以前更好过。手里有钱的农民开始注重生活质量,模仿城市人的生活方式,在穿戴打扮、饮食起居、家庭生活、风俗习惯等方面开始脱离土气,逐渐有些城市意味。虽然流动人口不可能一下子改变自己的生活方式,但潜移默化的影响,也使得他们的衣食住行、休闲娱乐方式等都发生了变化,并开始注重生活的质量。经过城市文明洗礼的渭南流动人口将他们所接触到的外来文明传达给其他未有人外出的家庭,将城市文明潜移默化地影响其他村民的生活,对村民们的生产生活方式产生了积极影响,从而逐步推动广大农村生活方式的逐步"城市化"。

(3)语言和教育的变迁

流动人口大量出现以后,渭南地区的语言使用日益多样化,方言优势地位正在弱化,普通话的使用得到了较大的普及,与流入地人们的交流更加畅通,有利于渭南农民学习到更多的先进技能,寻找到更多的发展机会,增强其就业致富能力,加速渭南农村地区社会经济的发展。

流动人口在城市务工过程中,逐渐认识到科学文化知识的重要性,认为家庭收入的来源更多地依赖家庭成员的文化素质。因而,他们更注重子女的教育,重视对子女教育的投入,希望自己的孩子能受到良好的教育,能适应越来越激烈的社会竞争。近几年,农村儿童入学率明显上升,学前教育也得到重视,一部分条件较好的农村还办起了幼儿园和托儿所,同时也加快了农村义务教育的普及程度。

(4)农民素质的提高与现代性的获得

渭南地区农村流动人口的流向主要是经济发达地区和大城市,他们回到农村时,不仅带回了打工的收入,更带回了先进的文化和文明的生活方式和生活习惯,流动中获得的首先是农民个体现代性体验,继而是农村社区的变迁和社会整体现代性的累积。

第一,流动中提高自身素质

流动人口在流动的过程中,在提高自身的经济收入进而改变其经济地位的基础上,逐步接受城市现代文明的熏陶,加速了农民现代素质的积累,极大地提高了农民的整体素质。从农民个体层面看,首先,流动可以促进农民增加对变迁社会的适应性和谋生的能力。其次,流动可以增加农民对新事物的接受性,尤其是对异己的宽容性。再次,流动可以扩大农民的生活半径,为建立超越地缘和血缘限制的各种新型关系。最后,流动克服了农民长期具有的乏力感,获得了自信。[7] 因而,流动人口通过城市体验和流动经历,不断积累了现代性因素,提高了自身的各项素质,而且他们自身的这种变化也会通过其"候鸟型"流动,对更多的农民发生影响,从而表现出城乡流动对农民整体素质提高的倍增效应。

第二,文化冲突中获得现代性体验

流动人口从农村进入城市,改变了生活环境,长期在城市中工作和生活,使他们接受现代城市文明的辐射。在思维模式上,城市文明引导农民抛弃旧有的价值观和生活方式,克服在自给自足小农经济环境中养成的墨守成规、不思进取的特性;在生存方式上,城市文明增强了农民的竞争性和对新事物的接受性。因而,流动和城市体验总体上对流动农民的思想观念、心理、行为等方面都产生了积极的影响,潜移默化中提升了农民的现代性,使他们逐渐从传统走向现代。由此可见,流动有助于个人现代性的培养,流动人口在流动中获得的是一种现代性的体验。

通过访谈,可以得出这样的结论:具有外出经历的人,在原有文化观念与现代主流意识冲突、融合的过程中,表现出明显的现代化倾向,流动对流动人口的改变已经渗透在他们社会生活中的方方面面。

第三,人的现代化加快农村现代化

流动人口的外流,不但丰富了他们的社会阅历,而且通过现代城镇及工业文明的熏陶加速了广大农民观念的现代化,观念的现代化加快了人的全面现代化。流动人口作为农村社区的主体因素,他们身份的转换、现代性的获得必将推动整个农村社区逐渐从传统走向现代,大大加速了农村的现代化进程。

当然,在流动人口的推动下,渭南农村地区社会变迁过程中也出现了一些消极性因素,如收入差距扩大化、村委会管理难度加大、留守家庭成员问题突出等,影响了渭南农村地区的经济发展和社会安定。为此,采取有效的措施来消除人口流动效应的负面影响是十分必要的。这就需要渭南各级政府和民众从实际出发,充分发挥调适过程中的主体性作用,在强化当地农村人口流动行为的正向效应基础上,消除或转变其所带来的负面影响,加快了渭南农村地区的现代化进程。

参考文献

[1]马学文,陈丽君.以人为本构建和谐不断创新渭南市流动人口服务管理新模式——渭南市流动人口调研报告[N].渭南政报,2014(3).

[2]顾朝林.中国大中城市流动人口迁移规律研究[J].地理学报,1999(3).

[3]王义祥.当代中国社会变迁[M].上海:华东师范大学出版社,2006.

[4]徐祖荣.城市社区民间组织研究[M].杭州:浙江人民出版社,2006.

[5]蔡昉.中国城市限制外地民工就业的政治经济学分析[J].中国人口科学,2000(4).

[6]蒋莱.当今社会的婚姻变革[J].社会,2000(8).

[7]周晓虹.流动与城市体验对中国农民现代性的影响——北京"浙江村"与温州一个农村社区的考察[J].社会学研究,1998(5).

乡村振兴视阈下秦东地区农业文化转型及发展

陈 小 红

(渭南师范学院 东盟博仁财经学院，陕西 渭南 714099)

摘　要：作为华夏文明发祥地之一的秦东地区，由于黄渭洛河口交汇流域特殊的地理环境、传统农业经济的物质基础和家国同构的政治伦理环境，形成了秦东特有的农业文化，表现为子民臣属、保守务实的心态，安土重迁、勤劳朴实的精神，崇尚权威、追求自由并存的二元行为模式。乡村振兴离不开文化引领，文化振兴是乡村振兴的重要内容和应有之义，新时期秦东地区农业文化的传承发展及其现代转型对乡村振兴具有重要的现实意义。

关键词：秦东；农业文化心态；乡村文化振兴

作者简介：陈小红(1976—　)，女，陕西蒲城人。副教授，硕士研究生，研究方向：政治文化。

文化的形成与存续离不开其植根于其中的社会形态，五千年文明孕育的中华优秀传统文化与乡土社会密不可分，乡村是中国优秀传统文化产生、存在、继承与发展的载体。作为华夏文明发源地之一的秦东地区农耕经济、宗法伦理、熟人社会基础上长期积淀形成的秦东地区农业文化，对稳固农村社会、维系农村发展发挥了重要作用。

一、乡村文化振兴的提出

2016 年习近平总书记提出“文化自信”的概念，这种文化自信来源于中华优秀传统文化，而中国优秀传统文化的形成及传承，离不开乡村及乡土文化，这是我们文化自信的基础和根本。2017 年 10 月，党的十九大提出“乡村振兴战略”及“产业兴旺、生态宜居、乡风文明、治理有效、生活富裕”总要求，旨在在保持乡村文化和风情的基础上，推动乡村生活品质提升，实现乡村高质量发展。这是对乡村振兴战略的深度思考，也反映了我国现阶段农村精神文化领域面临的突出矛盾和问题。2018 年 3 月 8 日，习近平总书记在十三届人大一次会议期间，强调实施乡村振兴战略“是一篇大文章”，“要统筹谋划、科学推进”，进一步明确提出乡村产业振兴、乡村人才振兴、乡村文化振兴、乡村生态振兴、乡村组织振兴“五个振兴”的科学论断。

二、秦东地区农业文化的形成及其精神内涵

秦东指陕西关中一带渭河平原东部即今渭南市所辖地域，地处黄河中游，因地处黄河最大支流渭河的南岸而得名，包括渭南市区，韩城、华阴 2 个县级市，华县、潼关、大荔、澄城、富平、蒲城、白水、合阳 8 县，东濒山西，西临西安、咸阳，南倚秦岭，北与延安、铜川接壤，是“八百里秦川米粮川”最宽阔的地带，“三秦要道，八省通衢”。以传统农业为经济主体，素有“陕西粮仓”“陕西棉库”之称，是陕西农耕文明、华夏文明的重要发祥地。

(一)秦东地区农业文化的形成

首先，黄渭洛河口交汇的地理环境是秦东农业文化形成的自然基础。“居楚而楚，居越而越，居夏而夏”[1]3 黄渭洛河口交汇、河流冲击而成的平原等自然因素，决定了秦东地区农耕经济的长期存在和发展，农业经济的稳定性、保守性及分散性，形成了稳定、保守的农业文化心态。其次，以家庭为单位的农耕经济是秦东农业文化心态形成的物质基础。“自给自足的自然经济占主导地位。农民不但生产自己需要的农产品，而且生产自己

需要的大部分手工业品。地主和贵族对于从农民剥削来的地租,也主要是自己享用,而不是用于交换。那时虽有交换的发展,但是在整个经济中不起决定性的作用。”[2]586-587第三,家国同构、君主专制是秦东农业文化心态形成的政治社会环境。一方面,在中国传统社会,“血缘是稳定的力量。在稳定的社会中,地缘不过是血缘的投射,不分离的。‘生于斯,死于斯’把人和地的姻缘固定了。生,也就是血,决定了他的地。世代间人口的繁殖,像一个根上长出的树苗,在地域上靠近的一伙。地域上的靠近可以说是血缘上亲疏的一种反映,区位是社会化了的空间”。[3]70地缘、血缘以及家国同构的宗法社会形态,是秦东农业文化心态形成的社会因素。另一方面,漫长的封建统治时期,生产力水平落后以及君主王权专制统治的政治形态,是秦东农业文化心态形成的政治因素。

(二)秦东地区农业文化

1. 子民臣属、务实保守的心态。与血缘关系、宗法族制密切相关,中国古代政治体系通过君、父的一元化权威实行家国一体的伦理政治统治,在政治心理方面主要表现为子民臣属心态。宗法家族制的核心是家国一体的伦理政治。中国传统政治文化是以儒家文化为基础和载体的,儒家文化将家族的人伦关系政治化,提出了忠孝合一、家国同构的伦理政治思想,并通过伦理道德强大的政治教化功能以及封建政治录取机制等途径不断使之社会化,从而构成了封建政治文化的主体。伦理政治是中国传统政治的基本特征,对于地处黄河流域的中国人民来说,其历代传承的重农抑商情结、由于地理环境的优越所形成的耕读为本的文化、“学而优则仕”的传统认知和“官本位”“父母官”思想等,都使得其伦理政治的色彩更为浓重。家国同构,忠孝一体,家是国的缩影,国是家的放大,忠孝、君父、礼法、宗族等观念和规范成为伦理政治的关键词,“家天下”一方面强化了天子权威,成为君主权威控制社会的前提条件和王权主义的强大保证,同时弱化了社会力量,强化了社会成员的子民臣属心态。另外,小农生产方式造成了对家族的依赖以及对集权的顺从;自给自足的小农经济生产方式决定了生产力水平的地下和社会化程度的低下;农业自然经济的重要性与稳定性,也使得经验积累成为一种资格和价值。由此使得中国人在传统生存方式的规范中循规蹈矩,不敢有丝毫逾越,形成了保守、务实的心理。

2. 安土重迁、勤劳朴实的精神。“历史的真正舞台所以便是温带,当然是北温带,因为地球在那儿形成了一个大陆,正如希腊人所说,有着一个广阔胸膛”。[4]124“以黄河中下游平原、长江中下游平原为依托和据点,根植于膏腴的土壤、温湿的气候、丰富的水资源,以家族血缘关系为纽带的自给自足的小农经济发展和蔓延起来。”[5]这种典型的大陆型地理环境以及黄河流域优越的土地条件,使得中国有着远高于同时代西方国家的农业文明。繁衍生息在这片土地上的中国先民世代以农业耕种为正道,成为封建国家赖以生存和延续的稳定根基。农业对土地的依赖,使得土地成为国家政治生活中社会权力的象征和人民安身立命的依靠。人民的生活就维持着这样低度生产力水平上的自给自足状态,常年如一,封闭保守;以家庭为单位的生产客观上也导致了小农的分散孤立。相对优越的地理环境、以农为本的经济生产方式、不期而遇的又无力抗拒的天灾人祸等,客观上形成了秦东地区人民勤劳、务实、隐忍、顽强的性格。

3. 崇尚权威、追求自由并存的二元行为模式。首先,政治是一种权力和利益分配机制,有怎样的分配机制,就会有怎样的文化人格,反过来,文化人格也影响着权力和利益分配机制。马克思在分析法国农民的特征时指出,农民“是由一些同名数相加形成的,好像一袋马铃薯是由袋中一个个马铃薯所集成的那样。……他们不能代表自己,一定要别人来代表他们。他们的代表一定同时是他们的主宰,是高高站在他们上面的权威,是不受限制的政府权力,这种权力保护他们不受其他阶级侵犯,并从上面赐给他们雨水和阳光。”[6]693这种分析同样适用于封建时代的中国。一方面,传统中国家长制的分配机制要求人民绝对地服从权力和权威;另一方面,小农的分散性又使得他们不能自己代表自己,需要高高在上的政府权力(君权)来代表和保护他们;另外科举制的社会流动制度,由于能局部地实现社会阶层之间的流动,激励了知识分子的奋斗信心,有朝一日"学而优则仕",光宗耀祖,掌握和享受权力。其次,惧怕权威,远离政治权力中心。由于小农自然经济的自给自足以及低下的社会生产力,没有便利的交通网络,没有深入的经济关系,也没有频繁的人际交往和信息沟通,乡土中国便以宗族、家族为单位,傍依自然地理格局形成一个个分散、相对孤立的血缘团体。皇权由于有着经济基础的约束和地理环境的限制,便把乡土社会中的治理权力让给了地方乡绅或以血缘为纽带的家族,普通民众"日出而作,日入而息,凿井而饮,耕田而食,帝力于我何有哉。"[7]3 出于对权力的敬畏,形成了"山高皇帝远"等远离政治权力中心的思想意识。

三、传承与建构:乡村振兴视阈下秦东地区文化转型及发展

随着社会主要矛盾的变化,绝大多数农村地区和农村人口对美好生活、美好文化生产的需求迅速增加。农村文化领域的主要矛盾表现为人民日益增长的美好文化生活需要与供给不平衡不充分之间的矛盾。人们对文化生活的需要更加丰富。

(一)加强优秀传统文化传承,助力乡村振兴。

秦东地区农业文化心态的稳定性、保守性一定程度上规范公民的政治行为,影响政治人的价值选择。"中国传统政治文化不仅影响与规范了这种政治态度的政治行为,而且这种保守的性格还在相当程度上修正了中国激进政治参与者的政治取向,使之趋于温和。"[8]农业生产中对勤奋劳作才能家庭兴旺、国家繁荣的认同、对农业劳动中团结协作的集体主义观念的认同、务实进取、自强不息的奋斗精神以及对人伦义理的注重等一定程度上规范着公民的政治行为,强化着对国家的认同,成为实现政治稳定、助力乡村振兴的深层动力。

(二)着力乡村文化建设,促进乡村环境改善。

乡村环境建设包括硬环境与软环境两部分,交通道路、医疗、教育资源等基础设施等的建设属于硬环境建设,文化属于软环境建设。改革开放以来,虽然秦东地区由于地域发展的限制,但是普遍来看秦东农村的村容村貌正在快速改善。文化软环境建设相对滞后,需要大力通过弘扬社会主义核心价值观,提高乡村文化产品的供给数量及质量,传承勤劳节俭、自力更生的精神力量,构建乡村文化共同体等措施来逐步实现。

(三)建设现代乡村治理文化。

乡村建设和振兴的主体和希望是人。首先,培育新时代的乡贤文化,大力发挥农村知识分子、农民工等的引领作用,通过基础设施的改善,鼓励公民参与到乡村基层治理中。其次,加强传统优秀文化及村规民约等对乡风村风的引领和塑造,发扬友善有礼、勤劳节俭、互帮互助等优秀传统文化因素,为乡村振兴提供坚实的文化支撑和人力资源支持。

参考文献

[1]荀子. 荀子·儒效[M]. 万卷出版公司出版,2009.

[2]毛泽东选集:第4卷[M]. 北京:人民出版社,1976:586-587.

[3]费孝通. 乡土中国,生育制度[M]. 北京:北京大学出版社,1999:70.

[4]黑格尔:历史哲学[M]. 北京:三联书店,1956:124.

[5]邓剑秋,张艳国. 中国传统政治文化确立的地理基础与历史条件[J],学术研究,1997(8):30-32.

[6]马克思恩格斯选集(一)[M]. 北京:人民出版社,1972:693.

[7]〔晋〕皇甫谧撰,〔清〕宋翔凤,钱宝塘辑. 帝王世纪,击壤之歌[M]. 沈阳:辽宁教育出版社,1997:3.

[8]李艳丽. 张力与互动:政治亚文化对政治稳定的积极功能分析[J]. 中共福建省委党校学报,2007(5):12-15.

历史文化名村党家村保护与开发研究

屈晓娟

（渭南师范学院 农商学院，陕西 渭南 714099）

摘　要：本文在对党家村进行实地调研的基础上，结合专家的研究成果，从空间视域、文脉传承、经济发展和政府统筹与资金人才等方面对党家村所面临的问题进行系统剖析，对党家村的未来进行思考，提出其保护与开发的对策建议，并提出了相应的原则。

关键词：党家村；历史文化名村；保护与开发

作者简介：屈晓娟（1973—　），女，陕西渭南人。教授，硕士研究生，研究方向：区域经济。

随着现代城市化进程的加快，城镇化建设是经济发展的必然，而建筑物的拆旧与建新是城镇化建设的必然，一些历史文化名村在城市化进程中或多或少受到破坏。但是那些已经存在的、并且有一定的历史、文化意义的建筑，就是历史与社会文化的沉淀。陕西历史文化名村党家村作为一个始建于明清时期，具有不可重复性的历史空间遗存与地方特色的文化景观资源，也面临着亟待保护与开发问题。因此，对于党家村目前的保护与开发进行研究，具有很强的现实意义。

一、党家村保护与开发存在的问题

党家村有一百来座四合院，还建有祭献祖宗的十一座祠堂，为崇拜神灵的文圣贤庙（俗称上庙）、武圣贤庙（俗称下庙），为瞻仰文昌星及孔圣人、被称为村标的文星阁；建有看家楼，大小巷口的二十五座哨门，为躲兵荒马乱、大号叫泌阳堡的寨子这些保安设施；配合着用被洪水冲刷滚过的失去棱角的河石铺成的巷道、坡道，砌就的数丈高的石壁，便形成了一处罕见的古建筑群。

目前，历史文化名村的现状令人担忧，本文从空间视域、文脉传承、经济发展和政府统筹与资金人才等方面对党家村所面临的问题进行系统剖析。

（一）空间视域：村落环境遭到破坏，“空心化”现象严重

首先，随着经济的发展、政策的导向、城市规划改造和大规模的新农村建设，使得历史文化名村的村落环境遭到极大的破坏。党家村为了发展旅游业，打造完美旅游村寨，进行大规模基础设施建设以及对党家村周边环境进行大规模改造，导致周边环境受到极大破坏，河水也发生断流，村中的生活垃圾随处可见。其次，一方面由于历史文化名村的颁布，国家越来越重视对古城原有建筑形态的保护，众多村民搬到新的村寨，另一方面党家村原有的生活方式和传统的物质空间与现代化生活方式之间存在着严重的矛盾，使得党家村的常居人口大幅降低，导致党家村面临着严重的“空心化”现象。这种“空心化”现象，使得党家村的建筑因无人看管和维护，村寨的人居环境和物质环境也都在某种程度受到破坏。

（二）文脉传承：文脉核心瓦解，文脉传承中断

由于越来越严重的“空心化”，党家村许多曾经原有的自然环境地理要素和历史文化要素，诸如地貌和植被、石碑和古桥等都长期因没有维护而丧失了原有的功能。由于缺乏维护，党家村一些具有特色的文化场所慢慢消失，诸多具有地方独特性的精神文化和非物质文化遗产也正在逐步

消解,它们作为物质文化的载体,如果失去,村寨的文脉核心逐渐被瓦解;在工业文明和新农村发展的过程中,村民们越来越追求经济利益,致使文化环境不断地遭到破坏,村寨中的历史文脉被中断,在村民追求财富的过程中被切断,得不到较好的传承。

(三)经济发展:经济结构单一,旅游业发展缓慢

党家村始发于农,后以耕读传家与经商,但都是以本村周围的土地为根本而生存。在清末,原有的经济衰退,党家村村民主要从事农业,但开发力度不够,还仅停留在粗放的小农经济,并没有形成大范围的体系,不能形成村寨的支柱产业。随着国家对历史文化名村的保护与开发,党家村也越来越重视旅游业的开发,利用村寨的历史文化资源和自然景观资源,展示村寨文化的同时也增加了经济收入,但是由于缺乏对村寨发展全面的规划方案,旅游产品一直处于比较初级的阶段,旅游文化产业发展比较滞后,导致很多历史资源的浪费,传统文化失去了其生长的根系。同时,由于是自主经营的模式,并没有给党家村带来应有的旅游收益。

(四)政策支持:缺乏全局统筹,资金与人才匮乏

通过实地调研,我们发现,党家村对古城的保护主要侧重于原有建筑文物的保护,将大部分村民迁到新村,但对于诸如村寨的布局、基础设施的加强等自然环境的保护都较欠缺。除此之外,非物质文化遗产保护的并不到位,有待提高。目前,有关历史文化名村的管理机构很不健全,同时与此相关的高水平、高素质专门人才极为稀缺,党家村由于缺乏保护与开发的资金和专门的技术修复人才,使得建筑文物很难得到好的修缮和维护,它的历史和文化传承不能更好地进行。

二、党家村保护与开发的对策建议

(一)党家村保护和开发的主要原则

一是整体性原则,历史文化名村的整体既包括村寨周围和它有密切关系的一些自然环境、道路、街巷、水系、传统建筑和历史环境要素等能够看得见的珍贵资源,更包括一些无形的传统资源,像各种非物质文化遗产、传统生产生活方式和生活在村寨中的村民等。显示出了历史环境整体性的重大意义,党家村是需要整体保护的。一方面,它代表着党家村有代表性的建筑样式和整个村子的历史发展脉络,在整体上它是这一地区历史的见证者。另一方面,党家村遗存的有形的器物文化、无形的观念文化和制度文化,在某种形式上都可映射出村民间的组织结构、人际关系和价值理念,尤其是有些能显现出党家村的特别价值,众多文化观念的统一使得党家村变为完整的文化单元。二是发展性原则,党家村具有丰厚的文化内涵,在对原有建筑特征的改造上,不能采取强硬的措施,要把保存遗产与发展经济、改善民生结合起来,让党家村的保护与发展活起来、动起来,党家村才可以持久的生存和发展下去。

(二)党家村保护的内容

一是村落选址与自然景观环境的保护,党家村被土塬包围,泌水河从村南流经,从沟谷当中抬望,层塬无尽,从近处看土笋成林,景色壮美。正是由于党家村所处的这种特殊的地理位置,才显示出其独有的保护价值。除此之外,我们还应严格控制各项建设,不得建有损整体形象的另类景观,注意保护历史文化名村中特有的山形水系、地形地貌,以及构成村落村庄自然景观特征的自然植被、农业景观等。二是传统建筑的保护,对于党家村遗存的文物建筑,文星塔、节孝碑、看家楼、祠堂、泌阳堡寨墙及寨口等,尤其是党家村的14个巷道,这是较为完好的遗存之一,它独特的布局、形式和功能对研究党家村的历史价值提供了很好的条件,我们在精心保护,预防破坏的同时,也要对破损的地方予以维修、加固,加强管理,努力宣传,制定保护法规,对干部和村民进行爱国、爱村、爱家教育,以更好地保护自己的家园。三是对历史环境要素的保护,历史环境要素在村寨中的作用不可忽视,特别是营造现代建筑,在对历史文化名村这一复杂系统的保护中,也要充分考虑到细节,

考虑到对历史环境要素的保护。四是非物质文化遗产的保护,有关党家村当代研究的相关书籍、论文、报刊、宣传材料等文献进行综合梳理、管理和保护;对上级对党家村的行政文件、规章制度、乡规民约和已公布的各类规划等了解后,对党家村进行科学合理保护。通过对有关文献资料的保护达到对党家村的全面保护。

(三)党家村开发内容

党家村的发展不同于其他物质形态,这个发展是在保护的基础之上,对于其需要保护的众多元素,比如物质的、非物质的,都将以真实性和整体性为原则,发展是系统的有机更新,是不断地保护、修复、改造的过程,这个过程要具有严格的科学性与规律性,不能随意改造自然资源和文化资源,旅游业能够成为党家村的支柱产业,这对提高党家村居民的收入,改善居民的生活水平都有很大作用。党家村的自然环境和整体格局风貌要得到科学的开发,而对于传统建筑和历史环境要素等也要进行合理的开发。为了使自身文化继续得到一些有效的保护与传承,使党家村村寨的地域、民族和文化特色去更好地利用,我们需要积极的去引导村民,开展对原有建筑材料的节能改造,使功能更好的得提升,我们还应该改善村民的居住条件,提高村民的居住环境品质。也只有党家村的发展能力得到一定的提升,党家村村寨形成具有自己特色的产业,党家村才能去进行开发;经济发展良好,村民的人均收入不断地提高,村民的生活质量才能不断地去提高,这样才能更好地去形成保护与开发的良性循环。

参考文献

[1]周若祁,张光.韩城党家村寨与党家村民居[M].西安:陕西科学技术出版社,1999.

[2]陈国兰,陈曦.商业化、城市化对关中旅游古镇的影响及对策[J].新西部,2018(4):13-14.

[3]马晶,刚家斌.传统村落保护与开发的困境及对策:以陕西韩城党家村为例[J].科技创新导报,2017(27):152-155.

[4]贾鸿雁.中国历史文化名城通论[M].南京:东南大学出版社,2007.

[5]杨景震.陕西民俗[M].兰州:甘肃人民出版社,2007.

“互联网 +”视域下渭南市文化旅游“微平台”推广策略浅探

张　虹

(渭南师范学院 人文学院，陕西 渭南 714099)

摘　要：在“互联网 +”旅游文化产业的模式之下，妥善利用微平台，打造知名文化品牌，实现信息有效传播，必将成为渭南市文化旅游推广的新锐出路。渭南市文化旅游“两微一端”微平台建设已经蔚成气象，但依然存在若干问题。本文在总结旅游文化微平台推广时代意义与传播特质的基础之上，为渭南市文化旅游微平台营建和推广提供了四条创新思路。

关键词：“互联网 +”；渭南市；文化旅游；微平台；“两微一端”

基金项目：教育部 2015 年度人文社科项目“西北弱势旅游地人文景观之文化建构与产业化培育研究——以陕西渭南为例”(15XJCZH009)

作者简介：张虹(1982—　)，女，山东临沂人。渭南师范学院人文学院中文系讲师，文学硕士，主要研究方向为秦东历史文化研究、司马迁与《史记》研究。

渭南地区是黄河流域重要的文化发祥地，目前辖 2 区(临渭、华州)2 市(韩城、华阴，其中韩城为省内计划单列市试点)7 县(潼关、大荔、澄城、合阳、蒲城、富平、白水)和国家级高新区、省级经济技术开发区、卤阳湖现代产业综合开发区、华山风景名胜区。渭南被称为“诗之源、字之源、酒之源、史之源、乐之源”。“中华第一诗”——《诗经》第一首《关雎》的背景据称就在洽川湿地，这里是字圣仓颉造字的圣地，是酒圣杜康酿酒的渊薮，是史圣司马迁“究天人之际，通古今之变，成一家之言”著《史记》的精神母体，还是中国北方梆子剧声腔的发源地。然而，渭南景观文化资源的开发和推广近几年才初成规模，弱势旅游地的帽子尚未摘掉，知名度还未打响，这与渭南旅游在文化推广和宣传造势方面的相对滞后分不开。而在信息经济爆炸式发展的今天，“人手一机”的网络时代，“智慧文化旅游”“微旅游”正日趋成为大势所归，网络平台尤其是“微平台”已经成为旅游文化的“主阵地”。

2015 年 3 月 5 日，李克强总理在十二届全国人大三次会议上提出，要制定“互联网 +”行动计划，推进互联网与传统行业的结合。而对于本身就具备时尚型、多元性与新鲜性的旅游文化产业，“互联网 +”工作模式更是极大增强了资源获取度和思维更新度，为新时代的旅游文化开发提供了无限多的新颖思路、先进手段、多彩内容。妥善利用最新平台，打造知名文化品牌，实现信息有效传播，必将成为渭南市文化旅游推广的新锐出路。

一、渭南市文化旅游“两微一端”微平台建设现状与不足

旅游文化推广最常用的微平台一般指“两微一端”——微博、微信及移动客户端(APP)。近年来，各地相关组织依托“两微一端”进行的线上乃至“掌上”旅游文化推广已经蔚成气象，如火如荼，而渭南的旅游推广业已搭上时代的“快车”，各项工作早已启动起来，这是一件令人欣慰的事情。

1. 建设现状

（1）微博

渭南文化旅游的认证微博有“渭南市旅游局”“大秦渭南旅游”两个官微，另外某些县区的旅游局也开设了自己的官微，如“白水旅游”“韩城旅游”“临渭区文物旅游局”等，经常性地对渭南旅游相关资讯进行转发推广，并广泛“@”各大媒体。

（2）微信公众号

渭南旅游有主公众号“渭你而来”，为渭南市文物旅游局主办，设有“渭南旅游”“趣渭南”两大板块，其中“渭南旅游”板块下辖“渭南故事”栏，定期推送渭南地区的历史文化掌故、传说故事。“趣渭南”下设“趣游”“趣吃”两个栏目，分别介绍渭南地区的著名景点和地方美食。公众号每天发布2－4篇文章，推送渭南旅游资讯、旅游政策等，已有大量粉丝关注。此外，还有“渭南文旅公司”“渭南出游旅行平台”“渭南旅游杂志”“渭南趣旅游”“渭南旅游资讯”等专门性、针对性较强的公众号。

而各县区、各景区中的一部分也建有自己的公众号，如渭南文化旅游产业发展公司主办的“临渭文化旅游”，洽川旅游开发公司主办的“陕西洽川旅游”，华州区文物旅游局主办的“悦游华州”等，以地区、景区为主体进行旅游推广，打造旅游形象。

（3）移动客户端（APP）

2015年左右，渭南旅游专属的“渭南旅游”APP在安卓市场及苹果市场上线，这个全新的云平台将渭南市各地的旅游景点、风味小吃、人文特色、住宿购物、休闲娱乐等9大门类的图片、文字信息收集编录其中，让旅游者在行动之前即可使用手机随时随地查阅、掌握各景区的风光景象、民俗文化及相关服务的动态信息。同时，“渭南旅游”APP还建设有智能定位、导航系统、分享平台、支付系统，通过“交叉式”“互动式”的多功能全方位服务系统，为渭南旅游的形象推广、旅游服务提供了一个功能强大、信息精确、受众面广的市场营销平台，让游客来渭南从过去的被动安排性服务向主动的选择性服务转变，从单向和间隔性的获取信息向随时获得贴身信息、随时进行双向及多向交流等方向转变。[1]

2. 存在问题

（1）广度有限，景区覆盖率低

渭南旅游“两微一端”平台建设虽然方兴未艾，初见成效，但不得不说尚未形成气象。首先，各县区、各景区基于移动客户端的官媒并没有普及化，无论是微博还是正常运营的微信公众号数量都较少，如富平、大荔、澄城、蒲城、潼关等地虽然旅游资源丰富，但在微平台建设方面还属空白。而APP的打造近两年已经搁置，推广度也不够，用户在手机应用市场里难以搜到，也基本没有其他途径对其获得了解。第二，现有微平台对渭南景区、景点的宣传介绍不够全面，如“渭你而来”公众号中介绍的整个渭南地区景区只有十个，而渭南地区截至2013年数据统计仅仅列入开发和保护的县级及以上文物旅游景点就有693处，更遑论其他人文与自然景观，这个数据的对比是相当悬殊的。各微平台日常推送的资讯基本也都是关于一部分热门景区的，尚有比例极大的景区景点从未被“翻牌子”，殊为遗憾。

（2）热度不足，内容原创性弱

渭南旅游“两微一端”平台虽然已经占有了大量的粉丝和订阅公众，但无疑知名度和关注度还是有待提升，而原创性、趣味性、时尚性的缺乏，是当前渭南旅游微平台建设的“硬伤”。微博基本都是各种消息的转发，原创极少，如“渭南市旅游局”微博虽然每天更新，但近三月以来关于旅游的微博居然全部是转发，“大秦渭南旅游”微博亦是如此，而且多日才更新一次。“临渭区文物旅游局”间或发布原创图片，但配文单调，难以引人注目。各大微信公众号大多都是旅游资讯、新闻消息的“简单粗暴”推送，缺乏特色、个性、趣味性和新鲜度，长此以往，不利于吸引公众长期关注、订阅。

（3）深度欠缺，文化功能性差

总体来说，渭南旅游现有微平台建设还处于比较单一和初步的状态，如微信公众号，均存在一级菜单和子菜单设置过于简单的问题,如“渭你而来”和“临渭文化旅游”一级菜单栏均只有两项,分类较为笼统,而文章数也较少。值得肯定的是“陕西洽川旅游”公众号,一级菜单分“旅游攻略”“莘国水城”“最新动态”三栏,子菜单设置也较为丰满,但某种程度上讲分类依然不够明确,难以让读者一目了然地直接查找到需要的文章。此外,现有微平台对旅游文化内涵的发掘与宣传也不够。2009 年 7 月,时任山东省委宣传部长的李群在“山东文化和旅游融合发展高端论坛”上提出,文化是旅游的灵魂,旅游是文化的载体。文化体验和文化认知是旅游的重要内容,而旅游也是传承和传播地方文化的有效形式。但是,渭南旅游相关微博对秦东历史文化的介绍罕见踪影,而各微信公众号中相关文章目前也是“少而不全”的局面,关于非物质文化遗产的系统推介更是寥寥无几,如“临渭文化旅游”中“临渭非遗”子菜单栏,仅有两篇文章,完全不足以反映秦东丰富博大文化遗产的全貌。

二、旅游文化微平台推广的时代意义与传播特质

1.“微平台”必将成为旅游文化推广和旅游营销的时代主战场

2016 年 5 月 17 日,中国互联网协会、国家互联网应急中心(CNCERT)联合发布了《中国移动互联网发展状况及其安全报告(2016)》,据其统计,2015 年我国境内活跃的手机网民数量高达 7.8 亿,占全国人口数量的 56.9%。移动网络终端已然成为人们工作、生活中不可或缺的部分,一部分年轻人甚至成为完全依赖手机进行社交的低头族、御宅族,而越来越多的中老年人也加入了智能手机大军,熟练于而且热衷于刷微信、微博。微平台最大的优势就是可随时随地随手浏览,充分利用碎片时间,因此迅速成为最受人们喜爱的信息获取手段和社交互动工具。而且,随着移动支付、网络订票、网络订房、电子车票等新技术、新手段的应用,“一部手机走天下”的时代已然到来,尤其对于旅游者而言,手机是获得旅游资讯、旅游服务的最主要来源,因此,对于地方和景区而言,“微平台”必将成为旅游文化推广和产品营销的主阵地。

2.“微平台”为旅游文化推广和旅游品牌打造提供了全新视域和途径

从平面、单一、滞后的传统媒介宣传到灵动、快捷、立体的“微平台”,信息时代的来临为旅游文化的宣传推广提供了新路径、新天地。“微平台”不仅保证了信息传递的即时性、可达性、针对性、便利性,而且是一种多途径、多元化、多媒体的平台,集网页展示、通知发布、互动交流、信息回馈等无数强大功能于一身。优秀的“两微一端”应该是地方旅游文化的全方位展示和整体形象的代言,可以让受众通过图片、文字、音乐、视频等多媒体全方位立体化的形式来了解宣传对象。现在很多景区的公众号或者 APP 都开发了扫码讲解功能,如曲江艺术博物馆的公众号,游客可以随时通过扫码来获得展品的免费专业讲解。有些公众号或者 APP 还开发了“VR 全景游”模块,游客可以通过眼睛来“触摸”景区实景,这无疑会大大提升景区的好感度和好评率。

3.“微平台”极大提升了旅游开发与推广的互动性和体验度

微博、微信等“微平台”打破了信息传统的自上而下、点对面式的信息传播模式,变为以一种即时、交互、开放、平等的方式呈现,人类自身能够触及的、或人类借助技术、工具能够触及的每个角落所发生的一切均可以通过微技术平台即时加以传播。不仅如此,微技术平台还可以进行实时的互动,通过即时的交互,每一个人都成为“在场意义上的导演和主角”。[2] 微博的评论回复、粉丝互动,微信公众号的后台消息,都可以很好地实现交互功能。而健全的公众号和 APP 功能非常强大,如武夷山旅游局主管的“武夷山旅游”公众号,在“实时信息”菜单下,可以迅速查到景区人数、竹筏票、演出票、附近公交等即时信息,而“旅游管家”一栏,可以一键进行投诉和评价。如此,真正可以做到游客一机在手,畅通无

阻,全程无忧。

三、渭南市文化旅游微平台推广之发展方向与创新策略

1. 加强文化内涵,点亮秦东特色

文化与旅游本就是一对相依相存的双生花,文化的开发和推广是旅游业可持续发展的源泉,也是这个地区地域经济整体发展的强劲推动力。发展地方旅游,不能简单粗暴,急功近利,单纯通过毫无营养的宣传炒作来牟利,而应该大力发掘当地文化资源,增加文化内蕴,经营地域特色,打造个性名牌,是为长久之计。如甘南舟曲县为扩大“山水新舟曲·藏乡小江南”旅游品牌影响力,提升舟曲对外旅游形象,以“楹联文化”为主定位,成为我国首个楹联文化示范县,建成了名声赫赫的中国第一楹联文化街廊。舟曲县城以及下辖的一些乡镇主街道店铺的门口,均悬挂着精心撰写的切合店铺行业面貌的楹联,古色古香,吸引了一大批游客慕名而来。而渭南市临渭区牒吴村主打“农耕文化,美丽乡村”定位,召唤游客前来觅“乡愁”,寻“桃源”,文化符号的融入也是做得相当成功的。渭南文化旅游微平台的建设一方面应该揉入地方和景区的文化定位,做有“特色”有“味道”的旅游;另一方面,在具体内容和信息的发布上也应该更重视文化内涵的含量与分量,如可以延请专家撰稿,系统对地方历史文化和景区传说典故等进行定期推送。

2. 拓展层次功能,打造一体系统

旅游行业的互联网化在实际使用中已经根据用户需求拆分出许多细化的服务,例如车票预定、旅游攻略、天气预报、旅游资讯、酒店预订等,[3]各司其职,诉求明确。但旅游本身是一种综合性、复杂性很强的行为,对于具体旅游目的地而言,或许最需要达成的不是资讯的分化,而是功能的整合。如“武夷山旅游”微信公众号和APP,可以很方便地查询到实景演出和竹筏漂流项目的时间场次、可购余票,但却没有设立购票的通道,游客必须通过其他途径购票,这就造成了信息的延误和游客的麻烦。因此,一方面地方旅游“微平台”应该以“高大全”为目标,全面覆盖旅游景点、人文特色、住宿购物、风味小吃、休闲娱乐等服务信息,尽量使游客能将吃、住、行、游、购、娱等相关功能“一手掌控”,而且还能帮助游客设计规划有针对性的行程,为游客准备最完善的“点菜”的“菜谱”,并且能够实现“加工制作,成品上桌”,另外还具有评价反馈、投诉回访功能,真正解除游客后顾之忧。另一方面,各种“微平台”应实现多方联动,互相加入二维码进行关联推介,并且通过官网、短信、视听媒体、平面媒体等进行全方位的宣传推广。

3. 侧重趣味体验,实现创意营销

微平台的使用者主要是中青年群体,而这一部分公众也正是旅游市场当前乃至未来的生力军。近年来,中青年网民在审美需求和兴趣走向方面越来越倾向于轻松活泼、新鲜愉悦,因此,中规中矩、四平八稳的资讯发布已经不足以吸引他们的眼球,应该多采用时尚新潮、富有创意的形式。比如“陕西洽川旅游”公众号,每一篇推文的题目经常使用网络流行表达方式,如“表白某某”“嗨起来”“尴尬了”“好评点赞”之类,紧跟时尚潮流的语言风格易于引发关注。网络如海,适者生存,庸者淘汰。各大高校和政府机关的官方微博都开始“调皮”,而旅游目的地微平台若继续一板一眼,陈旧木讷,必将沦为摆设。当然,微平台的宣传应该以线下景区、地方组织的创意性活动为基础,增强景区策划的新意和创意是最根本最关键的。另外,如“漂流瓶”“摇一摇”“小程序”等微平台开发的新功能,也应及时善加应用。

4. 完善多方互动,铺建直播通道

旅游开发与推广不仅要利用好“两微一端”主流微平台,亦不应忽略新兴微平台的开拓,如抖音、火山视频等网络直播平台,作为一种新兴的社交媒体方式,利用互联网的快速、直观、互动、地域不受限制、表现内容方式多变等优势成为当下潮流热捧的新媒体媒介形式。[4]而各县市、各景区完全可以开发自己的网络直播平台账号,用在线直播的形式带受众领略景区实况,文化民俗,获得第

一手最真实的旅游攻略、旅游资讯,激发受众身临其境领略体验的欲望。直播时还可以利用弹幕等在线互动讨论,第一时间解决网友的疑惑和困难。有条件的话,可以尽量借助一些网络红人的公众影响力,延请一些公众形象好的公众人士、知名网红之类前来做直播,必将刷新景区的关注度。另外,也可以通过与微博红人的互动,建立和维护与微博红人的友好关系,通过借助微博红人的人气和公众影响力,转播和转发旅游地官方微博内容,实现良好的口碑效应。[5]

总而言之,"互联网+时代"充分放大了人类思维方式、技术手段、生活状态、情感需求的日新月异,实际上,任何一种微平台都是"活在当下"的,时时在更新变化,也随时有可能被更具有先进性、适应性的新平台超越和替代。地方旅游文化产业应抓住机遇,依时应变,将"智慧文化旅游"做到实处,更好地融入社会主义经济新常态。

参考文献

[1]彭一鹏."渭南旅游"APP 上线,玩转秦东一步到位[EB/OL] http://news.hshan.com/msnews/2015-03-11/42270.html, 2015-03-11.

[2]刘兴凯."微空间"文化生态的"三俗化"倾向及其规制[J].社会科学家,2014(2):150-153.

[3]彭小敏.移动电子商务在旅游业中的应用前景分析[J].知识经济,2009(9):14-21.

[4]谢瑾."两微一端"传播路径下地方城市形象推广策略研究——以宜春市为例[J].美与时代(城市版),2017(10):83-84.

[5]叶春东,周晓鹏.信息化视角下旅游目的地"微"营销——以丹巴县为例[J].技术与市场,2014,21(4):271-272.

农村墙体广告强制性传播研究

曹福刚

（渭南师范学院 人文学院，陕西 渭南 714099）

摘　要：近年来，随着我国市场经济的发展，农村市场逐渐繁荣，墙体广告作为一种信息传播方式在农村发展迅速。农村墙体广告具有覆盖面广、实用性强、广告时效性长等广告宣传功效，是拓展广大农村市场的最有力武器。农村地区也有其自身的优势：范围广、受众多、市场空间大。众多广告商采取“下沉策略”，面向农村地区大力投放广告，而要提升墙体广告的品味和质量，就必须针对目前墙体广告存在的问题，采取相应的措施加以解决，确保农村墙体广告的健康发展。墙体广告强制性的产生和存在有一定的原因，它是一把双刃剑，有利也有弊，因此要想使农村墙体广告得到持续的发展，就必须对某些强制性的农村墙体广告提出相关改进和发展策略。

关键词：农村市场；墙体广告；传播；强制性；互联网

基金项目：渭南师范学院人文社科项目（2018SKYM07）；渭南师范学院人文社科项目（2017SKYM12）

作者简介：曹福刚（1973—　），陕西合阳人。渭南师范学院人文学院副教授，主要从事新闻与影视文化研究。

我国幅员辽阔，地大物博。农村土地面积大、人口众多、市场潜力巨大，集聚了我国最大的消费群体，随着社会主义新农村建设，农村的收入水平逐渐提高，购买力也在不断提升。新农村是广告业的蓝海，距1983年广告进入中国以来，广告业每年都在以一个上升的趋势发展着，可以说，广告市场从数量来看，中国的市场巨大，具有很大的市场潜力。农村墙体广告作为农村广告的一种广告传播方式，多见于田间地头，有其自身的独特性。

一、农村墙体广告的兴起

1. 农村墙体广告概念解析及其特点

广告，顾名思义，即广而告之之意。广告是凭借付费的一种宣传手段，通过宣传将大众需要的信息广播出去，使更多的人获取到自己需要的信息。一些时候它是有目的的，在一定程度上广告与受众也有互动。在墙体上展示的一种广告被称为墙体广告，多见于农村，随着农村经济文化的迅速发展，消费水平的提高，农村市场日渐繁荣，吸引了众多广告商。农村市场的开拓，需要具体问题具体分析，在农村，除了电视、报纸、广播等常见的广告传播媒介，墙体广告是其中最具有鲜明特色的一种广告传播媒介。[1]墙体广告通过喷绘等方式将广告信息展现在墙体上，这是一种与众不同的广告传播方式。

农村墙体广告成为在农村尤为重要的一种广告传播形态，一条条色彩鲜艳的广告吸引着大众的眼球，在农村，大众媒体形式单一，广播和电视占据着重要的地位。在受众较多的农村，墙体广告影响着一个地方的生产与生活。农村墙体广告有政治（政策）宣传、商业推广和公益传播三种职能。在政治宣传上，它曾在我国的历史发展历程中作出很大的贡献；[2]在商业推广上，它是拓展农村市场的新利器；在公益传播上，它开阔了农民的视野，增强了农村在环境保护、人文发展等领域的正确意识。目前，农村墙体广告主要集中在商业与政治两方面的推广，公益传播方面规模不足，仍需要大力发展。近一个世纪以来,墙体广告在农村随着政治、经济的风向标不断变化,每一则墙体广告都是那个时代的缩影,农村墙体广告既是中国农村改革与发展的产物,同时也是中国农村历史变迁的见证。

农村墙体广告作为一种户外传播方式,农村群众喜闻乐见,有其自身不同于其他广告传播媒介的特点:(1)覆盖面大。墙体广告一个最鲜明的特点就是可以大范围的在农村地区使用,从铁路、公路旁的墙面及河流周围的墙面,其跨度大,范围广,可供选择的广告发布点多,以点带面,容易形成以城镇为中心,向四周扩散的传播格局。墙体广告技术含量不高、耗时短、费用低廉、制作方便、组织迅速,其宣传效果到达率高、受众数量多,信息传递范围大。可以在短时间内达到最大的宣传效果。(2)时效性强。在农村市场,作为广告宣传的一个手段,墙体广告有其有力优势。存在保留时间长,效果更佳。墙体广告的一个重要存在就是墙体,它具有不容易变化的特性,所以墙体广告的时效性强。(3)针对性强。农村人际关系紧密,人对人的传播无形中增强了墙体广告的影响力,农村墙体广告面向广大的农村地区,较多的农村消费者有着相近的消费习惯、消费心理和消费水平,群体的相对集中使得信息的传播速度加快,农村墙体广告的优势也就从中体现出来。(4)灵活性、选择性强。农村墙体广告不受地域的限制,相较于电视、广播等传播媒介更具有自由性,广告公司经过工商管理部门的批准和城管部门的同意,根据客户要求,在指定的区域内可自由地进行广告设计,可繁可简,墙体广告可以深入到电视、广播达不到的偏远地区,从这点来看,墙体广告在农村无疑是最为普及和有效的一种广告媒体。(5)实用性强、环境干扰因素小。现如今越来越多的农业产品生产企业大力制作墙体广告,收到了一定的效益,对企业的经济发展有一定的实效。目前,电器、保健产品、医疗、酒类产品等都乘势紧跟而上,墙体广告的投放量增多,内容也愈来愈丰富多彩。相比其他的广告宣传媒介,墙体广告不畏风雨,环境干扰小,能够最大程度达到宣传效果。

2. 农村墙体广告的影响

公路线路的发达使物流、人流迅速发展,农村墙体广告的传播效果愈来愈明显。如今,农村墙体广告遍及农村各个角落,是中国完成从计划经济到市场经济的生动体现。农村墙体广告影响深远,既有积极地影响也有消极的影响。从经济层面看,原先广告主和广告公司的广告投放首选大城市,但是大量的广告集中在大城市会造成市场空间日益狭小,竞争日趋激烈,广告投放成本升高。广告主和广告公司另辟蹊径,将眼光放在农村市场。内容丰富的农村墙体广告使农村地区接触到了更多外界的信息,提高了农村地区的经济发展水平。墙体广告除了自身具有的宣传效果外,还具有美化环境的作用,对一些老旧的或者粉刷质量差的墙体,墙体广告能达到遮丑美化的作用,可以从侧面展示一个地区的经济、文化水平。

但是事物都具有两面性,有制作优秀的墙体广告,也有制作质量粗制滥造、盲目发布、未经工商管理部门批准的墙体广告。这类墙体广告影响了农村的外部面貌,导致虚假信息的传播,缺少法律监管,因此这类现象应引起我们的注意,采取措施,确保农村墙体广告健康发展。

二、农村墙体广告的现状分析

1. 农村墙体广告的发展及现状

近一个世纪以来,农村墙体广告随着政治、经济的发展不断进步。其历史可以追溯到 20 世纪初,在那个时期,出现了大量普及革命意识的政治性标语,激励广大普通百姓去投身于革命事业。[3]人们借助墙体广告这一传播媒介宣传党的政策,如:“打土豪、分田地”“建立工农政权”“实现土地革命”等。这类广告曾鼓舞了众多农村居民参加革命,为无产阶级的胜利作出了巨大的贡献。1949 年以后,直至“文化大革命”期间,墙体广告的内容大多是:“一不怕苦、二不怕死”“广阔天地、大有可为”“人有多大胆、地有多大产”等,见证了当时那个年代。改革开放初期,墙体广告多了激励民众热情的标语,“解放思想、实事求是”“ 贫穷不是社会主义”“坚持改革开放”等,反映了改革初期的工作重心。进入20世纪90年代,“要想富、先修路”等墙体广告,折射出当时农村居民对发展的迫切需要。从慷慨激昂到人文关怀,从白色大字到图文并茂,农村墙体广告的内容也更贴近群众,贴近生活。

现在的墙体广告是对过去的继承与发展,内容也与政治、经济的发展而不断优化,社会主义核心价值观的政治宣传广告大范围的在农村地区宣传,体现了时代特色。京东的“发家致富靠劳动、勤俭持家靠京东”、淘宝的“生活要想好、赶紧上淘宝”,还有百度的“要销路,找百度”、当当网的“老乡见老乡,购物去当当”、360的“孩子只生一个好,安全只用360”以及网易旗下易信的“用易信,省话费”等。[4]网络时代下,墙体广告也紧跟着时代潮流。在印刷机械和电子制版快速发展的当下,不断地出现新创新是墙体广告的一个特征,从内容或者形式上都在与时代的变化而不断进步。在如今新媒体日益活跃的现在,也有一定方面的积极性。

2. 农村墙体广告与“互联网+”

随着农村居民生活水平的不断提高,墙体广告推广的产品种类也发生了明显的变化,“互联网+”的出现,使得广告业发生了巨大的变化。大多数的传统广告公司都在思索互联网时代的新出路,乏味单调的广告模式已经不足以应对这个发展迅速的时代,农村墙体广告需要更多的创意,不仅仅从广告本身入手,也需要优秀的广告型人才,将理念与实践相结合,创造出积极向上、符合大众需求、对农村的发展有积极作用的广告,这是每一个农村都向往的。

农村墙体广告在“互联网+”的时代下,需要有与当下热点结合的传播创意,如:在墙体广告上出现“二维码”,这是为了适应网络时代的新发展,墙体广告是一种传播的过程,传播沟通就是在传播活动中双方通过一定的传播渠道,取得双向交流的一种信息流通过程,信息得以交流,这是广告宣传的目的。不断地发展进步,农村墙体广告在不断地学习中成长。

三、农村墙体广告的强制性效应分析

1. 农村墙体广告强制性产生原因

农村墙体广告是一种强势性的传播行为。有时能为受众提供满足需求的信息,以此来实现传播信息的完成率。但是这种带强制性的传播却影响很大,在一定程度上占用了公共空间,使广大受众丧失了接收信息和自由选择的权利,使信息传播及接收的有效性大大降低。农村墙体广告的强制性传播突出的一个特点就是强制性,这使受众没有获取广告的选择权。[5]这种行为弊大于利。农村墙体广告的出现具有一定的时代背景,随处可见的墙体就是很好的例子。

户外媒体的其中一种方式就是墙体广告,农村墙体广告出现强制性的一个最重要的原因就是利益。[6]一些广告商面对利益诱惑时甚至会将经济利益置于社会责任之上,以放弃社会利益或牺牲受众的部分权益为代价换取经济效益。出现虚假宣传的广告,是公众不愿意接收的信息,农村墙体广告制作过程简便、技术门槛低、制作时间短。在日常生活中,经常在公路、铁路附近看到墙体广告,有些内容并不是受众愿意看到的广告信息,但是却无法避免的接收到了广告信息,现代传播学先驱哈罗德·拉斯韦尔提出:传播过程是一个目的性的行为过程,具有企图影响受众的目的。当一个传播媒体为了达到某种目的而不择手段的时候,强制性传播作为一种恶性传播模式开始影响我们的生活。[7]优秀的墙体广告可以向公众传输必要的信息,而虚假庸俗的墙体广告则会影响农村地区的整体发展。

2. 农村墙体广告强制性带来的影响

在现实生活中,有消费者因相信了墙体广告的信息而使自身利益受损,这种情况在农村屡见不鲜,如一些治疗口吃等疾病的广告就时常能在墙体上看到,造成很不好的影响,有些患者因为相信这种广告,使得没有立即去正规的医院看病,耽误了病情。这些广告主和广告商不顾及法律规范,任意在墙体上印刷广告,借助夜晚或者无人的时间,私自在墙体上发布邪教内容、办理签证盖章、买卖枪支等违法犯罪的广告,严重影响了农村地区的正常生产与生活。还有一些广告主对自己投放的广告缺乏系统的规划,容易造成墙体广告呈现混乱的局面。[8]

但也有公益性的广告或者政治宣传类的广告,虽是强制性,但是却有一定的积极性。在一些方面是有益的,能够使受众获取到进步的思想理念,比如社会主义核心价值观等相关内容的广告,在我看来也是十分有必要的,它能够强化人们对社会主义核心价值观内容的了解与认识。

四、农村墙体广告的改进与发展策略

面对强制性农村墙体广告,社会需要去正确的认识、对待。没有人可以置之度外。与此同时,时代在进步,墙体广告也在面临新的发展机遇,政府、广告商、农村受众也在面临新的局面。[9]因此在这种形势下,墙体广告需要改变以往老旧的发展策略,应当寻找新的发展方式,获取最大的经济效益和社会效益。

1. 从政府方面

建立完善并具有可实施性的法律法规,真正做到有法可依、执法必严、违法必究。现如今还没有可用的相关内容的法律法规,这是一个很大的漏洞。所以政府需要考虑各个地方的具体情况,依据科学的决策,长远的眼光来使各地区能够加强管理,搜集民意,做到为人民服务,完善农村墙体广告,使墙体广告为人所用,发挥出它的最大优势。

强化监管力度,顾名思义就是监督管理的加强。在监督方面,政府应该调动人民群众的力量,因为政府的力量是有限的,在面对范围大,数量多的墙体广告,显然会有点力不从心,因此带动人民群众一起来进行监督这件事是很有必要的。在管理方面,政府需要从方式上进行改进,墙体广告不是很容易管理的,因此政府更需要加强管理,设立相关机构专门管理,职责分明,认真负责,用好权力,使墙体广告为人民大众带来积极方面。管理模式的改进,管理行为的加强都是在为了创造出更好的生活环境。作为为人民服务为目的的政府,不应当置身事外,而应该做好带头作用,带领广大的人民群众一起来改进墙体广告。

2. 从广告商方面

广告也是一种行业,广告商应与墙面的拥有者沟通交流,保持良好的合作关系。行业内部也应该互相交流,互相促进,互相监督。建立起一种向上的行业风气,众多的广告商都是这个行业的一部分,目前的广告行业还不是非常规范,存在一些问题,有时也会出现恶性竞争这样的局面。广告商之间的竞争是很正常的,但是恶性竞争是不可取的,有利的竞争可以促进广告行业的前进,使每一个广告商更加用心地进行广告设计,使广告行业更加完善。

拒绝垃圾广告信息,合理规划墙体广告的发布内容。每一个地方所需求的信息虽大体没有太多的变化,但是也是具有各地区特色的。广告主或广告公司应该从每一个地区入手,寻找最佳的广告内容,实现信息的最大化,使更多的人能够从广告中获取相应的知识,除了广告内容的加强,在形式方面也需要大力改进,使墙体广告更符合地区发展状况,如颜色的设计、字体的设计、绘画等艺术类的设计也是十分重要的。广告主或广告公司需要对发布的广告内容负责,因此不能随意发布内容,每一个广告都需要去认真对待,它不仅仅是一个广告,更多的是能够影响这个地区的内容。不是单调的,而应该是丰富多彩,能够使人眼前一亮。用积极向上的工作态度去对待墙体广告设计工作,也能从繁重的工作中得到相应的乐趣,更多的是心灵上的慰藉。广告行业的发展离不开每一个广告人的发展,个人的进步也是集体的进步。墙体广告在规划上能够突出设计者的用心,传递出广告信息,能为大众带来方便这是很珍贵的。

3. 从农村受众方面

提高知识文化水平,发挥墙体广告监督者的作用。每一个人面对墙体广告的同时也需要认真审视自己,不断地提高自身素质,在面对一些不好的墙体广告时,应大胆指正,使我们生活的空间更加和谐、友善。体现出这个地方的人文特色，展示自己的风采，每一个人都是监督者，个人的力量是渺小的，但大家联合起来的力量却是巨大的。

敢于用法律的武器来保护自己，不畏强权。在面对不良的墙体广告时，不畏惧、不胆怯，勇敢地去面对它，也许作为受众没有太大的权力，但是法律保护着我们每一个人，随时随地都要有法律意识，增强懂法、知法、合理的去运用法律的能力。

总之，农村墙体广告作为一种只存在于农村的宣传方式，已经经过了很长时间的历练与发展，我国的农村市场潜力巨大，墙体广告呈现出符合农村接受习惯、制作过程简单、覆盖范围广、针对性强、价格低廉、新品类不断涌现等特点。总结了墙体广告的特点及其优势，将墙体广告与“互联网+”结合起来，分析网络时代下，墙体广告的新内容新发展。一方面，农村墙体广告存在强制性，良莠不齐的墙面广告，会对农村的经济、文化发展产生一定的负面影响。另一方面，从强制性传播角度分析出农村墙体广告在开发过程中存在着很多问题，从政府、广告商、农村消费者三个角度对存在的问题进行研究。农村市场的繁荣为墙体广告带来了更多发展机遇，只要我们合理利用，墙体广告会在农村地区大放异彩。

参考文献

[1]张启峰. 墙体广告——拓展农村市场的新利器[J]. 企业经济,2005(8):35

[2]阳　翼. 论我国农村墙体广告的历史演进[J]. 广告大观(理论版),2009(5):48

[3]吴怡然. 农村墙体广告的历史变迁和传播价值[J]. 福建农业,2010(6):43

[4]林毅夫. 新农村建设与中国广告业的蓝海战略[J]. 广告大观(综合版),2007(3):67

[5]刘　承. 传播的非对称性与强制性传播[J]. 新闻传播,2009(4):38

[6]葛影琼. 关注21世纪中国农村市场[J]. 中国广告,2001(7):46

[7]丁胜利. 21世纪以来我国农村墙体广告研究[D]. 长沙:湖南大学,2014.

[8]郭庆光. 传播学教程[M]. 北京:中国人民大学出版社,1997.

[9]曹晓燕. 我国农村传播网络媒介的现状及发展思路[D]. 武汉:武汉理工大学,2006.

天台实相论

韩艳秋

(渭南师范学院 人文学院, 陕西 渭南 714099)

摘　要:天台宗以“实相”为归的,在智者的思想中,如来藏、佛性、中道、法性等都是实相的异名,是从不同的向度,如观智与观境,因域或果境等对实相展开的探讨。实相即佛之知见的解脱境界。智者讨论了法界与法性的关系,扬弃地论师和摄论师的心性——法性观,以实相论融通佛性论,成就不空如来藏的常、乐、我、净解脱境界,显发大乘精神,归到人存在于其中的生活世界本身。

关键词:实相;一实谛;心性觉智;不空如来藏

作者简介:韩艳秋(1973—　),女,陕西西安人。哲学博士,渭南师范学院人文学院副教授。主要研究方向为中国哲学。

天台宗以“实相”为归的。对于天台智者,实相、如来藏、中道等指的是一回事,是从观智之“三谛圆融”、或观境之“百界千如”,成佛之因域的佛性、或证道之果境四德成就等不同向度展开,阐述佛所成就的不可思议实相境界。即智者更以“实相印”标出大、小乘之分际,认为小乘经典的标志是以“诸行无常、诸法无我,涅槃寂静”的三法印,而以有“实相印”为大乘了义经的标志:“一切大乘经但有一法印,所谓诸法实相。若大乘经有实相印,即是大乘了义经,闻者乃可得菩萨道。”[1]555实相境界,也即《法华经》所述“佛之知见”,证得实相境界,即得解脱。

一、法界、法性 、心性辨析

天台的宗经、鸠摩罗什所译《法华经》在经的主体部分中开宗明义:“佛所成就第一稀有难解之法,唯佛与佛乃能究尽诸法实相”[2]5。“诸法实相”的内涵,以及小乘至大乘佛教从“人无我”到“法无我”的理论推进,使得“法”尤其是相关的“法性”“法界”等范畴需要被探讨,以展现它们在天台思想中的理论内容和所说明完成的理论架构。

“法性”与“法相”相对而得名。“法相”大略可释为现象,相状。诸法殊别之相,或由外可见,或轨持可解,谓之法相。法性则指诸法之空无自性,即“法无我”义。法性在小乘思想中并未作为一个重要范畴被突出,随着大乘思想的发展而得到理论上的凸显。小乘至大乘从“人无我”到“法无我”的推展,在缘起学说的意义上,是指缘起理论的关注点从人生扩展到整个宇宙,以及从法无我的角度,从新审视和论证人无我。

法性并非“诸法的本性”或“诸法的本质”,而是诸法虽呈现性相,皆无本质的存在。法的空无自性,也并非所谓“以空为体,以有为用”,或者反之,“以有为体,以空为用”。法性“空非真空,有非实有”,非实体,非所谓终极依据。应避免将言语所说所文的“空”,作为有所指称的实体。法性又可在不同界域名之为实相、真如、法界、涅槃等。大乘不同学派对法性的解释有不同理论特点。

法界一词,有广义与狭义两种:狭义是指色、声、香、味、触、法六尘中之法尘,即意识所缘的境。就广义而论,不同的佛经和论典,对法界的开合分类有所不同,中国大乘佛教形成不同的宗派后,理论性较突出的天台、华严宗等,都各有其法界论。华严宗有三法界、四法界、五法界、十法界的说法,天台宗、密宗也有十法界说。[1]法界论其实是各宗派对“法”加以组织,是在缘起理论基础上构建地对现实世界乃至宇宙存在的一种系统性说明。作为各宗派教理中的重要一环,法界论的组织在一定程度上反映出本宗的理论特色。

天台实相论理论建构是以法性通贯法界与心性,——法界不离法性,法性即心性。就佛果境一体圆成的实相境界而论,从法性、法界、心性三者中任何一个向度出发,都必须圆具其余两项。这里尝试从三个问题展开对天台法性论的探讨,其一,法性之“理”;其二,法界之实相(性相不离,事理为一);其三,心性与法性(不二)。其四,心性觉智观照,进而归出天台实相论。

第一,来看法性之“理”。天台思想的特点是事理不二,这里单独提起就“理”的层面言法性,是为论述的方便,或者用天台的话来说是一种方便言说。法性之理,就是即空即假即中的三谛谛理。法性之理的成就和呈现,必须即法相而言,正是由于观察因缘起没的法相,而观得法性,“如虚空无所有性”;而欲了观法相之因果终始、相状力用,当凭法性而观相。法性法相不离,一体相即。法性并非孤悬于上、于外的支配或源生式的理体。反对因为语言的说示指点,而产生对法理的实体化理解。

智者指出,“法性尚非一法,云何以三四推之?”在具体的没事而迷理的境域中,法性能、所二分,“说法性是所迷,苦集是能迷”,或即事而证理:“法性是所解,道灭是能解”。[3]7 众生的迷惑与否,即在于事相中是否事理相即,若事理相即,则法性即道灭,能所泯一,法性亦非法性,不再是需要被言语所指称出的对象性存在,法性本非一法。

第二、法界与法性,理事不二。对于宇宙的一切法,一切事物、相状,天台依《法华》经义,“用十法摄一切法”,这里“十法”即“十如是”,“所谓诸法如是相、如是性、如是体、如是力、如是作、如是因、如是缘、如是果、如是报、如是本末究竟等”[2]5。以十如是划分为十法界,建构起独具特色的“六道四圣”十法界说。首先,以“十法界”赅尽一切法,“出法界外何处更别有法?”[3]23“当知法界外,更无复有法而为次第也”[3]49;并对一切法、一切因果,给予“六道四圣”的条理架构,以法界论对宇宙万有加以整体涵摄和结构组织。诸法由各自性、相、体、力等的不同,归入地狱、饿鬼、畜生、阿修罗、人、天六道或声闻、缘觉、菩萨、佛四圣中某一界。

其次,法界之“界”,为界别、隔别之意。“因果隔别、凡圣有异,故加之以‘界’也”,六道四圣十法界各各因各各果,因果各异,自成界别,不相紊乱混同。这是在法相的意义上言十法界,“言法界者,法即诸法,界谓界分,相不同故。”[4]292

再次,言法界不离法性,天台更以十如是的“三转读”示明“法性”,也即诸法实相:“是相如,…是报如”即空;“如是相,…如是报”即假;“相如是,…报如是”即中。“约如明空一空一切空,点如明假一假一切假,就是论中一中一切中。非一二三而一二三,不纵横名为实相”,[5]693 即空即假即中,是为诸法实相。从地狱至佛界,一一法界,即空即假即中,“当体即理”,皆是实相。法界不离法性,法性为法界之“理”;因法界言法性,法性亦不离法界。则天台法界论,是即法界而法性、法性之理不离界相的理事不二法界论。

第三,心性与法性。如果从人的主体视角来讨论法性,需要讨论的是心与法性的关系,其核心即心性与法性关系。佛教中对于“心”讨论最细致、最富有理论层次性的当属唯识学。智者对他们的思想也有汲取,智者在法性与心、心性关系的讨论中,对于当时唯识学代表学派地论师与摄论师的相关理论给予了扬弃:

地人云:一切解惑真妄依持法性,法性持真妄,真妄依法性也。《摄大乘》云:法性不为惑所染,不为真所净,故法性非依持。言依持者阿黎耶是也,无没无明盛持一切种子。若从地师则心具一切法,若从摄师则缘具一切法,此两师各据一边。若法性生一切法者,法性非心非缘,非心故而心生一切法者,非缘故亦应缘生一切法。何得独言法性是真妄依持耶?若言法性非依持黎耶是依持,离法性外别有黎耶依持,则不关法性。若法性不离黎耶,黎耶依持,即是法性依持,何得独言黎耶是依持。[3]54

如上摄论师以第八识、阿赖耶识为染污识,以此染污阿赖耶识为诸法所依,"法性不为惑所染,不为真所净,故法性非依持。言依持者阿黎耶是也"。智者评论这是"离法性外别有黎耶依持,则不关法性",法性与阿赖耶识相离,而为另立之实体。而实则阿赖耶识虽是"无记无明随眠之识"[5]744,法性之理不离阿赖耶。并非另有一个实体法性独立于阿赖耶,阿赖耶依持即法性依持,心性与法性相即为一。

地论师以第八识阿赖耶识为净识、自性清净心,名之为"真识";以前六识及第七阿陀那识同名"妄识",将八识以"真""妄"开合为二:眼耳鼻舌身意前六识及第七阿陀那识,同名妄识,"妄中前六,迷于因缘虚假之法,妄取定性";"第七妄识,心外无法,妄取有相,故名为妄""妄境牵心,心随境界,攀缘不断。复能任持善恶业果不断绝故"[6]524,妄识迷惑执着于因缘假法,认为是实有的、恒定不变的,并由于这种迷惑,攀缘外境,执持善恶的种因、成熟业果,这是在"遍计所执"的意义上的虚妄假法。第八真识,又称"自性清净心""体如一味,妙出情妄,故说为真,又复随缘,种种变异,体无失坏,故名为真""又以恒沙真法集成"[6]525"此识中涵含法界恒沙佛法"[6]524,这是在"依他起性"的意义而言的胜义有,诸法的瞬时的相对的实存性。

若依地论师的说法,妄识迷惑,相无自性;真心妙出,生无自性。圆成实法性既离于第八清净真心,又离于前七攀缘妄识,"法性持真妄,真妄依法性",是为独立于真妄心识之外之上的另具之实体,"一切解惑真妄依持法性"。又如前论述,实则万法皆依心识:真心妙出解脱之真法、妄识迷惑攀缘虚假法,这种情况下,则法性并无独立性,并非作为独立于心识以外以上的实体而存在,"何得独言法性是真妄依持耶?"法性不离真、妄识,与心识相即为一,法性即心性。

智者对摄论师和地论师的批判,都围绕一个中心:法性与心性相即为一,法性并非什么独立另出的实体:"只观众生一念无明心,此心即是法性,为因缘所生,即空、即假、即中,一心三心、三心一心,此观亦名一切种智"。[7]实相(法性)不离于心,心性、法性为一。不能独立法性之为实存、实体,若要言法性,尚须由觉慧的观照、即心即缘而论。

第四,心性觉智。如前所述,法性不离法界,法性之理虽通贯一切,有情生命与无情的无生命体毕竟不同,这体现在有情心性的觉智,法性与心性为一。智者的心性论,是一心具万行,"一念三千"的"性具"说。则万行与一心,三千与一念的关系,也即人与世界的关系到底如何呢?

非生命体的无情与有情众生的区别,在于有情"心"的觉知。若如"对境觉知异乎木石名为心,次心筹量名为意,了了别知名为识"。这种心的心、意、识分别事务世相的觉知,并非心的性觉,即并非以中道法理为枢的般若智慧觉照,"如是分别堕心想见倒中,岂名为觉",在感觉认知、度量思虑、类划抽象等的次第心识活动中,人往往陷入狭隘割裂,颠倒迷惑中,无法获得对事物和人本身的正确认识。般若智慧的观照,心性之觉智,可分为两个层次:首先,心自觉知,觉知心、意、识非三非一,非合非散,故而非空非有,非断、常、一、异的中道实相:"觉者,了知心中非有意、亦非不有意,心中非有识、亦非不有识,意中非有心、亦非不有心,意中非有识,亦非不有识。识中非有意,亦非不有意。识中非有心、亦非不有心。心、意、识非一故立三名,非三故说一性。若知名非名,则性亦非性,非名故不三,非性故不一;非三故不散,非一故不合;不合故不空,不散故不有;非有故不常,非空故不断;若不见常断终不见一异"[3]14,在这种心的自觉自知中,能觉的心,本合于中道;所觉者,心之中道也。以中道之心觉心之中道,能觉所觉泯一,同归中道,俱是法性。

其次,此中道之心觉知心数、心之各种所缘境,也即法界的一切诸法,法法皆觉其即空即假即中的中道实相。中道之心觉法之中道。

无论是以心觉心,还是以心觉法,觉照一起,能觉和所觉即泯一：

无明痴惑本是法性，以痴迷故法性变作无明。起诸颠倒善不善等，如寒来结水变作坚水，又如眠来变心有种种梦。今当体诸颠倒即是法性，不一不异。虽颠倒起灭如旋火轮，不信颠倒起灭，唯信此心但是法性，起是法性起，灭是法性灭。体其实不起灭，妄谓起灭，只指妄想悉是法性。以法性系法性，以法性念法性，常是法性，无不法性时。体达既成，不得妄想，亦不得法性。还源反本，法界俱寂，是名为止，如此止时上来一切流转皆止。观者观察无明之心，上等于法性，本来皆空。下等一切妄想善恶。皆如虚空无二无别。譬如劫尽从地上至初禅，炎炎无非是火，又如虚空藏菩萨所现之相一切皆空，如海慧初来所现一切皆水，介尔念起，所念、念者无不即空，空亦不可得。如前火木能使薪然，亦复自然。法界洞朗，咸皆大明，名之为观。[3]56

“体达既成，不得妄想，亦不得法性”者，心无妄想，成中道之心；心与法同归法性实相：法界同一法性；对主体而言，心性即法性，故法性亦不自分别自己为法性。心、境双泯，“还源反本，法界俱寂”。“所念、念者无不即空，空亦不可得”，不再有“念者”“所念”的能所分别，无“念者”，则无“我执”；无“所念”，则无“法执”，念者、所念皆归中道，一体通透，“人无我”“法无我”一体达成。

亦无觉性、觉用，觉者、所觉之分：“止只是智、智只是止。不动止只是不动智，不动智只是不动止。不动智照于法性，即是观智得安，亦是止安。不动于法性相应，即是止安，亦是观安。无二无别”[3]56，在此定即慧，慧即定，止即观，观即止。心性与法性同一，无时无刻不处在般若智慧观照的状态中——智慧观照，心、法同归法性，人与世界同一。此即天台圆顿实相境界，亦即禅宗之“当下即是，动念即乖”之意也。“圆教以实相观为慧，实相寂定为福。共显非定非慧之理，名实相法身”[8]879，至此，无我而无不我，是为“我”；时空遍在而时空不再具有意义，是故为“常”；心之所觉照，无不中道，无不寂灭，“还源反本，法界俱寂”“生灭灭已，寂灭为乐[9]489”，是为“乐”；法（境）来即照，照而归寂，是为“净”。是为成就如来藏佛法身之常、乐、我、净。“佛者即觉，觉是智慧。始觉人空，终觉法空。故知观人空是了因种也，观法空是缘因种者”[8]878，法性之于心性、法界的讨论，实即智者的佛性论、如来藏说。

二、如来藏常、乐、我、净四德的三因成就

智者以三因佛性论调和因佛性和理佛性的问题，也即佛性本有和当有的问题。“佛性通于因果不纵不横”[8]880。三因佛性即：正因佛性，法性之理，中道第一义空，“实相常无自性，而无性者，即正因佛性”[10]58；了因佛性，般若觉智；缘因佛性，一切行为境遇中觉智之照用，亦可说为生命之存在全体。三因佛性虽是从法性之理、心之智觉、智照觉用三个取向而论的，其实是三而一、一而三的。

佛性的三因相成，若根据《胜鬘经》中关于如来藏的理论来表述，可更明晰。如来藏为烦恼缠缚，“隐名如来藏，显名法身”，三因佛性的正理、了智、缘行三因，即如来藏法性之理与如来藏空、不空二智：

世尊，如来藏智，是如来空智。世尊，如来藏者，一切阿罗汉、辟支佛、大力菩萨，本所不见、本所不得。世尊，有二种如来藏空智：世尊，空如来藏，若离、若脱、若异一切烦恼藏；世尊，不空如来藏，过于恒沙不离、不脱、不异、不思议佛法。世尊，此二空智，诸大声闻能信如来。一切阿罗汉、辟支佛空智，于四不颠倒境界转，是故一切阿罗汉辟支佛，本所不见、本所不得。一切苦灭，唯佛得证，坏一切烦恼藏，修一切灭苦道。

对参唐代菩提流支所翻之本经异译《大宝积经 · 胜鬘夫人会》，则如来藏理论之构成为：

“如来藏理”，此为法性之中道之理，也即正因佛性；是为即中。

“如来藏空智”，此为般若空智，“若离、若脱、若异一切烦恼藏（所谓离于不解脱智一切烦恼）”，为觉智之“照而寂”。即是了因佛性；是为即空。

“不空如来藏”，缘因佛性，“过于恒沙不离、不

脱、不异、不思议佛法(具过恒沙佛解脱智不思议法)”,一切存在一切法。亦可解释为觉智之“寂而照”之照用。此为即假。

如来藏的理,空与不空智,三者三而一、一而三相即圆一,亦即三因佛性,空假中三谛圆融。

智者将《胜鬘经》等如来藏类经典归入别教,可能即在于经文中未显说如来藏理,以及如来藏理与空、不空智的相即,致修证有次第历别。智者的圆如来藏说一贯了他理论中的三一圆成,由此圆成如来藏的任何一个向度切入,均可成就一切种智,一切智、道种智、一切种智三智一心,达中道实相。

所谓不空如来藏境界,言净(如来藏)不离染,染若无,净亦无。(有为法)本来都无(寂)。不相离而当下觉,——此即无住涅槃之意,无住涅槃,当下随时惺觉。(看看吕书论述)联系如上的十法界说,最高的佛法界,下摄九法界,“以无边佛智,照广大佛境”[5]696,境智相称,“若照九法界性相本末,纤芥不遗”[5]696。即一切法而论如来藏,是从“因”地向佛果佛境而言。“如来藏”亦融摄界——心、境——智,纵横圆成。法界的即事而理,心性的境智涵盖相合,一体贯通,是所谓“以无边佛智,照广大佛境”[5]696。

如来藏“常、乐、我、净”四德的成就,须要般若空纵横两向的不断深入:纵向是般若空慧(心)的“空亦复空”,由对世间法、我执着的“空”,了达无常、无自性、空;进而不执着停留于“空”,“空亦复空”,一法不立,由真空而妙有,妙有而不离空,成即空即有的中道。横向是空慧在一切时间与空间无限、不止息地作用,遍应一切法,一切事相(物)历由假到空,由空入假,而即空即假即中地中道化呈现。

世间法以无常为常,认苦为乐,我执我见,以不净为净的四颠倒,般若空慧对治破执,如缘起理而被智见的就是无常、苦、无我、不净的四不颠倒。在“理、智、照”的三一圆成中,知不净为不净,并不断地即理当下觉照,由染转净,即空即假即中,是为恒净。五阴和合,强立主宰,执我、我所,而实际上并没有一个实体化的有自性的我,种种妄执皆非“我”,我、我所并休,“我”心性觉智,体入诸法,在无限中展开,才成其为真“我”——“大我”。明了苦之为苦,不畏于苦,而不断勇于应对于苦,并努力使苦转为真乐,并以此种之心态为乐。不断打破常执,不断应对无常,而以此“不断应对”“无限应对”为常。

这可说是如来藏常、乐、我、净四德之真意,真成就。由此才有了大乘对弘大誓愿、对大悲心的强调。“因为作为一切有情之有情海的有执的烦恼波浪不间断地无限地扑打过来,所以,为了打破此有执而进行的大悲的修习也要不间断地无限地展开。独觉认为参与到无常无自性的人类社会没价值而弃世,与人类的历史隔绝,而菩萨则无限地随顺此无常无自性的人类历史。以此不断地超越无常无自性,无限地打破常执有执,从人类的角度让人们体认无常无自性。从而常波罗蜜的宗教活动才能得以实现。‘众生无边誓愿度,烦恼无边誓愿断’,这句话充分体现了常波罗蜜的上述意义。”[11]49-50

如来藏对觉性、向善的追求趋向(修行提升),其善无限、无尽觉的动态的非实体的四德成就,指出对有情众生而言,价值意义之生存才为生存,是为众生存在的应然态。在其理论中也自然向下涵容了对实然生存状态实际本相的深透认知、改变的可能性、改变的实际行动作为等,这些在价值意义的主导下都提供有充分的理论论证空间。

佛性思想是以因果理论所作出的解脱论说明,“以因摄善、以果收德”,因为实相境界是生存之全体、存在之全部,既一法不舍,又法无所住,正见无住涅槃之本意。“菩萨大悲根利易悟,生死即涅槃相,能不舍生死、不取涅槃,入不二法门。故佛但说诸法实相印也。”[1]555

三、总论实相

实相之“实”,是真实、非虚妄义,“相”者,无相而无不相。《法华》三经中的《无量义经》解释实相:“无量义者,从一法生。其一法者,即无相也。如是无相,无相无不相,不相无相,名为实相。”[12]385《大般涅槃经》中也解释“无相之相名为实相”，“是名实相，是名法界，名毕竟智，名第一义谛，名第一义空，”[13]603修为所达到的境界不同，对于实相的理解也各有浅深，所谓“善男子，是相、法界、毕竟智、第一义谛、第一义空，下智观故得声闻菩提，中智观故得缘觉菩提，上智观故得无上菩提”[13]603。天台之“化法四教”，即依对实相领悟程度而判。

智者论实相，既名之为“中道”“第一义谛”，又以佛性、如来藏称之：

实相之相，无相不相，不相无相，名为实相，此从不可破坏真实得名。又此实相诸佛得法，故称妙有。妙有虽不可见，诸佛能见，故称真善妙色。实相非二边之有，故名毕竟空。空理湛然，非一非异，故名如如。实相寂灭，故名涅槃。觉了不改，故名虚空。佛性多所含受，故名如来藏。寂照灵知，故名中实理心。依于有，亦不附无，故名中道。最上无过，故名第一义谛。如是等种种异名，俱名实相。种种所以，俱是实相功能。其体既圆，名义无隔，盖是经之正体也。

复次，诸法既是实相之异名，而实相当体；又实相亦是诸法之异名，而诸法当体。妙有不可破坏，故名实相。诸佛能见，故名真善妙色。不杂余物，名毕竟空。无二无别，故名如如。觉了不变，故名佛性。含备诸法，故名如来藏。寂灭灵知，故名中实理心。遮离诸边，故名中道。无上无过，名第一义谛。随以一法当体，随用立称。[5]783

实相的种种称呼，如妙有、真善妙色、毕竟空、如如、佛性、如来藏、中实理心等，都是随用而立名。实相与诸法用，并非所谓“以实相为万有本体”的体与用的关系，“诸法既是实相之异名，而实相当体；又实相亦是诸法之异名，而诸法当体”，“随以一法当体，随用立称”。无所谓体与用，体用泯一。这也正是天台阐述《法华经》义之“今经体者，体化他之权实，即是自行之权实”，“体自行化他之权实，即是自行之权实”，“自行之权即自行之实”，权即实，实即权，权实泯一。不另独立一法体而为归极。观以上实相的诸种名称，大略可归为法界一面的妙有、真善妙色，毕竟空，中道第一义谛；以及心性一方面的中实理心、佛性、如来藏、涅槃。实相境界为智者纵横贯通而阐发如下：

圆教点实相为第一义空，名空为纵，第一义空即是实相，实相不纵此空岂纵？点实相为如来藏，名之为横。如来藏即实相，实相不横此藏岂横？故不可以纵思，不可以横思，故名不可思议法，即是妙也。

只点空藏为实相，空纵藏横，实相那不纵横？只点空为如来藏，空既不横，藏那得横？点如来藏为空，藏既不纵，空那得纵？点实相为空藏，实相非纵非横，空藏亦非纵非横，宛转相即不可思议，故名为妙。[5]743

法性之中道第一义谛，即由龙树《中论》的“三是偈”所彰三谛义：“因缘所生法，即空、即假、即中。因缘所生法即空者，此非断无也；即假者不二也；即中者不异也；因缘所生法者，即遍一切处也。”就心性而名的佛性、如来藏，是由人出发而论实相。“点实相为第一义空”，实相的“第一义空”“中道”为通贯一切法的法性之理，这是从法界的向度而言，“名空为纵”；“点实相为如来藏”，如来藏的“觉性”则为有情众生所特具，是从主体的心性与智慧这一向度出发，“名之为横”，心即是实相。实相统一有情众生及其所存在之世界为一。“实相非纵非横，空藏亦非纵非横，宛转相即不可思议，故名为妙。”觉智之照，即照而寂，寂而真照，而成无能所、无主观与客观之分之境界，人法俱空、境智合一，如如境、如如智圆融而一。如来藏、实相、法性虽是由不同的言说因域生发而成的三名相，实际是三而一，一而三的。而以实相名为言示天台理论之特点者。

“诸法实相即是真性解脱之异名也”，实相论不离于人的解脱，实际正是人的极成之解脱境界。“善恶凡圣菩萨佛，一切不出法性，正指实相以为正体也。”[5]683以如来藏的向度论实相，实即就人的解脱论实相。从主体自身而论，心即实相。“初观为因，观成为果，以观心故，恶觉不起。心数尘劳，若同若异，皆被化而转”[5]685，以心观心，心即实相。同时,解脱不能脱离现实存在,不能脱离的周围一切法,而是要即着一切法的改变而改变,成就解脱。不管是主体对事相认识的改变(得实相)、行为的改变(觉醒的人的行动),还是改变主体所居于其中而存在的环境(破除社会局限、扫荡歪曲),以及改造与主体相关涉的客观事物,从理境而论,皆是一发牵动全体,由一体而才可论成的。智者实相论融通佛性论,归到人的存在的生活世界本身。

参考文献

[1]智顗:《维摩经玄疏》,《大正藏》第 38 册。
[2]《妙法莲花经》,《大正藏》第 9 册。
[3]智顗:《摩诃止观》,《大正藏》第 46 册。
[4]湛然:《止观辅行法弘决》,《大正藏》第 46 册。
[5]智顗:《法华玄义》,《大正藏》第 33 册。
[6]静景寺慧远:《大乘义章》,《大正藏》第 44 册。
[7]智顗:《四念处》卷第四,《大正藏》第 46 册。
[8]智顗:《观音玄义》卷上,《大正藏》第 34 册。
[9]《杂阿含经》卷第十六,《大正藏》第 2 册。
[10]智顗:《法华文句》卷第四下,《大正藏》第 34 册。
[11](日)山口益. 肖平,杨金萍,译. 般若思想史[M]. 上海:上海古籍出版社,2006.
[12]《无量义经》,《大正藏》第 9 册。
[13]《大般涅槃经》卷第四十,《大正藏》第 12 册。

秦东地方高校形象的塑造与传播

——以渭南师范学院为例

赵晓娟

（渭南师范学院 人文学院，陕西 渭南 714099）

摘 要：渭南师范学院地处秦东渭南，受到城市知名度和经济发展水平的影响，在学校形象的宣传和推广方面有一定的地域限制。高校形象是校园文化和大学精神的重要组成部分，是高校重要的精神财富。塑造良好的高校形象是对外宣传和对内凝聚人心的重要手段，对于高校来说可以提升知名度和扩大影响力，在社会公众中建立一定的信任度，既有利于招生就业也便于舆情引导。本文以秦东地方高校为研究对象，探讨在网络新媒体时代，渭南师范学院作为一所地方本科院校，应该如何突破地域限制，构建和塑造良好的大学媒介形象。

关键词：地方高校；高校形象；塑造；传播

基金项目：渭南师范学院校级育苗科研项目（17SKYM12）：网络新媒体视角下高校形象传播研究——以陕西地方高校为例

作者简介：赵晓娟（1982— ），女，陕西富平人。文学硕士，渭南师范学院人文学院讲师，主要研究方向为新闻语言与文化传播。

一、高校形象概念的界定

随着高等教育的空前发展，院校招生就业的竞争日趋激烈。根据教育部公布的数据显示，截至2015年5月21日，全国高等学校共计2845所，其中普通高等学校2553所（含独立设置民办普通高校447所，独立学院275所，中外合作办学7所），成人高等学校292所。[1]良好的高校形象对于学校的发展起到促进作用，一方面良好的形象可以使得高校得到社会的广泛认可和支持，另一方面良好的形象是凝聚人心、建立自信心和荣誉感的重要因素。

高校形象概念的提出，与形象学和公共关系学有密切的关系。形象学研究包括企业形象、产品形象以及国家形象、政府形象等无处不在的社会组织结构的形象。国外研究高校形象起步较早，研究成果也比较丰富，主要是从教育管理、公共关系、媒介传播等不同视角展开研究。相关研究显示，高校形象是影响学校招募优秀教职员工、吸纳慈善捐助、吸引并接收优质学生的一项战略管理课题。国内关于“高校形象”的研究近年来呈现上升趋势，以中国知网为例，检索“高校形象”出现在篇名的文章有906篇，最早一篇是1986年，从1997以来发表相关论文数量逐年增加，其中2016年发表论文45篇，新闻传播类文章9篇。这说明学界和院校自身已经逐步重视形象传播的方法和策略。

总的来说，高校形象是指学校内在素质和外在表现在公众心中的总体印象和评价，是学校在长期建设和发展中形成的多方面的综合体现与反映，包括教学、科研、管理、设施、环境、校园文化等。从构成要素来说，高校形象主要包括学生形象、教工形象、校长形象、设施形象、环境形象以及校园文化形象。[2]陈尚义在《试论影响高校形象的十大基本要素》一文中，对影响高校形象的师资水平、学生素质、学校规模、校园环境、国家政策等十大要素进行了论述,认为高校形象的层次性和多样性决定了形象要素的层次性和多样性,它们相互联系、渗透和影响,形成了某一高校特定的总体形象。[3]结合渭南师范学院对外宣传的实际,高校应该重视塑造自身的媒介形象,这有助于扩大学校的影响力和知名度,对内建立自信心和荣誉感。

二、高校形象塑造与传播存在的问题

(1)定位模糊,忽视形象传播的重要性

很多传统高校普遍不够重视形象塑造,没有明确的形象定位。比如很多学校的校名缺少个性、校训千篇一律、建校历史具有跳跃性、校徽等形象 logo 不固定等。校名是识别一个学校最基本的名片,但是很多大学的校名缺少辨识度。以陕西为例,西北工业大学和西安工业大学,西安科技大学、西安建筑科技大学与陕西科技大学,西安工程大学与西安空军工程大学等。渭南师范学院作为地方师范院校,与同类别的宝鸡文理学院、西安文理学院、咸阳师范学院主要是地域上的区别。"渭南"这个地域标签成为校名中主要识别元素,渭南的城市经济排名和知名度会影响到社会公众对"渭南师范学院"识别。因此不应该忽视秦东地区丰富的历史文化元素对于学校形象影响力,可以把秦东文化特色作为学校形象建构的重要方面。

(2)舆情危机,缺少危机应对的传播机制

大学校园不可避免会发生突发的校园危机事件,对于危机处理不得当或者缺少应急公关,都有可能对于高校的形象造成损害。网络新媒体时代,微信和微博传播的便捷性和自由性使得微传播最容易成为高校舆情爆发的源头。近年来,很多新闻媒体热衷于学术剽窃、自杀等负面新闻的报道,很多普通的社会新闻甚至都会被贴上"教授""校领导""女大学生"的标签。这类新闻的目的是为了博取眼球,但是对于高校形象的构建起到不可忽视的消解作用。另外,校园死亡事件、学术丑闻、贪污腐败等负面信息一旦有"大学"的标签,就特别容易形成社会舆论热点,谣言、不实言论瞬间顺风而起。很多高校面对突如其来网络舆情,往往会措手不及,不知如何应对。因此,如何和媒体打交道,如何利用自身的媒介资源,每个高校都需要一套完整的舆情监测和应对的方法。

(3)不善经营,校媒传播面小影响力薄弱

从媒介传播角度来讲,高校官媒存在的定位不准、内容时效性差、关注度低等问题影响了自身形象的宣传效果。高校的官方网络媒体平台主要包括官网和官微,以及高校内部部门开设的微博和微信公众号,比如招生就业中心、学生会、学报和各二级学院的微平台。根据清博指数的入库数据,以"渭南师范学院"为主体的微平台有 3 个,以"渭南师院"为主体的微平台有 11 个,以"渭师院"为主体的微平台有 9 个,其中微信传播力指数较高的是渭南师范学院官微和学生会微平台,单篇平均阅读数均很少超过 2000,点赞数不超过 100。渭南师范学院新浪官方微博发文 7604,关注 526,粉丝 22982,渭南师范学院微信公众号原创发文 326 篇,关注数 88。对于有近两万学生的高校来说,这样的影响力确实不够。

三、高校形象塑造与传播的意义

(1)借助大众传播媒介构建良好的高校形象,有助于大学精神形成与传播

大众传播媒介传播范围广,是当代大学生接触最为密切的媒介形式。而大学精神则是影响学生价值判断和行为方式的文化内容。渭南师范学院经过多年的发展,对于自身形象进行了全新定位。校训是最能体现大学精神的载体,渭南师范学院的校训由 2011 年以前的"励志笃学,求实敬业"更改为现在的"经世致用,和而不同",并以"天天奋斗,天天快乐"为学校精神。"经世致用"是指学问须有益于国事,强调做人应该具有坚定的信念、博大的胸怀、求实的精神,具有历史感和社会责任感。"和而不同"是指在追求文化学术上善于博采众家之长,体现文化汇通的人文精神,体现中国思想文化创造性的科学精神。[4]"天天奋斗,天天快乐"则是出自老一辈革命家、政治家习仲勋语,表现出一种努力拼搏、乐观向上的精神。建校

定位也是经历了从"地方师范院校""研究型综合大学"到如今的"以教师教育为主要特色的综合性地方高校",确定了"高水平地方师范大学"的目标定位。大学精神是大学的教育理念和价值追求的集中体现,是学校领导层、教师、学生共同塑造和拥有的精神财富。因此,通过大众传播媒体向师生和社会塑造和传达大学精神,有利于高校形成良好的口碑和知名度。

(2)舆情预判和应对可以提升整体的危机公关和应对能力

从高校管理角度来讲,应该提高整体的危机公关和应对能力,完善舆情预判和应对机制。网络舆情是现实社会中有一定影响力和倾向性的价值观、态度和情绪的总和。有效疏导网络舆情,可以消除网络谣言和网络噪音对于高校形象的负面影响。在高校形象传播过程中,要善于借势,善于利用网络的群体正向力量来达到高校正面、健康形象的传播。[5]尤其是对于微平台的运用,应该注重互联网思维下微博和微信意见领袖的建构[6]。面对媒体报道的负面倾向,高校应该善于监测媒体舆情,利用媒体的正面报道塑造良好的自身形象,及时发布权威信息,有效消除谣言等负面信息的影响。因此,高校应该充分利用网络新媒体平台建立信息传播渠道,进行正面形象传播。

(3)整合校内资源形成高校形象传播的强大合力

校内媒体的传播内容主要功能包括三个方面,一是传播政令通知,二是了解学生动态,三是树立学校的良好形象树立品牌。随着互联网技术的发展,以新媒体为代表的传播工具的改变促使社会传播环境急剧变化,新的媒介形态迅速改变了人们的生产和生活方式。新媒体主要是指利用数字技术,通过计算机网络、无线通信网、卫星等渠道,以及电脑、手机、数字电视等终端,向用户提供信息和服务的传播形态。新媒体利用自身的传播特性和平台优势改变了大众传播的传播环境和传播方式。新媒体的出现,特别是自媒体出现之后,受众所处的传播环境更加开放,媒介平台自身的功能不断强化,由传统媒体受众的"使用媒介信息"转变为新媒体时代受众"使用媒介信息"与"使用媒介本身"相结合,实现了新媒体传播环境的快速变化,并受到广泛关注。

四、秦东地方高校形象塑造与传播的途径

(1)积极运用大众传播媒介塑造正面的高校形象

互联网正在快速改变着人们的生产、生活方式,新媒体技术集成了影像、声音、文字为一体。网站、论坛、QQ、博客、微博、微信等诸多网络新媒体平台已经成为社会信息传播的重要形式。随着移动互联网的普及和技术的完善,大众传播媒介尤其是日益壮大的网络新媒体对于高校形象在构建中发挥了重要作用,可以凝聚人心打造师生共同的精神家园。根据渭南师范学院相关统计显示,2011 年 1 至 2017 年 9 月,各类媒体发表关于渭南师范学院的正面宣传报道共计 772 篇,其中有一半以上篇幅来自互联网媒体,主要包括凤凰网、新华网、中国青年网、光明网、新浪、搜狐、网易、华商网、渭南青年网等。

(2)高校宣传部门设立专门的舆情监测机制,引导和干预舆情

媒介形象是高校形象的重要组成部分,高校应该重视丑闻、校园恶性事件、校园软新闻在传播过程对于高校形象的消解作用,建立应对机制。面对媒体报道的负面倾向,高校应该善于监测媒体舆情,利用媒体的正面报道塑造良好的自身形象,及时发布权威信息,有效消除谣言等负面信息的影响。负面事件发生后,传播主体如果不及时报道、封锁消息的话,社会公众无法了解事实真相,就会滋生谣言和各种不实言论,反而不利于高校形象的塑造[7]。因此,高校应该充分利用网络新媒体平台建立信息传播渠道,进行正面形象传播。重点针对大众传播媒介环境的新变化提出新思路。在高校形象传播过程中,应该发挥大众传播媒介的运用,利用官方网站及主要门户网站、官方微博、微信公众号、网络贴吧、论坛 BBS 等及时

进行信息发布。针对自身网络新媒体运用、舆情监控、危机应对等方面存在的问题,分析如何合理运用官方平台,发挥传播意见领袖的作用。

(3)加强校内媒介资源的整合,注重内容传播

官方平台应该具有经营意识,注重内容的建构和传播,首先封面和标题应该吸引人,创造点击率。原创封面更能保证与内容的吻合度,创造属于自己的品牌特色系列封面,会使粉丝更容易记住。官方平台主要栏目和板块,通常位于网页上方或网页左侧的主要位置。按照是否含有列出的栏目内容进行编码统计。官方平台是否按照不同人群访客设有不同链接,如在校生、教职工、考生、校友、访客、媒体等。官方平台应该设置专栏集中展示媒体对高校的相关报道,要有高校对自己形象定位或形象相关的描述。

参考文献

[1]教育部官方门户网站www. moe. edu. cn

[2]秦启文. 形象学导论[M]. 北京:社会科学文献出版社,2004(12):8 -9.

[3]陈尚义. 试论影响高校形象的十大基本要素[J]. 福州大学学报(哲学社会科学版),2005(4):89.

[4]贾淑云. “经世致用,和而不同”:当代大学文化精神[J]. 渭南师范学院学报. 2011. 8.

[5]王云昀. 新媒体时代高校形象传播的新思路[J]. 新闻与传播. 2012. 8.

[6]沈鲁,崔健东. 自媒体时代高校网络舆情分析[J]. 新闻知识. 2015. 8.

[7]潘非寒. 高校形象塑造的大众传媒运用[J]. 新闻知识. 2011. 5.

现代农民生存的价值取向与公共媒体的作用

李三岗

(渭南师范学院 人文学院,陕西 渭南 714099)

摘 要:随着现代农民生存形态的变化,原先的生存价值取向已经逐渐脱离基于小农经济的传统文化价值观。青年农民实际存在的价值观空隙正被主流的公共媒体所填充。但各主流媒体的宣传教育作用还需贴近实际,创新理论支撑。

关键词:农民;生存;价值取向;公共媒体

作者简介:李三岗(1977—),陕西蒲城人。法学硕士,渭南师范学院讲师,主要从事思想政治教育研究。

一、农民价值取向与生存形态的同步性及公共媒体舆论导向

据2011年中国农村统计年鉴的统计资料显示,农村经济中第一产业所占比重1978年为92.4%,2008年这一数字减少为64.8%。[1]7 发生变化的主要原因在于城市扩张及相应的制造工业、建筑业、商业以及服务行业规模扩大,使劳动力从农村,尤其是落后地区农村向城市大量流动的社会发展实际需要与基本趋势。城市发展对农村劳动力的依赖,社会生活观念的分享以及生产技术的交流。劳动力的自由流动将使城乡的发展逐渐脱离原先计划经济框架中的二元分裂模式,出现从联系越来越紧密到逐渐合二为一的趋势。农村经济产业结构根据市场需要所做的大范围、大幅度的被动或者自发调整使农民的生产经营活动与生存方式已经发生了根本性的变化。但在这个过程中,社会教育机构以及各种媒体除了倡导农民使用现代化的科学生产技术,培养市场经济发展所需的基本劳动技能而外,忽略了与经济发展所带来的社会生活变革相适应的价值取向教育。由于人的生存是在世界中的生存,是与他人共同的生存,对物质生活资料的占有和使用的活动必然影响所处世界的样貌,必然影响到他人,这也意味着人的任何经营活动对于其所处世界和他自身都是有责任的。富有活力的生产经营方式带来了经济的发展,也使农民拥有越来越多的支配社会公共资源的力量。关于如何获取这种力量,用这些力量做什么的引导与管理本身就是价值取向教育。人类对于力量的崇拜与寻求从来没有终止,然而对于拥有的力量如何使用却总是充满困惑,于是便陷入一个怪圈:当前所拥有的力量不足以使他或他们事事如意,就去努力获得更强大的力量,如此周而复始,永不停歇。如同法国思想家帕斯卡尔所说:人的尊严当其清白无辜时,就在于运用和支配被创造物,然而今天则在于使自己与它分离并使自己向它屈服。[2]221 同样在今天,人几乎已经完全向自己的创造物屈服。不知是人对物质的占有,还是物质对人的占有。农业生产经营活动以及在农村的原材料粗加工工业对土地的滥用和污染,也反映出价值取向教育缺失所产生的个体对其处在其中的自然世界的责任感缺失,以及对一同处于这个世界的他人责任的缺失。全球化的趋势使实行现代经济制度的国家无一例外的面临这种责任危机,各个国家针对这一危机都在不断强化其公民的价值取向教育。例如英国1988年的教育改革法案,在重点关注对课程进行控制

的时候,明确要求学校提供一种广泛而和谐的课程,注意“学生在学校和社会中的精神、道德和文化的发展”,以便使年轻人为获得“成年人生活的机会、责任和经验”而作好准备。[3]35-40。除每一公民所接受的基础教育而外,农村成年人接受价值取向教育的途径主要有三个方面:民间传统文化艺术、各种传播媒体尤其是官方媒体,以及社会公众舆论。国家可以通过对各种媒体的有效管理与引导,促使媒体在传播信息与娱乐大众时更具社会责任感,尽可能减少宣扬物质利益至上的内容,多一些对人生存目的思考的内容。这种管理最好针对价值取向教育准备必需的相关资源,并为此制定阶段性的发展规划,让其所获得的价值取向教育的经验保持过程的连续性。当下农村的经济结构调整正处于一个关键期,与此同时与新的经济生活相适应的价值取向重建也正处在一个关键期:当人生存的需要得到满足之后,价值取向教育问题便成为关涉各方的首要问题。目前在农村发生的问题,尤其是农民工留守子女教育问题、食品原材料与食品加工的问题,除行政干预的因素而外,就是这个首要问题的外在表现。

二、价值取向的基本问题与公共媒体的话语权

价值取向的首要问题是:价值取向是什么?从上所述,由于基础教育在价值观塑造方面长期的弱势,不仅是广大的农民群体,相关领域的多数研究者们对于价值观的理论认识及其在当下社会生活中的具体体现也是比较模糊的。国外教育机构与教育者对于此问题的关注以及实践与理论探索相对具体和系统一些。如有英国的研究者提出,多元化的文化以及社会的多元化,要求对价值观和精神、道德、社会、文化的发展在多元化文化中的含义有更深的理解。[4]58-66这一提法实际上暗示了把对价值观的内涵与外延分析可从个体、个体与社会以及时代变迁的范畴展开。价值观的内涵首先包括个体对其存在目的与意义的反思、评价与追求。对于个人生活目的及其与整个社会联系的观念总是决定了其他两个方面。这便是价值取向的问题:做什么样的事情可以获得个人存在的确定性——为了这些事情可以舍弃关涉人生的其他(利益、责任、尊严、荣誉、信念、安全、情感等等)事情。个体在于其所处的世界相互作用中意识到他的存在,并对其活动的目的、过程与结果参照其所属群体的判断标准,或者他自己独特的经历与思考做出评价,赋予其意义,据此确定或者调整其生存的目标。其次,在体制化生存状态下,个体的生存总是在社会中与其他个体的共同生存。这意味着任何个体的生存活动必然关涉其他个体,也即任何个体的存在都是对他人有责任的存在,这便是最基本的道德问题。有研究者指出,可用“价值观教育”概念来代替“德育”概念。[5]53-57因为从多年来的教育实践看,道德教育普遍脱离现实生活的形式化是社会个体难以建立适用于行为实践的道德认知。同时,尽管存在一些诸如“同情心”“忠恕”“爱你的邻居”等等普遍适用的价值观,绝大多数的价值观在不同的文化背景、不同的时代中都具有不同的内涵与行为表现方式。因此除一些社会群体普遍认同的部分而外,追求完全同一的价值观在理论与实践层面异常困难。

汉文化的传统历来追求知行合一,这与当前社会主义价值观教育中“实践是检验真理的唯一标准”以及“实事求是”的观念是一致的。因此价值观教育的第二个基本问题即如何有效开展教育活动的实践。其一,切合社会发展实际的价值观教育的理论认识与实事求是的态度是指导教育实践活动的前提条件。在社会教育活动中,各种社会媒体与教育机构只有通过与社会个体开诚布公的交流与互动,才能有利于塑造社会个体的价值观。充分利用各种传播平台有效传递与社会个体生存与生活紧密相关的信息,有利于形成当前各种组织对于社会个体的公信力。同时,有效的交流与互动也有利于个体形成对于所要传递的价值观念共同的、或者一致的认识。这有利于价值观教育与现实生活的紧密结合,有利于引导个体形成社会所期望的积极向上的价值观。其二,完全靠理论灌输的、速成的价值观教育所起到的作用

非常有限。一般情况下,观念的形成是一个长期的过程,除非有突发的巨大社会变革。人类社会普遍存在的等级制度使处于底层的民众,例如农民阶层,习惯于受到来自上层榜样的力量影响而发生价值取向念的转变。尤其这种力量的影响是一以贯之的时候。另外,最重要的是价值取向教育并不单独存在,而是伴随着所有信息传播活动并蕴含于其中的、长期潜移默化的过程。对于公共媒体价值取向教育的相信与不信,遵从与怀疑甚至蔑视,被动与自发、自为等等态度,总是通过对社会生活中具体而又琐碎的细节的观察与反思逐渐形成。同时,在具体行为层面,价值取向教育也意味着平衡个体的需求与社会对个体的要求,这体现着社会和个体的相互的责任。其三,价值取向教育必然与不断提高广大农民的物质生活水平与精神生活水平不可分割。生产劳动技能、创造能力、对于个人生活目的及其与整个社会联系的观念在个体社会生活中本是一个不可分割的有机整体。国内有研究者通过对劳动力受教育水平与主要经济来源的调查统计,得出这样的结论:劳动力受教育水平影响着农村家庭主要经济来源,同时也影响着生存的基本形态与生存价值取向。[6]50-52价值观教育要落到实处,应从农民的实际生存状况出发,通过提高农民的受教育水平提高其生产劳动技能,培养或者引导其形成创造性生产经营的能力,并在此基础上引导其形成与他人及其所生存的周围世界紧密相关的价值取向。因此,公共媒体在向农村受众传播各种生产技能与技术时,强调与农民生存的本源目的:对他人的责任、与自然的和谐、生产与创造的快乐等等,不断融合精神与物质二元分裂的非自然状态,就可体现价值观塑造生活化的有效性。其四,劳动力的自由流动与信息传播媒介的多元化使当前社会的信息流动空前便捷、快速。不论处于何处,人们已经能够及时了解社会各阶层的生存状态。社会公平与公正就成为影响价值取向教育的突出因素。而处于社会最基本阶层的农民受到的影响尤为明显。国内有研究者指出,受自然条件、经济社会的发展、历史文化等因素的制约,农民生活方式、行为规范和价值取向的文化贫困禁锢了人们的思想观念[7]15-16,这必将导致农民在摆脱了物质贫困后继续局限于物欲的满足而迷失方向,最终会连同感受快乐的能力也要失去。可以预见,公共媒体在农村地区开展积极的价值取向教育将会是一个长期又艰难的过程。其五,由于大量的农村青壮年劳动力只完成了基础阶段的教育,或者在之后又接受了职业技术教育,农村价值取向教育应从基础教育阶段做起。国内有研究者指出,农村的基础教育存在两个突出问题:“知识至上”的一元化的教育价值取向;应试的教育与虚化的教育[8]41-44。当我国农村正在进入农业产业化和农村工业化、城镇化的新时期,农村经济结构和社会结构将会发生激剧的变化,农村教育的对象、功能、机构和体系都将需要有调整和变革,尤其需要有适合中国农村实际的教育创新[9]99-103。目前主流公共媒体由于对知识至上、技术至上的功利主义趋势缺乏理性认识,甚至追随这个趋势,导致其所拥有的话语权消解于从众的集体无意识。

三、公共媒体基于传统文化的价值取向教育

农村文化建设的核心内容必然是适应于当下农民生产经营活动的价值取向教育。目前,多数的农村青壮年劳动力所接受的系统教育主要是九年义务教育以及随后的各种形式的职业技术教育。农村基础教育的作用更重要的不是简单的事实性知识与逻辑性知识的被动接受,更重要的是赋予事实性知识与逻辑性知识生存所需的职业技能、解决问题的意识与能力以及对人与他自身生存的世界具体认识的丰富内涵。如此,接受基础教育对于大多数人然要生活在农村的农民子弟才具有综合素质教育的意义。因此有教育者指出,农民教育作为一种社会事业不仅仅是个教育问题,也是经济问题和社会问题[10]1-8。公共教育执着于知识的简单记忆和重复以追求教育表面的繁荣,只能产生对自由思考的束缚,并且固化的知识越多,产生的束缚也越多,基本无益于解决文化贫困的问题。通过事实性知识在社会实践中曾经和

现在的应用,引导人认知人与自然及社会;在认知与他人的矛盾中形成具体的道德认知并确定生存理念,是生存价值取向教育的基本理念。基础教育在此方面的失效,使广大农民成为知识、技能与观念的弱势群体。当下广大农民的核心价值观仍然根植于传统的小农经济时代儒、释、道文化。例如"温、良、俭、恭、让""业报""因果""不争""去欲""全生"等思想在今天依旧是农民指导自身生存活动与评价他人与社会的基本价值理念。由于当下的公共媒体处于长期的、对传统文化缺乏理性认识的失语状态,滞留于文化现象的简单描述,广大农民对于这些价值理念只有浅显的表面认识,并不了解其在特定历史背景下的丰富内涵。在生产力落后、普通民众生活物资相对缺乏时代,这些价值观念是普通民众在当时的历史文化背景下被动接受的生存智慧。今天对于这些价值观的教育只是有限的存在于人们日常的话语之中和依然留存的传统艺术作品中。与此相应,西方经济模式与生产方式所带来的不仅是生产经营活动的根本变化,同时也承载着西方世界对人自身与生存于其中的世界具体认识。越来越流行的西方影视作品与其他各种形式的艺术作品同样也暗含着西方世界的价值观念。这些价值观念正通过主流公共媒体在年轻一代的农民中产生越来越大的影响力。但由于媒体在宣传这些价值观时缺乏对这些价值观念所产生的西方文化传统的介绍,在农村受众中产生的结果便是盲目崇拜、行为层面的简单模仿,以及认识与行为的偏差。国内有研究者指出,当前农村的成人教育存在诸多困难,其原因与我国农村社会根本性转变、农业产业结构性调整、农民生存价值取向的渐进性变化等方面紧密相关的,而最根本的原因是我们的思维方法、思想观念跟不上时代前进的速度[11]10-12。这一说法正切中了当前农民价值观嬗变的关键原因:生产经营方式在市场经济模式中的转变以及相应的生存方式的转变。尽管学术界相关领域的研究者们即时注意到了这个可能对社会产生普遍影响的趋势,公共媒体对于这一转变在观念、方法与具体措施方面一而再、再而三的滞后了。汉文化源远流长至今,主要因为其不偏不倚的中庸思想、海纳百川的气度和融会贯通的灵活性。如今,越来越精细的社会体制使公共知识分子或者说先贤大哲主导时代精神的作用已经为公共媒体所取代,同时,后者也被赋予了承载这一社会责任的使命。

四、新的引导方向的可能性

公共媒体产生于体制,因此总是从社会的现实需求出发有意识的选择相应的信息形成公共舆论环境,引导和左右社会个体的认识与行为。柯申鲍姆认为,20 世纪价值观教育的发展历史就像是一个不停晃动的钟摆,从 19 世纪末 20 世纪初的人格品质教育,到二三十年代的公民责任与权利教育以及四五十年代对国家与社会的奉献精神,再到六七十年代强调认知评价的价值观澄清与分析,八十年代又向人格品质教育的回归[12]4。主导整个价值取向教育历程的核心要素即社会发展的现实需要。从这一现象得到的启示主要有两个层面:其一,基于现实需要的价值取向选择总是在相应的社会危机出现之后。这种待问题出现之后再采取相应措施解决的生存方式本身便是消极的。其二,指向于社会个体切身生活经验和基本情感的生存价值的暗示最易被接受。尤其是包含暗示的信息环境是有计划、有结构地精心组织起来的时候最具有亲和力。在此,由理性认识所主导的具体计划和措施能够使价值取向的引导教育更具可操作性。这种计划性有助于施行一以贯之的措施,并产生累积的效果。这就要求公共媒体的舆论引导不能缺少对于向公众呈现信息环境的先行筹划。农民阶层由于普遍受教育程度较低,在新的生存中所产生的精神贫困也正促生与外界在生存智慧方面进行有效交流和解惑的热望。根植于传统文化的淳朴与简单也意味着重新塑造的希望。如能通过现代社会多元化的公共媒体实践基于农民现实需要的价值取向教育,不仅有利于广大农村的繁荣稳定,也能间接或直接促进农村经济的发展。

参考文献

[1]国家统计局农村经济调查司. 中国农村统计年鉴[M]. 北京:中国统计出版社,2009:7.

[2][法国]帕斯卡尔. 何兆武,译. 思想录[M]. 北京:商务印书馆,1995:221.

[3][英国]莫妮卡·泰勒. 价值观教育与教育中的价值观(下)[J]. 教育研究,2003,7(282):58-66.

[4][英国]莫妮卡·泰勒. 价值观教育与教育中的价值观(上)[J]. 教育研究,2003,5(280):35-40.

[5]辛志勇,金盛华. 论心理学视野中的价值观教育[J]. 教育理论与实践,2002,22(4):53-57.

[6]路艳娇. 农村成人教育经济效益透析[J]. 东北农业大学学报(社会科学版),2005,3(2):50-52.

[7]刘名远. 农村劳动力素质偏低的原因及对策研究[J]. 甘肃农业. 2005,5(226):15-16.

[8]覃章成. 我国农村基础教育发展究竟需要变革什么[J]. 教育理论与实践,2007,27(3):41-44.

[9]谈松华. 农村教育:现状、困难与对策[J]. 北京大学教育评论,2003,1(1):99-103.

[10]陈俊峰,许昀,邓世勇. 2001 年农村热点问题研究综述[J]. 中国农业大学学报(社会科学版),2002,2(47):1-8.

[11]杨向群,项复民. 当前农村成人教育面临困难的深层原因[J]. 成人教育,2002,12(193):10-12.

[12] Krischbaum. H, From Values Clarification to Character Education: A Personal Journey. Journal of Humanistic Counseling, Education & Development, Sep 2000, Vol. 39, Issue 1, P4.